BASTEI
LÜBBE

Eva Maria Sartori

Damals in Dahlem

Roman einer Familie

BASTEI LÜBBE

BASTEI-LÜBBE-TASCHENBUCH
Band 10 589

Lizenzausgabe mit Genehmigung des Schneekluth Verlages:
Gustav Lübbe Verlag GmbH, Bergisch Gladbach
Printed in Hungary 1985
Einbandgestaltung: Manfred Peters
Titelbild: Hermann, Berlin
Gesamtherstellung: Ebner Ulm
ISBN 3-404-10589-3

Der Preis dieses Bandes versteht sich
einschließlich der gesetzlichen Mehrwertsteuer

Für meine Mutter

Erster Teil

I

Der Kronleuchter aus böhmischem Glas, der über der langen schmalen Tafel des Speisezimmers hing, war wie eine Pyramide aus sprühenden Kristallen. Stefanie Hartmann blickte empor und sah ihn leise schwanken. Das tat er immer, wenn jemand den Korridor des oberen Stockwerks entlangging. In den ersten Monaten ihrer Ehe hatte die junge Frau gefürchtet, er könne eines Tages herunterfallen und sie alle unter sich begraben. Auch heute gaukelten ihre überreizten Nerven ihr das vor, und sie mußte all ihre Beherrschung aufbringen, nicht aufzuspringen und davonzulaufen.

Gebannt verfolgte sie die leisen Bewegungen des mächtigen Gebildes, die jedes einzelne Kristall aufblitzen ließen, so daß es wie ein lebendiges, atmendes Wesen wirkte, das sanft hin und her schwang, ganz sanft ...

Stefanie ahnte, daß es Anna war, die oben ungeduldig auf und ab ging und auf sie wartete. Ihr schwerer Schritt hatte den Kronleuchter zum Schwingen gebracht.

Die Uhr auf der alten Kommode schlug melodisch. Stefanies Brauen zogen sich unmutig zusammen. Ausgerechnet heute, da Magnus und sie in der britischen Botschaft erwartet wurden, war ihr Schwiegervater, der Kommerzienrat Hartmann, unpünktlich zum Abendessen erschienen. Vermutlich aus Absicht, denn er kannte kein größeres Vergnügen, als das ihre zu schmälern. Vergebens versuchte sie, Magnus durch einen Blick zur Eile zu mahnen. Er war in das Gespräch mit seinem Vater vertieft und beachtete sie kaum.

Ich passe nicht hierher, dachte die junge Frau, während

sie geistesabwesend das Brötchen zerkrümelte, das neben ihrem Teller lag. Ich lebe nun zwar beinahe drei Jahre in diesem Hause, aber ich bin ein Außenseiter geblieben.
Die beiden Männer, mit denen sie am Tisch saß – der eine ihr Mann, der andere ihr Schwiegervater –, beachteten sie kaum. Sie unterhielten sich über Dinge, von denen sie nichts verstand, bezogen sie nicht in ihre Unterhaltung ein. Es ging um die Firma, immer wieder um die Firma. Gewiß, Magnus war als Chemiker sehr tüchtig, und daß er irgendeinen Farbstoff entwickelt hatte, der Wildleder nicht mehr abfärben ließ, mochte lobenswert sein; aber gab es denn bei Tisch nicht unterhaltsamere Themen?
Friedrich Hartmann, Stefanies Schwiegervater, hatte den Löffel noch nicht aus der Hand gelegt, als Stefanie auch schon Anton, der aufmerksam im Hintergrund stand, mit einer leichten Kopfbewegung ein Zeichen gab. Der nächste Gang konnte aufgetragen werden. Während der alte Mann, in den Diensten der Hartmanns ergraut, lautlos das Personal dirigierte, spann Stefanie den Faden ihrer Betrachtungen weiter aus.
Die Tafel mit dem schönen Porzellan, dem Silber und edlem Glas, war wie immer eine Augenweide. Aber das war nicht ihr Verdienst, die Angestellten sorgten seit Jahren dafür, daß alles wie am Schnürchen lief.
Sie selbst genoß nur den erheirateten Wohlstand, saß an einem Ende der für zwölf Personen bestimmten Tafel, ihr Schwiegervater am anderen, Magnus an der Längsseite.
Das war, genau besehen, irgendwie symbolisch. Er stand auch sonst in der Mitte, genau zwischen ihnen, nie ganz sicher, wessen Partei er ergreifen, auf wessen Seite er sich stellen sollte. Stefanie war meist auf der Verliererseite.
Das Mädchen kam mit der Fleischplatte, hielt sie, während Anton servierte. Dieses Vorrecht ließ er sich trotz seines hohen Alters nicht nehmen. Mit besonderer Sorgfalt legte er Stefanie die besten Stücke des köstlich zubereiteten gespickten Hasenrückens vor, ging weiter, zum Senior des Hauses zuerst, dann zu Magnus Hartmann.

Stefanie verspürte keinen Hunger. Die Speisen auf ihrem Teller lösten vielmehr, wie so oft in letzter Zeit, starken Widerwillen in ihr aus. Sie dachte an die Ursache, und der Blick, den sie ihrem Mann zuwarf, war fast feindselig zu nennen. Magnus bemerkte ihn nicht. Sein dunkler Kopf war dem Vater zugewandt, der sich eben mit knarrender Stimme abfällig über den Verlauf der letzten Reichstagsdebatte ausließ.

»Das eine kannst du mir glauben, Magnus – wenn ich etwas zu sagen hätte ...«

Natürlich, dachte Stefanie, und ihre vollen roten Lippen verzogen sich spöttisch. Friedrich Hartmann würde – falls man ihn zu Wort kommen ließ – alles viel besser machen! Sie aß zwei, drei Stückchen von dem Fleisch, um dann in einem jähen Entschluß ihr Besteck auf den Teller zu legen. Das Klirren des Silbers gegen das Porzellan fiel aufdringlich laut in eine kurze Gesprächspause, und prompt wandten sich ihr die beiden Männer zu. Ihr Schwiegervater sah sie verweisend, ihr Mann mit einem Ausdruck höflicher Verwunderung an.

»Du hast ja kaum etwas gegessen, Stefanie«, sagte Magnus mit sanftem Tadel. »Dabei ist der Hasenrücken ganz vorzüglich. Elli hat sich wieder einmal selbst übertroffen.«

Stefanie verzichtete auf eine Antwort, doch der Blick, den sie bedeutungsvoll auf die Uhr richtete, sprach Bände und wurde von ihrem Schwiegervater auf Anhieb verstanden.

»Ach so! Madame ist ungeduldig – die Ballsirenen locken!« Wie immer, wenn er sich herabließ, ein paar Worte mit Stefanie zu wechseln, sprach er auch jetzt mit dem höhnischen Unterton, der ihr so auf die Nerven ging. »Nun, sie wird sich noch etwas gedulden müssen. Ich habe wohl ein Recht darauf, zumindest bei Tisch die Gesellschaft meiner Frau Schwiegertochter genießen zu dürfen.«

Magnus Hartmanns Gesicht rötete sich. Er hätte Stefanie gern beigestanden. Es war tatsächlich schon ziemlich spät,

und sie mußte sich noch für den Ball in der britischen Botschaft umkleiden. Er wußte aber auch, wie leicht sein Vater sich aufregte, und das war, nach zwei Schlaganfällen, nicht ohne Gefahr für den alten Herrn.
»Du hättest dich vorher umziehen sollen, Stefanie«, sagte er statt dessen mit leichtem Vorwurf. »Dann müßten wir uns jetzt nicht mit dem Essen abhetzen.«
Stefanies Hände ballten sich. Sie haßte es, wie ein dummes Kind behandelt zu werden. Natürlich, Magnus war bereits im Frack, um sich seinem Vater bis zur letzten Minute widmen zu können. Die Kommentare hätte sie hören mögen, wäre sie in ihrer tiefdekolletierten Ballrobe zu Tisch gekommen!
Noch ehe Anton herbeieilen konnte, um ihren Stuhl zurückzuziehen, erhob sie sich abrupt. Ihr war, als könne sie es keine Minute länger in diesem Raum aushalten. Tapfer hielt sie dem scharfen Blick des alten Herrn stand. Friedrich Hartmann schien es den Atem zu verschlagen, daß das geheiligte Zeremoniell einer Mahlzeit, die er durch seine Gegenwart krönte, vorzeitig abgebrochen wurde. Stefanie kam seiner Rede zuvor.
»Laßt euch nicht stören. Anton wird euch gut versorgen. Ich muß mich sputen. Es wäre unhöflich, unpünktlich bei Sir Harold und Ellen Armstrong zu erscheinen. Ich werde in einer knappen Stunde in der Halle sein, Magnus.«
Stefanie blitzte ihren Schwiegervater triumphierend an und ging zur Tür, die Anton eilfertig vor ihr aufriß. Endlich hatte sie einmal den Mut gefunden, gegen die ständige Bevormundung aufzumucken.
»Ich hole dich in deinem Zimmer ab, Stefanie«, hörte sie Magnus noch sagen, ehe die Tür zum Speisezimmer hinter ihr zufiel.
Draußen in der geräumigen Halle blieb Stefanie mit einem erleichterten Seufzer stehen. Das war wieder einmal überwunden. Diese gemeinsamen Mahlzeiten waren für ihren Schwiegervater stets ein beliebter Anlaß, sie ihre Unterlegenheit spüren zu lassen.

Die Halle bildete den Mittelpunkt der schönen alten Villa in Berlin-Dahlem. Als Magnus' Mutter noch gelebt hatte, waren hier Gesellschaften und Bälle abgehalten worden. Bei diesen Gelegenheiten konnten die großen Schiebetüren zu den übrigen Wohnräumen und dem riesigen Wintergarten zurückgeschoben werden, so daß eine Art großer Ballsaal entstand. Stefanie wußte dies nur aus Erzählungen, sie hatte es selbst nie erlebt. Im Hartmannschen Haus fanden seit dem Tod von Friedrich Hartmanns Frau keine Feste mehr statt.
Plötzlich spürte sie, daß sie Kopfschmerzen hatte. Unwillkürlich berührte sie mit der Hand ihre Stirn, und Anton, der sie aufmerksam beobachtet hatte, räusperte sich diskret. »Soll ich der gnädigen Frau den Kaffee oben auf ihrem Zimmer servieren lassen?« Stefanie war beim Personal ausnahmslos beliebt, jeder wußte, was sie von dem alten Herrn auszustehen hatte.
Stefanie dankte mit einem freundlichen Lächeln dem Diener, der mit viel Klugheit und, wenn angebracht, mit Strenge im Haushalt regierte. Vielleicht würde das starke Getränk dem unerträglichen Hämmern in ihren Schläfen ein Ende bereiten. Schließlich wollte sie auf dem Ball wohlauf sein und sich amüsieren.
»Das ist eine gute Idee, Anton. Beauftragen Sie Lisette damit.« Während Stefanie die breite Treppe mit dem kunstvoll geschnitzten Geländer nach oben stieg, erschien im ersten Stock an der Balustrade ein Gesicht, um sofort wieder zu verschwinden.
Anna ist ungeduldig, dachte Stefanie und beschleunigte ihre Schritte.
Die Räume, die sie seit ihrer Vermählung mit Magnus Hartmann bewohnte, waren die hellsten und schönsten der alten Hartmannschen Villa. Da Magnus sie nach ihren Wünschen hatte einrichten lassen, spiegelten sie viel von Stefanies Lebenslust und stark ausgeprägter Eigenwilligkeit wider.
Ihr Schwiegervater war jedenfalls dieser Meinung. Er

fand, daß die verspielte und nicht gerade billige Ausstattung in krassem Gegensatz zu der ansonsten äußerst konservativen Einrichtung seines Hauses stand.
Friedrich Hartmann hatte die Wahl seines Sohnes seinerzeit nicht gebilligt. Stefanie entsprach nicht seinen Vorstellungen von einer idealen Schwiegertochter. Ihr Wesen war ihm zu frei und unbekümmert, außerdem schien sie viel von dem Leichtsinn ihres Vaters geerbt zu haben. Seine hohen Schulden waren Oberst von Rosen eines Tages über den Kopf gewachsen, er sah keinen anderen Ausweg als den Freitod. Seine einzige Tochter blieb völlig mittellos zurück. Ihre Lage wäre verzweifelt gewesen, hätte Magnus Hartmann sich nicht unsterblich in sie verliebt und sie nach kurzer Zeit bereits gebeten, seine Frau zu werden.
Friedrich hatte vergeblich versucht, seinen Sohn umzustimmen. Schließlich war Magnus Teilhaber der väterlichen Chemiewerke und ein tüchtiger Chemiker. Andere Möglichkeiten, als die mittellose Stefanie zu heiraten, standen ihm offen. Es gab genügend Mädchen in Berlin, die nicht nur ansehnlich, sondern auch recht wohlhabend waren.
Doch Magnus hatte sich nicht beirren lassen. Er heiratete Stefanie von Rosen, obgleich er wußte, daß es zwischen ihr und seinem Vater keinerlei Gemeinsamkeiten gab. Sie waren sich in vielen Wesenszügen zu ähnlich, als daß sie miteinander auskommen könnten. Stefanie war jedenfalls von Anfang an fest entschlossen gewesen, sich von dem alten Herrn nicht unterkriegen zu lassen. Das führte zwangsläufig zu Reibereien, unter denen der kleine Zwischenfall vorhin noch zu den geringfügigsten gehörte.
Als Stefanie, ein wenig außer Atem geraten, das Boudoir betrat, wandte Anna ihr fragend die tiefschwarzen Augen zu. Mit dem feinen Instinkt der langjährigen Vertrauten spürte sie die Verstimmung der jungen Frau.
Anna, die eigentlich auf den klangvollen Namen Bozena Divianka hörte, von Stefanies Mutter jedoch der Einfach-

heit halber umbenannt worden war, stammte aus dem Spreewald, der seit langem halb Deutschland, vor allem Berlin, mit Kindermädchen belieferte. Ihr slawisch geschnittenes Gesicht mit den hohen Wangenknochen war zeitlos, das straff zurückgekämmte Haar mit dem tadellosen Mittelscheitel ließ es herb, wenn nicht gar abweisend erscheinen.

Und doch war sehr viel Güte in dieser einfachen Frau, der das Schicksal einst grausam mitgespielt hatte. Ihre Stellung im Hause Rosen verdankte die inzwischen dreiundfünfzigjährige Anna im Grunde einem Fehltritt, der sich jedoch später als ein Segen für sie erweisen sollte.

Als sie dreißig war, also fast schon zu den alten Jungfern zählte, war die Versuchung in Gestalt eines schmucken Soldaten in Annas bis dahin ereignisloses Leben getreten.

Die Folgen dieser kurzen Liebesbeziehung – ein Kind, das wenige Tage nach seiner Geburt starb – warfen Anna aus der ihr vorgeschriebenen Bahn. Sie war nahe daran zu verzweifeln, fühlte sich in Berlin, wo sie niedergekommen war, einsam und zutiefst unglücklich. Eines Tages beschloß sie, ihrem unwürdigen Dasein ein Ende zu bereiten.

In dieser ausweglosen Situation lief sie Almuth von Rosen über den Weg, die sie spontan und von Annas innerer Anständigkeit überzeugt in ihr Haus nahm. Almuth brauchte diesen Entschluß nie zu bereuen. Von dem Augenblick an, da Anna die kleine Stefanie zum ersten Mal in die Arme nahm und ihre Amme wurde, schien sie in ihrer Schutzbefohlenen einen Ersatz für ihr eigenes totes Kind zu sehen. Die Liebe, die sie für das zierliche kleine Mädchen empfand, wuchs mit den Jahren und wurde nach Almuths frühem Tod zu einer Bindung, die nur Gottes Wille eines Tages zerreißen würde.

»Du machst ja ein Gesicht wie eine Gewitterwolke. Hat es unten wieder etwas gegeben?« erkundigte sich Anna jetzt, während sie der jungen Frau beim Umkleiden half.

»Nur die üblichen Sticheleien.« Stefanies Laune hatte sich beim Anblick ihrer Ballrobe gehoben. Sie wollte nicht mehr an ihren Schwiegervater erinnert werden. Herrliche Stunden ungetrübter Fröhlichkeit lagen vor ihr, und sie wollte sie aus Herzenslust genießen. »Allmählich sollte ich mich daran gewöhnt haben.«

Nach leisem Anklopfen trat Lisette ein und stellte den Kaffee auf den Toilettentisch, vor dem Stefanie Platz genommen hatte, um sich von Anna frisieren zu lassen.

»Danke, Lisette, das ist schnell gegangen.«

Das Mädchen lächelte und ging, nach einem bewundernden Blick auf die junge Frau, hinaus.

»Vorhin hatte ich starkes Kopfweh, jetzt ist mir schon bedeutend besser.« Stefanie betrachtete zufrieden ihr Spiegelbild. Die Aufregung hatte ihre Wangen gerötet, ihre grünen Augen zeigten noch den aufrührerischen Ausdruck von vorhin; aber eben das trug in nicht geringem Maße dazu bei, Stefanie Hartmann noch reizvoller als sonst erscheinen zu lassen.

Anna war stumm und mit höchster Konzentration damit beschäftigt, die Schönheit ihrer jungen Herrin hervorzuheben. Sie arbeitete äußerst geschickt, zupfte hier eine Locke zurecht, trug da noch einen Hauch Puder auf.

Als Magnus anklopfte, um seine Frau abzuholen, trat Anna zurück, sichtlich mit ihrem Werk zufrieden. Nach einem letzten Blick auf Stefanie, die ihr mit einem Lächeln dankte, verließ sie, Magnus kurz zunickend, den Raum. Sie drängte sich nie in den Vordergrund, wußte, wann ihre Gegenwart nicht erwünscht war.

Falls Magnus Hartmann von Stefanies Aussehen beeindruckt war, so ließ er es sich nicht anmerken. Der Ton zwischen ihnen war frei von Sentimentalitäten und eher kameradschaftlich als liebevoll zu nennen. Daran war wohl allein Stefanie schuld, denn Magnus hätte es nur zu gern anders gehabt.

»Du siehst sehr hübsch aus, Stefanie«, sagte er ruhig und widerstand der Versuchung, sie zu berühren. »Anna ist

die perfekte Kammerzofe, auch wenn ihr dies nicht an der Wiege gesungen worden war.« Magnus zögerte kurz, ehe er weitersprach. »Ich habe ein kleines Geschenk für dich, Stefanie. Es ist purer Zufall, daß es so gut zu deinem Kleid paßt. Ich wußte ja nicht, was du heute tragen würdest.«
Stefanie hielt das flache Etui ratlos in der Hand. Als sie es endlich öffnete, hielt sie unwillkürlich den Atem an.
»Du verwöhnst mich, Magnus. Dieses Perlenkollier ist sehr schön. Bestimmt hat es ein kleines Vermögen gekostet.«
Als ihre grünen Augen sich Magnus zuwandten, spiegelte sich darin keine Freude wider. Eher so etwas wie Bedauern. Bedauern darüber, daß sie diesen Mann nicht so lieben konnte, wie er es zweifellos verdient hätte.
»Ich freue mich, daß mein Geschenk dir gefällt.« Magnus sagte es ruhig und gelassen. Daß ihre Reaktion ihn enttäuschte, ließ er sich nicht anmerken. Er machte sich schon lange keine Illusionen mehr, was die Gefühle seiner Frau betraf.
Stefanie hatte ihn seinerzeit nur geheiratet, weil sie durch den Tod ihres Vaters in eine ausweglose Notlage geraten war. Daraus hatte sie nie ein Hehl gemacht, ihm nie eine Zuneigung vorgeheuchelt, die sie nicht empfand. Vollkommene Ehrlichkeit gehörte zu ihren bemerkenswerten Eigenschaften. Stefanie brachte ihm Respekt und Freundschaft entgegen – nicht mehr. Damit mußte er sich begnügen. Auf eine Wendung in ihren Gefühlen wagte er nach all den Jahren kaum noch zu hoffen.
»Darf ich dir das Kollier umlegen?« erkundigte er sich höflich. »Du wirst mir doch die Freude machen, es heute abend zu tragen?«
Stefanie neigte zustimmend den Kopf. Doch als seine Finger flüchtig ihre Haut streiften, zuckte sie unwillkürlich zusammen. Noch immer bereitete ihr jeder körperliche Kontakt mit Magnus Unbehagen. Sie würde sich wohl nie mit den zwangsläufigen Intimitäten der Ehe befreunden können. Vor ihrer Heirat, in der Obhut Annas und ihres

Vaters aufgewachsen, hatte Stefanie sich nie Gedanken über die Beziehungen zwischen den Geschlechtern gemacht. Ihr Vater sah in ihr einen Ersatz für den Sohn, den er sich vergeblich gewünscht hatte, und er war wohl der Meinung gewesen, daß eine Aufklärung ganz von allein kommen würde, sobald sie einen Mann fand, den sie liebte und heiraten wollte. Und Anna, durch eigene Erfahrung gewarnt, glaubte fest, man könne ein Übel umgehen, indem man es einfach totschwieg. Nur so konnte es geschehen, daß Stefanie mit sehr unklaren Vorstellungen darüber, worin denn die ›ehelichen Pflichten‹ bestanden, in die Ehe ging. Die Hochzeitsnacht war demzufolge ein Schock für sie, den sie bis zum heutigen Tag nicht überwunden hatte.

Dabei war im Grunde nichts gegen Magnus Hartmann einzuwenden. Im Gegenteil. Obgleich er von Natur ernst und zuweilen fast übertrieben zurückhaltend war, wirkte er sympathisch und sah gut aus. Ein Blick in den Spiegel bestätigte Stefanie nicht zum ersten Mal, daß sie, rein äußerlich gesehen, ein geradezu ideales Paar waren.

Die hochgewachsene, kräftige Gestalt ihres Mannes überragte sie um Haupteslänge, ließ sie in dem schilfgrünen Chiffonkleid mit dem gewagt tiefen Dekolleté zerbrechlich und schutzbedürftig erscheinen.

War es Zufall oder Absicht? Als Magnus die Arme um sie legen und sie küssen wollte, bückte Stefanie sich unvermittelt, um den Fächer aufzuheben, der ihrer Hand entglitten war.

Magnus trat sofort zurück. Seine Stimme klang so kühl und leidenschaftslos wie eh und je. »Wenn es dir recht ist, könnten wir jetzt fahren, Stefanie. Du bist, wie ich sehe, fertig. Du weißt, daß ich nichts so hasse wie Unpünktlichkeit.«

»Wie sollte ich das nicht wissen.« Unüberhörbarer Spott schwang in Stefanies weicher Stimme mit. »Schließlich hält dein Vater mir von früh bis spät vor, welch einen Mustergatten ich mit dir bekommen habe.« Sie warf einen

Blick auf die Uhr. »Wir haben noch ein paar Minuten Zeit. Du erlaubst doch, daß ich Lutz noch gute Nacht sage. Begleitest du mich?« Ihre Frage entsprang eher der Höflichkeit als dem Wunsch, mit ihm zusammen zu sein.
»Nein, geh nur. Ich habe mich schon vorhin von unserem Sohn verabschiedet.«
Stefanie nickte zerstreut. Sie war ein wenig verstimmt, die gute Laune, die sich während des Umkleidens eingestellt hatte, war verflogen. Warum war Magnus nur immer so ernst! Es fiel ihr von Tag zu Tag schwerer, sich mit seiner schwerblütigen Art abzufinden. Dabei war er, mit seinen dreiunddreißig Jahren, beileibe noch kein alter Mann, kaum zehn Jahre älter als sie.
Im verdunkelten Kinderzimmer fand Stefanie Anna vor, die mahnend den Finger an die Lippen legte.
»Leise! Lutz ist eben eingeschlafen. Er fiebert ein wenig, und du solltest ihn jetzt nicht aufwecken.«
Die dunklen Augen der Spreewälderin glitten zufrieden über die schlanke Gestalt ihrer jungen Herrin.
»Du siehst sehr hübsch und vornehm aus, Kind. Die Szene mit deinem Schwiegervater ist dir gut bekommen. Irgendwie wirkt sich das immer belebend auf dich aus.«
Stefanies roter Mund verzog sich verächtlich.
»Danke für die Blumen, Anna. Auf diese Szenen könnte ich gut und gern verzichten. Ich freue mich einfach auf den Ball, und das ist mir wohl anzusehen.«
»Wie dem auch sei. Man wird Magnus wieder einmal um seine schöne Frau beneiden.« Anna erhob sich, um Stefanies Dekolleté zurechtzuzupfen. Dabei fiel ihr Blick auf das Perlenkollier, das sie bisher noch nie an Stefanie gesehen hatte. Unwillkürlich hielt sie den Atem an. Ausgerechnet Perlen! Die bedeuteten doch allemal Tränen.
Die junge Frau las in dem Gesicht ihrer Vertrauten wie in einem offenen Buch.
»Das Kollier, das dir so den Atem verschlagen hat, ist ein Geschenk von Magnus. Was sagst du dazu? Ich finde das mehr als großzügig, nachdem ich . . .«

»... nachdem du ihn so schlecht behandelt hast?« Anna schüttelte mißbilligend den Kopf. »Er hätte dir etwas anderes schenken sollen. Perlen bedeuten nun einmal Tränen, das weiß jedes Kind.«
»Alte Unke«, tadelte Stefanie liebevoll. »Wie kann man nur so abergläubisch sein!«
Anna ließ sich nicht beirren. Über diese Dinge sollte man nicht scherzen. Sie liebte Stefanie abgöttisch, es gab für sie kein anderes Ziel, als ihren Schützling glücklich zu sehen.
Anna kannte aber auch die Schwächen der jungen Frau und fürchtete oft, das leichtfertige Blut des Vaters könnte eines Tages in ihr die Oberhand gewinnen.

Magnus Hartmann verdankte die Einladung zum Ball in der britischen Botschaft nicht allein seinen zahlreichen Geschäftskontakten, die ihn mit England verbanden. Eher wohl der Tatsache, daß die Gattin des Botschafters lebhaftes Interesse an Stefanie nahm. Ellen Armstrong war in Pensionatstagen mit deren Mutter befreundet gewesen. Kein Wunder also, daß sie mit fast mütterlicher Zuneigung an der jungen Frau hing.
So hatte Stefanie, seit die Armstrongs in Berlin residierten, einen Zufluchtsort gefunden, wenn ihr die unbehagliche Atmosphäre der Hartmannschen Villa allzusehr auf die Nerven fiel.
Als sie jetzt an Magnus' Arm das festlich geschmückte Vestibül der Botschaft betrat, strahlten ihre schrägen grünen Augen erwartungsvoll.
»Ist es nicht einfach himmlisch hier, Magnus?« fragte sie atemlos. »Spürst du es auch? Es duftet nach Blumen, nach allen Wohlgerüchen Arabiens – du, ich weiß, daß ich mich köstlich amüsieren werde.«
»Das sollst du auch, Kind.« Magnus betrachtete seine Frau mit wohlwollender Nachsicht. Als sei sie ein kleines Mädchen, das zum ersten Mal auf einen Ball durfte. Gelegentlich verfiel er in diese väterliche Haltung, die prompt

Trotz in ihr weckte. An diesem Abend war Stefanie zu angenehm abgelenkt, um sich darüber zu ärgern.
»Hoffentlich erwartest du nicht von mir, daß ich pausenlos das Tanzbein schwinge«, fuhr er ruhig fort. »Solltest du mich brauchen, wirst du mich schon finden. Irgendwo im Hintergrund . . .« Magnus verstummte abrupt. Der Doppelsinn seiner Worte kam ihm jäh zu Bewußtsein. Ja, es war so. Er stand, soweit es Stefanie betraf, immer im Hintergrund. Stets zur Hand, wenn sie Wert darauf legte, doch zu ihrem Glück, ihrem Wohlbefinden, nicht unbedingt notwendig.
»Tante Ellen!« Nur die illustren Gäste, die sich um den Botschafter und seine Gattin scharten, hinderten Stefanie daran, sich der hochgewachsenen, sympathischen Engländerin in die Arme zu werfen. Ellen Armstrong war die typische Tochter Albions. Ihr blondes Haar spielte ins Rötliche, ihre Haut war rosig und glatt und zeigte noch keine Spuren des nahenden Alters.
»Stefanie – Doktor Hartmann!« Liebenswürdig und ohne eine Spur von Herablassung – wozu die Britin zuweilen neigte – begrüßte sie das Paar. »Du siehst reizend aus, mein Kind. Die Herren werden sich freuen, denn seltsamerweise mangelt es uns an tanzfreudigen Damen. Und da dein Mann ohnehin nicht tanzt . . .«
Das Orchester stimmte einen Walzer an, und Stefanie wandte sich Magnus zu. »Ich glaube, den ersten Walzer wirst du schon mit mir tanzen müssen, Magnus. Man würde sich sonst wundern. Danach beurlaube ich dich gnädigst.«
Magnus erwiderte ihr Lächeln etwas gezwungen. Natürlich, Stefanie legte Wert darauf, nach außen hin das Dekor zu wahren. Der Tanz mit ihm mochte für sie kein großes Opfer sein, aber sie würde ihn auch kaum sehr vergnüglich finden.
Er preßte die Lippen aufeinander, die Bewegung, mit der er Stefanie in seine Arme zog, hatte etwas Unbeherrschtes.

Sie legte den Kopf in den Nacken zurück und musterte ihn ironisch. »Du mußt nicht gleich übertreiben, Magnus! Es ist nicht nötig, in aller Öffentlichkeit Leidenschaft zu demonstrieren. Schließlich weiß ich, wie ungern du tanzt. Es genügt also, wenn wir ein paar Runden drehen, dann bist du frei. Ich bin überzeugt, daß dir weit mehr daran liegt, mit deinen Freunden politische Themen zu diskutieren.«
Magnus antwortete nicht. Er fragte sich, was Stefanie wohl davon hielte, würde er ihr gestehen, daß er am liebsten den ganzen Abend so mit ihr weitergetanzt hätte.
Ihm war fast, als könnte er ihr helles, spöttisches Lachen hören – so reagierte sie stets auf versteckte Liebeserklärungen. Seine Gestalt straffte sich, er unterbrach den Tanz abrupt und führte Stefanie einer Gruppe junger Leute zu. Er selbst trat wieder zu Sir Harold, mit dem ihn viele gemeinsame Interessen verbanden. Während er mit dem Botschafter sprach, beobachtete er Stefanie unaufhörlich. Wenn sie einmal aus seinem Blickfeld verschwand, wurde er sofort unruhig.
Kein Zweifel: Es waren viele schöne Frauen anwesend, aber auf diesem Ball der britischen Botschaft fiel Stefanie durch ihre geradezu triumphale Schönheit auf. In diesem Moment scharten sich mehrere junge Männer um sie, Diplomaten und Offiziere. Sie stand in der Mitte, strahlend wie eine Königin, die keine Rivalin fürchtete. Der Ausdruck ihrer grünen Augen verriet, daß sie sich ihrer Macht durchaus bewußt war. Sie schien zu überlegen, wer von den jungen Leuten sie wohl zuerst zu der Polka aufgefordert hatte, die das Orchester eben intonierte.
Magnus' Augen wurden schmal. Nicht nur er bemerkte die sinnliche Grazie, die in der Haltung ihrer schlanken, biegsamen Gestalt lag. Seit er mit Stefanie verheiratet war, kam es immer wieder vor, daß Magnus Hartmann gegen ein überwältigendes Gefühl der Eifersucht ankämpfen mußte. Am liebsten hätte er seine Frau genommen und wäre mit ihr nach Hause gefahren; aber er wußte, daß die-

ser Wunsch bei ihr auf Unverständnis stoßen würde. Es gab schließlich nichts Harmloseres, als daß eine schöne Frau sich in aller Öffentlichkeit ein wenig den Hof machen ließ.
Magnus entspannte sich. Stefanie war diese hübsche Abwechslung zu gönnen. Sie war von Natur aus lebenslustig veranlagt und hatte es in seinem Haus nicht eben leicht. Die starke Persönlichkeit seines Vaters mußte oft erdrükkend und entmutigend auf sie wirken. Der alte Herr war ihr gegenüber stets mürrisch, und seine Antipathie gegen seine Schwiegertochter gewann in jedem noch so harmlos begonnenen Gespräch bald die Oberhand. Trotz ihrer ehrlichen Bemühungen – zumindest am Anfang ihrer Ehe – war es Stefanie nicht gelungen, ihm näherzukommen. Nicht einmal die Geburt des Enkels und Stammhalters hatte Friedrich Hartmann umstimmen können. Für ihn blieb die geborene von Rosen ein unwillkommener Eindringling, durch den die hochfliegenden Pläne, die er mit seinem Sohn gehabt hatte, zunichte gemacht worden waren. Auch im Laufe der Jahre war es Magnus nicht geglückt, zwischen den beiden so verschiedenen Menschen zu vermitteln.
In einer Tanzpause erinnerte sich Stefanie plötzlich ihres Mannes, den sie sträflich vernachlässigt hatte. Sie entschuldigte sich bei ihren Verehrern und bahnte sich einen Weg durch den Saal, als dicht hinter ihr eine lachende Stimme rief: »Ist es denn die Möglichkeit! Stefanie – Stefanie von Rosen! Wie kommst du denn hierher?«
Als Stefanie sich umwandte, zeigte ihr Gesicht einen verblüfften Ausdruck. Es war tatsächlich Hanno von Werden, ihr Jugendfreund, der vor ihr stand. Unverändert und so unbekümmert wie einst. Gleich danach revidierte sie ihre Meinung. Unverändert – nein, das stimmte nicht. Damals war er ein liebenswerter großer Junge gewesen, jetzt sah sie einen äußerst attraktiven Mann vor sich.
»Hanno«, flüsterte sie. »Hanno!« Sein zärtliches Gesicht weckte zahllose Erinnerungen in ihr. An verstohlene

Küsse, an die erste behutsame Liebe – aber auch an Tränen und an eine überstürzte Trennung, die damals einen Schlußpunkt unter etwas sehr Hübsches und Aufregendes gesetzt zu haben schien. Doch jetzt ...
»Du bist womöglich noch schöner geworden, Stefanie.« Hannos hohe, fast überschlanke Gestalt neigte sich ihr zu, seine Lippen lagen länger als schicklich auf ihrer schmalen Hand.
Als er den Kopf wieder hob, glitten seine braunen Augen verstohlen forschend über sie hin. Er sah die elegante und gewiß kostspielige Robe, die sie trug, das Perlenkollier, das um ihren zarten Hals lag. Wie kam Stefanie von Rosen, die zum Zeitpunkt ihrer Trennung völlig mittellos gewesen war, zu dieser eleganten Aufmachung? Wer sorgte auf so großzügige Weise für sie?
Der Gedanke, sie könne verheiratet sein, kam Hanno nicht. Arme Mädchen wurden nur in den seltensten Fällen geheiratet.
»Ich gebe das Kompliment zurück, Hanno. Du siehst auch blendend aus. Ich freue mich, dich hier zu sehen.« Stefanies Blick verriet, daß sie mehr als nur Freude empfand. Hanno war ihre erste Liebe gewesen, was sie einst für ihn empfunden hatte, war wohl nie ganz erloschen. Jetzt schob sie unbefangen ihren Arm unter den seinen.
»Komm, ich weiß hier gut Bescheid. Im Wintergarten können wir uns ungestört unterhalten. Wir haben uns doch so viel zu erzählen.«
In dem großen Raum, der einem tropischen Gewächshaus glich, hatten sich nur wenige Paare eingefunden. Sie waren ausnahmslos mit sich selbst beschäftigt und beachteten Stefanie und Hanno kaum. Die beiden nahmen unter einer Palmengruppe, die sie vor allen Blicken abschirmte, Platz.
»Übrigens heiße ich nicht mehr von Rosen«, leitete Stefanie das Gespräch ein. Das Bänkchen, auf dem sie saßen, war nicht sehr breit, und einer war sich der Nähe des anderen auf erregende Weise bewußt. Hannos Hand legte

sich um Stefanies Arm, der warm und weich war. Etwas von dem Gefühl, der Liebe von einst, erwachte erneut in ihnen.
Stefanie atmete gepreßt auf, entzog sich Hannos Berührung. Hastig sprach sie weiter: »Ich bin seit knapp drei Jahren, seit neunzehnhundertzehn, mit Magnus Hartmann verheiratet. Die großen Chemiewerke, weißt du? Und ich habe auch schon einen Sohn. Lutz feiert demnächst seinen zweiten Geburtstag.« Plötzlich lächelte sie. »Er ist ein zauberhafter kleiner Wicht . . .«
»Und du bist glücklich.« Es war keine Frage, es war eine Feststellung, die merkwürdigerweise schmerzte – Stefanie war ihm für immer verloren.
Stefanie sah Hanno nicht an. Sie dachte angestrengt nach, ehe sie ihm antwortete. »Du, das weiß ich wirklich nicht. Schließlich habe ich seinerzeit nicht aus Liebe geheiratet. Du weißt, was mit Papa geschehen ist. Magnus war einfach zur Stelle, als ich am meisten Hilfe brauchte. Dafür will ich ihm auch ewig dankbar sein, das habe ich mir damals fest vorgenommen. Doch Dankbarkeit hat ihre Grenzen und nichts mit Liebe zu tun. Jedenfalls ist das meine Meinung. Zur Liebe kann man sich nicht zwingen, auch wenn man sich noch so bemüht.«
Stefanie wandte sich Hanno zu. Sie waren einander plötzlich sehr nahe. So, wie vor Jahren . . .
»Ach, Hanno! Magnus und das Kind – ich fühle mich einfach überfordert. Zu jung für soviel Verantwortung. Als ich Magnus heiratete, war mir, als sei für mich durch diesen Verzweiflungsschritt die Tür zum wirklichen Leben ein für allemal zugefallen. Oft bilde ich mir ein, unendlich viel versäumt zu haben . . .«
Wieder schlossen sich Hannos Finger um ihren Arm.
»Es ist noch nicht zu spät, Stefanie. Du kannst alles Versäumte nachholen – mit mir. Wir werden ein wunderbares Leben führen. Ich hätte dich damals nicht gehen lassen dürfen, doch ich konnte nicht anders. Seitdem ist viel geschehen, vieles anders geworden. Durch glückliche Um-

stände habe ich ein Rittergut in Ostpreußen geerbt. Es wirft etwas ab. Ich bin zwar kein Landwirt, aber mein Verwalter ist ein wahres Goldstück. Er versteht sein Fach, ist zuverlässig, ich kann es mir also leisten zu reisen. Komm mit mir, Liebling. Du wirst es bestimmt nie bereuen.«

Stefanie lächelte nur wehmütig zu Hannos begeistertem Vorschlag. Was hätte sie auch antworten können? Sie war über das Alter hinaus, in dem man Luftschlösser baute, die schon eine sanfte Brise umwerfen konnte.

Sie tanzte an diesem Abend zwar pausenlos, aber nur einmal mit Hanno. Es war besser so. Magnus durfte nicht argwöhnisch werden. Aus diesem Grunde verschwieg sie ihm ihre Begegnung mit Hanno. Sie kannte und fürchtete Magnus Hartmanns Eifersuchtsausbrüche und hielt es für besser, ihm keinen neuen Anlaß dazu zu geben.

»Du hast dich gut amüsiert, Stefanie?« erkundigte sich Magnus während der Heimfahrt höflich. »Ich habe dich kaum zu Gesicht bekommen.« Er sagte es ohne jeden Vorwurf, aber Stefanie spürte doch seine Enttäuschung. Irgend etwas in seiner Stimme zwang sie, sich ihm zuzuwenden und ihn auf die Wange zu küssen.

»Es war wirklich sehr nett, Magnus. Ich danke dir für diesen Abend.« Doch als Magnus sie an sich ziehen wollte, entzog sie sich ihm behutsam. »Bitte, ich bin sehr müde, Magnus . . .«

Sofort rückte er von ihr ab und machte keinen weiteren Versuch, ihre gelöste Stimmung auszunützen.

Stefanie schloß die Augen und lehnte sich im Wagen zurück. Sie sah Hanno vor sich, dachte an sein Angebot. Nein, sie konnte unmöglich mit ihm gehen. Jetzt nicht, niemals. Lutz, ihr kleiner Sohn, brauchte sie. Er würde, falls sie ihn verließ, unter der strengen Erziehung seines Großvaters eine sehr freudlose Kindheit haben.

Und doch hatte sie sich für den nächsten Tag mit Hanno verabredet – wider alle Vernunft. Sie wollten miteinander im Tiergarten reiten . . .

Zu Hause verabschiedete sich Magnus von ihr schon in der Halle mit einem kühlen Gutenachtgruß.
»Ich rauche noch eine Zigarette in meinem Arbeitszimmer, Stefanie. Wenn ich komme, werde ich leise sein und dich nicht aufwecken.«
Stefanie nickte ihm zu. Sie war tatsächlich müde. Früher hatte eine durchtanzte Nacht ihr nichts ausgemacht, aber jetzt, in ihrem Zustand - ein mißmutiger Zug flog sekundenlang über ihr Gesicht. Gleich darauf lächelte sie wieder.
»Das ist nett von dir, Magnus. Dann also gute Nacht.«
Er sah ihr nach, als sie langsam die Treppe nach oben stieg und um die Biegung verschwand. Es war, als sei sie nie dagewesen. Nur der zarte Duft ihres Parfüms erinnerte noch an sie. Magnus wandte sich ab, die Tür seines Arbeitszimmers fiel hinter ihm zu.
Anna war am Bett des Kindes eingeschlafen. Sie fuhr erschrocken auf, als es plötzlich hell im Zimmer wurde. Stefanie berührte sanft ihre Schulter.
»Du gehörst längst ins Bett, Anna«, tadelte sie. Ihre Hand legte sich leicht auf die Stirn des schlafenden Jungen. »Lutz fühlt sich ganz kühl an, er hat kein Fieber mehr und wird bestimmt durchschlafen. Ich lasse vorsichtshalber die Tür zu unserem Schlafzimmer offen.«
Stefanie ließ achtlos ihren Abendmantel zu Boden gleiten, hob die Arme und streckte sich in wohligem Behagen.
»Ach, Anna, es war ein himmlischer Ball. Ich hätte bis in alle Ewigkeiten weitertanzen können.« Sie wandte sich der unscheinbaren Frau zu, ihre grünen Augen glänzten. »Du wirst es nicht glauben - aber ich habe heute Hanno von Werden wiedergesehen!«
Annas Blick wurde hellwach. Sie ahnte, was das bedeuten konnte. »Du solltest ihm aus dem Weg gehen, Kind. Es tut nie gut, alte Gefühle wieder aufzuwärmen, zumal wenn man einen guten Ehemann hat. Du magst in diesem Punkt anderer Meinung sein, trotzdem behaupte ich, daß ein Magnus Hartmann drei Hannos wert ist. Laß dir das von

einer alten, lebenserfahrenen Frau gesagt sein: Hanno ist ein ebensolcher Windhund, wie dein seliger Vater es war, so leid es mir tut, das aussprechen zu müssen; denn Oberst von Rosen war immer gut zu mir.«
»Ach, Anna, sei nicht so sentimental. Es ist doch alles ganz harmlos.« Stefanie trat vor den Spiegel. Wieder trat der mißmutige Ausdruck von vorhin auf ihr Gesicht. »In ein paar Wochen ist es mit dem Vergnügen ohnehin vorbei. Ich bin schwanger.«
Während Anna sich überrascht aufrichtete und die junge Frau betroffen musterte, hob Stefanie resigniert und ein wenig schuldbewußt die weißen Schultern.
»Gott möge mir verzeihen, aber ich kann mich nicht darüber freuen. Neun endlose Monate der Rücksichtnahme auf meinen Zustand, gräßlich formlose Kleider – von dem körperlichen Unbehagen ganz zu schweigen!«
»Weiß dein Mann es schon?« Anna meinte, die Antwort im voraus zu kennen.
»Nein. Er soll es erst erfahren, wenn es nicht länger zu verbergen ist. Er wäre imstande – du kennst Magnus ja –, mir ab sofort jede Unterhaltung zu untersagen. Auch für meinen Schwiegervater wäre dies ein Grund mehr, mich völlig vor der Außenwelt zu verstecken.« Stefanie imitierte zornig die Redeweise des alten Herrn: »Eine schwangere Frau zeigt sich nicht in der Öffentlichkeit! Mein Gott«, brach es aus ihr hervor, »in welchem Jahrhundert leben wir denn! Versprich mir, Anna, daß du mich nicht verrätst. So bleibt mir doch wenigstens noch eine kurze Frist, mich zu amüsieren . . .«

2

Wenige Tage nach dem Ball in der britischen Botschaft überraschte Magnus Stefanie mit einer Neuigkeit, die ihr sehr gelegen kam.

»Vater und ich werden für etwa zwei Wochen verreisen, Stefanie«, erklärte er lebhaft. »Du weißt, daß wir auch das Ausland beliefern, unter anderem eine Lederfabrik in Jugoslawien, und zwar mit Farbstoffen. Die Firma ist mit den Zahlungen in Rückstand geraten, steht dicht vor dem Konkurs. Es besteht dadurch die Möglichkeit, sie nach Abzug der Schuldsumme günstig zu erwerben. Wir –«

»Eine Lederfabrik?« wiederholte Stefanie verwundert. »Aber davon verstehst du doch gar nichts, Magnus.« Sie vermochte sich wenig unter einem solchen Unternehmen vorzustellen. Man brauchte Leder für hübsche Handtaschen und Schuhe, wie es jedoch bearbeitet wurde, bis das Endprodukt auf dem Tisch lag, davon hatte sie keine Ahnung. Ja, dieser Gedanke war ihr sogar eher unangenehm. Sie sah sich gern als Frau eines tüchtigen Chemikers, dem zweifellos eines Tages eine umwälzende Entdeckung gelingen würde. Warum wollte Magnus sich auf diese Weise verzetteln? »Muß das denn sein, Magnus?« setzte sie ungehalten hinzu. »Was willst du mit einer Fabrik in Jugoslawien anfangen? Du paßt doch gar nicht dahin.«

Magnus Hartmanns Stirn rötete sich. Ihm war, als könne er Stefanies Gedanken lesen. Er wußte, daß sie damals, als sie seine Werbung annahm, das Gefühl gehabt hatte, abzusteigen. Aus den vornehmen Gefilden des Adels zu den Krämern, wie sie es einmal im Zorn bezeichnet hatte.

»Was ich dort zu finden hoffe?« gab er zurück, und seine

Worte waren nicht frei von Hohn. »Ein neues Aufgabengebiet, falls du dir darunter etwas vorzustellen vermagst. Auch die Arbeit eines Krämers kann sehr befriedigend sein. Das notwendige Wissen werde ich mir schon aneignen, da sei unbesorgt. Außerdem ist ein tüchtiger Geschäftsführer da, der mir mit Rat und Tat zur Seite stehen wird.«

»Na, ganz so tüchtig kann er bisher nicht gewesen sein.« Nun war Stefanies Widerspruchsgeist erwacht. »Sonst stünde die Firma jetzt nicht vor dem Konkurs.« Der Gedanke, Magnus könnte auf den Gedanken verfallen, sie irgendwohin auf den düsteren Balkan zu verschleppen, flößte ihr Grauen ein.

Magnus betrachtete sie ernst.

»Der Mann ist in Ordnung«, gab er kurz angebunden zurück. »Der Ruin der Firma wurde vielmehr durch die übertriebenen Ansprüche der Frau des jetzigen Besitzers herbeigeführt. Manche Leute arbeiten, andere wiederum finden Arbeit plebejisch und fragen nicht nach dem Morgen.«

»Falls das eine Anspielung auf meinen Vater gewesen sein sollte, so fände ich sie äußerst geschmacklos, Magnus.« Stefanie hob gelassen die Schultern. »Im Grunde hast du aber recht. Gottlob sind nicht alle Menschen gleich. Jedenfalls wünsche ich dir für deine Reise Glück und gutes Gelingen.«

»Danke, Stefanie. Ich hätte dich gern mitgenommen. Doch möchte ich erst sondieren, welche Unterbringungsmöglichkeiten sich in Kroatien bieten.«

»Natürlich.« Stefanie hielt die Wimpern gesenkt, damit Magnus das triumphierende Funkeln ihrer Augen nicht sah. Sie würde ja nun zwei Wochen – zwei himmlische Wochen – frei und ungebunden sein! »Deinen Worten entnehme ich, daß die Fabrik ziemlich abgelegen ist. Jugoslawien – das ist doch schrecklich weit weg. Ich hoffe nur, daß sich der ganze Aufwand bezahlt macht.«

Während Magnus ihr seine Reiseroute auf dem Atlas

zeigte und die wilde Schönheit des Balkans rühmte, hörte Stefanie ihm kaum zu. Sie konnte nur daran denken, daß sie jetzt jeden Tag unbeobachtet mit Hanno zusammensein würde.

Ihre täglichen Ausritte im Tiergarten waren dann auch von einem beunruhigenden Zauber. Es war, als seien Jahre ausgelöscht, als habe es nie eine Trennung gegeben. Als beginne das bittersüße Spiel einer erwachenden Liebe ganz von vorn.

»Du weißt, daß wir das eigentlich nicht tun dürften«, flüsterte Stefanie, ehe ihre Lippen sich zum ersten Kuß fanden. Dieser Kuß hatte nichts mehr mit den Küssen von einst zu tun. Sie waren beide reifer geworden, leidenschaftlicher. Alles in ihnen drängte aufeinander zu, sehnte sich nach Liebesbeweisen, die in dieser Umgebung freilich unmöglich waren.

»Ich habe ganz in der Nähe eine hübsche, verschwiegene Wohnung, Stefanie«, drängte Hanno ungestüm. »Komm zu mir. Wozu noch mehr Zeit verschwenden? Das haben wir doch lange genug getan.«

Er sehnte sich danach, Stefanie endlich ganz zu besitzen, für immer und ohne jede Einschränkung. Sie war heute kein junges Mädchen mehr, sondern eine äußerst verführerische und in Liebesdingen erfahrene Frau. Die Erinnerung an Magnus Hartmann, dem sie diese Erfahrung schließlich verdankte, schob Hanno von Werden energisch beiseite. Wenn sie sich ihm, dem Jugendfreund, schenkte, wurde ihrem Gatten nichts genommen; denn sie liebte Magnus nicht, hatte ihn nie geliebt . . .

Doch Stefanie war klug, sie verlor nicht so leicht den Kopf. Sie zögerte, Hannos Wunsch nachzukommen. Obgleich die Versuchung, seine Einladung anzunehmen, groß war, blieb sie vernünftig. Seltsamerweise war es nicht der Gedanke an Magnus, der sie daran hinderte, sich Hanno hinzugeben. Sie dachte vielmehr an das Kind, das sie erwartete. Sie durfte ihm nicht die Geborgenheit neh-

men, in der es im Hartmannschen Haus heranwachsen würde; denn es war eine Sache, sich von einem Freund küssen zu lassen, und eine andere, mit ihm Ehebruch zu begehen.
Nur einmal ließ sie sich überreden und stattete Hanno einen kurzen Besuch ab. Um, wie sie es begründete, sich einmal davon zu überzeugen, wie ein nicht unbegüterter Junggeselle wohnte. Als er dann jedoch allzu stürmisch wurde und sie zu überrumpeln versuchte, schob sie Hanno sanft, aber bestimmt zurück.
Ihre Reaktion schien ihn zu verärgern.
»Ob heute oder später – ist das wirklich von Bedeutung, Liebling?« begehrte er auf. »Ich will dich doch heiraten. Ich hätte es schon vor Jahren getan, aber du weißt, daß ich es mir damals nicht leisten konnte.«
Stefanie hob zweifelnd die schmalen Brauen. Der gute Hanno! Er war schon immer ein Träumer gewesen, hatte nie gelernt, Tatsachen hinzunehmen.
»Wie stellst du dir das vor, Hanno? Wie könnte ich deine Frau werden?«
»Du müßtest dich natürlich schnellstens scheiden lassen. Unangenehme Geschichte das, gebe ich ehrlich zu. In der Berliner Gesellschaft wären wir dadurch untragbar. Aber was soll's! Wir reisen, und den Rest des Jahres verbringen wir auf meiner Klitsche in Ostpreußen. Na, ist das kein Vorschlag zur Güte?«
Wieder wollte er Stefanie in die Arme nehmen, aber sie stemmte die Hände gegen seine Brust und betrachtete ihn ernst.
»Du vergißt über deinen Träumereien ganz, daß ich einen Sohn habe, Hanno!«
Er runzelte die Brauen. Diesen Einwand hatte er erwartet.
»Ja, den Jungen würdest du zweifellos verlieren. Aber du bist jung, du kannst mir später noch eine ganze Kinderschar schenken. Platz dafür hätten wir in rauhen Mengen.«
Ihrer Gegenwehr zuvorkommend, riß er sie in seine

Arme, um sie leidenschaftlich zu küssen. Seine Phantasie erhitzte sich an der Vorstellung, sie ganz zu besitzen, während Stefanies Betrachtungen andere Wege gingen, obgleich sie Hannos Küsse erwiderte.
Nein, es war trotz allem unmöglich. Sie konnte Lutz nicht aufgeben, an dem sie bei all ihrer Lebenslust sehr hing. Sie mußte weiterhin bei Magnus ausharren, durfte dem verhaßten Schwiegervater keine Handhabe geben, gegen sie zu intrigieren. Lutz und das ungeborene Kind waren wichtiger als ihr kleines persönliches Glück ...

Magnus und Friedrich Hartmann waren seit etwa zehn Tagen verreist. Stefanie kehrte nach einem unbeschwerten Tag, den sie mit Hanno verbracht hatte, nach Hause zurück. Sie war beschwingt, ihre grünen Augen strahlten. Sie wirkte wie ein junges Mädchen, das sich auf das nächste Wiedersehen mit seinem Liebsten freut.
Ahnungslos betrat sie den Salon, um sich dort den Tee servieren zu lassen. Sie prallte förmlich zurück, als sie am Kamin ihren Mann stehen sah, der sie ernst und stumm betrachtete.
»Magnus!« rief sie, schnell gefaßt. »Ihr wolltet doch nicht vor Sonntag nach Hause kommen. Ist irgend etwas passiert – hast du die Fabrik nun doch nicht übernommen?«
Magnus Hartmann stieß sich vom Kamin ab, setzte sich in Bewegung. Vor Stefanie blieb er stehen, musterte sie, als sähe er sie zum ersten Mal.
»Wäre es nicht eher an mir zu fragen, was passiert ist, Stefanie? Ich bezweifle allerdings, daß ich eine ehrliche Antwort bekommen würde.« Als Stefanie ihm ins Wort fallen wollte, hob er abwehrend die Hand. »Ich will es dir ersparen, lügen zu müssen. Deine Augen haben mir bereits verraten, was ich wissen sollte.«
»Ich weiß nicht, wovon du sprichst«, erwiderte Stefanie nach kurzem Zögern und bemühte sich, ihrer Stimme einen gekränkten Ausdruck zu geben. Insgeheim hatte sie Angst. Dieser unheimlich ruhige Magnus bereitete ihr

mehr Sorge, als ein tobender es vermocht hätte. Ihr Herz schlug so schnell, daß sie meinte, er müsse es hören.
»Im Gegenteil – du weißt es sogar ganz genau.« Magnus' kraftvolle Hände packten zu, umfaßten ihre schmalen Handgelenke, zogen sie näher zu sich heran. Sein Gesicht war dem ihren sehr nahe, seine Augen blickten kalt und drohend. »Ich habe mir nie eingebildet, dir etwas zu bedeuten, von dir so geliebt zu werden, wie ich es mir am Anfang unserer Ehe erhofft hatte. Trotzdem denke ich nicht daran, dich mit einem anderen zu teilen. Auch wenn er ältere Rechte auf dich haben mag.«
Stefanie stöhnte auf, der unerbittliche Druck seiner Finger tat ihr weh. Vergebens versuchte sie, sich seinem Zugriff zu entziehen. Ja, er schlang nun sogar die Arme um ihren Körper und preßte ihn rücksichtslos an den seinen.
»Du bist beobachtet worden, Stefanie«, sagte er heiser. »Nicht nur im Tiergarten, bei deinen zahlreichen Ausritten mit Hanno von Werden. Einmal auch, als du gerade sein Haus betreten hast. Du warst lange genug bei ihm, um . . .«
Auf Magnus' Stirn standen winzige Schweißtröpfchen, an seiner Schläfe zuckte ein Nerv.
»Laß dir erklären, Magnus«, stammelte Stefanie verängstigt.
Er drückte sie so fest an sich, daß sie kaum atmen konnte.
»Es war alles ganz harmlos – nichts ist geschehen, das auf irgendeine Weise in deine Rechte eingegriffen hätte –«
»Erspar dir deine Erklärungen, es kommt jetzt ohnehin nicht mehr darauf an.« Ohne jede Warnung begann Magnus seine Frau zu küssen. Seine Zärtlichkeiten waren brutal und ohne den Respekt, den er Stefanie bisher entgegengebracht hatte. Ebenso abrupt, wie dieser Überfall erfolgt war, gab er sie auch wieder frei, so daß sie taumelte und nach einem Halt greifen mußte. Mit der anderen Hand berührte sie ihre brennenden Lippen. Ein Schauder überlief sie, während Magnus sie gelassen betrachtete. Ein spöttisches Lächeln lag um seinen Mund. Stefanie senkte

vor seinem Blick die Wimpern. Sie fühlte sich durch diesen Angriff erniedrigt und gedemütigt.
Nach einer kurzen quälenden Pause drehte Magnus sich wortlos um und ging hinaus. Er ließ Stefanie mit der Angst um ihre Zukunft allein.

In dieser Nacht erwachte die junge Frau aus einem furchtbaren Traum. Sie zitterte am ganzen Körper und brauchte einige Zeit, sich zu beruhigen. Der schwache Lichtstrahl der Straßenlaterne drang durch die halbgeschlossenen Fensterläden, zeigte ihr Magnus' Umrisse, der in tiefem Schlummer neben ihr lag.
Es war ja nur ein Traum, dachte Stefanie beklommen. Es ist Frühling, der letzte Schnee ist längst geschmolzen. Sie legte sich zurück und versuchte krampfhaft, an etwas Angenehmes zu denken. Doch das Gefühl des Unbehagens blieb, ihre lebhafte Phantasie gaukelte ihr stets aufs neue die erschreckenden Bilder ihres Alptraums vor.
Wieder sah sie Hanno im Schnee liegen, leblos, starr. Seine blauen Augen waren weit geöffnet, ihr leerer Blick schien sie stumm anzuklagen. Ja, es war Hanno gewesen, den sie im Traum gesehen hatte – Hanno von Werden, dem ihre ganze ungestüme Leidenschaft gehörte und dessen warmes, verströmendes Blut den grellweißen Schnee, der ihn umgab, zu purpurroten Rosen erblühen ließ . . .

Seit Magnus' vorzeitiger Rückkehr aus Jugoslawien hatte Stefanie Hanno von Werden nicht wiedergesehen. Sie vermied es, ihrem Mann Grund zur Klage zu geben, war bemüht, freundlich und aufmerksam gegen ihn zu sein. Trotzdem schien sie eine unsichtbare Wand von ihm zu trennen. Er wirkte geistesabwesend, und oft mußte sie, wenn sie ihn ansprach, ihre Rede wiederholen. Wenn er ihr dann seine ruhigen grauen Augen zuwandte, war ihr Blick erschreckend ausdruckslos. Wie der eines Menschen, dessen Leben seinen Sinn verloren hat.
Er muß mir doch glauben, daß zwischen Hanno und mir

nichts Unerlaubtes geschehen ist, dachte sie dann beklommen. Ein Kuß – was ist schon dabei?
Stefanie spürte nicht, daß in allem, was sie tat und sagte, ein uneingestandenes Schuldbekenntnis lag. Magnus, an ihre sonst eher kühle Einstellung ihm gegenüber gewöhnt, las in ihren grünen Augen wie in einem offenen Buch, das ihm mehr verriet, als ihr angenehm sein konnte. Er glaubte seiner Frau ganz und gar nicht. Stefanie war leicht entflammbar. Wenn sie einmal vergaß, daß sie ihn nicht aus Liebe geheiratet hatte, konnte sie sogar ihm, dem ungeliebten Gatten, eine berauschende Geliebte sein. Bei diesem Gedanken preßten sich Magnus' Lippen fest aufeinander. Bestand nicht die Möglichkeit, daß sie in seinen Armen an einen anderen – an Hanno von Werden, zum Beispiel – gedacht hatte?
Stefanie war vorsichtig geworden. Sie setzte keinen Fuß vor die Tür. Wenn Hanno anrief, ließ sie sich verleugnen. Dann hörten seine Anrufe plötzlich auf. Es kam der Tag, da sie erwachte und Magnus' Bett neben dem ihren leer fand. Es war noch stockdunkel draußen, aber der Morgen nicht mehr fern. Magnus schien gar nicht zu Bett gegangen zu sein, die Kissen waren unberührt.
Nichts warnte Stefanie. Erst als Anna sie später aus dem Schlaf rüttelte, erfuhr sie, daß zu dieser frühen Stunde etwas Schreckliches geschehen war.

Es ist eigentlich heller Wahnsinn, dachte Hanno von Werden, während er langsam und mit zitternden Knien die vereinbarte Distanz abschritt. Aber er hätte es wissen müssen. Es mußte einfach so kommen. Trotzdem – normalerweise hätten Magnus Hartmann und er gute Freunde sein können. Nur die Liebe, die sie beide für Stefanie empfanden, machte sie zu Feinden. Zwang sie, überholter Ehrbegriffe wegen, aufeinander zu schießen.
Der Tag war kaum angebrochen. Nebelfetzen zogen über die Lichtung. Irgendwo in der Ferne heulte ein Hund. Es klang gespenstisch.

Wie in einem Dreigroschenroman, dachte Hanno unwillkürlich. Ganz die richtige Szenerie für ein Duell. Stefanie wird noch schlafen. Nichtsahnend, daß die nächsten Minuten über Leben oder Tod entscheiden werden. Er glaubte, sie vor sich zu sehen. Ihr Gesicht, rätselhaft und von einem Zauber, dem ein Mann unmöglich widerstehen konnte. Ihre grünen, ein wenig schrägstehenden Augen, das kurze, lockige kastanienbraune Haar, dem die Sonne kupferrote Tupfer aufsetzte ...
Schöne Stefanie, geliebte Stefanie!
»Fünfzehn«, sagte er laut und drehte sich auf dem Absatz herum.
Magnus' Gedanken waren ähnliche Wege gegangen. Beim Anblick der hohen, überschlanken Gestalt seines Gegners verspürte er ehrliches Bedauern. Dieser Hanno von Werden war jung, er stand erst am Anfang seines Lebens. Sollte Stefanie doch die Wahrheit gesagt haben? War zwischen den beiden vielleicht tatsächlich gar nichts vorgefallen? Dann würde unter Umständen ...
Ein scharfes Kommando durchbrach die Stille des Waldes. Die Duellgegner hoben ihre Pistolen, zielten. Ein lautloses Lachen erschütterte plötzlich Hannos Körper. Sein Blick war auf die alte Eiche gefallen, vor der Magnus Hartmann stand. Unter ihr hatte er einst – wie lange war das doch schon her – Stefanie von Rosen zum ersten Mal geküßt.
Übermütig wie zwei Kinder – mehr waren sie damals im Grunde noch nicht gewesen – hatten sie ihre Monogramme in die Rinde des alten Baums geschnitzt. Kunstvoll verschlungen und wie für die Ewigkeit bestimmt. Wenn Magnus Hartmann dies ahnen könnte! Wieder lachte Hanno. Er lachte noch, als das nächste Kommando kam und sie gleichzeitig feuerten.
Während Magnus' Kugel ihr Ziel traf, schlug die seines Gegners in die Eiche ein und zerschmetterte das mit einem Herzen umgebene Monogramm.

Die Morgendämmerung erhellte nur schattenhaft den Raum. Stefanie stand wartend am Fenster. Fröstelnd zog sie ihren Morgenmantel enger um sich. Die unheimliche Stille im Haus machte sie nervös. Obgleich das Personal schon an der Arbeit war, schien es doch, als hielten alle angstvoll den Atem an. Es bestand ja die Möglichkeit, daß der Herr des Hauses zu diesem Zeitpunkt bereits tot war. Stefanie verspürte den Wunsch, laut loszuschreien.

»Kind, in deinem Zustand ist es Gift, sich so aufzuregen.« Anna trat besorgt neben sie. Es war ihr nicht entgangen, daß sich Stefanies Hände immerzu öffneten und schlossen. Obgleich die junge Frau sich kaum noch auf den Beinen halten konnte, stand sie doch wie angewurzelt da und starrte aus dem Fenster.

Jetzt wandte sie sich Anna zu, aber ihre Augen schienen durch sie hindurchzublicken. All ihre Gedanken waren dort, wo sich vielleicht in ebendieser Minute eine Tragödie vollzog.

»Ich bin doch ganz ruhig, Anna.« Stefanies Stimme kam ihr selbst fremd und unheimlich vor. Vor einer knappen Stunde erst hatte Anna ihr gemeldet, daß Magnus noch bei Dunkelheit weggefahren sei, um sich irgendwo im Grunewald mit Hanno von Werden auseinanderzusetzen. Was das bedeutete, bedurfte keiner Erklärung.

Ein Lachen, das eher einem Schluchzen glich, stieg in Stefanies Kehle, und sie legte die Hand auf ihre Lippen, um einen Schrei zurückzuhalten. »Mein Gott, welchen Sinn hätte es denn auch, sich aufzuregen! Das Ganze ist doch völlig sinnlos. Was hat Hanno, was habe ich denn getan! Nach endloser Zeit war ich wieder einmal jung und unbeschwert. Ja, und auch glücklich. Ich habe mir trotzdem nichts zuschulden kommen lassen. Doch der verstaubte Ehrenkodex der Hartmanns befiehlt, daß dieses kurze, harmlose Glück mit Blut ausgelöscht werden muß. Ich glaube, mein Schwiegervater wäre direkt froh, wenn Magnus etwas zustieße. Weil er es mir dann ein Leben lang vorwerfen könnte.«

»Kind, versündige dich nicht – ein Vater kann unmöglich so schreckliche Dinge wünschen.«

»Nein?« Stefanie fuhr zornig zu Anna herum. »Da kennst du den alten Hartmann aber schlecht. Er besteht nur aus Bosheit und Haß – jedenfalls, soweit es mich betrifft. Er war von Anfang an dagegen, daß Magnus mich heiratete, und die Entwicklung der Dinge scheint ihm ja nun recht zu geben.«

Stefanie verstummte. Ihre lebhafte Phantasie malte ihr aus, was sich jetzt wohl im Grunewald abspielte. Die Erinnerung an ihren Angsttraum ließ sie erschauern. »In welchem Jahrhundert leben wir denn, Anna«, fuhr sie tonlos fort. »Ein Duell – so ein Wahnsinn, so ein hirnverbrannter Wahnsinn!«

In Annas übernächtigten Augen stritten Mitgefühl und Mißbilligung miteinander.

»Ich habe dich oft genug gewarnt, Stefanie. Diese häufigen und heimlichen Verabredungen mit Hanno von Werden haben mir Angst gemacht. Du kanntest schließlich die strengen Grundsätze deines Mannes. Er konnte nicht –«

»Still!« Stefanies kalte Hand schloß sich um Annas dünnen Arm, suchte bei ihr Halt. »Ein Wagen ist eben vorgefahren. Magnus . . .?«

Anna verschwand lautlos im Nebenzimmer. Die Tür zum Korridor öffnete sich langsam. Magnus trat ein, blaß und erschöpft.

Stefanie blickte ihm stumm entgegen, sprechen konnte sie nicht. Er schien unverletzt – wie aber stand es um Hanno?

Magnus war an der Tür stehengeblieben. Dann tat er einen Schritt auf Stefanie zu. Der Ausdruck, der in ihren Augen lag, ließ ihn zögern, sich ihr zu nähern. Dabei wünschte er sich nichts mehr, als sie in die Arme nehmen, bei ihr Vergessen suchen zu dürfen.

»Ich sehe dir an, daß du bereits Bescheid weißt«, sagte er leise. Er sprach mühsam und abgehackt, als fiele es ihm schwer, die passenden Worte zu finden. »Ich möchte, daß in diesem Haus nie wieder über diese leidige Angelegenheit gesprochen wird. Sie ist ein für allemal erledigt.«

»Hanno – was ist mit Hanno?« Stefanie mußte zweimal ansetzen, ehe es ihr gelang, die Worte zu formen. »Ich habe, denke ich, ein Recht darauf, es zu erfahren.«

Über Magnus' blasses Gesicht glitt eine flüchtige Röte, verschwand wieder. Er senkte die Augen, wich Stefanies drängendem Blick aus. »Nun gut, das mag zutreffen. Schließlich hast du das ganze Dilemma heraufbeschworen. Warum soll ich also die Last allein tragen.«

Um Zeit zu gewinnen, zündete er sich eine Zigarette an, und Stefanie bemerkte, daß seine Hände dabei zitterten.

Magnus warf sich in einen Sessel, sah sich in Stefanies Salon um, als befände er sich zum ersten Mal hier. Vielleicht hatte er auch nie zuvor die hübsche Einrichtung so eingehend zur Kenntnis genommen. Die Polstermöbel mit den zartgrünen Bezügen, die Wolkenvorhänge vor dem breiten Fenster, die Portieren aus kirschrotem Samt. In dem hohen Spiegel mit dem Goldrahmen, der über dem Kamin hing, spiegelte sich Stefanies Gesicht wider, blaß und vor Erregung wie versteinert.

Magnus Hartmann fuhr sich mit der Hand über die Stirn. Er kam sich in dieser heiteren Umgebung wie ein Eindringling, wie ein Fremder vor. Und vielleicht würden ihn seine Eröffnungen für immer von der Frau trennen, die er, aller Vernunft zum Trotz, noch immer liebte.

»Du kennst die Duellregeln, Stefanie«, sagte er endlich. »Mir, als dem Beleidigten, stand der erste Schuß zu. Ich habe auf dieses Vorrecht verzichtet, um dem Jungen eine Chance zu geben.« Ein ratloser Ausdruck erschien in seinen grauen Augen. »Ich begreife es noch immer nicht. Hanno von Werden galt als brillanter Schütze, während ich –«

Magnus fuhr mit der Hand durch die Luft. »Jedenfalls schlug seine Kugel in den Baum dicht hinter mir ein, während die meine ihr Ziel fand. Dabei hatte ich ihm nur einen Denkzettel verpassen wollen. Bei einem miserablen

Schützen – und das bin ich schließlich – nennt man das Anfängerglück.«
Stefanie wirbelte wie eine Furie zu ihm herum. »Glück! Wie kannst du in einem so furchtbaren Zusammenhang von Glück sprechen, Magnus! Was für ein Mensch bist du bloß . . .« Ihre Stimme brach, und sie wandte sich ab, um Magnus nicht länger ansehen zu müssen.
»Von diesen Dingen verstehst du nichts, Stefanie«, gab er abweisend zurück. »Oder hättest du es lieber gesehen, daß ich verletzt würde? Hanno lebte noch, als ich ihn verließ.«
»Und wenn er stirbt – oder bereits tot ist?« Die junge Frau wandte sich langsam Magnus zu, ihre Augen sprühten vor Abneigung. »Dann hast du einen Mord auf dem Gewissen, Magnus. Einen kaltblütigen Mord. Denn zwischen Hanno und mir ist nichts vorgefallen, was dieses Duell gerechtfertigt hätte.«
»Dein Jugendfreund«, Magnus betonte dieses Wort höhnisch, »schien darüber anderer Meinung zu sein. Er stellte sich mir sofort zur Verfügung, versuchte gar nicht erst, sich herauszureden. Im Grunde ist alles deinem Leichtsinn zuzuschreiben, Stefanie. Darum sei so gut und gib es auf, mir jetzt die Schuld an der unangenehmen Affäre in die Schuhe schieben zu wollen.«
Stefanie war auf einmal unheimlich ruhig. Nur ihre Hände, die sich wie im Krampf öffneten und schlossen, verrieten die Erregung, die in ihr war.
»Wenn Hanno stirbt, dann werde ich dich ein Leben lang hassen, Magnus Hartmann«, sagte sie mühsam und so leise, daß er sie kaum verstehen konnte. Doch die Drohung, die in ihrer Stimme mitschwang, ließ keinen Zweifel offen. »Bete, daß er überlebt; denn nur dann kann auch unsere Ehe überleben.« Stefanie strich sich über die Stirn. Sie fühlte sich wie ausgehöhlt und sehr müde. »Falls eine Ehe ohne Vertrauen überhaupt noch eine Existenzberechtigung hat.«
Magnus erhob sich. Er fand es an der Zeit, diese uner-

quickliche Unterredung zu beenden. Er wußte zwar, daß Stefanie zuweilen zu dramatischen Übertreibungen neigte. In diesem Fall jedoch schien es ihr bitterernst mit ihrer Drohung zu sein. Fast bedauerte er jetzt, sich nicht vorher mit ihr ausgesprochen und das Duell nicht überhaupt vermieden zu haben.

Hanno von Werden überlebte seine schwere Verwundung wie durch ein Wunder. Die Nachrichten, die später von seinem Gut in Ostpreußen nach Berlin durchsickerten, waren beruhigend.

»Die Ereignisse nach meiner Rückkehr aus Jugoslawien haben die dortigen Geschehnisse völlig verdrängt«, bemerkte Magnus eines Tages, bemüht, wieder einen besseren Kontakt zu Stefanie herzustellen. »Ich habe dir jedenfalls noch gar nicht erzählt, wie alles gelaufen ist.«

Stefanie begriff, daß er eine Aussöhnung suchte, und ging mit zurückhaltender Freundlichkeit darauf ein.

»Ja – wie war es nun? Habt ihr die Firma übernommen?«

Nicht einmal Magnus ahnte, daß sie sich weit mehr für die Hartmann-Werke interessierte, als sie je zugegeben hätte, auch nicht vor sich selbst. Sie langweilte sich oft, das gutgeschulte Personal nahm ihr jeden Handgriff im Haus ab. So konnte es vorkommen, daß sie sich während Magnus' Abwesenheit in sein Arbeitszimmer schlich und dort in den Unterlagen blätterte, die er mit nach Hause nahm, um sie abends durchzusehen. Ihr Interesse erwachte, doch verriet sie sich nie, aus Furcht, von ihrem Mann und dem Schwiegervater ausgelacht zu werden.

Allmählich stellte sie sogar zu ihrer eigenen Verwunderung fest, daß sie einen guten Kopf für Zahlen hatte. Heimlich baute sie darauf auf, lernte chemische Formeln und begann zu begreifen, warum Magnus so in seinem Beruf aufging.

»Ja, es lief alles besser als erwartet.« Magnus Hartmanns Gesicht hellte sich auf, er freute sich, endlich ein Thema gefunden zu haben, über das er mit Stefanie unbefangen

diskutieren konnte. »Es ist uns gelungen, die Lederfabrik zu sehr günstigen Bedingungen zu übernehmen. Der bisherige Geschäftsführer leitet sie für uns weiter. Das ist auch aus devisentechnischen Gründen günstiger.«
Der stets eher nüchterne Magnus geriet ins Schwärmen. »Die Landschaft ist äußerst reizvoll, es würde dir dort bestimmt gefallen, Stefanie. Ein wenig wild zwar und für eine verwöhnte junge Frau möglicherweise etwas unkultiviert wirkend, und doch würde ich dir das Land gern einmal zeigen.«
»Warum nicht? Es wird sich sicher machen lassen.« Stefanie war nicht direkt begeistert von diesem Angebot, doch versuchte sie seit einiger Zeit ehrlich, mehr auf Magnus und seine Interessen einzugehen. Ihr Entschluß, bei ihm zu bleiben, entsprang der Notwendigkeit, darum war es aber auch unumgänglich, daß sie halbwegs miteinander auskamen. Da sie von der Voraussetzung ausging, daß er ihr verziehen hatte, entschloß sie sich spontan, ihm endlich von ihrer erneuten Schwangerschaft zu berichten. Zu ihrer Enttäuschung stellte sie jedoch fest, daß Magnus seine Lektion noch immer nicht gelernt hatte. Im Gegenteil. Seine stets auf der Lauer liegende Eifersucht fand durch ihre Eröffnung neue Nahrung.
»Wann ist es soweit?« fragte er statt einer freudigen Reaktion betroffen. Unwillkürlich hatte er an Hanno von Werden denken müssen, glaubte, ihn vor sich zu sehen. Lachend, mitreißend in seiner ungestümen Lebensfreude – und neben ihm Stefanie ...
Es war, als könne sie die Gedanken ihres Mannes lesen. Das Lächeln auf ihrem Gesicht erstarrte, wich kühler Ablehnung.
»Hanno ist nicht der Vater, falls dir das Sorgen bereiten sollte«, bemerkte sie, und ihre Stimme klang scharf. »Wenn ich es recht bedenke, würde ich mir das fast wünschen. Dann könnte ich nämlich noch etwas von meinem Leben erwarten, statt mich dauernd von dir kränken und beleidigen zu lassen. Manchmal möchte ich wirklich ...«

Stefanie verstummte abrupt. Ja, wäre der kleine Lutz nicht gewesen, hätte sie dieses Haus wohl längst verlassen, um zu Hanno nach Ostpreußen zu gehen.
Der leere, trostlose Ausdruck ihrer Augen bewog Magnus einzulenken.
»Verzeih, mein Liebes. Es tut mir aufrichtig leid. Könnten wir nicht versuchen, ganz von vorn anzufangen? Wir hatten einen schlechten Start, aber das Leben liegt doch noch vor uns. Ich will gutmachen, ich liebe dich –«
Seine Hand berührte ihre Schulter, fordernd und in jäh aufflammendem Begehren. Stefanie aber trat rasch zurück, entzog sich ihm. Sie konnte nicht vergessen, daß diese Hand auf Hanno gezielt, den folgenschweren Schuß auf ihn abgegeben hatte. Der geliebte Jugendfreund würde nie mehr ganz gesund werden.
»Ich weiß nicht, ob das möglich ist, Magnus. Laß mir Zeit, mich an den Gedanken zu gewöhnen. Zuviel ist zwischen uns getreten, man kann es nicht von einem Tag zum anderen vergessen. Außerdem hat mir der Arzt größte Schonung verordnet.«
Magnus nahm diese erneute Zurückweisung äußerlich gelassen auf. »Wenn das so ist, dann werde ich natürlich . . .«
Er sprach nicht zu Ende, betrat aber seit diesem Tag nie mehr das gemeinsame Schlafzimmer. Anton hatte ihm eins der Gästezimmer herrichten müssen.

Auch die Geburt der kleinen Carola, die Magnus wie aus dem Gesicht geschnitten war, änderte nichts an ihrer Beziehung.
Friedrich Hartmann, der seiner schönen Schwiegertochter das Duell, das Magnus in akute Lebensgefahr gebracht hatte, nicht verzeihen konnte, trug das Seine dazu bei, die Zwietracht eher noch zu schüren.
»Madame hat zwar ihre Pflicht getan und dir zwei Kinder geschenkt, Magnus«, bemerkte der alte Herr nicht ohne Hohn, nachdem er das hübsche Baby in Augenschein genommen hatte. »Dennoch paßt mir deine Ehe nach wie

vor nicht. Du hättest Stefanie diesem Werden zum Geschenk machen sollen, statt dich ihretwegen mit ihm zu schießen. Dann könntest du jetzt ein neues, angenehmes Leben beginnen. Die geborene von Rosen wird dir noch manchen Streich spielen, das laß dir gesagt sein, mein Junge. Wir werden sie fest an die Kandare nehmen müssen, um ihren künftigen Eskapaden zuvorzukommen.«
Magnus waren solche Reden unangenehm, aber er war zu sehr an die bissige Art seines Vaters gewöhnt. Natürlich dachte er nicht im Traum daran, Stefanie aufzugeben. Seit der Geburt ihres zweiten Kindes erschien sie ihm anziehender denn je. Sie machte einen fast glücklichen Eindruck und wirkte in ihrer Aufgabe als Mutter gelöst und sehr begehrenswert.
Magnus begann sie mit Geschenken zu verwöhnen, versuchte, sie auf jede erdenkliche Weise für sich zu gewinnen. Doch es schien, als bemerkte sie seine Bemühungen gar nicht.
»Die Geburt der kleinen Carola verlief - wie Ihnen bekannt sein dürfte, lieber Hartmann - nicht ganz ohne Komplikationen«, zog sich Dr. Bender, von Magnus nachdrücklich konsultiert, sichtlich unbehaglich aus der Affäre. »Sie müssen Ihrer jungen Frau Zeit lassen, sich von ihrer Niederkunft zu erholen. Ein normales Eheleben zu einem verfrühten Termin könnte zu schweren gesundheitlichen Störungen führen.«
Der langjährige Hausarzt der Familie von Rosen fuhr sich mit dem Zeigefinger zwischen Hals und Kragen. Doch er kannte Stefanie seit ihrer Kindheit, verehrte sie, seit sie erwachsen war. Was immer sie auch bewogen haben mochte, sich ihrem Gatten zu entziehen, er brachte es einfach nicht übers Herz, ihren Wünschen zuwiderzuhandeln.
»Ich verstehe.« Magnus' Augen waren schmal geworden, ein resigniertes Lächeln lag um seinen Mund. Er durchschaute den Arzt, war zu klug, um diesen deutlichen Wink nicht zu verstehen. Stefanie hatte nie vitaler, nie gesünder

gewirkt als eben jetzt. Wenn sie ihn ablehnte, dann war er der letzte, sich aufzudrängen, auch wenn das Recht auf seiner Seite liegen mochte.

Anna, die sonst stets auf Stefanies Launen mit Verständnis reagierte, mißbilligte diesmal das Verhalten der jungen Frau.

»Du weißt, daß ich mich anfangs nicht für Magnus Hartmann erwärmen konnte, Kind.« Sie saß an der Wiege der kleinen Carola und betrachtete Stefanie vorwurfsvoll. »Doch ich bin schon seit geraumer Zeit der Meinung, daß er seine Strenge und Unnachgiebigkeit dir gegenüber bedauert. Welcher Mann macht nicht einmal einen Fehler, zumal, wenn er eine Frau liebt und krankhaft eifersüchtig ist. Er bereut aufrichtig, wird dich bestimmt nie wieder kränken. Du solltest ihm wenigstens einen kleinen Schritt entgegengehen. Er ist dein Mann –«

»Als ob ich das nicht wüßte, Anna!« Stefanie sah mißmutig an ihrer einzigen Vertrauten vorbei. »Ich weiß aber auch, was ein Entgegenkommen meinerseits zur Folge hätte. Ich habe Magnus schon zwei Kinder geboren und denke nicht daran, das Gebären zur Gewohnheit werden zu lassen. Oh, Magnus tut nur so demütig. In Wirklichkeit ist er ein gerissener Fuchs. Er weiß genau, daß er mich mit jeder neuen Schwangerschaft monatelang ans Haus fesselt und mir dadurch jede andere Freude verdirbt. Wer verliebt sich schon in eine Frau, die gerade ein Baby erwartet?«

Stefanie biß sich auf die Lippen. Sie hatte in ihrem Zorn Anna ihre geheimsten Wünsche offenbart. Aber ja, sie wollte doch so gern umworben, begehrt werden – nur nicht von Magnus Hartmann, ihrem Mann.

Annas glanzlose Augen ruhten mißbilligend auf Stefanie, die ihr wie ein eigenes Kind ans Herz gewachsen war. »Es stimmte also doch. Hanno war mehr für dich als nur ein Jugendfreund. Hüte dich vor weiterem Unrecht, Stefanie von Rosen. Man spielt nicht ungestraft mit dem Feuer. Der junge Mann hat schwer gebüßt. Wäre er damals ge-

storben, so wärst du schuld an seinem Tod, nicht dein Mann.«
Stefanie schwieg zu diesem unverblümten Vorwurf. Sie wußte, daß Anna recht hatte. Die Vorhaltungen der alten Frau blieben nicht ohne Wirkung. Obgleich Stefanie sich Magnus nach wie vor verweigerte, bemühte sie sich doch im Verlauf der nächsten Monate, freundlicher zu ihm zu sein.
Seltsamerweise schien er sich damit abgefunden zu haben, daß sie nur noch auf dem Papier ein Ehepaar waren. Der Versuchung, es anderen Männern gleichzutun, und sich eine Geliebte zu nehmen, um seine körperlichen Wünsche zu befriedigen, widerstand er energisch. Es hätte sein Problem auch nicht gelöst.
Der kameradschaftliche Ton, den er Stefanie gegenüber jetzt anschlug, fiel bei ihr auf fruchtbaren Boden. Sie wurde unbefangener, vergaß ihre Vorbehalte und ging lebhaft auf jedes Gespräch ein, das er anregte. Hin und wieder kam es vor, daß er sich sogar in geschäftlichen Fragen ihren Rat erbat und sich darüber freute, wie klug und sachkundig sie zu argumentieren verstand.
»Es ist für eine junge Frau ungewöhnlich, soviel Verständnis für eine so trockene Materie wie die Chemie aufzubringen«, sagte er einmal, ehrlich überrascht. »Früher schienst du eher gelangweilt, wenn ich von Geschäften sprach, Stefanie. Ich freue mich jedenfalls, denn ich hatte das nicht bei dir gesucht. Respekt, Respekt.«
Stefanie errötete. Sein Lob schmeichelte ihr. Sie wollte zwar bescheiden abwehren, aber Magnus sprach bereits animiert weiter. »Du kannst dir gar nicht vorstellen, wie es mich beruhigt zu wissen, daß die Firma, sollte mir etwas zustoßen, bei dir in besten Händen wäre. Noch vor Monaten hätte ich dieses Gefühl nicht gehabt.«
Stefanie betrachtete ihren Mann beunruhigt.
»Wie kommst du auf solche Gedanken, Magnus?« Sie lehnte sich zurück, musterte ihn forschend. Nein, krank sah er nicht gerade aus. Im Gegenteil. Er hatte schon

lange nicht mehr so gesund ausgesehen. »Was sollte dir denn, um Himmels willen, zustoßen? In deinem Alter –« Schließlich war er erst vierunddreißig.
Magnus Hartmann hob die Schultern. In dieser Geste lag leichtes Unbehagen, das Stefanie sich nicht zu erklären wußte. »Man kann nie wissen«, gab er ausweichend zurück. »Die Politik ist reichlich verworren, und überhaupt – das ewige Leben hat keiner gepachtet.«

3

Wie berechtigt Magnus' Skepsis gewesen war, zeigte sich schon wenige Tage später, als er, ohne anzuklopfen, hastig Stefanies Salon betrat.

Sie sah von ihrer Arbeit auf. Ihr Lächeln erlosch, als sie den Ausdruck auf Magnus' Gesicht bemerkte. »Was ist passiert, Magnus – dein Vater?«

»Nein. Lies selbst.« Er legte ein Extrablatt vor sie hin, dessen Schlagzeile von dem Attentat auf den österreichischen Thronfolger und seine Gemahlin berichtete. »Dieser Mord könnte leicht Folgen für ganz Europa haben.«

Stefanie überflog hastig die wenigen Zeilen, deren Inhalt eine menschliche und politische Tragödie war.

»Das ist ja entsetzlich! Beide tot. Die armen Kinder, die jetzt ohne ihre Eltern aufwachsen müssen.« Stefanies Reaktion war typisch weiblich. Für sie kamen die politischen Folgen erst an zweiter Stelle. »Meinst du, es könnte Krieg geben?«

Als Magnus stumm nickte, zog Stefanie grübelnd die schmalen Brauen zusammen. Auch das war neu an ihr: daß sie stets versuchte, den Dingen, die sie nicht verstand, auf den Grund zu kommen.

»Ja, aber – was haben wir mit der ganzen Sache zu tun, Magnus? Serbien ist so schrecklich weit von uns entfernt. Was dort geschieht, kann Deutschland wohl kaum berühren.« Ein zaghaftes Lächeln erschien auf ihrem Gesicht. Es entsprang der Hoffnung, daß Magnus – er neigte zuweilen dazu – auch diesmal wieder zu schwarz sah. »Vielleicht gibt es die Katastrophe, die du zu fürchten scheinst, gar nicht. Du wirst sehen. Die Wolken am politischen

Himmel werden sich bestimmt bald wieder verzogen haben.«
Magnus hätte Stefanie gern zugestimmt, aber er glaubte, es besser zu wissen. Nur eins konnte ihn über die Sorgen, die er sich machte, hinwegtrösten: daß solche ernsten Gespräche zwischen ihnen möglich geworden waren, daß es immer seltener zu Streitigkeiten kam. Im Gegenteil. Sein Familienleben konnte jetzt zuweilen sogar harmonisch genannt werden. Daran konnte auch sein Vater, dem diese Entwicklung nicht in den Kram paßte, nichts ändern.
Leider wurde auch Stefanie sehr bald klar, daß ihr Optimismus verfrüht gewesen war. Wenige Wochen nach dem Attentat von Sarajewo überstürzten sich die Ereignisse. Das Ultimatum Österreich-Ungarns vom 23. Juli 1914 an Serbien löste in der ganzen Welt heftige Debatten aus. Auch im Hause Hartmann stand dieses Thema an erster Stelle.
»Mit der Annahme der meisten Punkte durch die Serben hat Wien einen vollen diplomatischen Sieg errungen«, erklärte Magnus befriedigt, und Stefanie neigte sich gespannt vor.
»Dann wird es ja auch keinen Krieg geben, Magnus.«
Seltsamerweise dachte sie bei ihren Worten nicht an die Gefahr, die der ganzen übrigen Welt durch einen Krieg drohen würde. Sie dachte nur daran, daß auch Magnus dann nicht ins Feld zu ziehen brauchte. Etwas von ihrer Erleichterung stand in ihren Augen geschrieben, und Magnus dankte ihr mit einem warmen Lächeln. Doch gleich darauf wurde er wieder ernst.
»Ich weiß nicht, Stefanie. Es wird Österreich vielleicht nicht genügen, einen diplomatischen Sieg errungen zu haben. Man wünscht in Wien die Vernichtung Serbiens, selbst auf die Gefahr hin, daß dadurch ein Krieg mit Rußland ausgelöst würde.«
Stefanies Hände verkrampften sich, eine Falte erschien zwischen ihren Brauen. Sie klammerte sich an den winzi-

gen Strohhalm der Hoffnung, der ihr noch zu bleiben schien.
»Aber unser Kaiser hat doch gesagt, daß nun jeder Kriegsgrund weggefallen sei – nachdem Serbien das Ultimatum angenommen hat«, wandte sie leise ein.
»Nur zum Teil angenommen hat«, berichtigte Magnus ernst. »Und es macht trotzdem mobil. Das wird einen Abbruch der diplomatischen Beziehungen zwischen den beiden Ländern zur Folge haben. Gnade uns Gott, wenn man uns in diesen Konflikt mit hineinzieht.«
Tatsächlich erklärte schon drei Tage später Österreich Serbien den Krieg. Am 1. August erfolgte die Kriegserklärung Deutschlands an Rußland nach dessen Generalmobilmachung am 30. Juli.
»Da haben wir den Schlamassel! Aber das eine laß dir gesagt sein, Magnus. Soldat spielen, das gibt es für dich nicht. Du bist für die Firma selbstverständlich unabkömmlich.« Der alte Hartmann bearbeitete mit seinen knochigen Fingern die Tischplatte. »Ich bin zu krank, um mich darum kümmern zu können. Auf Angestellte kann man sich nicht verlassen, die wirtschaften allemal in die eigene Tasche. Ein vollwertiger Ersatzmann ist für dich nicht vorhanden, mein Sohn. Abgesehen davon gehören wir zu den kriegswichtigen Betrieben. Medikamente und Verbandsmaterial werden immer gebraucht. Wir stellen einfach ganz auf Kriegsproduktion um. Überlaß das mir und meinen Beziehungen. Ich denke nicht daran, aus meinem einzigen Sohn Kanonenfutter machen zu lassen.«
Stefanie, sonst selten einer Meinung mit ihrem Schwiegervater, war in diesem Fall geneigt, ihm beizupflichten. Sie hoffte, daß auch Magnus vernünftig sein und Einsicht zeigen würde. Mußte er nicht in erster Linie an sie und an seine Kinder denken? Er war in der Heimat weitaus nützlicher als an der Front, wo er nur einer unter Tausenden wäre, deren Leben wenig oder nichts galt.
»Verzeih, Vater. Leider muß ich dir widersprechen.« Trotz seines Eifers bemerkte Magnus verwirrt, daß Stefa-

nie ihn ausgesprochen besorgt betrachtete. Mehr noch. Zum ersten Mal, seit sie verheiratet waren, lag ein Ausdruck in ihren Augen, der fast Zuneigung gleichkam. »Ich bin Reserveoffizier und bereits bei meinem Regiment vorstellig geworden. Das bedeutet, daß ich nur noch auf Abruf zu Hause bin . . .«

»Wann wirst du einrücken müssen, Magnus? Ich meine, es gibt ja einiges vorzubereiten.« Stefanies helle Stimme hatte ihre gewohnte Sicherheit verloren. Der Gedanke, künftig ganz auf die alleinige Gesellschaft des mürrischen alten Mannes angewiesen zu sein, verursachte ihr Unbehagen.

»Es kann jeden Tag soweit sein, Stefanie«, gab Magnus freundlich zurück. »Was die Firma betrifft, so wirst du mich während meiner Abwesenheit vertreten, nicht wahr? In einem Punkt irrst du, Vater. Wir haben zuverlässige Mitarbeiter, die Stefanie gut beraten und darauf achten werden, daß keine schwerwiegenden Fehler passieren. – Natürlich«, Magnus wandte sich wieder seiner Frau zu, »natürlich fehlen dir die technischen und wissenschaftlichen Voraussetzungen, mich in jeder Beziehung zu ersetzen. Aber es soll jemand aus der Familie immer für unsere Leute da sein. Ich habe während der letzten Monate feststellen können, daß du einen gesunden Verstand besitzt und einen guten Kopf für Zahlen hast.«

Der alte Hartmann versuchte nochmals zu widersprechen, doch Magnus brachte ihn mit einer ungeduldigen Handbewegung zum Schweigen. Seine ungeteilte Aufmerksamkeit gehörte in diesem wichtigen Moment Stefanie, die ihm mit leuchtenden Augen zuhörte.

»Ich weiß auch«, fuhr er ernst fort, »daß du dich um die großen und kleinen Sorgen der Belegschaft kümmern und deine Aufgabe gewissenhaft angehen wirst.«

»Ich will mich jedenfalls sehr bemühen, Magnus. Du sollst mit mir zufrieden sein.« Stefanie freute sich darüber, daß Magnus sie nicht mehr wie ein hübsches Spielzeug behandelte; er schien endlich den gleichberechtigten

Partner in ihr zu sehen. Dies allein war ein Triumph für sie; denn sie wußte, daß Friedrich Hartmann dies mißfallen würde. »Du kannst dich ganz auf mich verlassen.«
»Lächerlich!« Endlich kam der alte Mann zu Worte. Er richtete sich wütend in seinem Rollstuhl auf, in dem er seit einem erneuten Schlaganfall vor einigen Wochen seine Tage verbrachte. »Unsere Firma ist reine Männersache. Kein Platz darin für Weiberröcke. Ich werde –«
»Sie werden gar nichts, Papa.« Stefanie hatte es nie über sich gebracht, den alten Herrn zu duzen. Sie waren einander fremd, wenn nicht gar feindlich gesonnen geblieben. Darin hatte sich auch durch die politischen Ereignisse nichts geändert. »Der Krieg«, fuhr sie mutig fort, »hat neue Maßstäbe gesetzt, die überholten Vorurteile ausgemerzt. Gewiß, ich verstehe wenig genug vom Geschäftsleben. Aber ich bin bereit zu lernen. Es liegt auf der Hand, daß wir Frauen einspringen müssen, solange unsere Männer sich an der Front befinden.«
Magnus lächelte. Zum ersten Mal bekannte sich Stefanie voll zu ihm, als seine Frau und Gefährtin. Der Ausdruck, mit dem sie ihn ansah, verriet sehr viel Freude an der ihr gestellten Aufgabe. Nicht nur das. Auch eine Sympathie, die frei von Vorbehalten und daher völlig neu an ihr war.

Am gleichen Tag meldete sich auch Ellen Armstrong und bat Stefanie, sich mit ihr im Café ›Kranzler‹ zu treffen.
Die Frau des britischen Botschafters hatte seinerzeit Stefanies Rolle in dem unglücklichen Duell mißbilligt, ihr ihre Zuneigung jedoch nie entzogen.
»Du verstehst gewiß, daß wir uns besser an einem neutralen Ort treffen, Stefanie«, setzte sie entschuldigend hinzu. »Es wäre nicht angebracht, wolltest du mich zu diesem Zeitpunkt in der britischen Botschaft besuchen.«
Stefanie bejahte dies zögernd. Sie ahnte die Gründe für diese Vorsichtsmaßnahme. Magnus hatte bereits Befürchtungen geäußert, auch England könne in diesen Krieg hineingezogen werden.

Während Stefanie sich in dem vollbesetzten Café nach ihrer mütterlichen Freundin umsah, war ihr das Herz schwer. Wie sollte ihr Leben künftig aussehen? Magnus im Feld, die Armstrongs, zu denen sie sich stets hatte flüchten können, um den Launen ihres Schwiegervaters zu entfliehen, weit weg – in England . . .
Ellen Armstrong hatte in einer Ecke Platz genommen. Sie wollte unbeobachtet bleiben. Selbst als Stefanie erfreut zu ihr trat, verzichtete sie darauf, den Schleier, der fest um ihr kleines Hütchen gebunden war, zu heben.
»Ich befinde mich in einer prekären Lage, mein Kind«, sagte sie leise, als fürchte sie, belauscht zu werden. »Trotzdem wollte ich nicht abreisen, ohne mich von dir verabschiedet zu haben.«
Stefanie bestellte geistesabwesend ihren Kaffee, sah bedrückt Ellen an, deren Gesicht hinter dem Schleier bekümmert wirkte.
»Ach, Tante Ellen – warum muß es bloß Kriege geben! Schau dich einmal um. Alles sieht so friedlich aus. Die Leute genießen die köstlichen und weltberühmten Kranzler-Spezialitäten, plaudern, als sei gar nichts geschehen . . .«
Ellen Armstrong besaß mehr Lebenserfahrung als Stefanie.
»Meinst du wirklich, Kind? Ich kann dir leider nicht beipflichten. Spürst du die Unruhe nicht, die in diesen Menschen ist? Sie versuchen lediglich, durch gespielte Harmlosigkeit die Gefahr zu ignorieren. Die Spannung liegt fast greifbar im Raum. Ja, die Deutschen sind fröhlich, man lacht. Aber diese Fröhlichkeit ist allzu hektisch, um echt zu sein . . . Wir reisen schon heute abend ab«, wechselte sie abrupt das Thema. »Sehr überstürzt, wie du siehst; aber das ist nun einmal so, wenn ein Weltkrieg ausbricht.«
»Du glaubst, daß England uns den Krieg erklären wird, Tante Ellen?« Stefanie mußte diese Frage stellen, obgleich sie die Antwort im voraus zu kennen meinte.

Lady Armstrongs Gesicht verschloß sich.
»Was ich glaube, ist belanglos«, gab sie zögernd zurück. »In ein paar Tagen werden wir alle mehr wissen. Auch wenn ich genau unterrichtet wäre, dürfte ich mit dir nicht über dieses Thema diskutieren.«
Stefanie schwieg. Mit einem Schlag wurde sie sich über den Ernst der Lage klar. Nicht nur die Völker würden sich von nun an feindlich gegenüberstehen, auch alte Freunde würden fortan unsichtbare Mauern trennen.
Die beiden Frauen schieden in dem Bewußtsein, daß ein schöner Lebensabschnitt zu Ende gegangen war. Der durch äußere Einflüsse abrupt zerrissene Faden würde sich, wenn nicht ein Wunder geschah, nie wieder neu knüpfen lassen.
Nachdem Ellen Armstrong gegangen war, blieb Stefanie noch ein Weilchen sitzen. Sie hätte gern geweint, wußte jedoch, daß dies in dieser Umgebung nicht möglich war. Den letzten Eindruck, den sie von Ellen gewonnen hatte, würde sie lange nicht vergessen können. Ihre mütterliche Freundin hatte auf dem Wege zum Ausgang versucht, sich möglichst unauffällig zu bewegen. Als befände sie sich bereits in Feindesland ...

Tatsächlich – und für keinen mehr überraschend – erklärte England am 4. August 1914 dem Deutschen Reich den Krieg. Der Einmarsch deutscher Truppen in Belgien, nachdem das Nachbarland das von Deutschland mit vollem Schadenersatz geforderte Durchmarschrecht abgelehnt hatte, lieferte nicht einen Vorwand, sondern einen rechtlich stichhaltigen Grund für die englische Kriegserklärung; er lieferte aber noch mehr: einen Stimmungsfaktor von durchschlagender Bedeutung für das Empire und die große Welt.
Somit kam auch für Stefanie der Abschied von Magnus schneller als erwartet. Am Vorabend seiner Abreise faßte sie einen Entschluß, der ihr nicht ganz leichtfiel. Gewiß, Magnus hatte sie durch wiederholtes Mißtrauen schwer

gekränkt; aber die Sorge um ihn hatte sie weicher und versöhnlicher gestimmt. Sollte er sich ihr nähern, den Wunsch äußern, sie noch einmal in die Arme zu nehmen, wollte sie sich nicht länger abweisend zeigen.
Magnus jedoch schien ihren Meinungsumschwung nicht zu spüren. Er blieb gleichbleibend freundlich, machte aber keinerlei Anstalten, aus der bevorstehenden Trennung – vielleicht auf Jahre – Vorteile zu ziehen. Vielleicht fürchtete er auch eine Zurückweisung, auf die er es gar nicht erst ankommen lassen wollte. Sie waren in letzter Zeit gute Kameraden gewesen, und er hatte nicht vor, diesem angenehmen Zustand ein Ende zu bereiten. Trotz seiner Sehnsucht, diese letzte Nacht bei Stefanie verbringen zu dürfen, verabschiedete er sich wie gewohnt mit einem flüchtigen Kuß von ihr, um sein Zimmer aufzusuchen.
Seltsamerweise empfand Stefanie fast so etwas wie Enttäuschung darüber. Schließlich war sie eine gesunde junge Frau, die lange Enthaltsamkeit machte sich bemerkbar. Sie sehnte sich nach Zärtlichkeiten, nach Hingabe. Nun ja, sie konnte Magnus keinen Vorwurf machen, sie hatte es ja nicht anders gewollt. Aber plötzlich erschien ihr der Gedanke an eine Liebesnacht mit ihm gar nicht mehr so unangenehm und abwegig wie bisher. Trotzdem brachte sie es nicht fertig, zu ihm hinzugehen und ihm dies zu gestehen. Die althergebrachte Sitte, es müsse dem Mann vorbehalten bleiben, den ersten Schritt zu tun, hinderte sie daran.
So trennten sie sich am nächsten Morgen wie zwei gute Freunde, doch in dem festen Bewußtsein, etwas Wunderbares versäumt zu haben.

Stefanie erfüllte nach Magnus' Abreise ihre häuslichen und geschäftlichen Pflichten mit einem Eifer, der jeden, der sie länger kannte, verwundert hätte. Sie wußte ihre Kinder in Annas Obhut bestens aufgehoben, so daß sie sich unbesorgt der ihr ungewohnten Beschäftigung widmen konnte, die sie von allen unliebsamen Betrachtungen

ablenkte. Zweifel über ihre bisherige Einstellung zu Magnus stimmten sie nachdenklich und ruhelos zugleich.
»Du mutest dir zuviel zu, Kind.« Anna trat zu Stefanie, die damit beschäftigt war, die Gartenbeete auf den nahenden Winter vorzubereiten. »Fast den ganzen Tag bist du in der Firma, nicht einmal eine Mittagspause gönnst du dir und werkst statt dessen auch noch hier herum. Du mußt ja todmüde sein.«
Stefanie richtete sich auf, sah lächelnd Anna an, deren Ermahnung nicht unberechtigt war. Erst jetzt spürte sie, wie sehr ihr Rücken schmerzte. Kein Wunder, schließlich war sie eine solche Tätigkeit nicht gewöhnt.
»Es macht mir Freude, Anna. Nur noch diese Tulpen, dann bin ich fertig. Im Frühjahr wird dann alles wunderbar in Blüte stehen.« Für Magnus, hätte sie fast hinzugefügt, schluckte diese Worte aber noch rechtzeitig hinunter. Anna sollte nicht über sie lachen dürfen, weil sie sich plötzlich wie eine verliebte Ehefrau benahm. Bei allem, was sie tat, dachte sie an den fernen Magnus.
»Trotzdem.« Anna schob mißmutig die Unterlippe vor. »Es gehört sich nicht für eine Dame, in der Erde herumzuwühlen. Nicht einmal Handschuhe hast du an. Wenn dich jemand so sähe – die Haare zerzaust, den Rocksaum voller Erdflecken . . .«
»Wer sollte denn kommen?« Stefanies Stirn bewölkte sich. »Seit Tante Ellen nicht mehr in Berlin ist, habe ich keinerlei gesellschaftlichen Verkehr mehr. Mein Schwiegervater hat es von Anfang an verstanden, mich zu isolieren. Und ohne Magnus könnte ich ohnehin nicht ausgehen.«
»Ja, ein Mann kann bei bestimmten Gelegenheiten doch recht nützlich sein.« Anna sagte es trocken, und Stefanie brach in Gelächter aus.
»Wem sagst du das, Annachen! Ich wäre nicht abgeneigt . . .« Sie ließ den Satz unvollendet, und Anna geriet umgehend wieder in Harnisch.
»Daß du dich nicht unterstehst, mit einem Angestellten

der Firma anzubandeln. Darin würde ich keinen Spaß verstehen, Stefanie von Rosen!«
Stefanie sah nachdenklich zu den Kronen der Birken empor, deren Blätter sich in Gold zu verwandeln begannen. Seit der Gärtnerbursche zum Militär einberufen worden war und sie selbst mit Hand anlegte, liebte sie dieses kleine Stück Erde zwischen den weit auseinanderliegenden Villen des Berliner Vorortes Dahlem. Nur hier war es ihr möglich, den Krieg für Stunden zu vergessen. Doch der Winter nahte, und dieser friedliche Zufluchtsort würde ihr bald für viele Monate versperrt bleiben. Dann war sie wieder mehr ans Haus gebunden und damit auch erneut den bissigen Bemerkungen und Launen ihres Schwiegervaters ausgesetzt.
»Ach, weißt du, Anna, da kannst du ganz unbesorgt sein«, knüpfte sie an die letzten Worte ihrer Vertrauten an. »In der Firma gibt es zwar furchtbar nette alte Herren – aber eben alte –, da wäre keiner darunter, der mir gefährlich werden könnte.«
Unwillkürlich dachte sie wieder an Magnus, und der Gedanke an ihn war seltsamerweise nicht frei von Erregung. Seine Briefe aus dem Feld – er schrieb, so oft er konnte – waren voller verhaltener Zärtlichkeit, und Stefanie wunderte sich selbst, wie leicht es ihr fiel, im gleichen Ton darauf zu antworten. Zwischen den Zeilen las sie, wie sehr sich Magnus durch seine Kriegserlebnisse bedrückt fühlte. Dann wünschte sie sich, bei ihm sein und ihn trösten zu dürfen. Immer aber entdeckte sie neue gute Wesenszüge an ihrem Mann, erkannte, daß er in Wirklichkeit gar nicht so hart und selbstgerecht war, wie er sich ihr in der Vergangenheit oft gezeigt hatte.
Mehr noch: Stefanie befand sich jetzt sogar auf dem besten Weg, die Schuld für ihr unbefriedigendes Zusammenleben bei sich selbst zu suchen.
Mehr als zwei Jahre waren seit dem Unglücksattentat in Sarajewo vergangen, der Krieg schien kein Ende nehmen zu wollen. Die Nachrichten von den verschiedenen Fron-

ten waren alles andere als beruhigend. Stefanie hegte die berechtigte Befürchtung – Magnus' Andeutungen in seinen letzten Briefen sprachen dafür –, daß er bei der blutigen Schlacht an der Somme, die jetzt schon in den dritten Monat ging, dabei war. Man konnte nur hoffen und beten ...

Die junge Frau war damit beschäftigt, abgeblühte Rosen im Garten abzuschneiden. Seit sie sich darum kümmerte, war hier ein kleines Paradies entstanden. Stefanie war so in ihre Arbeit versunken, daß sie die Schritte überhörte, die auf dem gewundenen Kiesweg rasch näher kamen. Erst als der alte Anton keuchend neben ihr stehenblieb, wandte sie sich fragend um.

»Ja, was ist los, Alterchen? Du bist ja völlig außer Atem. Wie oft muß ich dir denn noch sagen, daß du dir Zeit lassen sollst.« Ihr Blick glitt zu dem Brief, den er ihr stumm hinhielt. Sie erkannte auf dem an Magnus adressierten Umschlag ihre eigene Handschrift.

Mit einem leisen Schreckenslaut griff sie danach, versuchte sich klarzumachen, was die wenigen Worte bedeuteten, die von einer fremden Hand hinzugefügt worden waren.

Stefanie verspürte einen heftigen Schmerz, der sie selbst verwirrte. Begann sie jetzt, da es dafür anscheinend zu spät war, mehr als nur duldsames Wohlwollen für Magnus zu empfinden?

»Vermißt – vermutlich gefallen«, las sie mit stockender Stimme, ehe alles um sie herum verschwamm und sie mit einem leisen Stöhnen in sich zusammensank.

Stefanies Ohnmacht hatte nicht lange gedauert. Vielleicht war dieser Sturz ins Nichts für sie auch nur eine Art Zuflucht gewesen, um nicht sofort über die Nachricht nachdenken zu müssen. Denn während Anton und das herbeigerufene Hausmädchen sich um sie kümmerten, war ihr, als erlebe sie einen Teil ihrer kurzen Ehe noch einmal. Sie glaubte, Magnus vor sich zu sehen, wie er einst um sie geworben hatte. Sie sah ihre Hochzeit, die ersten Wochen ihrer Ehe, die nicht dem entsprach, was sie sich als junges Mädchen ausgemalt hatte. Und dann stellte sie sich Magnus vor, ehe er in den Krieg zog – ernst und auf ein Wunder hoffend, das ihm nicht erfüllt worden war.

»O Anna«, flüsterte sie, als sie oben in ihrem Bett lag. »Ich habe Magnus kein Glück gebracht, ihn nicht so geliebt, wie er es verdient hätte. Erst jetzt, da er nicht mehr bei mir ist, weiß ich, was für ein guter Mensch er war.«

»Es gibt noch Hoffnung, Kind.« Anna sagte es beschwichtigend und gegen ihre eigene Überzeugung. »Sie schreiben ja, er wäre vermißt. Nur daran mußt du denken, nicht an seinen Tod. Sonst stirbt er womöglich, nur weil du daran glaubst.«

Stefanie lächelte nachsichtigt. Sie wußte, wie abergläubisch die alte Spreewälderin war. Nein, sie konnte nicht so denken. Es gab keine Wunder dieser Art. Was immer sie auch dachte und wünschte, Magnus' Schicksal hatte sich, wie das Tausender anderer, irgendwo auf einem Schlachtfeld in Frankreich erfüllt.

Anna berührte sanft die Hand der jungen Frau.

»Doktor Bender ist unten bei dem alten Herrn. Er versucht ihm die Nachricht behutsam beizubringen. Das war ja auch dein Wunsch.« Anna verschwieg Stefanie, daß sie bald nach Ankunft des Arztes einen dumpfen Aufschrei aus Friedrich Hartmanns Zimmer gehört hatte, einen Jammerlaut, der selbst ihr, die ihn nie hatte leiden können, das Herz umgedreht hatte. Nun ja, Magnus war Friedrichs einziger Sohn und sein ein und alles gewesen. Die Enkelkinder, um die er sich kaum kümmerte, konnten ihm kein vollwertiger Ersatz sein.

»Wie hat er es aufgenommen?« fragte Stefanie beklommen.

Anna hob die Schultern. »Du kennst ihn ja, weißt, wieviel Magnus ihm bedeutet. Du mußt versuchen, ihm ein wenig entgegenzukommen, ihn über den Verlust hinwegzutrösten, so gut es eben geht.«

Stefanie schwieg. Ihre Augen brannten von ungeweinten Tränen. Wer würde sie trösten? Oder gab es für sie gar keinen Trost, weil sie Magnus zu seinen Lebzeiten zu gering geachtet hatte?

»Du hast recht«, sagte sie endlich. »Wenn ich hier herumliege, fühle ich mich auch nicht besser. Ich muß etwas tun, sonst werde ich verrückt. Am besten bringe ich die Sache gleich hinter mich. Wenn ich mich nicht bald bei meinem Schwiegervater sehen lasse, meint er am Ende, die Nachricht habe mich nicht weiter berührt.«

Wie hart das Leben in diesem Haus sie gemacht hat, dachte Anna betroffen. Nicht einmal in dieser Stunde kann sie dem alten Mann ein wärmeres Gefühl entgegenbringen. Aber er hat sie ja auch stets wie einen lästigen Eindringling behandelt, ihr nie die Achtung gezeigt, die der Frau seines Sohnes zukam, egal, ob er nun mit der Heirat einverstanden gewesen war oder nicht.

Dann aber geschah doch fast so etwas wie ein Wunder, als Friedrich Hartmann weinend die Arme um seine Schwiegertochter legte. Es geschah wohl nur, weil er in seinem Schmerz Trost bei ihr suchte, und Stefanie hielt still, während er lange über Magnus und dessen gute Eigenschaften sprach, dazwischen immer wieder in Tränen ausbrechend. Die junge Frau machte sich keine Illusionen, daß diese weiche Regung des alten Herrn schnell vorübergehen und er sie bald wie zuvor anfeinden würde. Denn sie besaß ja die Taktlosigkeit zu leben, während sein geliebter Sohn vermutlich tot war. Gestorben für einen sinnlosen Krieg, der letzten Endes keinem Gewinn bringen würde.

»Ich kann und will mich nicht mit diesem unpersönlichen Vermerk auf einem Briefumschlag zufriedengeben, Papa«, erklärte sie, als Friedrich Hartmann sich einigermaßen beruhigt hatte. »Das ist doch nichts Amtliches! Vielleicht liegt eine Verwechslung vor. Außerdem«, sie zögerte, und ihr blasses Gesicht rötete sich, »außerdem müßte ich es doch fühlen, wenn Magnus wirklich nicht mehr am Leben wäre . . .«

Friedrich, der zusammengesunken in seinem Rollstuhl hockte, richtete sich abrupt auf. Alle Milde und Hilflosigkeit waren von ihm abgefallen, er war wieder ganz der alte. Aus seinem Blick sprühte Stefanie der gewohnte Hohn entgegen, den sie im Laufe der Jahre fürchten gelernt hatte. Vergessen war die kurze Übereinstimmung der Seelen, die Rolle, die Stefanie vorübergehend als Trösterin gespielt hatte.
»Das schlagen Sie sich gefälligst aus dem Kopf, verehrte Schwiegertochter. Gefühle oder Vorahnungen stehen Ihnen nicht zu und schlecht zu Gesicht. Nur eine Frau, die ihren Mann liebt, könnte ein solches Recht für sich in Anspruch nehmen.«
Als müsse er seinen bissigen Worten besonderen Nachdruck verleihen, klopfte er mit seinen harten Knöcheln auf die Stuhllehnen. »Versuchen Sie bloß nicht, mir einzureden, Sie hätten meinen Sohn seinerzeit nicht nur aus reiner Berechnung geheiratet, sondern aus Liebe. Nein, nur das Geld spielte eine Rolle, die Sicherheit, die Magnus Ihnen bot. Weil Ihnen nach dem Selbstmord Ihres leichtsinnigen Vaters das Wasser bis an Ihren hübschen Hals stand!«
»Lassen Sie meinen Vater bitte aus dem Spiel, Schwiegerpapa!«
Ein verächtlicher Zug lag um Stefanies Mund. Der alte Mann mochte mit seiner Behauptung recht haben. Trotzdem durfte er ihr jetzt nicht die natürlichen Gefühle absprechen, die eine Frau – jede Frau – in einer solchen Situation empfand. Auch dann, wenn sie ihren Mann ursprünglich nicht aus himmelstürmender Liebe geheiratet hatte. Die Jahre des Zusammenlebens, die gemeinsamen Kinder – all das stellte eine innere Bindung dar, die nicht ignoriert werden konnte.
»Sie haben meinen Vater nie gekannt«, fuhr Stefanie mit sich steigernder Stimme fort. »Er hat Ihnen nichts getan und für seinen Leichtsinn, wie Sie es nennen, gebüßt. Was meine Gefühle für Magnus betrifft, so steht Ihnen dar-

über kein Urteil zu. Das ist eine Angelegenheit zwischen Mann und Frau, andere dürfen sich da nicht einmischen. Leider haben Sie das in der Vergangenheit viel zu oft getan. Vielleicht sind Sie sogar daran schuld, daß unsere Ehe nicht immer so harmonisch war, wie es sicher der Fall gewesen wäre, hätten wir ohne Sie leben dürfen, Schwiegervater.«

Der drohende Unterton in Stefanies Stimme bewog Hartmann, seine nächste bissige Bemerkung zu unterlassen. Er hatte überhaupt letzthin oft das peinliche Gefühl, Stefanie unterlegen zu sein. Dieser Verdacht schürte nur noch die Abneigung, die er gegen sie hegte.

»Nun gut, lassen wir das«, murmelte er verdrossen. »Was wollen Sie also unternehmen, Stefanie?«

»General von Bredow ist dem hiesigen Generalstab zugeteilt worden. Ich habe das ganz zufällig erfahren. Jetzt könnte uns dies von Nutzen sein. Mein Vater und der General waren einst eng befreundet. Wenn uns jemand helfen kann, etwas über Magnus zu erfahren, dann er.«

Stefanie hielt nichts davon, die Dinge auf die lange Bank zu schieben. Bereits am nächsten Tag begab sie sich in das große graue Gebäude in der Wilhelmstraße, wo sie ihren alten Freund anzutreffen hoffte.

Während sie darauf wartete, dem General gemeldet zu werden, öffnete sich in ihrer Nähe eine Tür. Ein junger Offizier betrat den Korridor.

»Hanno!« Stefanie glaubte, ihren Augen nicht trauen zu dürfen. Den Jugendfreund hatte sie hier am allerwenigsten erwartet. »Hanno! Nein, so etwas . . .«

Völlig überrascht starrte er sie an, wollte lächeln. Sofort aber wurde seine Miene wieder förmlich, seine überschlanke Gestalt straffte sich abwehrend. Nur zögernd trat er auf sie zu. »Stefanie – gnädige Frau – was suchen Sie hier?«

Stefanie sah lächelnd zu ihm auf, obgleich ihr alles andere, nur nicht fröhlich zumute war. Hanno sah älter und fast hager aus. Seit ihrem letzten Beisammensein waren nur wenige Jahre vergangen, und doch schien es ihr endlos lange her zu sein. Nein, gesund sah Hanno nicht aus. Das unselige Duell und seine Folgen hatten ihre Spuren an ihm hinterlassen. Seine Gesichtsfarbe war blaß, er machte einen leidenden Eindruck. Und daran trug sie die alleinige Schuld. Falls man durch eine unbedachte, verbotene Liebe schuldig werden konnte . . .

»O Hanno, sei nicht albern!« rief sie. »Seit wann siezen wir uns denn?« Sie reichte ihm, nun selbst verlegen, die Hand, die er mit leichtem Druck nahm und sofort wieder freigab, als fürchte er jeden Kontakt mit ihr. »Wir können zwar nicht rückgängig machen, was damals geschehen ist. Doch gute Freunde sollten wir trotzdem bleiben dürfen. Um deine Frage zu beantworten, was ich hier suche –« Mit ernstem Gesicht nahm Stefanie den Brief aus der Tasche, reichte ihn Hanno.

Er brauchte nur einen Blick darauf zu werfen, um Bescheid zu wissen. »Oh, ich verstehe. Das tut mir aufrichtig leid, Stefanie. Kann ich irgend etwas für dich tun?«

»Ich wollte eigentlich zu General von Bredow. Vielleicht kann er für mich Nachforschungen anstellen, erfahren, ob diese Nachricht wirklich den Tatsachen entspricht. Möglicherweise ist Magnus nur verwundet.« Stefanie biß sich auf die Lippen, ihre Selbstbeherrschung drohte sie zu verlassen. »Das da – diese wenigen flüchtig hingekritzelten Worte – kann doch unmöglich alles sein, was man einer Frau mitteilt, die ihren Mann verloren hat.«

Stefanies Stimme brach, sie wandte sich ab. Hanno musterte sie verstohlen, während sie ihr Taschentuch hervorholte und sich rasch damit über die Augen fuhr, die sich unversehens mit Tränen gefüllt hatten.

Damals, dachte er verwundert, hatte Magnus Hartmann ihr wenig oder gar nichts bedeutet. War mittlerweile zwischen diesen beiden so ungleichen Menschen ein wärmeres Gefühl aufgekommen?

»Du hast völlig recht«, antwortete er behutsam. »Da kann

nicht alles stimmen. Du müßtest vom Regiment deines Mannes eine Bestätigung erhalten haben. Sein Kommandeur hätte dir bestimmt seinen Tod persönlich mitgeteilt.«

Hanno kannte diese Art von Schreiben zur Genüge. Fast immer stand darin: ›Ihr Gatte gehörte zu unseren tapfersten Offizieren, sein Tod ist ein großer Verlust für uns alle. Er wird uns immer unvergessen bleiben . . .‹

»Übrigens«, fuhr er hastig fort, »ist General von Bredow mein Vorgesetzter. Ich bin sein Adjutant. Eine Art Ruheposten. Seit damals –« Hanno stockte; er wollte das Duell jetzt nicht erwähnen. »Ja – also, für den Frontdienst bin ich nicht mehr tauglich. Aber etwas wollte ich, als ehemaliger Offizier, schließlich zum Sieg beitragen. Man kann in solchen Krisenzeiten nicht auf seiner Klitsche sitzen, Kohl anbauen und auf das Weltgeschehen pfeifen. Ich wurde in den Generalstab aufgenommen – man hatte für meine Situation Verständnis – und kam nach Berlin.«

»Und hast dich nie bei mir sehen lassen.« Stefanie hatte noch nicht ausgesprochen, als ihr bewußt wurde, daß dies natürlich unmöglich gewesen wäre. Hastig fügte sie hinzu: »Falls du etwas über Magnus' Schicksal erfährst, kannst du mich tagsüber im Werk erreichen. Ich versuche, meinen Mann recht und schlecht zu vertreten. Die Arbeit macht mir Spaß, so seltsam dir das auch erscheinen mag. Du hast ja immer nur die müßige Stefanie gekannt. Aber ich bin nun einmal ein Mensch voller Widersprüche.«

Hanno lächelte, legte sich aber mit keinem Versprechen fest. Nein, er wollte sie nicht wiedersehen. Es war besser, wenn ihre Wege sich nicht mehr kreuzten.

Der General empfing Stefanie erfreut, wurde aber sofort ernst, als er hörte, weswegen sie zu ihm gekommen war. Er versprach, alles zu tun, um baldmöglichst eine genaue Auskunft über den Verbleib ihres Mannes zu erhalten.

Einigermaßen getröstet trat sie den Heimweg an. Was im Augenblick zu tun blieb, hatte sie getan. Wenn es noch Wunder gab, dann beruhte die Nachricht womöglich wirklich auf einem Irrtum, und Magnus war noch am Leben.

»Carola ist natürlich noch viel zu klein, um dies zu verstehen«, sagte sie am Abend zu Anna. Erst jetzt fiel ihr plötzlich auf, wie weiß das Haar ihrer alten Kinderfrau in letzter Zeit geworden war. Sie machte sich eben auch Sorgen um die Familie Hartmann, und Magnus war es seltsamerweise noch vor seiner Abreise gelungen, ein winziges Eckchen ihres spröden, verschlossenen Herzens zu erobern. Sie sprach nicht darüber, aber Stefanie spürte, daß Anna zutiefst erschüttert war. Falls Magnus nicht nach Hause zurückkehrte, würde auch Annas kleine private Welt einen Riß bekommen haben.

»Nein, Carola erinnert sich wohl kaum an ihren Vater. Lutz dagegen ahnt schon, daß mich etwas bedrückt. Für seine fünf Jahre ist er recht verständig. Dauernd fragt er, wann wieder ein Brief von seinem Papa kommt. Ach, Anna! Wenn Magnus plötzlich zur Tür hereinkäme . . .«

Anna schwieg. Sie erkannte, wie sehr Stefanie sich verändert hatte. Es war aber auch höchste Zeit gewesen, daß ihr endlich die Augen aufgingen. Magnus war längst nicht mehr nur Mittel zum Zweck für sie, damit sie ein sorgloses Leben führen konnte und alles bekam, was ihr Herz begehrte. Nein, er war auch ein Mann, der imstande sein würde – falls er je zurückkehrte –, wärmere, leidenschaftliche Gefühle in ihr zu wecken.

Anna faltete die Hände und schloß die Augen. Auch sie wünschte sich nichts sehnlicher als eine baldige Rückkehr des Hausherrn. Damit Stefanies Leben endlich in die richtige Bahn kam und den einzig wahren Sinn erhielt, der für eine Frau wichtig war.

Der Krieg, der bereits mehr als zwei Jahre dauerte, machte sich an allen Ecken und Enden unangenehm bemerkbar. Längst hatte sich die Bevölkerung Berlins, wie die des ganzen Reiches, an die unvermeidlichen Lebensmittelkarten gewöhnt. Wer keine Möglichkeiten besaß,

zusätzliche Vorräte zu ergattern, konnte schon lange nicht mehr üppig leben.
Im Hause Hartmann kam man ganz gut über die Runden. Stefanies Verwandte, die in Holstein ein kleines Rittergut besaßen, schickten hin und wieder ein Paket, das den Küchenzettel merklich aufbesserte. Sogar der alte Hartmann bequemte sich dann dazu, Stefanie etwas zuvorkommender zu behandeln. Seine Stimmung hob sich sofort, wenn die auf den Tisch gebrachten Mahlzeiten einmal fast vorkriegsmäßige Qualität aufwiesen.
Tage vergingen, ohne daß General von Bredow sich meldete. Stefanie begann unruhig zu werden. Sie hatte so fest mit einem günstigen Bescheid gerechnet.
Nach einem arbeitsreichen Tag im Werk kehrte sie müde und erschöpft nach Hause zurück. In der sonst so vornehm stillen Villa ging es ungewohnt lebhaft zu. Aus der im Souterrain gelegenen Küche war lauter Wortwechsel zu hören. Da auch Annas Stimme offenbar ziemlich erregt war, seufzte Stefanie resigniert auf und begab sich nach unten. Sie kannte den jahrelangen Kampf zwischen der oft recht diktatorisch auftretenden Spreewälderin und dem übrigen Personal.
Als sie eintrat, wandten sich ihr vier Köpfe zu. Die Debatte schien die Gemüter erheblich erhitzt zu haben, die glühenden Wangen sprachen jedenfalls dafür.
»Gut, daß du kommst, Stefanie!« Anna eröffnete umgehend das Gefecht, ehe die anderen ihr zuvorkommen konnten. »Was sagst du dazu! Lisette mutet mir doch tatsächlich zu, in Zukunft Zimmermädchendienste zu verrichten, und das in meinem Alter! Nur damit das junge Ding in einer Munitionsfabrik arbeiten kann. Wahrscheinlich zu dem Zweck, den Männern dort den Kopf zu verdrehen. Es ist ihr wohl zu langweilig bei uns.«
»Nein, gnädige Frau.« Lisette, ein frisches Mädchen vom Lande, sah Stefanie bittend an. »Das müssen Sie mir glauben – Anna irrt sich. Ich hörte nur, daß man für eine solche Beschäftigung zusätzliche Lebensmittelkarten be-

kommen würde, und davon hätten wir alle etwas. Ich wäre auch nur stundenweise außer Hause und könnte abends noch Ordnung schaffen, damit Anna die Arbeit nicht über den Kopf wächst.«

Stefanie war etwas ratlos. Offensichtlich erwartete man eine rasche und allen Teilen gerecht werdende Entscheidung von ihr.

»Ich verstehe dich natürlich, Lisette«, sagte sie freundlich. »Es ist sehr lobenswert, was du vorhast. Aber glaubst du, daß es auch notwendig ist? Du hast doch hier schon genügend Pflichten, als daß du dir auch noch einen zweiten Beruf aufhalsen solltest.«

»Aber meine Arbeit hier kann jeder tun, sie ist nicht kriegswichtig.« Lisettes junges Gesicht glühte. »Wenn ich in der Munitionsfabrik arbeite, ersetze ich einen Mann. So, wie auch Sie es tun, gnädige Frau. Sie stehen im Moment an Herrn Hartmanns Platz . . .«

Lisette verstummte erschrocken, senkte den Blick. In ihrem Eifer hatte sie völlig vergessen, daß der Hausherr möglicherweise schon tot war. Um nichts in der Welt wollte sie Stefanie weh tun, sie an ihren Schmerz erinnern.

»Da hast du natürlich recht. Wir wollen es also so einrichten, wie du vorgeschlagen hast, Lisette.« Stefanie nickte dem Mädchen ernst zu. »Wir alle werden uns bemühen, die Lücke zu füllen, die durch deine Abwesenheit entsteht. Daß du weiterhin bei uns wohnen wirst, ist selbstverständlich. Was die zusätzlichen Lebensmittelkarten betrifft – die stehen natürlich ausschließlich zu deiner Verfügung. Du wirst nach deiner schweren Arbeit tüchtigen Hunger mit nach Hause bringen.«

Ehe Stefanie dies verhindern konnte, hatte Lisette die Hand ihrer Herrin genommen und sie geküßt. ›Nach Hause‹ hatte die Gnädige gesagt, und das bedeutete für die junge Waise vom Lande mehr, als irgend jemand hier ahnen konnte.

Nach dieser etwas turbulenten Szene zog Stefanie sich in das Arbeitszimmer ihres Mannes zurück. Sie liebte diesen Raum mit seinen hohen schwarzen Türen, die ihm etwas Feierliches verliehen. Die Einrichtung war gediegen und von Magnus selbst entworfen worden. Sie glaubte, ihn an dem breiten, geschnitzten Schreibtisch sitzen zu sehen, ihr aufmerksam lauschend. Wie oft hatte sie während der Tage nach Ausbruch des Krieges in einem der schweren gesteppten Ledersessel gesessen, um sich von ihm instruieren zu lassen. Sein dunkler, schöngeformter Kopf hob sich dann scharf gegen die mattgrünen Portieren des Fensters ab. Das Gemälde über dem Sofa, das ein wildbewegtes Meer zeigte, hatte Stefanie anfangs immer ein leichtes Gefühl von Seekrankheit verursacht.
Jetzt, während sie am Schreibtisch Platz genommen hatte, begrüßte sie es wie einen alten Freund. In diesem stilvollen Raum war sie einigermaßen ungestört. Jeder respektierte ihren Wunsch, unbehelligt arbeiten zu können. Obgleich ihr bis zum Abendessen wenig Zeit blieb und sie auch rechtschaffen müde war, nahm sie sich die Geschäftsunterlagen vor, für die ihr im Verlauf des Tages keine Zeit geblieben war.
In ihre Aufgabe vertieft, hörte sie zwar Geräusche auf dem Korridor und hastiges Hin- und Herlaufen. Sie kümmerte sich nicht darum. Wahrscheinlich hielt der alte Herr mit seinen mannigfaltigen Wünschen das Personal wieder einmal in Trab. Stefanie lächelte schadenfroh. Künftig, wenn Lisette fehlte, würde er seine Ansprüche ein wenig zurückschrauben müssen.
Als die Tür hinter ihr sich öffnete, hob sie kaum den Kopf.
»Ja, Anton, was gibt es?« fragte sie freundlich. Denn nur ihm war es gestattet, sie in Ausnahmefällen zu stören. Da keine Antwort erfolgte, wandte sie sich um. Im nächsten Moment war sie aufgesprungen, stand wie angewurzelt da, glaubte zu träumen.
»Ja – ich bin es wirklich, Stefanie, nicht nur mein Geist!«

Magnus' Stimme klang bewegt. Von Anton wußte er bereits, daß man ihn für tot gehalten hatte. »Liebling –«
Er zögerte unmerklich, ehe er rasch auf Stefanie zuging. Er riß sie in seine Arme, bedeckte ihr blasses, fassungsloses Gesicht mit Küssen. Die Entfremdung von einst schien vergessen, er begrüßte sie, wie ein liebender Gatte es seiner Meinung nach tun mußte. Als sein Mund den ihren suchte, spürte er, wie kalt ihre Lippen waren. Sofort gab er sie frei, trat zurück.
»Verzeih, Liebling«, bat er, doch schien er sein Vorgehen keineswegs zu bereuen. »Mein Anblick muß ein ziemlicher Schock für dich gewesen sein – nach dieser Falschmeldung, meine ich. Und nun noch dieser unverzeihliche Überfall ...«
In Stefanies starre Gestalt kam Leben. »O Magnus – es ist ja ganz richtig so. Ich wollte nie an deinen Tod glauben, es war mir unmöglich ...« Sie warf mit einer leidenschaftlichen Bewegung die Arme um seinen Hals, ihre roten Lippen öffneten sich verlangend. Als Magnus sich, von ihrem Temperament mitgerissen, über sie beugte und sie küßte, stöhnte Stefanie leise auf. Lange unterdrückte Sehnsüchte wurden in ihr wach. Sie erschrak fast selbst über die Heftigkeit, mit der sie die Zärtlichkeiten ihres Gatten erwiderte.
In dieser Nacht gab sie sich Magnus zum ersten Mal, seit sie ihn kannte, uneingeschränkt hin. Warum hatte sie nie zuvor bemerkt, welch ein wunderbarer Liebhaber er war? Und wie kam es, daß sie soviel für diesen Mann empfand, dessen Berührung sie vor gar nicht so langer Zeit lästig und unerträglich gefunden hatte?
»Ich habe dich überhaupt noch nicht gefragt, wieso du hierherkommst«, sagte sie später verträumt, während seine Finger zärtlich die Linien ihres in Liebe gelösten Gesichts nachzeichneten.
»Sonderurlaub«, gab Magnus lakonisch zurück. Daß er ihn besonderer Tapferkeit vor dem Feind verdankte, verschwieg er Stefanie. Mit wenigen Worten hatte er ihr er-

klärt, wie es zu dem Irrtum um seinen angeblichen Heldentod gekommen war, mehr brauchte sie nicht zu wissen. Sie sollte sich nicht unnötig um ihn sorgen müssen. Auch mochte er jetzt nicht über den Krieg sprechen. Er wollte in diesem Moment nur an sie denken, sie halten, sie mit all der Leidenschaft lieben dürfen, die er für sie empfand. »Ich kann nur zwei Tage bei dir bleiben, Liebling – laß sie uns nützen.«
Die kurze Zeitspanne, die ihnen blieb, verging nur allzu schnell, wieder einmal hieß es Abschied nehmen. Beide gaben sich die größte Mühe, keine Zweifel darüber aufkommen zu lassen, daß es bald ein Wiedersehen geben würde.

General von Bredow, der von Magnus Hartmanns unerwarteter Heimkehr gehört hatte, entschloß sich spontan, Stefanie einen Besuch abzustatten, um ihr seine Freude über diese glückliche Wendung persönlich auszusprechen.
Er rechnete nicht damit, daß sie sich tagsüber im Werk aufhielt. Ihre ständige Anwesenheit dort war dringend erforderlich; denn inzwischen waren fast alle wehrfähigen Männer an die Front abkommandiert worden. Die an ihrer Stelle eingesetzten Frauen brauchten Zeit, sich an die ihnen fremde Arbeit zu gewöhnen. Stefanie versuchte ihnen zu helfen, wo sie konnte, und hatte für all ihre Nöte und Probleme stets ein offenes Ohr.
So kam es, daß der General anläßlich seines Besuches in Berlin-Dahlem nur das Familienoberhaupt antraf. Er kannte den alten Hartmann zwar nur flüchtig, aber schon das genügte. Dennoch konnte er jetzt, ohne unhöflich zu sein, keinen Rückzieher machen.
»Ich freue mich, Herr Kommerzienrat, daß die Sorge um Ihren Sohn unbegründet war«, versicherte er förmlich. »Hauptmann von Werden und ich waren in diesem Punkt einer Meinung . . .«
»Wer, bitte?« Hartmann lehnte sich vor, seine Augen glit-

zerten sensationsgierig. Um besser hören zu können, legte er die Hand hinter das Ohr. »Wen erwähnten Sie da eben, General? Habe ich Sie falsch verstanden, oder nannten Sie tatsächlich den Namen ›von Werden‹?«
Bredow stutzte. Er erinnerte sich plötzlich, Hannos Namen in einem Atemzug mit dem der Hartmanns gehört zu haben. Es hatte sich um eine unangenehme Sache gehandelt. War nicht damals sogar von einem Duell die Rede gewesen? Na, da hatte er ja einen veritablen Bock geschossen!
»Ja«, erwiderte er zurückhaltend und darauf bedacht, kein falsches Wort mehr zu sagen. »Werden ist mein Adjutant. Ein äußerst fähiger Kopf. Schade, daß er für den Frontdienst untauglich ist. Solche Männer fehlen uns jetzt dort.«
Hartmann lachte auf. Sein Lachen flößte dem General Unbehagen ein. Er hatte das dumme Gefühl, mit seinem Loblied auf Hanno alles nur noch schlimmer gemacht zu haben. Die Augen des alten Herrn verrieten Hohn und Schadenfreude. Seine Worte ließen keinen Zweifel über seine Gefühle offen.
»Wer sich in Gefahr begibt, kommt darin um, General. Schließlich ist Werden selbst an seinem Zustand schuld. Hat doch dieser junge Taugenichts seinerzeit tatsächlich versucht, meinem Sohn die Frau auszuspannen. Magnus hat ihm diese Absicht mit einer gutgezielten Kugel ein für allemal ausgetrieben. Hoffentlich ist Werden dadurch klüger geworden und verzichtet künftig darauf, in fremden Revieren zu wildern.«
Bredows sympathisches Gesicht verschloß sich. Er kannte Stefanie seit ihrer Kindheit, ihr Vater war sein Freund gewesen. Was immer einst zwischen ihr und Hanno gespielt haben mochte, es war sicher nur eine Flucht aus der unerträglich bedrückenden Atmosphäre dieses Hauses gewesen. Nach wenigen Minuten verabschiedete er sich betont reserviert.
Hartmann rieb sich nach seinem Abgang befriedigt die

Hände. »Da haben wir ja etwas sehr Interessantes erfahren«, murmelte er vor sich hin. »Und das durch puren Zufall. Mir hat Stefanie weismachen wollen, sie habe General von Bredow wiederholt aufgesucht, um Einzelheiten über Magnus' Verbleib zu erfahren. Dabei haben ihre häufigen Besuche beim Generalstab wohl in erster Linie dem jungen Hanno gegolten.«

Der alte Mann war fest entschlossen, dieses Wissen eines Tages gegen die ihm nach wie vor unliebsame Schwiegertochter auszuspielen.

4

Als Stefanie bald darauf zur Gewißheit geworden war, daß sie wieder ein Kind erwartete, bedauerte sie dies nicht. Im Gegenteil – sie freute sich sogar darüber. Es war ja das erste Mal, daß ein Kind der Liebe in ihr heranwuchs. Obgleich sie Lutz und Carola von Herzen zugetan war, spürte sie doch, daß etwas ganz Besonderes sie mit diesem neuen kleinen Wesen verbinden würde. Denn seit Magnus' Kurzurlaub war ihr klargeworden, was es bedeutete, von einem Mann geliebt zu werden, sich ihm freiwillig und ohne jeden Zwang zu schenken. Nicht weil es zu den eher lästigen Pflichten des Ehestandes gehörte, sondern weil das eigene Herz es so wollte. Dieses Bewußtsein machte Stefanie schöner und blühender denn je.

»Magnus wird sehr glücklich sein, Kind.« Anna war mit der Entwicklung der Dinge sehr zufrieden, zumal Stefanie nicht wie bei ihren früheren Schwangerschaften übellaunig war und sich nicht ständig über ihre Beschwerden beklagte. »Du mußt es ihm umgehend mitteilen. Es wird ihm Auftrieb geben.«

»Nein, Anna. Ich will ihn nicht in Unruhe versetzen. Statt auf seine eigene Sicherheit bedacht zu sein, würde er nur an mich denken und die Sorge um mein Wohlergehen in den Vordergrund stellen.«

Diese Rücksichtnahme auf die Gefühle anderer war ebenfalls neu an der jungen Frau. Sie konnte unmöglich ahnen, daß dieser sympathische Wesenszug sich eines Tages gegen sie kehren und ihre Ehe erneut in Gefahr bringen würde.

Ihre Arbeit im Werk wurde ihr seit einiger Zeit erheblich

erschwert. Sehr gegen Stefanies Wunsch und Willen ließ sich der Kommerzienrat, ihr Schwiegervater, jetzt immer öfters zur Hartmannschen Fabrik fahren. Um nach dem Rechten zu sehen und ihr beratend zur Seite zu stehen, wie er diesen ungewohnten Eifer zu begründen versuchte.

»Er bringt mir doch nur die Leute durcheinander«, beklagte sich Stefanie bei Rolf Wiemann, einem angenehmen Mann Mitte der Fünfzig, den Magnus vor seiner Einberufung zum Geschäftsführer ernannt hatte. Sie fand ihn sehr sympathisch und arbeitete gut und reibungslos mit ihm. »Irgendwie gelingt es meinem Schwiegervater immer, die Unzufriedenen – und die gibt es schließlich in jeder Arbeitsgemeinschaft – noch unzufriedener zu machen. So etwas kann sehr leicht ansteckend wirken. Da der alte Herr völlig aus der Übung ist und selbst nichts Konkretes beitragen kann, mischt er sich in Dinge ein, zu denen er längst jeden Kontakt verloren hat. Seit er aus der Firma ausgeschieden ist, um Magnus die Leitung zu überlassen, ist die Zeit nicht stillgestanden. Auf dem Gebiet der Chemie sind gewaltige Fortschritte erzielt worden.«

Wiemann, der Stefanie heimlich verehrte – aber wer tat das wohl nicht –, lächelte ihr beruhigend zu.

»Keine Sorge, Frau Hartmann.« Stefanie hatte es sich längst verbeten, ›gnädige Frau‹ tituliert zu werden. »Sein Interesse wird bald genug abflauen. Dies ist nichts weiter als ein Aufflackern des letzten Lebenswillens. Sein Tatendrang wird sich aufgrund seines gebrechlichen Körperzustandes ganz von selbst erschöpfen.«

Wiemann irrte sich, was die Beweggründe des alten Herrn betraf. Seine Besuche in der Firma entsprangen anderen Zielen, als er und Stefanie vermuteten. Hartmann ging es gar nicht um die laufende Produktion. Ihm lag nur daran, Stefanie im Auge zu behalten, Material gegen sie zu sammeln. Um das zu erreichen, hatte er einen der Arbeiter reichlich entlohnt, wofür dieser ihn regelmäßig mit Informationen über die junge Frau versorgte.

So erfuhr der boshafte alte Mann schließlich auch, daß Hanno sie einige Male in ihrem Privatbüro aufgesucht und dann sogar in seinem Wagen mitgenommen hatte. Wohin wohl?
Hartmann glaubte, die Antwort auf diese Frage zu kennen. Für ihn gab es nur eine Möglichkeit - in Hannos Wohnung natürlich! Ihre früheren Besuche dort waren letzten Endes die Ursache zu jenem Duell gewesen, das Magnus eine Festungshaft und Hanno von Werden eine Verletzung eingebracht hatte, an der er jetzt noch zu leiden hatte.

Die völlig ahnungslose Stefanie schrieb mittlerweile - nach sechsjähriger Ehe - die ersten Liebesbriefe an ihren Mann. Eine innige Zuneigung verband sie jetzt mit Magnus, oder war es wirklich schon Liebe? Sie sorgte sich um ihn, wartete ungeduldig auf Nachricht aus dem Feld. Und kam sie endlich, dann begann wieder das Warten, die Angst, es könnte ihm inzwischen etwas zugestoßen sein.
Je länger der Krieg anhielt, desto stärker machte sich auf allen Gebieten Mangel bemerkbar. Einmal kam Stefanie später als sonst aus dem Werk nach Hause. Sie öffnete die Tür des Kinderzimmers, begrüßte Lutz und Carola zärtlich, um danach Anna über ihre Absichten zu unterrichten.
»Irgendwo auf dem Speicher liegen noch eine Menge Kleider von mir herum. Sie sind kaum getragen und von guter Qualität. Aber jetzt, da ich zwei Kinder habe, passen sie in der Art nicht mehr zu mir, sind zu verspielt. Ich bin ja nicht nur Mutter, sondern auch Chefin der Hartmann-Werke mit allen damit verbundenen Pflichten und Würden. Andrerseits wäre es schade, die Sachen den Motten zu überlassen. Sie können gereinigt und auf dem Basar verkauft werden, der demnächst stattfindet. Von dem Erlös sollen Liebesgaben an die Soldaten geschickt werden, die keine Angehörigen haben und deswegen niemals Päckchen erhalten.«

»Ich bringe nur die Kinder ins Bett, dann kann ich dir bei der Durchsicht helfen«, schlug Anna vor, aber Stefanie wehrte lachend ab. Seit Magnus' Urlaub war sie bestrebt, alles, was auf sie zukam, allein und umgehend zu erledigen. Es machte ihr Spaß, nützlich und nicht dauernd auf die Hilfe anderer angewiesen zu sein. Sie verzichtete daher auch immer öfter darauf, sich bedienen zu lassen, legte, wo immer es ging, selbst mit Hand an. Dabei konnte es vorkommen, daß sie ihre Kräfte überschätzte.
Der Koffer, den sie meinte, lag unter anderen ziemlich schweren Gegenständen verborgen. Vor allem eine unhandliche Holzkiste leistete Stefanies Bemühungen hartnäckig Widerstand. Doch sie gab nicht nach, zerrte und rückte daran, bis sie endlich Erfolg hatte.
Im gleichen Moment durchfuhr sie ein heftiger Schmerz. Ihr war, als drehe sich ein Messer in ihrem Leib herum, als dränge das in ihr heranreifende junge Leben mit aller Macht ans Licht.
Um Gottes willen, das ist doch völlig unmöglich, dachte sie benommen, ehe alles vor ihren Augen verschwamm und ihr zumute war, als stürze sie in einen dunklen, bodenlosen Schacht.
Als Stefanie das Bewußtsein wiedererlangte, blickte sie in das freundlich besorgte Gesicht Dr. Benders, des Arztes, der sie bereits behandelt hatte, als sie noch ein Kind gewesen war.
»Nun, da sind wir ja, kleine Frau«, sagte er betont forsch. »Das war eine ziemlich lange Ohnmacht, wissen Sie –«
Die angstvolle Frage in Stefanies Augen ließ ihn verstummen.
»Das Baby – ich habe es verloren, nicht wahr, Doktor?«
Als er zögernd nickte, setzte Stefanie leise hinzu: »Sie wissen, daß ich gegen meine früheren Schwangerschaften rebelliert habe. Doch dieses Kind, das wollte ich unbedingt austragen. Es sollte der Anfang zu etwas sehr Schönem werden . . .«
»Sie sind jung, Stefanie, Sie können noch viele Kinder be-

kommen«, versuchte Bender zu trösten, obgleich er wußte, daß seine Worte ihr in ihrem Schmerz kaum helfen konnten.
Stefanies Verfassung bereitete ihm keine geringen Sorgen. Sie war offensichtlich am Ende ihrer Kräfte angelangt. Nachdem sie endlich in einen betäubungsähnlichen Schlaf gefallen war, erachtete Dr. Bender es für notwendig, den Senior der Familie von dem Vorgefallenen zu unterrichten. Gern tat er es nicht, da er der Meinung war, das alles ginge den alten Hartmann nichts an. Außerdem empfand er wenig Sympathie für den stets grämlichen Mann.
Hartmann ließ sich die Überraschung, Stefanies vor ihm verheimlichte Schwangerschaft betreffend, nicht anmerken. Nur mit Mühe gelang es ihm, seine häßliche Angewohnheit, sich schadenfroh die Hände zu reiben, zu unterlassen.
»Meinen Sohn wird diese Nachricht natürlich schmerzlich berühren«, bemerkte er mit einem lauernden Blick in Richtung des Arztes.
Dieser ahnte nicht, daß er durch seine Mitteilung die junge Frau dem Schwiegervater auslieferte, ihm dadurch neue Angriffsmöglichkeiten eröffnete und die böse Intrige, die er schon in diesem Moment auszubrüten begann, unterstützte.
»Es ist Stefanies dringender Wunsch, ihrem Gatten diese Fehlgeburt zu verschweigen«, setzte er ernst hinzu, nachdem er die medizinischen Einzelheiten nur kurz gestreift hatte. »Aus naheliegenden Gründen hat sie es bisher unterlassen, ihn von ihrer erneuten Schwangerschaft zu unterrichten. Sie wollte ihn einfach nicht beunruhigen, Herr Kommerzienrat. Ein Mann, der an der Front täglich sein Leben aufs Spiel setzt, sollte nicht noch zusätzlich mit familiären Sorgen belastet werden.«
»Natürlich, natürlich. Sie haben völlig recht, Doktor Bender.« In Friedrich Hartmanns Wortschatz hatte das Wörtchen ›Rücksicht‹ keine Daseinsberechtigung. Daher fiel

ihm auch gar nicht ein, das Ganze zu glauben. Stefanie hatte wohl ganz bestimmte Gründe dafür gehabt, Magnus ihren Zustand zu verheimlichen. Weil er nämlich gar nicht der Vater des erwarteten Kindes war, sondern dieser Hanno von Werden, der so klammheimlich wieder in ihr Leben getreten war.

Stefanie hatte sich überraschend schnell von ihrer Fehlgeburt erholt. Nur viel ernster war sie seitdem. Ernster und in allem, was sie tat, bedachtsamer.
Anna fand, daß ihr das gar nicht schlecht zu Gesicht stand. Sie wirkte reifer und anziehender denn je, schien jedoch die bewundernden Blicke, die sie allerorts auf sich zog, gar nicht zu beachten. Auch dies war neu und ungewohnt an ihr, die sich früher nur zu oft in männlicher Anbetung gesonnt und leidenschaftlich gern geflirtet hatte.
Es käme mir wie ein Verrat an Magnus vor, dachte sie, wenn die Versuchung, jung und fröhlich zu sein und diesen Krieg zu vergessen, an sie herantrat. Nicht einmal Hanno, den sie hier und da auf Wohltätigkeitsveranstaltungen traf, vermochte sie aus ihrer Versonnenheit zu wecken. Ihre Gefühle für ihn waren längst erloschen, es gab für sie nur noch ein Thema, um das sich all ihre Wünsche und Sehnsüchte rankten.
Und dann geschah, worauf sie insgeheim gewartet und gehofft hatte. Magnus wurde verwundet und nach längerem Lazarettaufenthalt in die Heimat entlassen. Eine Kugel hatte seinen rechten Arm durchschlagen, zahlreiche Nerven zerstört und ihn unbeweglich gemacht.
»Heimatschuß nennt man so etwas. Eigentlich schäme ich mich, wegen so eines Kratzers wehruntauglich zu sein. Es ist natürlich ein Schönheitsfehler, aber ich werde wenigstens nicht mehr auf andere schießen müssen. Auf Männer, die vermutlich ebenso ungern in den Krieg gezogen sind, wie ich seinerzeit«, bemerkte Magnus mit einem schiefen Lächeln, während er Stefanie die Narben vorführte, die ihn immer an seine Soldatenzeit erinnern wür-

den. »Allmählich wird sich die Behinderung geben, teilweise, jedenfalls. Das hat der Stabsarzt mir versichert. Aber ganz so wie früher werde ich nie mehr sein. Kannst du dich mit dem Gedanken befreunden, mit einem Krüppel verheiratet zu sein, Liebling?«
»So darfst du nie sprechen, Magnus«, sagte Stefanie vorwurfsvoll. Sie war viel zu froh, Magnus endlich in Sicherheit zu wissen, um sich über solche Äußerlichkeiten aufzuregen. »Wir – die Kinder und ich – sind so froh, daß der Krieg für dich vorbei ist. Solange dein Arm nur genügend Kraft besitzt, um mich festzuhalten . . .«
Magnus zog sie an sich, brachte sie mit einem langen Kuß zum Schweigen.
»Siehst du, es geht doch recht gut, mein Schatz.« Er wirkte plötzlich sehr jung und aufgeschlossen, auch wenn er nach seinem langen Krankenlager noch immer recht blaß aussah. »Später werde ich es dir noch ausführlicher beweisen. Jetzt muß ich auf einen Sprung zu Vater, der bestimmt schon ungeduldig darauf wartet, mich in Augenschein zu nehmen. Du weißt, wie unausstehlich er werden kann, wenn er sich einbildet, vernachlässigt zu werden.«
O ja, wer wußte das wohl besser als sie! Während Stefanie Magnus das Zimmer verlassen sah, empfand sie eine jähe Angst, die sie sich nicht zu erkären vermochte. Sie schüttelte ihre beklemmende Stimmung ab und wandte sich wieder ihrer Arbeit zu. Sie brauchte ja nichts mehr zu fürchten. Magnus war zu Hause und würde bei ihr bleiben. Keine feindliche Kugel konnte ihm mehr etwas anhaben.
Stefanie ahnte nicht, daß ihr Schwiegervater weniger auf das Wiedersehen mit dem Sohn brannte, als vielmehr darauf, Magnus von ihrer verheimlichten Schwangerschaft zu berichten, bei der, davon war er fest überzeugt, Hanno von Werden keine unmaßgebliche Rolle gespielt haben dürfte.

Als Magnus nach einer knappen Stunde zu Stefanie zurückkehrte, spürte sie gleich, daß irgend etwas geschehen war, das ihr Verhältnis zueinander grundlegend geändert hatte. Die wenigen Worte, die er dann sprach, waren nur eine Bestätigung dessen, was sie bei seinem Anblick geahnt hatte.

Sie antwortete nicht gleich auf seine Beschuldigung, betrachtete ihn nur stumm. Die Stille im Raum hatte etwas Beängstigendes. Als braue sich irgendwo ein Sturm zusammen, der alles zerstören würde, was während der letzten Jahre zwischen ihnen zu wachsen begonnen hatte. Magnus bemerkte, daß Stefanies Augen erloschen wirkten. Wie bei einem Menschen, der einen schweren Schock erlitten hat.

Unwillkürlich streckte er den Arm aus, um seine Frau zu stützen, da er befürchtete, sie könne ohnmächtig werden. Doch sie wich vor ihm zurück, atmete tief durch. Der Druck, der auf ihr gelastet hatte, verschwand. Dennoch mußte sie mehrmals ansetzen, ehe sie halbwegs ruhig sprechen konnte.

»Ich gratuliere«, sagte sie, und ihre Stimme klang unnatürlich ruhig. »Ich gratuliere«, wiederholte sie mit zunehmender Festigkeit. »Dein Vater hat, wie immer, ganze Arbeit geleistet. Wenn es um meine Wenigkeit geht, ist er ja stets mit bewundernswertem Einfallsreichtum gesegnet. Jetzt muß also der arme Hanno zum zweiten Mal als mutmaßlicher Vater meiner Kinder herhalten. Wie bedauerlich für ihn, wie unbefriedigend! Er wird zwar verdächtigt, hatte aber niemals das dazu notwendige Vergnügen – mich zu besitzen. So hätte er doch wenigstens etwas davon gehabt, nicht nur eine Kugel zwischen den Rippen. Was hast du diesmal vor, Magnus – willst du dich wieder mit ihm schießen? Doch nein, das geht ja nicht mehr, deine Kriegsverletzung macht es dir unmöglich!«

Angesichts ihrer Haltung war Magnus sofort klargeworden, daß sein Vater ihn durch seine unverantwortlichen Hetzereien wieder einmal in eine peinliche Lage manövriert hatte. Doch er war auch schuld, er hätte nichts darauf geben dürfen. Er mußte versuchen zu retten, was in dieser verfahrenen Angelegenheit noch zu retten war. »Bitte, sprich nicht so frivol, Stefanie«, bat er ernst. »Reden dieser Art passen nicht zu dir. Ich weiß, daß ich dir Unrecht getan, dich gekränkt habe. Darum bitte ich dich um Verzeihung. Doch sei ehrlich, du hast mein Mißtrauen selbst herausgefordert. Weil du mir deine Schwangerschaft verschwiegen hattest. Ich hätte unbedingt davon wissen müssen, ebenso wie von deiner Fehlgeburt. Du bist meine Frau, wir müssen alles gemeinsam tragen. Findest du nicht auch, daß ich aus diesem doppelten Verschweigen die falschen Schlüsse ziehen mußte?«

»Ach, laß mich doch in Ruhe, Magnus.« Stefanie wandte sich in jäher Mutlosigkeit ab. Sie war sehr blaß. Nicht nur sein häßlicher Verdacht tat weh. Vor allem die Erkenntnis, daß nun alles, was sich während seines letzten Urlaubs zwischen ihnen angebahnt hatte, endgültig zerstört war. Durch einen bösartigen alten Mann, der nie gelernt hatte, die Gefühle anderer zu respektieren.

»Ich glaube«, setzte sie hinzu, »wir sollten diese Unterhaltung beenden. Wir haben uns ja auch gar nichts mehr zu sagen. Zu oft habe ich deine sinnlose Eifersucht schon zu spüren bekommen. Zugegeben: ich war früher lebenslustig und flirtete für mein Leben gern. Dennoch habe ich nie gewisse Grenzen verletzt, niemals vergessen, daß ich dir, als meinem Mann, Respekt schuldig bin. Du kannst unbesorgt sein . . .«

Sie verstummte abrupt, und Magnus wandte sich ihr mit neu erwachender Hoffnung zu. War sie bereit, einzulenken? »Ja – was wolltest du sagen, Stefanie?« fragte er leise und erschrak über die Veränderung, die plötzlich mit ihr vorging. Sie fuhr zu ihm herum, trat dicht vor ihn. Ihre grünen Augen musterten ihn zornig und verächtlich zugleich.

»Du kannst unbesorgt sein, Magnus Hartmann«, wiederholte sie. Ihr Atem ging schnell und stoßend. »Es wird nie

mehr Zweifel bezüglich irgendeiner Vaterschaft geben. Denn du wirst mich von nun an nie mehr anrühren. Sollte ich also eines Tages wieder ein Kind erwarten, dann kannst du endlich einmal mit vollem Recht behaupten, es sei nicht von dir!«
Noch ehe Magnus auf diese Eröffnung reagieren konnte, wandte Stefanie sich ab. Sie ließ ihn einfach stehen. Die Tür fiel nicht lauter als sonst hinter ihr ins Schloß. Und doch war Magnus zumute, als sei dicht neben ihm eine Bombe eingeschlagen.

Nach dieser unerquicklichen Szene nahm Stefanie wieder ihre frühere Lebensweise auf. Ohne sich weiter darüber auszulassen, stellte sie von einem Tag zum anderen ihre Besuche im Werk ein, schien jedes Interesse an ihrer bisherigen Arbeit verloren zu haben.
Magnus versuchte, an ihre Fairneß zu appellieren.
»Man vermißt dich im Werk, Stefanie, die Leute haben sich an dich gewöhnt, während ich an der Front war«, sagte er mit mildem Vorwurf. »Es ist noch immer Krieg, jeder von uns muß den Anteil der Last tragen, der ihm auferlegt wurde. Ich könnte deine Unterstützung gut gebrauchen. Du weißt, wie schwer vor allem den Frauen die ungewohnte Arbeit fällt, sie müssen oft mehr leisten, als ihre Körperkräfte hergeben. Dein Zuspruch könnte ihnen helfen.«
»Ach?« Stefanies Lächeln war ohne jede Wärme.
»Soll ich etwa die feine Dame spielen, die sich herablassend nach den Kümmernissen ihrer Angestellten erkundigt? Sei nicht albern, Magnus! Das haben diese netten, tapferen Frauen nicht verdient. Während deiner Abwesenheit konnte ich mir ein Urteil über sie bilden. Sie brauchen keinen Zuspruch. Was ihnen fehlt, ist Erholung, Ruhe. Und ihre Männer, die in einem sinnlosen Krieg ihr Leben aufs Spiel setzen. Doch ihre Männer kann ich ihnen nicht herbeischaffen, und müßiges Gerede würde ihnen nur wenig oder gar nichts helfen.«

Stefanie lehnte sich gegen die Schreibtischkante. Ihre Haltung war verführerisch und aufreizend. Sie trug ein Kleid, das Magnus noch nie an ihr gesehen hatte. Es lag eng an und brachte ihre Figur zu voller Geltung. Magnus spürte, daß ihm bei ihrem Anblick das Blut ins Gesicht stieg. Sie schien seine Verwirrung zu bemerken, hob spöttisch die schmalen Brauen und sprach dann, als sei nichts gewesen, unbefangen weiter.

»Übrigens trage auch ich mein Scherflein bei, Magnus. Hast du vergessen, daß ich mich um verwundete Offiziere kümmere, ihnen vorlese und ihre Briefe schreibe? Das sollte doch wohl genügen. Ich habe das erhebende Gefühl, daß ich auf angenehme Weise ihre Lebensgeister wecke. Für diese armen Burschen ist der Anblick einer gutgekleideten und nicht gerade häßlichen jungen Frau gewiß eine nette Abwechslung und wahre Labsal.«

Magnus musterte Stefanie nachdenklich. Ja, da war sie wieder, die leichtherzige Stefanie, geborene von Rosen. Eine Dame der guten Gesellschaft, die sich ihrer Wirkung auf Männer vollauf bewußt war – auch der auf ihren eigenen Mann. Sie bedachte ihn allerdings nur selten mit einem Lächeln, von Zärtlichkeiten ganz zu schweigen. Seit jener unglückseligen Auseinandersetzung hielt sie ihn erbarmungslos auf Abstand.

Magnus jedenfalls wußte in diesem Moment, während sie ungerührt vor ihm stand, ganz genau, was er gern getan hätte. Es wäre ihm eine Genugtuung gewesen, Stefanie in seine Arme zu reißen und sich rücksichtslos zu nehmen, was sie ihm so hartnäckig und seit Monaten verweigerte.

In letzter Sekunde hielt er sich zurück. Er wußte, daß er damit nichts gewinnen, sondern Stefanie nur endgültig verlieren würde. Bislang hatte er doch wenigstens die Freude, sie täglich sehen, ihre helle Stimme hören zu dürfen. Er war vom ersten Tag an in die aparte Baronesse verliebt gewesen, jetzt aber begehrte er sie mit einer Leidenschaft, die ihm oft selbst Angst machte.

Stefanies Augen zeigten den Ausdruck, den sie in letzter

Zeit fast immer für ihn hatten. Spöttisch, nachsichtig. Als könne sie seine Gedanken lesen.
»Komm trotzdem einmal mit ins Werk, Stefanie«, bat er, und es klang beinahe demütig. Das unkontrollierbare Beben seiner Hände, als er sich eine Zigarette ansteckte, verriet ihn.
Stefanie wandte sich unwillig ab. Er sollte sie nicht bitten, sich vor ihr nicht erniedrigen. Trotz allem, was zwischen ihnen vorgefallen war, empfand sie doch noch Respekt vor ihm. Als Ehemann hatte er zwar versagt, aber in seinem Beruf leistete er mehr als mancher andere.
»Nun gut, wenn du es durchaus wünschst. Irgendwann werde ich dich begleiten«, versprach sie ohne die geringste Absicht, ihr Versprechen jemals einzuhalten. Die Räume im Werk würden sie nur schmerzlich an die Zeit erinnern, als Magnus im Feld gewesen war und ihre Briefe die erste wirkliche Übereinstimmung zwischen ihnen geschaffen hatten.
Damals war ihr die Zukunft noch hoffnungsvoll erschienen, sie hatte geglaubt, daß aus ihrem Nebeneinanderherleben doch noch eine wirkliche Ehe, Liebe garwerden konnte.

Obgleich Magnus vorgehabt hatte, wieder an die Front zu gehen, war nichts daraus geworden, sein Gesuch wurde abgelehnt. Er konnte nicht als geheilt angesehen werden. Sein Wunsch, Berlin zu verlassen, basierte wohl auch eher auf den Unstimmigkeiten, die seit der erneuten Einmischung seines Vaters zwischen ihm und Stefanie bestanden. Die schwere Verwundung bereitete ihm nach wie vor Beschwerden, zog endlose Behandlungen nach sich.
Eines Tages kam es dabei zu einer für ihn peinlichen Begegnung. Auf dem Korridor des Krankenhauses traf er mit Hanno von Werden zusammen. Magnus zögerte kurz, blieb dann aber stehen, um seinen einstigen Duellgegner zu begrüßen. Der Gedanke, den jungen Mann zweimal falsch bezichtigt zu haben, weckte den Wunsch

in ihm, wenigstens durch sein Verhalten zu beweisen, daß alles wieder in Ordnung war.
»Werden«, sagte er fast bittend und streckte dem Jüngeren spontan die Hand hin. »Ich hatte nie Gelegenheit, Ihnen zu sagen, wie froh ich bin, daß Sie die dumme Geschichte von damals überlebt haben. Der Krieg hat mich gelehrt, die Dinge mit anderen Augen zu sehen. Duelle sind Wahnsinn, aus welchen Gründen sie auch ausgetragen werden. Ich hätte mir ewig Vorwürfe machen müssen, wären Sie . . .«
»Tatsächlich?« Hanno hatte, von Magnus' Aussöhnungsbereitschaft überrumpelt, die ihm gereichte Hand mit leichtem Druck umfangen. »Ich weiß nicht, ob Ihnen bekannt ist, wie es wirklich um meine Gesundheit bestellt ist, Herr Doktor Hartmann. Normalerweise stünde ich jetzt als Major an der Front. Statt dessen sitze ich auf einem Ruheposten, werde mit Samthandschuhen angefaßt. Damit mein angeknackstes Herz nur ja nicht strapaziert wird. Und so wird es bis ans Ende meiner Tage sein. Nennen Sie das Leben? Schließlich bin ich noch keine dreißig Jahre alt. Meinen Sie nicht auch, es wäre besser gewesen, Sie hätten damals genauer gezielt?«
Ohne eine Antwort abzuwarten, nickte Hanno Magnus kurz zu und ging langsam davon. Magnus blieb betroffen zurück. Von dieser Seite hatte er die Geschichte noch nicht betrachtet, doch sah er sich jetzt gezwungen, dem jungen Offizier recht zu geben. Ein Leben mit ständiger Rücksichtnahme auf den labilen Gesundheitszustand mochte tatsächlich kein Vergnügen sein. Am wenigsten für einen unternehmungslustigen jungen Mann wie Hanno von Werden.

Das Verhältnis zwischen Magnus und seinem Vater hatte sich seit seiner Heimkehr und dem Bruch mit Stefanie ebenfalls stark abgekühlt. Magnus gab dem alten Herrn die Schuld an der Entwicklung der Dinge, während dieser in dem Hochgefühl schwelgte, seiner Schwiegertochter al-

les heimgezahlt zu haben, was sie ihm durch ihre Heirat mit Magnus einst zugefügt hatte.
Die kühle Haltung seines Sohnes kümmerte Friedrich Hartmann wenig; denn er war nach wie vor der festen Überzeugung, daß Stefanie und Hanno von Werden sich des Ehebruchs schuldig gemacht hatten. Magnus würde es ihm eines Tages danken, daß ihm die Augen rechtzeitig geöffnet worden waren.

Das Kriegsende, von der ganzen Menschheit herbeigesehnt, hielt für Tausende Armut, Hunger und mannigfaltige persönliche Probleme bereit. Ehepartner hatten sich durch die jahrelange Trennung auseinandergelebt. Frauen waren gezwungen, sich und ihre Kinder – seit der Ernährer gefallen war – kümmerlich durchzubringen.
Stefanie, der diese Sorgen unbekannt geblieben waren, ging dennoch nicht blind an fremder Not vorbei. Sie half, wo sie konnte, und Magnus, erfreut über ihre Anteilnahme, ließ sie gewähren und unterstützte ihre Bemühungen großzügig.
»Ich bin froh, daß meine Kinder gesichert und ohne Hunger leiden zu müssen aufwachsen«, sagte Stefanie einmal zu Anna, die ihr dabei behilflich war, ein Paket mit Kinderkleidung zusammenzustellen. Lutz und Carola waren zu groß dafür geworden, und die Sachen würden einer weniger begüterten Familie nützlich sein.
»Das verdankst du Magnus«, bemerkte Anna trocken. »Aber du dankst es ihm nicht sonderlich.« Die alte Frau konnte es sich erlauben, gelegentlich ein offenes Wort zu sprechen, und sie tat es ungeniert, wenn sich eine gute Gelegenheit bot, Stefanie ins Gewissen zu reden.
Doch diese enthielt sich jeder Stellungnahme und wechselte das Thema. Nicht einmal Anna hatte Stefanie anvertraut, was zu der erneuten Entfremdung zwischen ihr und Magnus geführt hatte. Der Schmerz über das abrupte Ende ihrer eben erst erwachten Liebe zu ihrem Mann war zu groß, zu unbegreiflich gewesen.

Und weil Stefanie keine Anstalten machte, ihr kühles Benehmen Magnus gegenüber zu rechtfertigen, suchte Anna – wie früher bereits – alle Schuld bei der jungen Frau und war im Umgang mit ihr der verkörperte Vorwurf.

Da die Stimmung im Hause Hartmann immer unbehaglicher wurde, kam Magnus' Eröffnung, er plane, Berlin mit seiner Familie für einige Zeit den Rücken zu kehren, für Stefanie wie ein Geschenk des Himmels.

»Wie du weißt«, begründete er seinen Entschluß, »haben Vater und ich kurz vor dem Krieg eine Lederfabrik in Kroatien übernommen. Das Kriegsgeschehen legte diese Angelegenheit vorübergehend auf Eis. Zu meinem Glück war es mir noch vorher gelungen, in Zdenko Lakovac, dem jetzigen Geschäftsführer der Firma, einen zuverlässigen Strohmann zu gewinnen. Einem Deutschen wäre das Unternehmen, nachdem die Donaumonarchie aufgehört hatte zu existieren, enteignet worden.«

So unbeteiligt Stefanie sich nach außen hin auch zeigte, so interessiert war sie insgeheim an allem, was die Hartmann-Werke betraf. Während der Kriegsjahre war eine ganz passable Geschäftsfrau aus ihr geworden.

»Ja, ich erinnere mich«, bestätigte sie, »Lakovac gab seinen Namen, leitete aber im Grunde die Fabrik für euch.«

»Für uns«, berichtigte Magnus ruhig. In seinen grauen Augen stand ein Lächeln. »Für alle Hartmanns, dich eingeschlossen. Wie ich bereits andeutete, scheint mir jetzt der Zeitpunkt gekommen zu sein, mich persönlich darum zu kümmern, das Unternehmen rentabel zu machen, um es dann günstig zu verkaufen. Schließlich haben wir seinerzeit einiges darin investiert. Um auf den springenden Punkt zu kommen: Wärst du bereit, mich für längere Zeit nach Kroatien zu begleiten, Stefanie? Die Kinder kommen natürlich mit. Sie sind jetzt in einem sehr reizvollen Alter, ich möchte keinen Tag ihrer Entwicklung versäumen. Das mußte ich während des Krieges lange genug tun.«

Stefanies Gesicht hatte sich aufgehellt. Sie betrachtete

Magnus nicht ganz so kühl wie gewöhnlich. Der Plan gefiel ihr.
»Im Grunde brauchen wir darüber gar nicht zu debattieren, Magnus. Ich finde deinen Vorschlag ausgesprochen gut. Bisher hatte ich wenig Gelegenheit zu reisen, auf diese Weise würde ich endlich einmal über meinen etwas eng gewordenen Horizont hinausschauen. Anna nehmen wir natürlich auch mit, die Kinder sind an sie gewöhnt. Sie wäre, allein in Berlin, kreuzunglücklich. Aber –«
»Ja?« half Magnus nach, als sie jäh verstummte. Er zeigte nicht, wie sehr er sich über ihre rasche Zusage freute. In einer anderen Umgebung – so hoffte er – würden sie eher zusammenfinden und vielleicht sogar einen neuen Anfang wagen.
»Da ist nur ein Problem, Magnus. Lutz kann unmöglich den Unterricht versäumen, und auf dem Balkan, dort, wo wir wohnen werden, gibt es kaum eine angemessene deutsche Schule. Vergiß nicht, daß Lutz schon im nächsten Jahr aufs Gymnasium kommt.«
Magnus nickte seiner Frau zu.
»Das habe ich bereits geregelt. Lutz bekommt einen jungen Hauslehrer, der mir wärmstens empfohlen wurde. Unser Junge ist begabt, kann also später, falls sich Lücken in seinem Wissen zeigen sollten, das Versäumte mit Leichtigkeit nachholen.«
Nach diesem Gespräch war es Stefanie zumute, als wehe ein frischer Wind durch die alte Hartmannsche Villa. Der Gedanke, längere Zeit den Intrigen ihres Schwiegervaters zu entfliehen, stimmte sie auch gegen Magnus milder und toleranter. Er war klug genug, dieses Tauwetter ihrer Stimmung nicht zu hoch zu bewerten. Jedenfalls blieb er gleichbleibend freundlich und zurückhaltend. Er kannte Stefanie und wußte, daß sie ihm noch längst nicht alles verziehen hatte. Jeder seiner Versuche, sich ihr zu nähern und auf seine Rechte als Ehemann zu pochen, würde nur eine blamable Zurückweisung zur Folge haben.

Noch einmal reiste Magnus Hartmann allein nach Kroatien, um dort eine passende Unterkunft für seine Familie zu suchen. »Ich habe ein hübsches Haus in der Nähe der Fabrik für uns gemietet«, berichtete er nach seiner baldigen Rückkehr. »Da wir nur vorübergehend in Kroatien leben werden, würde sich ein Kauf nicht rentieren. Es liegt an einem malerischen kleinen See und ist überraschend gut ausgestattet. Was dir noch fehlt, können wir preisgünstig in Sisak kaufen. Diese Kleinstadt liegt etwa eine halbe Stunde von der Fabrik entfernt und ist mit der Kutsche leicht zu erreichen. Es gibt übrigens in Sisak ein Kino und eine ganz passable Konditorei, die einer gebürtigen Wienerin gehört.«
Magnus kannte Stefanies kleine Schwäche für feines Backwerk, und für den Bruchteil einer Sekunde trafen sich ihre Augen in selten gewordener Vertrautheit. Doch gleich darauf wandte Stefanie sich abrupt ab. Er sollte ihr Lächeln nicht sehen, keine falschen Schlüsse, soweit es ihr Verhältnis zueinander betraf, daraus ziehen können.
»Fein«, sagte sie leichthin. »Jetzt freue ich mich direkt auf die Zeit in diesem mir völlig fremden und sicher recht interessanten Land.«

5

Für Stefanie begann auf dem Balkan ein ganz neuer Lebensabschnitt. Obgleich sich das Haus am See, soweit es Komfort und Ausstattung betraf, kaum mit der Hartmannschen Villa in Berlin-Dahlem vergleichen ließ, nahm sie es doch mit einer Begeisterung in Besitz, die fast etwas Kindliches hatte.

»Ach, Magnus«, sagte sie müde und doch glücklich, nachdem sie mit Hilfe einiger Frauen aus der Umgebung versucht hatte, die lange nicht mehr bewohnten Räume in Ordnung zu bringen, »ist dir eigentlich klar, daß dies das erste wirkliche Heim ist, das wir seit unserer Hochzeit bewohnen? In Berlin fühle ich mich nie als Herrin des Hauses. Eher wie ein ungebetener Gast, wenn nicht gar als Eindringling. Dafür sorgt schon dein Vater.«

Magnus widersprach ihr nicht. Er wußte, daß Stefanies bittere Behauptung leider zutraf. Zögernd trat er neben sie. Es drängte ihn, ihr in diesem glücklichen Moment, der sie so heiter und gelöst erscheinen ließ, einen kleinen Beweis seiner Zuneigung zu geben. Doch als er ihr scheu übers Haar strich, entzog sie sich seiner Berührung mit fast beleidigender Hast.

»Du hattest Spinnweben im Haar«, bemerkte er gelassen und ohne zu zeigen, wie hart ihn ihre Reaktion traf. »Erlaube, daß ich den Rest auch noch entferne.«

Stefanies Gesicht überzog sich mit einer feinen Röte. Wie dumm sie sich zuweilen doch benahm! Mußte Magnus nicht annehmen, daß sie mehr für ihn empfand, als er wissen sollte? Weil sie so überaus empfindlich auf jeden seiner Annäherungsversuche reagierte? Unwillkürlich flüch-

tete sie sich hinter seine Worte, strich sich mit beiden Händen glättend übers Haar.
»Kein Wunder«, erwiderte sie und konnte es nicht verhindern, daß ihre Stimme leicht bebte. »Ich bin ja auch in jeden Winkel gekrochen, um alle Spuren des langen Unbewohntseins zu vernichten. Jetzt ist dafür alles in schönster Ordnung.«
»Ja, das Haus ist hübsch geworden. Es freut mich, daß es dir zusagt, Stefanie«, sagte Magnus ruhig, als sei nichts geschehen. »Auch die Fabrik bedarf natürlich einiger Neuerungen, doch bin ich im Grunde angenehm überrascht. Ich hatte mir alles weit schlimmer vorgestellt.«
Während die junge Frau der lautlos eintretenden Anna die Kaffeekanne abnahm und sie mit einem netten Lächeln entließ, nahm Magnus an dem geschmackvoll gedeckten Tisch Platz. Zufrieden lehnte er sich zurück und beobachtete Stefanie, die ihm eigenhändig die Tasse vollschenkte und den Teller mit dem Gebäck reichte.
»Es ist eigentlich ganz angenehm, eine Zeitlang ohne unser zahlreiches Personal zu sein. Alles wirkt legerer, gemütlicher, obgleich ich kein Wort gegen unseren guten alten Anton sagen möchte. – Der Kaffee ist ausgezeichnet«, fügte er hinzu. »Die böhmische Köchin scheint ihren Lohn wert zu sein.«
Stefanie nickte. Sie war zu müde, um etwas zu essen. Sie fühlte sich angenehm entspannt, es freute sie zuzuschauen, mit welchem Appetit Magnus den Teller leerte.
Der Ausdruck seiner grauen Augen war nachdenklich und irgendwie verwirrt. »Merkwürdig«, sagte er, »was der Krieg alles bewirkt hat. Die ganze Welt scheint irgendwie aus den gewohnten Gleisen geraten zu sein.«
»Ist dir das erst heute klargeworden, Magnus? Ich dächte, das wüßten wir schon lange.«
»Natürlich. Aber es sind Dinge geschehen, von denen wir in Deutschland keinen blassen Schimmer hatten. Mich jedenfalls stellen sie vor Probleme, mit denen ich nicht gerechnet habe.«

»Ich fürchte, ich kann dir nicht folgen, Magnus.« Stefanie betrachtete ihn forschend. Welche Probleme meinte er? Stand man ihm, als Deutschem, etwa abweisend gegenüber? Das würde die Freude an dem Aufenthalt hier natürlich beträchtlich dämpfen.
»Du wirst es mir nicht glauben, Stefanie. Und doch gibt es zwischen unseren Arbeitern eine Menge hochgestellter Persönlichkeiten.« Magnus fuhr sich mit einer ratlosen Bewegung und doch lachend durchs Haar. »Wie sagt man, um Himmels willen, zu einem Grafen oder Fürsten, er solle diese oder jene untergeordnete Arbeit ausführen? Ich kann doch unmöglich sagen: ›Bitte, Hoheit, messen Sie schnell mal den Stapel Felle dort nach!‹ Was meinst du, Stefanie?«
Stefanie hob verwundert die Brauen. »Grafen und Fürsten?«
»Ist ziemlich kompliziert, Liebes. Es hängt im Grunde mit der russischen Oktoberrevolution zusammen. Neunzehnhundertsiebzehn ist einer Gruppe Adeliger die Flucht aus ihrer Heimat gelungen, sie wurden in diese Gegend verschlagen. Die meisten von ihnen waren Berufsoffiziere, ihre Angehörigen Großgrundbesitzer. Du weißt ja vielleicht, was das bedeutete. Sie ließen ihre Leibeigenen für sich arbeiten und hatten nichts weiter gelernt als das Kriegshandwerk und das Leben zu genießen. Lakovac taten die Leute leid, er stellte sie als Arbeiter ein. Sie hätten sonst glattweg verhungern müssen. Ich stehe jetzt vor der schwierigen Frage, mich ihnen gegenüber richtig zu verhalten. Einesteils sind sie meine Angestellten – Arbeiter in niedrigster Position, andrerseits . . .« Er hob ratlos die Hände.
Stefanies Augen glänzten. Ihre Müdigkeit war verflogen, sie sah angeregt und sehr hübsch aus. Ihr Sinn für Romantik war durch Magnus' Schilderung geweckt worden. Spontan faßte sie den Entschluß, dem tragischen Schicksal dieser entwurzelten Menschen Rechnung zu tragen und ihnen auf jede nur erdenkliche Weise zu helfen.

Sie legte überlegend den Kopf in den Nacken. »Das Existenzminimum der Familien dürfte durch die Anstellung in der Fabrik jedenfalls gesichert sein, aber große Sprünge wird ihnen dieses Einkommen nicht gestatten. So, wie sie es von früher gewöhnt waren, wird keiner von ihnen leben können. Natürlich würden ehemalige Offiziere keine Almosen annehmen. Ich weiß auch nicht so recht, wie man ihnen begegnen soll«, gestand Stefanie mit einem Seufzer. »Auf keinen Fall dürfen wir sie fühlen lassen, daß sie nicht mehr das sind, was sie einst waren. Ich werde mich auf unaufdringliche Weise um die Leute kümmern.«

Stefanies Vorsatz blieb vorerst noch Theorie. Sie hatte alle Hände voll zu tun, im Hause alles so einzurichten, damit sie sich über eine längere Zeitspanne hinweg darin wohl fühlen konnten. Doch als sie sich anläßlich einer Einkaufsfahrt nach Sisak zu einem Kinobesuch entschloß, bot sich ihr die erste Gelegenheit, ihren Plan in die Tat umzusetzen.
Etwas zögernd betrat sie das von außen eher schäbig wirkende Lichtspieltheater. Es schien nicht allzu gut besucht zu sein, aber das war am Nachmittag wohl auch kaum zu erwarten.
Ihr Auftauchen in dem mit falscher Eleganz eingerichteten Foyer unterbrach eine sichtlich erregte und heftige Debatte zwischen dem dicken kroatischen Kinobesitzer und einer zweifellos unglücklichen jungen Dame, in deren mandelförmig geschnittenen grauen Augen Tränen glänzten. Bei Stefanies Anblick atmete das zierliche Persönchen hörbar auf.
»Ach, bitte, Madame Hartmann, helfen Sie mir aus dieser sehr peinlichen Lage.« Noch ehe Stefanie sich dazu äußern konnte, fuhr die Fremde erregt fort: »Natürlich ist dieser gute Mann im Recht. Ich habe ihm zugesagt, die in seinem Theater laufenden Filme durch mein Klavierspiel zu untermalen. Doch jetzt, angesichts des Publikums, ist es mir unmöglich, auch nur eine Taste zu berühren.«

Die letzten Worte wurden von einem verzweifelten Blick in Richtung einiger Zuschauer, die eben hereinkamen, begleitet. Die Art der ungewöhnlich reizvollen jungen Dame, sich auszudrücken, ließ keine Zweifel offen. Es mußte sich um eine der Russinnen handeln, deren Männer oder Väter in der Hartmannschen Lederfabrik arbeiteten.
Unwillkürlich lächelte Stefanie. Ihr Lächeln war warm und beruhigend.
»Es wird sich gewiß ein Ausweg finden. Vielleicht ist das Ganze gar nicht so schwierig, wie Sie es sich im Moment vorstellen mögen, Fräulein –«
»Natascha Wolkow«, holte die junge Dame ihr Versäumnis eifrig nach. Sie wirkte jetzt geradezu erleichtert und bedeutend ruhiger als noch vor wenigen Minuten. Ihre Probleme schienen bei Stefanie Hartmann in den besten Händen zu sein. Und das durfte, wie sich gleich zeigen sollte, wörtlich genommen werden.
Denn noch ehe Stefanie anderen Sinnes werden konnte, saß sie bereits statt Natascha Wolkow an dem altersschwachen und ziemlich verstimmten Klavier. Während auf der rissigen Leinwand das bewegte Schicksal Madame Dubarrys unter den lebhaften Kommentaren der Zuschauer abrollte, spielte sie alle Melodien, die ihr gerade in den Sinn kamen.
Zu ihrer eigenen Verwunderung stellte sie fest, daß diese ›künstlerische‹ Betätigung ihr sogar Vergnügen bereitete. So sollte mein Schwiegervater mich sehen, flog es ihr nicht ohne Schadenfreude durch den Kopf. Bis an sein seliges Ende würde er mir diesen Fehltritt vorhalten!
Die Zuschauer schienen jedenfalls mit ihrer Darbietung vollauf zufrieden zu sein, denn sie spendeten lebhaften Beifall, der nicht nur ihrem Klavierspiel, sondern auch ihrer eleganten Erscheinung galt.

Es dunkelte bereits, als Stefanie in Natascha Wolkows Begleitung die Heimfahrt antrat.

»Ich bin Ihnen so dankbar, Frau Hartmann, daß mir die Worte fehlen.« Natascha schien mit Rührung zu kämpfen. »Sie wissen gar nicht, wie sehr Sie mir geholfen haben. Ihr Beispiel soll mir maßgebend sein. Mit welchem Mut haben Sie das Podium betreten! Die Blicke der Leute schienen an Ihnen abzugleiten. Sie fanden stets die zur Handlung passende Melodie. Von nun an werde ich Ihnen nacheifern und ohne jede Angst spielen. Dadurch bekommt auch mein Leben wieder mehr Sinn – ich kann endlich etwas zu unserem Unterhalt beitragen. Dimitri verdient nicht allzuviel . . .«
»Dimitri ist Ihr Gatte? Doch nein, um verheiratet zu sein, erscheinen Sie mir zu jung.«
»Er ist mein einziger Bruder.« Nataschas Augen begannen zu strahlen. »Er ist einfach wunderbar. Ohne ihn wäre ich völlig verloren.«
Stefanie lächelte über die Begeisterung ihrer jungen Begleiterin. »Wenn er Ihnen gleicht, muß er sehr hübsch sein«, sagte sie fast mütterlich, obgleich Natascha nicht viel jünger als sie selbst sein mochte. »Dunkel, interessant . . .«
»O nein. Das heißt, interessant ist Dimitri schon. Aber ganz anders als ich. Unsere Mutter war Baltin, er schlägt ihr nach, ist blond. Und seine Augen sind von einem unwahrscheinlichen Blau.«
Dann mußte dieser Dimitri natürlich ein ganz anderer Typ sein als Natascha mit ihrem blauschwarzen Haar und den schräggestellten, für eine Russin typischen Augen. Stefanie stellte keine weiteren Fragen. Sie fürchtete, indiskret zu wirken, obgleich sie zugeben mußte, daß das Schicksal der Geschwister Wolkow sie brennend interessierte. Nun, sie würde einfach Magnus fragen und von ihm alles Wissenswerte erfahren.

Noch ehe sie dies tun konnte, hatte Stefanie eine Begegnung, die ihr Leben von Grund auf verändern sollte. Wenige Tage nach ihrem amüsanten Erlebnis im Lichtspiel-

theater von Sisak ging sie über den Fabrikhof. Es dämmerte bereits, die hohen Mauern der düsteren Gebäude warfen lange Schatten.
Stefanie, in Gedanken versunken, zuckte erschrocken zusammen, als sich dicht vor ihr aus dem Dunkel des Torbogens eine hochgewachsene Gestalt löste.
Das Licht einer schwankenden Laterne glitt unruhig über sehr blondes Haar, das so hell war, daß es fast schon silbern wirkte. Stefanie blickte in ein ernstes, schmales Gesicht, in Augen – wie hatte Natascha sie beschrieben? – von einem unwahrscheinlichen Blau.
Instinktiv wich sie zurück. Sie hob den Arm, wie ein Kind, das einen Schlag abzuwehren versucht. Denn sie glaubte jäh zu wissen, daß dieser Mann, von dem sie kaum etwas wußte, ihr das größte Glück schenken, aber auch den größten Schmerz ihres ganzen bisherigen Lebens zufügen würde. Einfach, weil es ihn gab. Weil jede Gemeinsamkeit mit ihm nur auf ein einziges Ziel zustreben konnte: das der endgültigen und absoluten Trennung, was immer auch zwischen ihnen vorfallen mochte.
Ist das die vielgespriesene Liebe auf den ersten Blick, dachte sie betroffen und ein wenig benommen – und warum mußte das ausgerechnet mir passieren? Ich wollte doch, seit zwischen Magnus und mir Waffenstillstand herrscht, neuen Komplikationen aus dem Wege gehen! Genügt es nicht, daß ich durch meine Unbesonnenheit bereits ein Leben zerstört habe? Das von Hanno von Werden?
»Verzeihen Sie, daß ich Sie so formlos anspreche und gewissermaßen auf offener Straße überfalle, gnädige Frau. Ich bin Dimitri Wolkow.«
Stefanie schwieg, ließ seine Stimme auf sich einwirken. Sie paßte zu ihm, hätte gar nicht anders klingen dürfen. Nur ein schwacher Akzent verriet, daß die Muttersprache dieses Mannes eine andere als die ihre war. »Sie haben meiner Schwester Natascha gütigerweise aus einer peinlichen Lage geholfen. Wir werden Ihnen das nie vergessen.«

Dimitri Wolkows Blick lag fest auf Stefanies Gesicht, als wolle er sich ihre Züge für alle Zeiten einprägen.
»Ich bitte Sie«, wehrte Stefanie verlegen ab. Sie hatte keine Ahnung, wie sie diesen Mann anreden mußte. »Das war doch wohl selbstverständlich. Jeder andere hätte an meiner Stelle ebenso gehandelt.«
»Vorausgesetzt, er oder sie spielte ebenso gut Klavier wie Sie, gnädige Frau.« Sekundenlang trat ein Lächeln in Wolkows Augen, gleich darauf war er wieder so ernst, daß Stefanie fast glaubte, sich dieses winzige Lächeln nur eingebildet zu haben. Dieser gutaussehende Mann lächelte wohl nur selten oder nie.
»In einem Punkt möchte ich, wenn Sie es gestatten, widersprechen«, fuhr er leise fort. »Wir sind Flüchtlinge, von Adel zwar, aber unsagbar arm. Das allein genügt bereits, uns Fremden suspekt zu machen. Wir sind nur Menschen dritter Klasse. Nochmals meinen untertänigsten Dank, gnädige Frau.«
Ehe Stefanie sich zu seinen Worten äußern konnte, ergriff er ihre Hand und zog sie ehrfürchtig an seine Lippen. Im nächsten Moment war er in den tiefen Schatten der hohen Fabrikmauern untergetaucht.

Eine unerklärliche Scheu hinderte Stefanie daran, Magnus über die Wolkows auszufragen. Er kam ihr indes zuvor, machte von sich aus einen Vorschlag, der ihr gelegen kam.
»Du erwähntest seinerzeit, daß du dich um unsere russischen Emigranten kümmern wolltest, Stefanie. Wir werden ziemlich lange in dieser Gegend bleiben, du kannst auf die Dauer nicht ohne Umgang sein, brauchst weibliche Gesellschaft.« Magnus sprach lebhaft und schien bester Laune zu sein, wie meistens, seit sie nach Kroatien gekommen waren. »Die junge Gräfin Wolkow wäre ein passender Umgang für dich. Sie mag etwas jünger sein als du, wurde mir aber als gebildet und angenehm geschildert.«
Grafen waren die Wolkows also! Stefanie war es jetzt

peinlich, daß sie Magnus ihre zufällige Begegnung mit Natascha und Dimitri Wolkow verschwiegen hatte. Warum wohl? Sie war einfach einem Instinkt gefolgt, ohne selbst eine Erklärung dafür zu finden. Sie betrachtete Magnus stumm und forderte ihn durch ihren Blick auf, mehr zu erzählen.

»Falls dir die Gräfin angenehm ist, könnte sie deine Gesellschafterin werden. Es würde dir das Einleben erleichtern; denn du bekämst auf diese Weise Kontakt zu deiner unmittelbaren Nachbarschaft.«

»Eine verrückte Welt!« Stefanie zog grübelnd die Brauen zusammen. »Plötzlich soll ich eine Gesellschafterin bekommen. Noch dazu eine von Adel! Dein Vater würde einen Tobsuchtsanfall erleiden, wenn er davon hörte. Er war ja stets der Meinung, ich hielte mich wegen meiner adeligen Herkunft für etwas Besseres.«

»Wundert dich das, Stefanie?« Magnus' gute Laune schlug ins Gegenteil um. Er zog sich in sich zurück, seine Miene wurde reserviert. »Du hast ihn schließlich auch oft genug spüren lassen, daß wir in deinen Augen nichts als bessere Krämer sind«, sagte er kühl. »Bitte, streite dies nicht ab, Stefanie. Im Grunde hast du ganz recht. Trotzdem, mir ist ein bürgerlicher Krämer allemal lieber als ein Graf, der am Hungertuch nagt.«

Magnus wollte sich brüsk abwenden und das Zimmer verlassen, doch Stefanie, die keinen neuen Unfrieden aufkommen lassen wollte, hielt ihn zurück und sah bittend zu ihm auf.

»Nimm doch nicht immer alles so persönlich, Magnus. Es ist sehr hübsch hier in Kroatien, und ich danke dir, daß du so um meine Zufriedenheit besorgt bist. Ich werde mich mit der Gräfin bestimmt gut verstehen und freue mich auf sie. Die gute Anna hat mit den Kindern genug zu tun, auch führt sie endlose Kämpfe mit der böhmischen Köchin. Es geht hier – wie früher in Berlin – um die Vorrangstellung im Haus. Das wird sie noch geraume Zeit in Anspruch nehmen, bis die Wogen sich geglättet haben und

die Toleranz auf beiden Seiten die Oberhand gewonnen hat.«
Magnus hörte kaum, was Stefanie sagte. Sie war ihm sehr nahe, ihr Duft umschmeichelte ihn. Unwillkürlich hob er die Hand, umfaßte die ihre, die noch immer auf seinem Ärmel lag. Er spürte ihr instinktives Zurückweichen und gab sie umgehend frei.
Nein, Stefanie wollte keine Annäherung, keine ihr abgerungenen Zärtlichkeiten. Für eine endgültige Versöhnung war die Stunde noch nicht reif.

Zwischen Stefanie und Natascha entwickelte sich schnell eine herzliche Freundschaft. Kaum neunzehn Jahre alt, von der Romantik eines dramatischen Schicksals umgeben, entsprach die junge Gräfin ganz dem Bild, das Stefanie sich von den Adelskreisen im Rußland der Vorkriegszeit gemacht hatte.
»Ich darf Sie doch Natascha nennen, nicht wahr?« bat sie gleich bei der ersten Gelegenheit. »Und ich möchte für Sie einfach Stefanie sein. Soviel älter als Sie bin ich nicht, obgleich bereits Mutter von zwei Kindern. Sehen Sie bitte in mir eine gute Freundin.«
Ehe Stefanie sich dagegen verwahren konnte, neigte sich Natascha spontan über ihre Hand, um sie zu küssen.
»Ach – tun Sie das nie wieder, Natascha. Es ist mir nur peinlich. Dazu besteht doch gar kein Grund.« Stefanies Gesicht hatte sich vor Verlegenheit gerötet, aber Natascha sah sie nur ernst an.
»Ich mußte es tun, Stefanie. Ich bin Ihnen schließlich sehr zu Dank verpflichtet. Nun bleibt es mir doch künftig erspart, im Kino Klavier spielen zu müssen. Auch Dimitri ist sehr froh. Es macht ihm nichts aus, als Fabrikarbeiter unseren Lebensunterhalt zu verdienen, doch für mich wünschte er sich immer ein anderes Schicksal.«
Stefanie blieb dem jungen Mädchen eine Antwort schuldig. Sie dachte an Dimitri Wolkow, der wie ein Schemen in ihr Leben getreten war, aber sie seither beharrlich zu

meiden schien. Trotz der nur kurzen Begegnung mit ihm hatte sein Bild sich ihr fest eingeprägt.
»Ihr Bruder – er ist ja wohl verlobt...?« fragte sie stokkend.
Natascha hob verwundert den Blick. »O nein, Stefanie. Es hat – soweit mir bekannt ist – nie eine ernsthafte Bindung für ihn gegeben. Zu Hause, in Rußland, war er fast immer in seiner Garnison. Was dort gewesen sein mag, kann ich natürlich nicht mit Sicherheit sagen. Aber seitdem wir auf Wanderschaft, Flüchtlinge sind, hat es keine Frau in seinem Leben gegeben. Es wäre auch keine gut genug für ihn«, setzte Natascha hinzu und war sekundenlang wieder die verwöhnte, stolze russische Adelige.
Irgendwie fühlte Stefanie sich erleichtert. Zu dumm, dachte sie, nachdem Natascha fortgegangen war. Was geht mich das Liebesleben eines Russen an, der noch dazu unser Angestellter ist. Weniger noch – ein Arbeiter, wie jeder andere.
Trotz dieser abwertenden Gedanken hätte sie Dimitri gern wiedergesehen. Doch wenn sie, was jetzt öfters vorkam, die Fabrikgebäude betrat, schien er wie vom Erdboden verschluckt. Ob er ahnte, daß sie nur kam, um ihn dort zu treffen?
Klang nicht aus Nataschas Worten eine stille Warnung, als sie verlegen sagte: »Dimitri ist unendlich stolz. Ich bin froh, daß Sie nur selten in die Fabrik kommen. Es wäre ihm, jetzt, da ich Ihre Gesellschafterin bin, sehr peinlich, könnten Sie ihn in seiner schäbigen Arbeitskluft sehen, Stefanie. Mit schmutzigen Händen, nach allen möglichen scharfen Laugen riechend. Ach, Sie hätten ihn kennen sollen, damals, als er noch Offizier war. Er trug stets maßgeschneiderte Uniformen und machte in seinem Kosakenregiment die beste Figur.« Natascha lächelte wehmütig. »Jetzt zieht er seine Uniform nur noch an Festtagen an. Sie muß ja möglichst lange halten.«
Stefanie hatte dem jungen Mädchen betroffen zugehört. Sie schämte sich. Sie hätte wissen müssen, wie demütigend

es für Wolkow sein mußte, von ihr in seiner Arbeitskluft gesehen zu werden.
»Ja, natürlich«, gab sie verständnisvoll zurück. »Die Beschaffung einer neuen Uniform wäre gewiß sehr kostspielig.«
»Nicht nur das«, wandte Natascha betrübt ein. »Unsere Offiziere haben nämlich nur die Erlaubnis, ihre Uniformen zu tragen, bis sie völlig zerschlissen sind. Eine neue dürfen sie nicht mehr in Auftrag geben. Es gibt Rußland in der ursprünglichen Form ja nicht mehr.«

Der Winter kam in Kroatien sehr früh. Stefanie freute sich auf ihr erstes Weihnachten im Kreise ihrer Familie, das nicht durch die bissigen Kommentare ihres Schwiegervaters getrübt werden konnte. Dies war während der vergangenen Jahre stets der Fall gewesen.
»Es ist alles so anders hier«, sagte sie zu Magnus, der sich in dem gemütlichen Wohnzimmer an dem großen Kachelofen die Hände wärmte. »Irgendwie naturverbundener. Ohne den Glanz und die Pracht, die wir zu Weihnachten in Deutschland zu entfalten pflegen. Man kommt ganz von allein in die richtige Stimmung.«
Sie trat ans Fenster, zog den Vorhang zurück.
»Es schneit schon wieder. Hoffentlich hat Mravak die Schlitten für die Kinder bis zum Fest fertig. Lutz macht mich mit seinen Fragen danach schon ganz verrückt.«
Stefanie wandte sich in den Raum zurück, das Licht der Hängelampe spiegelte sich in ihren glänzenden Augen. Sie wirkte jünger und gesünder als in Berlin.
»Die Luft hier bekommt dir gut«, sagte Magnus und lächelte ihr zu. »Es war kein schlechter Gedanke, diese Fabrik zu kaufen. Dabei warst du seinerzeit über den Gedanken geradezu entsetzt.«
»Damals wußte ich ja auch noch nicht . . .« Stefanie verstummte abrupt. Sie sah Dimitri Wolkow vor sich, so, wie er auf dem Hof im Lichtschein der schwankenden Laterne vor sie hingetreten war, um ihr zu danken. Gleich darauf

rief sie sich zur Ordnung. Unsinn, der Russe hatte wenig oder gar nichts damit zu tun, daß sie sich in dieser Gegend so unbeschwert und fast glücklich fühlte.
»Ja – was wußtest du damals noch nicht?« half Magnus mit einem Lächeln nach.
»Ach – ich meinte – ich konnte ja nicht ahnen, wie schön dieses Land ist. Wie frei man sich hier fühlen kann.«
Anna trat ein und beendete das Gespräch. Ihr Gesicht war gerötet, als habe sie wieder einmal erbittert mit der Köchin gestritten. Hinter ihrem Rücken, in der Diele, wurde die breite Gestalt des Werkführers sichtbar.
»Der Mann da behauptet, von Herrn Hartmann bestellt worden zu sein«, erklärte sie mißbilligend und rümpfte die Nase. Stefanie nickte dem Mann zu, hereinzukommen. Aber er hob nur leicht beide Arme, um anzudeuten, daß er sich mit seiner Last nicht getraute, das schöne Zimmer der gnädigen Frau zu betreten.
Jetzt erkannte auch Stefanie die Ursache. Sie schlug in sprachloser Verwunderung die Hände zusammen. Denn Mravak, der Mann, dem nichts unmöglich schien, der alles konnte, hielt in jeder Hand einen Karpfen, der so groß war, daß er mit der Schwanzspitze den Boden berührte, wenn der ausnehmend große Mann die Arme hängen ließ.
»Magnus!« rief Stefanie lachend. »Hast du je solche Riesenexemplare von Karpfen gesehen? Dafür müßte man in Berlin ein Vermögen ausgeben!«
»Sie sind ein Genie, Mravak!« Magnus, der selbst zwar nie geangelt hatte, aber doch etwas von Weihnachtskarpfen verstand, begutachtete den Fang sachkundig. »Ich hatte schon befürchtet, wir müßten Weihnachten auf diesen gewohnten Leckerbissen verzichten. Bringen Sie die Dinger zu Manja in die Küche. Meine Frau wird ihr später die notwendigen Anweisungen bezüglich der Zubereitung geben.«

Stefanie war damit beschäftigt, die hohe, breite Tanne zu schmücken, die einer der Arbeiter am Vortag aus dem Wald geholt hatte, als ihr Dimitri Wolkow gemeldet wurde.
Zum ersten Mal stand er Stefanie in vollem Licht gegenüber. Er trug einen einfachen Anzug aus billigem Stoff, der, bei aller Bescheidenheit, vermutlich sein bester war. Stefanies mitleidigen Blick spürend, preßte er trotzig die Lippen aufeinander. Er verwünschte den Einfall seiner Kameraden, ausgerechnet ihn dazu auserwählt zu haben, der Familie Hartmann die Weihnachtswünsche der russischen Belegschaft zu überbringen.
Stefanie band ohne jede Hast die Schürze ab, mit der sie ihr Kleid geschützt hatte, und bat ihn mit einer Handbewegung, Platz zu nehmen. Anna servierte stumm ein Glas Wein und verzog sich danach wie ein grauer Schatten – nicht ohne vorher den Russen mit einem forschenden Blick gestreift zu haben. Er sah für ihren Geschmack viel zu gut aus, und sie hoffte, daß Stefanie in diesem Punkt nicht der gleichen Meinung sein würde.
Das Gespräch kam etwas mühsam in Gang. Sosehr Stefanie sich auch bemühte, es gelang ihr nicht, Dimitri Wolkow aus der Reserve zu locken. Sie bedauerte dies ehrlich. Endlich fand sie ein Thema, für das er sich zu erwärmen schien; denn sie hatte Natascha kaum erwähnt, als er auch schon sichtlich zugänglicher wurde.
»Ich bin sehr dankbar, daß meine kleine Schwester mehrere Stunden täglich in Ihrem Haus weilen darf, gnädige Frau«, sagte er, und seine sonst eher kühle Stimme nahm einen ausgesprochen herzlichen Ton an. »Es ist nicht gut, wenn ein junges Mädchen zuviel allein ist oder sich gar seinen Unterhalt in irgendeinem Vergnügungsetablissement verdienen muß. Natascha ist sehr glücklich bei Ihnen, und Ihre Kinder sind ihre ganze Wonne.«
»Ich weiß.« Stefanie lächelte. »Für meine Rangen ist sie eine wahre Wohltat. Sie sind zwar sonst ziemlich ungebärdig, aber ihr gehorchen sie aufs Wort – besser jeden-

falls als ihrem Hauslehrer. Neulich überraschte Lutz mich damit, daß er ein russisches Gedicht aufsagte. Fehlerlos, wie Natascha lobend betonte. Denn ich verstehe leider kein einziges Wort Ihrer Muttersprache.«

»Vielleicht könnte Natascha Sie unterrichten. Es wäre . . .«

Stefanie erfuhr nie, was Dimitri hatte sagen wollen. Magnus, von Anna verständigt, kam, um nun auch selbst die Wünsche seiner russischen Kolonie – wie er die Emigranten zu bezeichnen pflegte – entgegenzunehmen.

Er begegnete Graf Wolkow freundlich und unbefangen, stellte sich gleichsam mit ihm auf eine Stufe, ließ ihn seine Abhängigkeit nie spüren. Stefanie dankte es ihm insgeheim. Sie saß still dabei, während die beiden Männer über die augenblickliche politische Lage diskutierten.

Unwillkürlich kam ihr der Gedanke, sie miteinander zu vergleichen, und sie mußte zu ihrer Verwunderung erkennen, daß Magnus bei diesem Vergleich gar nicht so schlecht abschnitt. An guter Erziehung und Würde stand er dem Sproß aus uraltem russischem Geschlecht in nichts nach.

6

Nach Neujahr taute es vorübergehend, die Temperaturen wurden milder. Doch im März setzte der Winter noch einmal mit voller Kraft ein, brachte Schnee und Eis und zeigte sich überhaupt von seiner schlechtesten Seite.
Seit Stefanies Ankunft in Kroatien waren mannigfaltige Pflichten auf sie zugekommen, die sie sehr ernst nahm. So gehörte es zu ihren Aufgaben, die Lebensmittel für die Kantine, in der die Belegschaft verpflegt wurde, einzukaufen.
»Es macht mir seltsamerweise Spaß«, gestand sie Magnus nach ihrer ersten Einkaufsfahrt. »Ich komme mir vor wie ein Kind, das Kaufmannsladen spielt.« Jetzt, bei klirrender Kälte, sah die Sache schon anders aus. Trotzdem hätte Stefanie nicht im Traum daran gedacht, den Verwalter der Kantine allein fahren zu lassen. Zum einen mußte man dem Mann ein wenig auf die Finger sehen, sonst blieb zuviel daran hängen, zum andern war es für sie eine willkommene Abwechslung.
Es war sehr kalt, als sie sich wieder einmal im Schlitten auf den Weg machten. Natascha, die Stefanie sonst zu begleiten pflegte, lag mit einer Erkältung, die mit Fieber verbunden war, in der kleinen Wohnung, die sie mit Dimitri teilte.
Später als sonst hatte Stefanie ihre Einkäufe in der riesigen Salamifabrik in Petrinja beendet. Der Pferdeschlitten glitt in rascher Fahrt über die schimmernde Schneefläche dahin. Die junge Frau war müde. Sie freute sich auf ihr wohlig warmes Haus, auf die Kinder, die sie stets begrüßten, als kehre sie von einer Weltreise zurück.

In ihre Gedanken versunken, bemerkte sie nicht sofort, daß der auf dem Kutschbock sitzende Verwalter die Gäule zu einer rascheren Gangart antrieb. Immer wieder ließ er die Peitsche über ihre Rücken tanzen, feuerte sie durch gellende Zurufe in seiner Muttersprache an. Plötzlich war Stefanie hellwach. Die geduckte Haltung des Mannes verriet, was er empfand.
Er hat Angst, furchtbare Angst, dachte Stefanie betroffen. Er wittert irgendeine Gefahr!
Als der Alte sich jetzt hastig umwandte, um einen Blick in die Richtung zu werfen, aus der sie gekommen waren, drehte auch Stefanie sich um, einem unheimlichen Zwang folgend.
Sie erkannte blitzartig, welcher Art die Gefahr war, die ihnen drohte. Die Gefahr, die auch die Pferde immer schneller ausgreifen ließ. Auf der glitzernden Schneefläche unter dem verhangenen Winterhimmel entdeckte sie die unheimlichen grauen Schatten, die dem Gespann folgten. Und da ertönte auch schon das Geheul, das jedem, der es einmal hörte, das Blut in den Adern erstarren ließ. Es gab keinen Zweifel mehr: Sie wurden von Wölfen verfolgt. Der Hunger mochte sie aus den Bergen in die Ebene getrieben haben. Stefanie fiel jäh ein, daß davon geredet worden war.
Die Angst des Verwalters sprang auf sie über. Wenn eins der Pferde stolperte oder gar stürzte, dann war ihr Schicksal besiegelt, dann waren sie diesen blutrünstigen Bestien gnadenlos ausgeliefert!
Während das Heulen der ausgehungerten Wölfe wie eine grelle Fanfare über der verschneiten Landschaft hing, wußte Stefanie, daß ihr Leben in höchster Gefahr war.
Der Verwalter gab den Pferden den Kopf frei. Die verängstigten Tiere spürten die Gefahr ebenso wie die beiden Insassen des Schlittens, jagten so schnell dahin, daß ihre Hufe kaum den Boden berührten. Doch die Wölfe kamen trotzdem näher, der Abstand zu ihnen verringerte sich von Sekunde zu Sekunde.

»*Gospoda*, hier«, der Verwalter wagte kaum, den Kopf zu drehen. Er fürchtete, die Gewalt über das in Panik geratene Gespann zu verlieren. »Neben mir, auf dem Sitz. Es sind sechs Kugeln drin. Zwei müssen Sie aufsparen, *Gospoda* . . .«
Stefanie griff mit bebenden Händen nach der Waffe. Sie brauchte nicht erst zu fragen, für wen die restlichen Kugeln bestimmt sein sollten. Ihre Hand zitterte nicht mehr, als sie auf den ersten Wolf zielte, der dem Schlitten bedrohlich nahe gekommen war. Der Schuß ging los, traf das hechelnde Tier, das sich überschlug und reglos liegenblieb. Ihr Vater war ihr einst ein guter Lehrmeister gewesen.
Aufatmend beobachtete sie, wie die anderen Wölfe sich auf ihren getöteten Artgenossen stürzten. Doch sie würden sich nicht lange ablenken lassen und erneut zum Angriff übergehen.
Drei Wölfe hatte Stefanie erledigt, als der Schlitten in halsbrecherischer Fahrt das Gelände der Fabrikanlagen erreichte. Sie hörte das laute Fluchen des Verwalters, dem es nicht gelingen wollte, die durchgehenden Pferde zu zügeln.
Stefanie neigte sich entsetzt vor, versuchte, helfend einzugreifen. Im Hintergrund sah sie die hohe Mauer aufragen, die das Gebiet abgrenzte. Wenn der Schlitten nicht vorher zum Stehen kam, würden sie unweigerlich dagegenprallen . . .
Stefanie sah eine Bewegung, einen Schatten nur. Die Pferde bäumten sich erschrocken auf, wollten erneut ausbrechen. Die junge Frau wurde auf den Sitz zurückgeworfen, von dem sie halb aufgestanden war, klammerte sich krampfhaft irgendwo an. Um ein Haar wäre sie hinausgeschleudert worden. Eine dumpfe Gewißheit einer auf sie zukommenden Katastrophe erfüllte sie, die Umgebung, ohnehin nur schemenhaft sichtbar, verschwamm vor ihren Augen.
Dann gab es einen spürbaren Ruck, der Schlitten kam

zum Stillstand. Stefanie öffnete die Augen, die sie, angstvoll den Aufprall erwartend, geschlossen hatte. Da stand auch schon Dimitri Wolkow neben ihr, reichte ihr die Hand, um ihr beim Aussteigen zu helfen. Ihr erster Versuch, aufzustehen, scheiterte. Ihre Beine wollten sie noch nicht tragen. Endlich gelang es ihr, auf Dimitri gestützt. Sie zitterte am ganzen Körper, die Angst, die sie durchlitten hatte, stand ihr ins Gesicht geschrieben.
»Wir wurden von Wölfen verfolgt«, stammelte sie atemlos und für den Grafen kaum verständlich. »Es war grauenvoll!«
Stefanie verstummte jäh und starrte den Mann an, der vor ihr stand. Ihr war bewußt geworden, daß sie während der schrecklichen Augenblicke immer nur an ihn gedacht hatte. Als könne ihr Wille ihn herbeizwingen, ihr aus höchster Not zu helfen. Und nun hatte er eben das getan. Den Wölfen waren sie zwar entkommen, doch auch das Durchgehen der Pferde konnte den sicheren Tod bedeuten, wäre Dimitri Wolkow nicht genau im richtigen Moment zur Stelle gewesen.
»Ich danke Ihnen, Graf Wolkow«, setzte sie nach einer Pause leise hinzu. Sie spürte den festen Druck seiner Hand, sah die Besorgnis in seinen Augen. Ihr Lächeln mißlang, der Schock war noch nicht überwunden.
Stefanie löste sich von ihm, und ihr war, als verlöre sie, nun, da seine Hand sie nicht mehr hielt, allen Halt. Doch als sie wankte und er sie stützen wollte, wehrte sie fast heftig ab. Ein leichtes Neigen ihres Kopfes, dann ging sie langsam auf das Wohnhaus zu. Am Eingang zwang etwas sie, stehenzubleiben und zurückzuschauen.
Sie hörte die wortreichen Erklärungen des sichtlich verängstigten Verwalters, von der zornigen Stimme des Grafen unterbrochen.
»Du verdammter Tölpel! Wie konntest du es nur wagen, die *Gospoda* einer solchen Gefahr auszusetzen. Du hättest sie heute um jeden Preis an dieser Ausfahrt hindern müssen. Jedes Kind hier weiß, daß augenblicklich Wölfe die

Gegend unsicher machen. Ich möchte dich auspeitschen, damit du diese Stunde niemals vergißt, dich erschlagen, wie einen räudigen Hund . . .«
Stefanie hörte einen Aufschrei, sah die erhobene Peitsche in Wolkows Hand. Die Angst verlieh ihr neue Kräfte, sie lief, so schnell sie konnte, auf den Grafen zu, fiel ihm in den Arm. Als er sich ihr wütend zuwandte, erschrak sie über den wilden Ausdruck seiner Augen.
»Um Gottes willen, Graf«, flüsterte sie entsetzt. »Sie machen sich ja fürs Leben unglücklich. Und mich dazu – denn ich bin der Anlaß zu Ihrem Zorn«, fügte sie fast unhörbar hinzu.
Wolkow starrte Stefanie an, als sähe er sie zum ersten Mal. Nur mühsam gewann er seine Fassung zurück. Diese Atempause benutzte der Verwalter, um mit seinem Gespann aus der Gefahrenzone zu fliehen.
Noch immer hielt Stefanie Wolkows Arm umklammert. Und das Unfaßbare geschah. Er lächelte plötzlich, und ihr war, als müsse ihr Herzschlag aussetzen. Noch nie hatte sie den Grafen so lächeln sehen, nicht gewußt, wie sehr sein schwermütiges Gesicht sich dadurch veränderte. Ein tiefer Atemzug hob ihre Brust, und sie erwiderte dieses zauberhafte Lächeln spontan.
Dimitri hob ihre kalte Hand an seine Lippen, um sie zu küssen.
»Verzeihen Sie mir, *Gospoda*, daß ich nicht wartete, bis Sie außer Hörweite waren. Sie sollten nicht Zeuge dieser unerquicklichen Szene werden. Der Mann hätte eine drastische Lektion verdient. Er hat Sie in Gefahr gebracht, und das war unverzeihlich von ihm . . .«

Natürlich erzählte Stefanie am Abend Magnus von ihrem Erlebnis. Sie mußte ja damit rechnen, daß er ohnehin davon erfahren würde. Verwundert wurde ihr bewußt, daß er die Angelegenheit in einem völlig anderen Licht sah als sie und ziemlich verstimmt war. Der Kantinenverwalter hatte sich bei ihm lautstark über das Vorgehen des Grafen

beschwert. Er, als Chef, war gezwungen, zu dieser wohl berechtigten Beschwerde Stellung zu nehmen.
Magnus stand am Kachelofen, während Stefanie sich, um ihren Mann nicht ansehen zu müssen, an ihrem Nähtisch zu schaffen machte. Das Licht der Petroleumlampe tauchte den behaglich eingerichteten Raum in ein weiches Licht. Ein unbefangener Beobachter hätte die beiden für ein glücklich verheiratetes Paar halten müssen, das gemeinsam den Tagesablauf besprach. Doch dieser Anschein trog, von Glück im wahrsten Sinne des Wortes konnte natürlich nicht die Rede sein, solange Stefanie sich ihrem Mann nach wie vor beharrlich verweigerte.
Magnus betrachtete seine Frau mit grübelnd zusammengezogenen Brauen. »Ich hätte dir diese Schlittenpartie heute energisch untersagt, hättest du mich vorher davon unterrichtet«, bemerkte er endlich ernst. »Es war unverantwortlich von dir, dein Leben auf diese Weise aufs Spiel zu setzen. Selbstverständlich hätte auch der Verwalter es besser wissen müssen. Es war seine Pflicht, sich mit mir in Verbindung zu setzen.«
»Ja, das hätte er wohl tun müssen«, warf Stefanie, nur um etwas zu sagen, freundlich ein.
»Das spricht aber den Grafen nicht frei«, fuhr Magnus mit sich heftig steigernder Stimme fort. »Er hatte kein Recht, sich einzumischen. Und gar auf so brutale Weise! Wo kämen wir denn hin, wenn wir jeden Streit gleich mit der Peitsche austragen wollten. Aber was soll man erwarten? Es gibt ein altes Sprichwort: ›Grattez le Russe et vous trouvez le barbar!‹«
Stefanie hob zornig den Kopf.
»O ja, ich verstehe genau, Magnus: ›Kratze an der Fassade des Russen, und der Barbar kommt zum Vorschein.‹ Natürlich – eine Pistole wäre vermutlich weniger barbarisch, dafür aber in der Wirkung weit effektiver. Damit verstehst wiederum du brillant umzugehen. Die Vergangenheit hat das schlagend bewiesen.« Etwas ruhiger fuhr sie fort: »Andernfalls darf man dem Grafen seine Reak-

tion nicht zu schwer zur Last legen. Er war von klein auf daran gewöhnt, zu befehlen und Missetäter auf diese Weise zu bestrafen.«
Als hätte sie bereits zuviel gesagt, senkte Stefanie den Blick wieder auf ihre Arbeit. Sie fürchtete, ihre Augen könnten sie sonst verraten. Denn ihr war klar, daß Dimitri nur so gehandelt hatte, weil er mehr in ihr sah als nur die Frau seines Chefs und Arbeitgebers. Sein Zorn war der Angst um sie entsprungen, weil sie ihm alles andere als gleichgültig war. Sie spürte das Glück, das sie bei diesem Gedanken empfand, wie eine warme Welle durch ihren ganzen Körper strömen.

Zdenko Lakovacs Vorschlag befolgend, hatte Magnus sich entschlossen, für die emigrierten Russen ein kleines Fest zu veranstalten. Sie sollten sich wenigstens einmal im Jahr in frühere Zeiten versetzt fühlen. Stefanie unterstützte seinen Plan mit fast hektischer Begeisterung und war bereit, ihrem Mann dafür manches, was er ihr in der Vergangenheit angetan hatte, zu verzeihen.
»Du weißt, wieviel mir daran liegt, diese Menschen auch privat kennenzulernen«, sagte sie ehrlich. »Ich bin auf dieses Zusammentreffen sehr gespannt. Ich wüßte gern, wie sie früher gelebt haben. Die russischen Gesellschaften waren ja weltberühmt . . .«
Stefanie verstummte abrupt. Es war unklug, sich allzu auffallend zu engagieren. Am Ende kam Magnus noch dahinter, daß Lakovac von ihr zu dieser Idee angestiftet worden war. Der Kroate hatte ihren Vorschlag arglos aufgegriffen. Er konnte schließlich nicht ahnen, daß ihr Vorhaben im Grunde nur einer einzigen Person galt – Dimitri Graf Wolkow!
Der festliche Abend sollte Stefanies Erwartungen weitaus übertreffen. Der Anblick der Juwelen der Fürstin Gagarin verschlug ihr buchstäblich den Atem. Das Diadem aus lupenreinen Brillanten stand in einem krassen Gegensatz zu dem eher bescheidenen Abendkleid, das bereits Spuren

allzu häufigen Tragens aufwies. Doch die Fürstin, die sich auch in Zeiten der größten Not nicht von ihren Kostbarkeiten getrennt hatte – ihr Gatte, der Fürst, war als einfacher Arbeiter in der Hartmannschen Fabrik tätig –, bewegte sich so ungezwungen und selbstbewußt, als nähme sie an einer Gesellschaft am Zarenhofe teil.

»Sie ist wunderschön, nicht wahr? So blauschwarzes Haar habe ich noch nie gesehen. Und der Schmuck – einfach märchenhaft!«

Natascha Wolkow nickte lächelnd. Sie sah in dem hübschen Tanzkleid, das Madame Lakovac für ihren Schützling genäht hatte, sehr jung und anmutig aus. Ihr eifrigster Verehrer, der einstige Kosakenleutnant Borodin, schien das auch zu finden, denn er wich nicht von Nataschas Seite. Wie er, trugen auch die meisten der anderen Herren ihre alten Uniformen, die ebenfalls starke Spuren der Abnutzung zeigten.

Stefanie hatte für diesen Abend ein reinweißes Kleid gewählt und ganz bewußt auf Schmuck verzichtet; denn so edel ihre Perlen auch waren, sie konnten sich nicht mit dem messen, was die russischen Damen tragen würden.

»Du wirst bestimmt die Allerschönste sein, Mama«, hatte Lutz begeistert ausgerufen, als Stefanie gekommen war, um den Kindern gute Nacht zu sagen. »Wie deine Augen glänzen, und deine Hände sind ganz heiß! Du bist wohl sehr aufgeregt – weil du heute das erste Fest in Jugoslawien gibst?«

Bei den Worten ihres Sohnes hatte Stefanie Magnus' Blick auf sich gespürt – forschend oder gar mißtrauisch? Sie hatte nicht gewagt, ihn anzusehen. Wenn das Kind bereits spürte, daß etwas Besonderes in ihr erwacht war, was mochte er dann erst denken?

Fast schien es, als sei all ihre Aufregung unnötig gewesen, denn Graf Wolkow schien sich entschlossen zu haben, durch Abwesenheit zu glänzen. Stefanies Enttäuschung über sein Ausbleiben kam einem körperlichen Schmerz

gleich. Für wen hatte sie heute abend schön sein wollen? Doch nur für ihn!
Plötzlich stand er vor ihr, als sie es am wenigsten vermutet hatte. Beide suchten vergeblich nach Worten. Unter seinem bewundernden Blick rötete sich Stefanies blasses Gesicht. Seit jenem Zwischenfall nach der gefährlichen Schlittenfahrt hatte sie ihn nicht gesehen. Jetzt war ihr so zumute wie damals, als sie ihm auf dem Fabrikhof zum ersten Mal begegnet war. Als müsse sie sich vor ihm schützen, weil das, was sie für ihn empfand, am Ende nur Leid über alle Beteiligten bringen würde.
»Sie kommen spät, Graf Wolkow«, sagte sie endlich relativ ruhig. »Ich glaubte schon . . .«
»Oh, ich bin bereits eine Weile hier, kam, als Sie Ihre Gäste mit Ihrem Gesang erfreuten.« Kein Lächeln stand in seinen ernsten blauen Augen. »Sie singen sehr schön, gnädige Frau.«
Stefanie errötete bis zum Haaransatz. »Oje! Sie haben zugehört? Viel kann ich in dieser Beziehung wirklich nicht bieten. Ein wenig Operette, das kann schließlich jeder.«
»Ihr Lied paßte gut zu meiner augenblicklichen seelischen Verfassung. In Petersburg habe ich oft zu diesem Walzer getanzt. Wie lautet doch der Text? ›Einmal noch leben, eh' es vorbei –‹«
Wolkow verstummte abrupt. Ihre Blicke trafen sich, blieben ineinander hängen. Wieder verspürte Stefanie den warmen Strom, der sie immer dann durchfloß, wenn sie an Dimitri dachte.
»Ja, einmal noch leben«, wiederholte sie leise. Minutenlang schienen sie in all dem Trubel allein zu sein. Die Umgebung versank, die Stimmen der anderen klangen plötzlich weit entfernt.
Als Magnus zu ihnen trat, kam Stefanie wie aus einem kurzen Traum zu sich, den sie gern weitergeträumt hätte. Dimitri verneigte sich gelassen gegen seine Gastgeber und mischte sich dann unter seine einstigen Kameraden, die

lebhaft Erinnerungen an die rauschenden Feste des alten Rußland austauschten.
Die Fürstin Gagarin, die sonst mit einem stummen, höflichen Gruß an Stefanie vorbeizugehen pflegte, zeigte sich ihr heute von einer ganz anderen Seite. Ich bin dein Gast, schienen ihre samtigen Augen zu sagen, und dir also für einige Stunden gesellschaftlich gleichgestellt. Schon morgen liegen die Dinge wieder anders; wir wollen uns nicht aufdrängen, wollen kein Mitleid.
»Setzen Sie sich zu mir, kleine Frau«, sagte sie, und es klang, als gewähre eine Königin wohlwollend Audienz. »Sie sehen in Ihrem schlichten weißen Kleid bezaubernd aus. Ich weiß jedoch aus Erfahrung, daß auf dem Gebiet der Mode der Schein trügt. Vor allem bei Ballroben. Das scheinbar Schlichte ist oft am teuersten.«
Stefanie nickte lächelnd und nahm neben der Fürstin Platz; den Jahren nach hätte sie ihre Mutter sein können.
»Es war wirklich nicht ganz billig«, räumte sie ehrlich ein. »Ich trage gern Weiß, obgleich es, strenggenommen, gar keine Farbe ist.«
Die Fürstin strich mit ihrer schmalen Aristokratenhand leicht über den duftigen Stoff.
»Ihr Kleid ist so weiß wie Ihre Seele«, murmelte sie schwermütig. Ihre dunklen Augen zeigten einen Ausdruck, als blicke sie weit zurück. »Das hat einst auf einem Hofball ein schneidiger Offizier zu mir gesagt, als ich ein weißes Gewand trug. Seltsam. Danach habe ich ihn nie wiedergesehen, obgleich ich mehrmals mit ihm getanzt hatte. Durch diesen Ausspruch blieb er mir jedoch unvergessen. Später erfuhr ich dann, daß er in der Revolution . . .«
Die Fürstin verstummte, eine steile Falte stand zwischen ihren Brauen. Mit einer energischen Handbewegung schob sie die Vergangenheit gleichsam beiseite. »Man sollte das alles vergessen und nur der Gegenwart leben. Oder noch besser der Zukunft, was immer sie einem auch bringen mag.«

Später, nachdem die Gäste gegangen waren, mußte Stefanie an dieses Gespräch zurückdenken.
»Es sind wunderbare Menschen«, sagte sie nachdenklich zu Magnus, der in ihrem kleinen Salon noch einen Kaffee mit ihr trank. »Ich weiß nicht, ob ich mich in einer ähnlichen Situation so bewundernswert ins Unabänderliche fügen würde. Aus Reichtum und Glanz in demütigende Armut hinabsteigen zu müssen, muß schrecklich sein. Ich könnte das nicht so lächelnd ertragen.«
Magnus legte den Arm leicht um Stefanies Schultern, die ihr Abendkleid, der Mode folgend, freiließ. Er erwartete, daß sie vor seiner Berührung zurückweichen würde, doch sie war zu sehr in ihre Betrachtungen versunken, um wie sonst zu reagieren.
»Ich glaube, du täuschst dich in dir, Stefanie«, wandte er freundlich ein. »Im Gegenteil, ich halte dich für eine Natur, die sich in jeder Situation zurechtfinden und ihr anpassen wird. Trotzdem hoffe ich inständig, daß du dies nie unter Beweis wirst stellen müssen.«
Stefanie nickte ihm nachdenklich zu. Der gute Magnus! Er ahnte nicht, in welchem Zwiespalt der Gefühle sie sich eben jetzt befand. Sie war ehrlich genug zuzugeben, daß ihr Interesse für die entwurzelten Russen weniger ihrem Mitgefühl entsprang als der Zuneigung, die sie für Dimitri Wolkow empfand.
»Ich habe an diesem Abend jedenfalls viel gelernt«, setzte sie abschließend hinzu. »Es wird mir jetzt möglich sein, die Probleme dieser von uns abhängigen Menschen besser zu verstehen und ihnen, soweit mir das möglich ist, zu helfen.«

Gegen jede Vernunft überquerte Stefanie immer öfter den Fabrikhof, um unter irgendeinem Vorwand die Arbeitsräume zu betreten. Die Hoffnung, Dimitri zu sehen, mit ihm ein paar Worte wechseln zu können, dies waren die Beweggründe zu ihrem, wie sie selbst zugab, unvernünftigen Vorgehen. Es war ein Spiel mit dem Feuer, aber sie

brachte es nicht fertig, der Versuchung zu widerstehen. Seltsamerweise schien er immer zu wissen, wann sie erscheinen würde, und ging ihr beharrlich aus dem Wege. Traf sie ihn wirklich einmal an, grüßte er kühl, höflich. Zu einem Gespräch in dieser Umgebung war er offensichtlich nicht bereit.
Einmal begegnete sie ihm auf einem Korridor. Sie blieb stehen, zwang ihn, das gleiche zu tun. Noch ehe sie ihn ansprechen konnte, kam er ihr mit gepreßter Stimme zuvor.
»Ich sehe Sie täglich, *Gospoda*, und darf Sie doch nicht sehen. Ich möchte vieles sagen, doch auch das ist mir verboten. Spüren Sie denn nicht, wie unfair Ihr Verhalten ist? Schauen Sie mich genau an, meine schäbige Arbeitskluft. Denken Sie daran, daß ich nichts weiter als ein Handlanger bin, ein Niemand! Ja. Es ist verdammt unfair, mir immer wieder vor Augen zu führen, wie schön das Leben sein könnte, wenn –«
»Unfair?« unterbrach Stefanie ihn, alle Vorsicht außer acht lassend, leidenschaftlich. »Meinen Sie etwa, daß ich nicht leide? Muß es bis in alle Ewigkeit so weitergehen? Ein höflicher Gruß, geheuchelte Gleichgültigkeit, während wir beide . . .«
Dimitri antwortete nicht, aber sein angespanntes Gesicht verriet, welche Qual Stefanies Worte ihm bereiteten. Noch ehe sie weitersprechen, ihn zu einem Geständnis bewegen konnte, näherten sich Schritte. Stefanie hob den Kopf, zögerte. Dann ging sie ohne Gruß rasch davon. Es durfte kein Klatsch aufkommen, der sie mit Dimitri Wolkow in Verbindung brachte; denn dadurch würde seine Stellung unhaltbar, seine Existenz gefährdet werden.
Der Frühling machte sich nach den letzten heftigen Winterstürmen allerorts bemerkbar. Magnus hatte Stefanie zu ihrem Geburtstag ein Reitpferd geschenkt und ihr damit einen ihrer sehnlichsten Wünsche erfüllt. Er kannte ihre Vorliebe für diesen eleganten Sport. In Berlin, unter den mißbilligenden Augen ihres Schwiegervaters, hatte sie

darauf verzichtet. Es mache ihr keine Freude, sich wegen jedes Ausrittes verantworten zu müssen, hatte sie zornig gesagt, als der alte Hartmann sie wieder einmal mit ihren – wie er es nannte – adeligen Allüren verhöhnt hatte.
Magnus wollte Stefanie glücklich sehen, weil er hoffte, daß sie sich ihm dann allmählich wieder zuwenden würde. Er selbst war kein guter Reiter, fühlte sich im Sattel nicht recht zu Hause. Auch fehlte ihm, hier wie in Berlin, einfach die Zeit, sich sportlich zu betätigen.
Stefanie war ihm für sein Verständnis dankbar, und ihr Benehmen ihm gegenüber wurde toleranter, ohne jedoch gewisse Grenzen zu überschreiten.
Da sie die Kinder bei Anna, dem Hauslehrer und dem kroatischen Kindermädchen Juza in guter Hut wußte, nutzte sie das milde Vorfrühlingswetter zu weiten Ausritten. Am liebsten tat sie dies in der Abenddämmerung. Dann tauchten weiche Schatten die herbe Landschaft in ein mildes Licht und ließen sie zuweilen, als sei sie nichts als ein Trugbild, verschwommen und unwirklich erscheinen. Als Stefanie an einem dieser lauen Abende den Stall betrat, fand sie Dimitri Wolkow bei ihrem Goldfuchs vor.
Er grüßte zurückhaltend, nur seine Augen leuchteten bei ihrem Anblick unkontrolliert auf. »Ein schönes Tier«, sagte er bewundernd. »Ich bin früher viel und gern geritten, nicht nur im Dienst. Wenn ich meinen Urlaub auf unserem Besitz verbrachte, durchstreifte ich stundenlang die Gegend und erreichte doch nie seine Grenzen.«
Stefanie lächelte. Unbewußt war ihr Lächeln voller Zärtlichkeit. Sofort aber wurde sie wieder ernst.
»Natascha erwähnte einmal, Ihre Eltern seien während der Oktoberrevolution ums Leben gekommen, Graf Wolkow. Bitte, verstehen Sie mich nicht falsch. Ich frage nicht aus Neugier. Nur – ich möchte gern alles über Sie, Ihr früheres Leben, wissen. Wie es war, wie Sie wirklich sind. Mir ist oft zumute, als trügen Sie eine Maske, und der wahre Dimitri müsse ganz anders sein. Nicht so, wie Sie

sich mir gegenüber meistens geben – kühl und unpersönlich. Ich halte Sie im Gegenteil für sehr warmherzig und leidenschaftlich.«
Stefanies Worte kamen leise und waren fast schon eine Liebeserklärung.
Dimitri wich ihrem Blick aus. Er fürchtete, die Selbstbeherrschung zu verlieren, wenn er Stefanie Hartmann zu lange ansah. Es war wohl am besten, ihre letzte Bemerkung zu ignorieren. Während seine Finger geistesabwesend durch die goldbraune Mähne des Fuchses glitten, verlor er sich ganz an die unerfreulichen Erinnerungen der Vergangenheit.
Er dachte an jene Tage in seiner alten Heimat, als Rußland aufhörte ein Zarenreich zu sein und Menschen seiner Herkunft ihres Lebens nicht mehr sicher waren.
»In einem Punkt mögen Sie recht haben, *Gospoda*: Das Leben hat mich und meine Freunde dazu gezwungen, eine Maske zu tragen. Wer glaubt denn schon einem Flüchtling – und das sind wir letzten Endes –, wenn er erzählt, wie schön es früher einmal für ihn war. Keinerlei Sorgen, das Dasein ein einziger fröhlicher Tanz. Und dann – praktisch von einem Tag zum anderen – alles vorbei.«
Stefanie unterbrach Dimitri nicht. Sie stand ganz still und beobachtete sein Gesicht, dessen Ausdruck sich völlig verändert hatte. Es wirkte düster, zerquält, während er stokkend weitersprach.
»Ich war nicht in Wolkow, als das Entsetzliche geschah. Mein Platz war bei meinem Regiment, das einen aussichtslosen Kampf gegen die aufgepeitschte Menschenmenge führte. Was sich zu Hause abspielte, erfuhr ich später von Natascha. Es war alles für die Flucht vorbereitet. Meine Schwester saß mit unserer alten Kinderfrau im ersten Schlitten, unsere Eltern folgten, erreichten jedoch nie das vereinbarte Ziel. Später erfuhren wir dann, daß meine Mutter plötzlich ihr Lieblingshündchen vermißt hatte. Sie war eine Baltin und hinreißend schön. Mein Vater liebte sie abgöttisch, konnte ihr keinen Wunsch ab-

schlagen. Er gab dem Kutscher den Befehl, umzukehren. Auf dem Gut wurden meine Eltern von einem Trupp roter Soldateska in Empfang genommen. Ersparen Sie mir bitte, Ihnen schildern zu müssen, was mit ihnen geschah.«

Stefanies Hand legte sich auf den Hals des Pferdes, berührte die seine, hielt sie fest. Sie spürte, daß es wie ein elektrischer Schlag durch seinen Körper ging. Später hätte sie nicht mehr erklären können, wie es gekommen war. Wer hatte den ersten Schritt getan?

Dimitris Arme schlossen sich um sie. So fest, als suche er bei ihr Halt. Stefanie spürte den raschen Schlag seines Herzens, seine Lippen auf den ihren. Es gab keine ungelösten Fragen mehr, keine Zweifel. Was bisher gewesen war, verlosch wie die schwache Flamme einer Kerze in einem wilden Sturm.

Als Dimitri sie endlich freigab, tat er es nur, um seine Empfindungen nunmehr auch in Worte zu kleiden.

»Ich liebe dich, Herrin, liebe dich unsagbar. Gott möge mir diese Sünde verzeihen; denn ich tue etwas, was eines Ehrenmannes unwürdig ist. Ich halte die Frau eines anderen im Arm und empfinde doch keinerlei Gewissensbisse dabei. Ich weiß ja, daß dies ein einmaliger Moment in unserem Leben ist. Später werden wir wie an einen Traum daran zurückdenken. Aber jetzt ist es Wirklichkeit, atemberaubende herrliche Wirklichkeit.«

Stefanie gab sich der Musikalität seiner Stimme hin, seiner Ausdrucksweise, die so völlig von der deutscher Männer abwich. Noch nie hatte jemand sie ›Herrin‹ genannt, und doch wußte sie, daß dieses Wort für Dimitri nicht nur eine leere Phrase war. Für ihn war sie die Frau, die künftig sein Leben beherrschen, es lebenswert machen würde.

Stefanie schwieg, doch als sie sich an ihn schmiegte, schien ihm dies Antwort genug zu sein.

Es war wohlig warm im Stall. Das Stampfen und Schnauben der Pferde hatte etwas anheimelnd Beruhigendes. Einmal wandte Stefanies Goldfuchs den rassigen Kopf. In seinen klaren Augen stand Verwunderung geschrieben. Verwunderung über diese beiden Menschen, die sich so selbstvergessen in den Armen lagen.

Von diesem Tag an trafen sich Stefanie und Dimitri immer bei den Pferden. Es gab soviel zu erzählen, so viele Fragen zu stellen. Vor allem Stefanie schien es wichtig, mehr über Dimitris früheres Leben zu hören. Es fiel ihm sichtlich schwer, über die Einzelheiten seines Schicksals zu sprechen. Doch allmählich fügte sich alles zu einem klar überschaubaren Bild zusammen.
»Daß ich noch lebe, verdanke ich Oleg, der auch heute noch bei mir ist. Er, ein Sohn einfacher Leute, hätte natürlich in Rußland bleiben können. Niemand hätte ihm auch nur ein Haar gekrümmt. Doch er bestand darauf, mich ins Exil zu begleiten.« Ein mattes Lächeln glitt über Dimitris Gesicht. »Ich fürchte, er ist während unserer langen Flucht mehr als einmal zum Dieb geworden, um uns vor dem Verhungern zu schützen. Keine Macht der Welt könnte ihn jetzt noch von meiner Seite reißen.«
Dimitris Hand glitt zärtlich über Stefanies Haar. »Es hat die gleiche Farbe wie dein Goldfuchs«, unterbrach er seinen Bericht, um sie schnell auf den Mund zu küssen.
»Ist Oleg der Junge, der draußen Wache hält, wenn wir hier beisammen sind?« In Stefanies grünen Augen sprühten übermütige Funken.
»Ja.« Dimitri schob eine Haarlocke aus ihrer heißen Stirn zurück, ordnete ihr Haar, bis er meinte, daß es nun den richtigen Sitz hatte. »Als Lakovac mich damals einstellte, bat ich ihn, auch Oleg zu behalten. Er machte ihn schließlich zum Stallburschen, und er scheint ganz zufrieden zu sein.«
»Stammt Oleg aus deiner Heimat – aus Wolkow?«
»Sein Vater war dort Tagelöhner – Leibeigener, wie wir es einst nannten. Wie treu ergeben er mir ist, hat er mehr als einmal bewiesen. Ich verdanke ihm sogar mein Leben. Natürlich versuchte ich seinerzeit nach Wolkow durchzu-

kommen, um Natascha und meine Eltern in Sicherheit zu bringen. Doch man erwischte mich, und ich wurde, als Sohn eines der verhaßten Großgrundbesitzer, zum Tode verurteilt.«

Stefanies Augen waren vor Entsetzen ganz dunkel geworden. Der bloße Gedanke an die Gefahr, der Dimitri ausgesetzt gewesen war, verursachte ihr Übelkeit. »Und dann?« fragte sie heiser.

»Ich stand bereits mit einigen Leidensgenossen auf dem Todeskarren. Um uns herum gaffende Menschen, die sich auf das Schauspiel einer öffentlichen Hinrichtung freuten. Sie schienen das zu vergießende Blut im voraus zu wittern. Ich fühlte mich wie in die Französische Revolution zurückversetzt. Du machst dir keine Vorstellung davon, wie gewisse Situationen die Menschen verändern können. Einfache, bisher freundliche Menschen werden plötzlich zu blutrünstigen Bestien. Nur weil man ihnen eingeredet hat, daß alle Armut ein Ende haben würde. Dabei gingen sie von einer Sklaverei in die andere. Lediglich die Bezeichnung hat sich geändert, sonst blieb – trotz Revolution – alles beim alten.«

Stefanie spürte das Zittern, das durch Dimitris Körper ging.

»Und Oleg, was tat er?« fragte sie gespannt.

»Ja, Oleg! Während der Karren durch die Straßen rumpelte und die Richtstätte immer näherkam, versuchten wir Todeskandidaten, uns gegenseitig Mut zu machen. Konnte nicht noch in letzter Sekunde ein Wunder geschehen? Für mich erfüllte sich diese Wahnsinnshoffnung, als plötzlich eine junge Stimme rief: ›Seid ihr denn von allen guten Geistern verlassen, Genossen? Das dort ist nie und nimmer ein feiner Herr – es ist Iwan, mein bester Freund und linientreuer Anhänger unserer Revolution. Er ist wie ich Sohn eines Muschiks, hat manchen Fußtritt als Strafe hinnehmen müssen. Er gehört nicht auf diesen Karren!‹ Die Unsicherheit der Bewacher ausnützend, stürmte Oleg mit einigen Gleichgesinnten den Karren. Sie rissen mich

herunter, zerrten mich durch die Menschenmenge, die sich bluffen ließ und unwillkürlich zurückwich.«
»Ich werde es dem Jungen ewig danken«, flüsterte Stefanie inbrünstig. »Dabei stand er im Grunde auf der Gegenseite, wurde durch die Revolution ein freier Mann. Wie kam es, daß er dir so selbstlos half?«
»Wir hatten als Kinder miteinander gespielt. Meinen Eltern war dies natürlich nicht recht, doch ich übertrat ihr Verbot immer wieder und hielt zu meinem unstandesgemäßen kleinen Freund. Allmählich fanden sie sich damit ab. Das hat mir später das Leben gerettet.«
Dimitris Erzählung fiel bei Stefanie auf fruchtbaren Boden. Ihr war dabei klargeworden, wie sinnlos es oft war, sich wegen geringfügiger Dinge aufzuregen. Wenn sie sein Leben mit dem ihren verglich, dann war das seine ungleich schwerer gewesen. Immer drängender wurde in ihr der Wunsch, gutzumachen, was das Schicksal ihm einst angetan hatte und noch immer antat.
Und damit kam auch die Sehnsucht, sich ihm schenken zu dürfen, ihm endlich ganz zu gehören. Diese Sehnsucht wurde zu einer brennenden Flamme, die auf ihn übersprang und sie eines Tages alle Vernunft vergessen ließ.

Es war die Zeit der Ernte. Auf den an die Fabrik grenzenden Feldern wurde das Korn eingefahren. Das Singen der Mägde drang bis in das stille Zimmer, in dem Stefanie und Magnus sich gegenüber standen.
Stefanies Haltung war unnatürlich starr, ihre Augen waren ungläubig aufgerissen. Magnus schien die Wirkung, die seine Eröffnungen auf sie hatten, gar nicht zu bemerken. Er sprach aufgeräumt, zufrieden mit der Entwicklung der Dinge. Letzten Endes hatte ja der ganze Aufenthalt auf dem Balkan nur diesem einen Zweck gedient – dem günstigen Verkauf der Lederfabrik. Dies war nunmehr geschehen.
Ohne Stefanies Schweigen zu beachten, begann Magnus Einzelheiten zu erklären.

»Das Angebot war, den Umständen entsprechend, äußerst günstig. Selbstverständlich habe ich nicht gezögert, es anzunehmen«, schloß er seine Rede ab und lächelte Stefanie, ihres Beifalls gewiß, zu. »Unserer baldigen Rückkehr nach Berlin steht nichts mehr im Wege. Wie lange wirst du brauchen, um reisefertig zu sein, Stefanie?«

Er betrachtete sie fragend, und wieder einmal fiel ihm die Veränderung auf, die während der letzten Wochen mit ihr vorgegangen war. Sie schien ihm reifer, schöner.

Stefanie antwortete nicht sofort. Sie war zu erschrocken, zu benommen, um einen klaren Gedanken fassen zu können.

»So eilig wird es doch wohl nicht sein«, sagte sie endlich leidlich gefaßt. »Gerade jetzt ist es hier so schön. Laß uns bis zum Ende der Ferien bleiben. Bis Lutz wieder zur Schule muß.«

Magnus schüttelte den Kopf. Er sah jetzt auffallend ernst aus. »Im Gegenteil. Mir ist es sogar sehr eilig mit unserer Rückkehr nach Berlin. Wie ich von Anton hörte, geht es Vater nicht besonders gut. Ich möchte bei ihm sein, falls – du verstehst . . .«

Noch ehe Stefanie und Magnus sich über diesen Punkt einig werden konnten, traf ein Telegramm aus Berlin in Sisak ein. Anton hatte es geschickt. Seine kurze Mitteilung lautete dahingehend, daß die Situation in Dahlem äußerst kritisch war. Der alte Herr war sehr krank, mit seinem Ableben mußte stündlich gerechnet werden. Anton wußte sich keinen Rat, die Anwesenheit des jungen Herrn – denn das war Magnus für ihn noch immer – wurde dringend erforderlich.

Stefanie blieb von dieser Nachricht seltsam unberührt. Sie hatte ihren Schwiegervater nie gemocht, die Abneigung war gegenseitig gewesen. Sie konnte keine Trauer heucheln, die sie nicht empfand. Andererseits konnte sie sich nicht vorstellen, daß Friedrich Hartmann viel daran gelegen war, sie an seinem Sterbelager zu sehen.

»Es tut mir leid, Magnus, du wirst allein reisen müssen«,

erklärte sie freundlich, aber bestimmt. »Carola fiebert, wahrscheinlich hat sie etwas gegessen, was ihr nicht bekommen ist. Anna weigert sich entschieden, die alleinige Verantwortung für die Kinder zu übernehmen. Sie ist ja dafür allmählich auch zu alt, und dem kleinen kroatischen Mädchen kann ich Carolas Pflege nicht anvertrauen. Du magst Lutz mitnehmen, wenn du meinst, er müsse seinen Großvater noch einmal sehen. Wenn alles erledigt ist, kannst du uns dann abholen. Vielleicht bessert sich der Zustand deines Vaters doch noch. Möglicherweise hat Anton in seiner Ratlosigkeit zu schwarz gesehen.«
Stefanie wich bei ihren Worten Magnus' Blick aus. Er durfte keinen Verdacht schöpfen, nicht erkennen, wieviel ihr daran lag, endlich einmal allein und unbeobachtet zu sein, ohne die ständige Furcht, ertappt zu werden.
Allein mit Dimitri ...

Die Glut des Sommers teilte sich Stefanie mit. Noch nie war sie so voller Leben, so von Leidenschaft erfüllt gewesen. Niemals hatte sie ihre Gefühle so verschwenderisch verschenkt, sich so in Liebe verströmt, wie in diesen beiden Wochen, die sie während Magnus' Abwesenheit in Kroatien verbrachte.
An den Abenden ritt sie aus, traf sich mit Dimitri, liebte ihn mit einer schmerzlichen Intensität, die bereits die ersten Anzeichen des unausbleiblichen Abschieds in sich trug. Abschied – wie sie annehmen mußte – für immer.
»Damals in Berlin, als mein Mann diese Reise vorschlug, ahnte ich nicht, was mich hier erwarten würde«, sagte sie einmal nachdenklich. Es war die Stunde nach der Liebe, die Dunkelheit hüllte sie und Dimitri wie ein schützender Mantel ein. »Ich freute mich auf diese hübsche Abwechslung und wußte nicht, daß ich in diesem fremden Land das größte Glück meines Lebens finden würde. O Dimitri, mein einziger Geliebter, ich liebe dich unsagbar. Mich von dir zu trennen ist ein so schrecklicher, unfaßbarer Gedanke. Ich ...«

Dimitri verschloß ihr die Lippen mit einem Kuß.
»Nicht davon sprechen, Liebste, nicht einmal daran denken. Bitte, nicht! Wären deine Kinder nicht, würde ich versuchen, um dich zu kämpfen. Doch hätte es einen Sinn? Wer bin ich denn schon? Früher einmal – ja.« Sein Lächeln war vom Ernst der Stunde geprägt, die sie ihrer Trennung näherbrachte. »Aber wer weiß – eines Tages wird es auch für mich wieder eine Chance geben. Es kann doch nicht so bleiben –«
Dimitri verstummte deprimiert, und Stefanie senkte die Wimpern, um ihn nicht ansehen zu müssen. Er hätte in ihren Augen ja die Hoffnungslosigkeit sehen müssen, die seine Worte in ihr weckten. Sie fühlten es beide. Es würde keine Chance für Menschen seiner Art geben. Das Rad des Schicksals war über sie hinweggerollt, die Entscheidung endgültig gefallen. Diese Fürsten und Grafen von einst waren wie Spreu im Wind – sie würden niemals in fremder Erde Wurzeln schlagen . . .

Zwei wunderbare Wochen waren den Liebenden vergönnt gewesen. Dann kehrte Magnus aus Berlin zurück, um Stefanie, Carola und Anna abzuholen. Sein Vater, Friedrich Hartmann, ruhte bereits seit einer Woche in der Familiengruft. Er war ruhig und ohne seinen Sohn erkannt zu haben eingeschlafen.
Stefanie trennte sich am Vorabend ihrer Abreise von Dimitri Wolkow, als würden sie sich am nächsten Abend wiedersehen.
»Ich hasse Abschiednehmen«, hatte sie mit brennenden Augen erklärt und dabei gelächelt, obgleich ihr eher zum Weinen zumute war. »Laß uns immer darauf hoffen, Dimitri, daß dies nur eine vorübergehende Trennung sein wird.«
Doch sie wußten beide nur zu genau, daß diese Hoffnung sich niemals erfüllen würde.
Von Natascha, die ihr eine liebe Freundin geworden war, ging sie weit zuversichtlicher fort.

»Eines Tages wirst du uns in Berlin besuchen, Natascha«, sagte sie und schloß die junge Russin herzlich in die Arme. »Du wirst bei uns stets ein gern gesehener Gast sein.«
Nataschas Augen waren eine einzige besorgte Frage. ›Was wird aus Dimitri, jetzt, da er dich verloren hat?‹ schienen sie auszudrücken. Doch kein Wort, den Bruder betreffend, kam über ihre Lippen. Sie wußte nur, daß er Stefanie niemals vergessen würde.

In Berlin wurde für Stefanie Hartmann eine vorerst nur vage Vermutung zur Gewißheit: Sie erwartete ein Kind, dessen Vater Dimitri Graf Wolkow war.

Zweiter Teil

I

Stefanie Hartmann durchquerte die Halle des Palasthotels und trat durch die Drehtür ins Freie. Sie blieb einen Augenblick stehen und sah sich nachdenklich um. Hier hatte sich seit ihrem letzten Besuch kaum etwas verändert. Auf dem Potsdamer Platz herrschte wie eh und je reges Treiben.
Endlich wieder einmal in Berlin, dachte sie aufatmend. Nach mehr als fünfzehn Jahren Abwesenheit in der vertrauten Umgebung, die ich immer so geliebt habe.
Die Landeshauptstadt zeigte sich in diesen Herbsttagen des Jahres 1937 von ihrer besten Seite. Die Temperaturen waren fast hochsommerlich und hatten die Frauen bewogen, noch einmal helle, bunte Kleider zu tragen. Stefanie freute sich, daß sie in ihrem blauen Leinenkostüm und dem flotten weißen Hütchen in diesen fröhlichen Rahmen paßte.
Für ihren ersten Tag in Berlin hatte sie keine festen Pläne gemacht. Sie wollte sich einfach treiben lasen, das Gefühl ihrer Heimkehr auf Zeit aus vollem Herzen genießen. Vielleicht würde sie im Café ›Kranzler‹ ein Eis essen und sich zurückerinnern, an den Tag, an dem sie sich dort, kurz vor der Kriegserklärung Englands an Deutschland, noch einmal mit Ellen Armstrong, der Frau des britischen Botschafters, getroffen hatte. Wie lange lag das zurück! Nein, da war es viel amüsanter, die Kleider der Berlinerinnen zu studieren. Nach dem jahrelangen Aufenthalt auf dem Land kam sie sich fast schon ein wenig verbauert vor. Nicht direkt wie eine Landpomeranze, aber doch auch nicht ganz ›up to date‹.

Auf dem Weg zu ›Kranzler‹ blieb sie vor der Auslage eines bekannten Modeateliers stehen. Nun ja, die Sachen waren in Berlin schon bedeutend teurer als in dem kleinen holsteinischen Städtchen, in dem sie ihre Einkäufe zu tätigen pflegte, dafür aber auch weitaus modischer und eleganter.

Stefanie wandte sich mit einem Seufzer ab. Es hatte für sie kaum Sinn, sich so etwas anzuschaffen. Auf dem Land wären Modellkleider verfehlt, und sie hatte auch kaum Gelegenheit, sie zu tragen.

Sie wollte schon weitergehen, als sie neben sich eine Bewegung spürte. Ihr war sogar, als versuche eine Hand sie zurückzuhalten.

Unmutig hob sie den Blick, denn Straßenbekanntschaften waren nicht nach ihrem Geschmack. Dann aber starrte sie den hochgewachsenen Mann, der höflich vor ihr den Hut zog, ungläubig an.

Magnus – Magnus Hartmann, den sie seit dem Frühjahr 1922, seit der Geburt ihrer kleinen Katja – der Tochter Dimitri Wolkows – nicht mehr gesehen hatte!

Auch Magnus schien sichtlich verwirrt.

»Ich glaubte, meinen Augen nicht trauen zu dürfen, Stefanie«, sagte er dann aber doch recht gefaßt. Nur die Blässe, die sein Gesicht überzog, verriet die Erregung, die ihr Anblick in ihm ausgelöst hatte. »Du bist es tatsächlich! Und völlig unverändert . . .«

Stefanies Lachen klang etwas zu hoch und nicht ganz natürlich. Ein solches Kompliment – und ausgerechnet von Magnus!

»Ich bitte dich, Magnus! Mehr als fünfzehn Jahre sind vergangen, seit wir uns das letzte Mal gesehen haben. Um soviel bin ich auch älter geworden, daran gibt es nichts zu rütteln. Du lieber Himmel – fast schäme ich mich, nachzurechnen. Aber es stimmt schon: ich bin siebenundvierzig Jahre alt!«

Eine unmutige Falte erschien zwischen ihren Brauen. Gleich darauf lachte sie wieder und sah Magnus freimütig an. »Wäre es sehr albern, wenn ich trotzdem behaupte, daß ich mich keinen Tag älter fühle als damals?«

»Keineswegs«, versicherte Magnus, und es war nicht nur Höflichkeit, die ihn hinzufügen ließ: »Ich sagte doch – völlig unverändert.«

Stefanie senkte den Blick, spielte nervös mit dem Verschluß ihrer Handtasche. Wie ging es nun weiter? Sie hätte gern noch länger mit Magnus gesprochen, doch würde er ihren Wunsch nicht falsch auffassen? Nein, der Vorschlag, noch ein Weilchen zusammenzubleiben, mußte von ihm ausgehen. Sie hatte ihm einst bitteres Unrecht zugefügt, ihn betrogen und sich dadurch aller Rechte, etwas von ihm zu erbitten, begeben.

Magnus jedoch dachte ohnehin nicht daran, Stefanie so schnell wieder gehen zu lassen.

»Hast du etwas Bestimmtes vor, Stefanie? Wenn nicht, darf ich dich dann ein Stückchen begleiten?« erkundigte er sich und konnte es nicht verhindern, daß seine Stimme einen drängenden Tonfall annahm. Neben ihr herzugehen, mit ihr sprechen zu dürfen, kam ihm vor wie ein unerwartetes Geschenk des Himmels. Er hatte nie aufgehört, Stefanie zu lieben, obgleich ihm seinerzeit gar keine andere Wahl geblieben war, als sich von ihr zu trennen. Wie er damals gemeint hatte, für immer. Doch war seitdem kein Tag vergangen, an dem er diesen Schritt nicht bereut, nicht an sie gedacht hatte.

»Nein, ich habe überhaupt nichts vor«, gestand sie ein wenig aus der Fassung gebracht. »Ich wollte nur durch die Straßen bummeln, Geschäfte ansehen – kurz, Berliner Luft atmen.«

»War kein Besuch in einer Konditorei vorgesehen? Das sollte mich doch sehr wundern.« Magnus spielte mit einem feinen Lächeln auf Stefanies frühere Vorliebe für Torten und Süßigkeiten aller Art an; aber sie schüttelte, ebenfalls lächelnd, den Kopf.

»Gedacht hatte ich wohl daran. Doch ich bemühe mich standhaft, solchen Versuchungen aus dem Weg zu gehen.

In meinem Alter muß man konsequent sein und auf die Linie achten.«
Magnus' Blick glitt verstohlen über sie hin, und sein Herzschlag beschleunigte sich prompt. Stefanie brauchte sich noch keine Sorgen zu machen: Sie war so schön und schlank wie eh und je.
Er glich seinen Schritt dem ihren an. Langsam schlenderten sie die Bellevuestraße entlang zum Tiergarten und dort bis zu dem großen Rondell, wo sie auf einer Bank Platz nahmen, um ihr lebhaftes Gespräch, das keine Minute versiegt war, fortzusetzen.
Dann aber befiel Stefanie eine jähe Befangenheit. Nebeneinander herzugehen war etwas anderes, als sich auf einer schmalen Parkbank nahe zu sein. Auch Magnus schien dies zu empfinden, denn er machte keine Anstalten, die entstandene Gesprächspause zu überbrücken.
»Ich habe mir schon lange gewünscht, dir endlich einmal persönlich für deine Großmut danken zu dürfen«, sagte Stefanie endlich leise. Es mußte einfach ausgesprochen werden, sonst wurde sie das Schuldgefühl gegen Magnus nie los. »Wir konnten dadurch sorglos leben, kannten keine finanziellen Probleme. Katja ist ein hübsches, fröhliches Mädchen und überall sehr beliebt. Die Wahrheit über ihre Abstammung hat sie nie erfahren. Ich hielt es für angebracht, sie in dem Glauben zu belassen, daß du ihr Vater bist. Junge Menschen brauchen einen Halt, dürfen nicht an Unklarheiten herumrätseln.«
Magnus hatte sich aus seiner leicht vorgeneigten Haltung jäh aufgerichtet. Während Stefanies Rede hatte er vor sich auf den Kiesweg gestarrt, als könne er von dort die Richtung ablesen, die er nun einschlagen mußte.
Die verwunderte Frage in seinen ruhigen grauen Augen ließ Stefanie noch einmal nachdrücklich bestätigen: »Ja, vielleicht war es unrecht von mir, aber sie sieht in dir ihren Vater. Aus der Ferne, und ohne dich zu kennen, betet sie dich an. Dein Foto steht auf ihrem Nachttisch. Sie war so beharrlich, ich konnte es ihr nicht verweigern . . .«

Stefanie verstummte abrupt. Sie hatte Magnus mehr verraten, als ursprünglich beabsichtigt. »Natürlich weiß Katja, daß ich die Schuld an unserem Zerwürfnis, an der Trennung trug, doch der Grund ist ihr unbekannt.« Als wolle sie dieses Thema abgeschlossen sehen, stellte sie die Frage, die ihr am meisten am Herzen lag: »Und wie geht es Lutz und Carola?«
Die langen Jahre der Trennung hatten Magnus milder gestimmt, ihn Stefanies eklatante Untreue fast vergessen lassen. Nicht einmal er wußte, wer Katjas wirklicher Vater war. Plötzlich verspürte er den dringenden Wunsch, dort wieder anzuknüpfen, wo sein despotischer Vater durch seine Einmischung in seine Ehe eingegriffen und sie letzten Endes zerstört hatte. Denn die aus der Luft gegriffenen Anschuldigungen des alten Mannes gegen Stefanie hatten schließlich zu ihrem einzigen tatsächlichen Fehltritt geführt.
»Lutz hat Medizin studiert, er wird ein guter Arzt werden«, sagte er, um mit einem wehmütigen Lächeln hinzuzufügen: »Erinnerst du dich noch, wie er schon als Kind anfing, Regenwürmer zu sezieren? Du warst darüber furchtbar entsetzt, doch er wollte den Dingen immer auf den Grund gehen. Unbewußt erwachte schon damals der künftige Mediziner in ihm.«
»Ja, ich erinnere mich genau.« Der Gedanke an ihren kleinen Jungen, den sie einer aussichtslosen Liebe geopfert hatte, fiel Stefanie nicht leicht. »Und Carola?« fragte sie noch einmal. Was würde sie über ihre Tochter erfahren?
»Sie ist erwachsen geworden, wird demnächst heiraten.« Als Stefanie herumfuhr und Magnus betroffen ansah, setzte er ernst hinzu: »Sie mußte sich ausgerechnet in einen Farmer aus Rhodesien verlieben und wird ihm dorthin folgen.«
Zwei Reiter trabten vorbei. Stefanies Blick folgte ihnen, ohne sie richtig wahrzunehmen. Sie versuchte, sich Carola als erwachsene junge Frau vorzustellen. Es gelang ihr nicht. Sie kannte ihre Tochter ja nur als Kind. Das Mäd-

chen war zehn Jahre alt gewesen, als Stefanie Magnus Hartmanns Haus verlassen hatte. Nach welcher Seite hin mochte Carola sich entwickelt haben?
»Meinst du, ich dürfte die beiden einmal sehen, Magnus?« fragte sie impulsiv. Ihre helle Stimme klang atemlos, eine angstvolle Hoffnung schwang darin mit. Als Magnus sich ihr mit einer abwehrenden Handbewegung zuwandte, fuhr Stefanie hastig fort: »Oh, sei ganz unbesorgt, Magnus. Ich knüpfe keine Hoffnungen daran, will auch keine neue Unruhe in ihr und dein Leben bringen. Schließlich bin ich für Lutz und Carola eine fremde Frau. Daher kann ich auch keine Zuneigung von ihnen erwarten. Aber ein wenig Verständnis . . .«
Stefanie verstummte mitten im Satz. Magnus' abweisendes Gesicht ließ sie resignieren. Nein, bei ihm konnte sie am allerwenigsten auf Verständnis hoffen. Er würde alles tun, die Kinder von ihr fernzuhalten. Hatte er nicht recht? Durch ihr Verhalten hatte sie alle Ansprüche auf Lutz und Carola verwirkt.
»Ist Katja auch in Berlin?« gab Magnus nach langer Pause statt einer Antwort zurück. Er hatte damals, trotz seiner Enttäuschung über Stefanies Untreue, dem kleinen Mädchen seinen Namen gegeben. Jetzt interessierte es ihn plötzlich, dieses junge Wesen kennenzulernen.
»Ja.« Stefanie war verwirrt. Bedeutete Magnus' Frage, daß er neuen Kontakt zwischen ihnen suchte? »Sie hält sich schon seit einer Woche hier auf, wohnt vorläufig noch bei einer Pensionatsfreundin.«
»Würdest du heute abend mit mir bei Kempinski essen? Wir könnten das Angenehme mit dem Nützlichen verbinden und alles in Ruhe besprechen.«
Magnus schien sich seit ihrer Trennung vor fünfzehn Jahren sehr verändert zu haben. Damals in vielen Dingen ihr gegenüber zu nachsichtig, wirkte er jetzt energisch und entschlossen, das Heft in Zukunft fest in der Hand zu behalten. Zum ersten Mal war Stefanie bereit, sich allem, was er vorschlug, widerspruchslos zu beugen.

Als sie sich wenig später mit festem Händedruck trennten, blieb Stefanie in einiger Verwirrung zurück. Dieser neue Magnus gefiel ihr, der Gedanke an ihn verursachte ihr seltsamerweise Herzklopfen. Sie freute sich ganz ehrlich auf das Wiedersehen mit ihm.

Der ausgedehnte Abend in dem gepflegten Restaurant verlief unerwartet harmonisch. Stefanie gab vor sich selbst ehrlich zu, daß Magnus noch immer blendend aussah – eigentlich sogar viel interessanter als früher.
Auch Magnus' Gedanken waren mit Stefanie beschäftigt. Sie wirkte weicher, gelöster als einst, ihre eher ablehnende Haltung ihm gegenüber war einem freundlichen Entgegenkommen gewichen. So, als sei sie endlich bereit, seine Überlegenheit zu akzeptieren. Als habe sie die Aussichtslosigkeit erkannt, ständig gegen ihn anzukämpfen, ihren Kopf durchzusetzen.
Mehr noch – Magnus Hartmann fand seine frühere Frau ausgesprochen verführerisch . . .
»Ich habe mit Carola und Lutz gesprochen«, sagte er abrupt, um den leidenschaftlichen Wünschen, die Stefanies Anblick in ihm weckte, ein Ende zu bereiten. »Wir erwarten dich und Katja morgen nachmittag zum Tee. Ganz zwanglos und ohne jeden Gefühlsüberschwang; aber so etwas hat dir ja nie sehr gelegen, Stefanie. Je weniger außerdem von der Vergangenheit gesprochen wird, um so angenehmer für uns alle.«
Stefanie schwieg, doch eine dunkle Welle schlug ihr ins Gesicht. Ja, Magnus hatte allen Grund, ihr Gefühlskälte vorzuwerfen. Sie hatte ihn, was Liebe betraf, wahrlich nie verwöhnt.
»Du kannst ganz unbesorgt sein, Magnus«, sagte sie nach einer kleinen Verlegenheitspause. »An mir soll es gewiß nicht liegen. Ich weiß, daß ich auf meine Vergangenheit nicht sehr stolz sein kann. Darum plane ich auch nicht, auf Mutterrechte zu pochen. Peinlichkeiten werde ich euch jedenfalls ersparen.«

Als Magnus am nächsten Tag Katja gegenüberstand, wurde ihm schlagartig klar, daß es nicht genügte, Vergangenes zu verdrängen. Wenn es in der Gestalt eines jungen Mädchens so unerhört lebendig wurde, mußte man sich damit auseinandersetzen, es akzeptieren. Denn Katjas Anblick verhalf Magnus Hartmann zu der Lösung eines Rätsels, das ihn länger als ein Jahrzehnt beschäftigt hatte.

»Natascha Wolkow«, murmelte er betroffen. Stefanie hörte es und wandte sich ihm erschrocken zu. »So war das damals also!«

Katjas Ähnlichkeit mit Dimitri Wolkows Schwester war in der Tat verblüffend. Das gleiche schmale Gesicht, die gleichen, etwas schräggeschnittenen Augen. Demnach mußte also Graf Wolkow Katjas Vater sein!

Magnus Hartmanns hemmungslose Eifersucht, mit der er Stefanie einst oft genug das Leben vergällt hatte, drohte ihn erneut zu überwältigen, obgleich er sich sagte, wie sinnlos sie nach all diesen Jahren war.

Stefanie erkannte die Anzeichen, die stets der Auftakt zu unerfreulichen Szenen gewesen waren. Nein, so sehr, wie sie im ersten Augenblick gemeint hatte, hatte sich Magnus doch nicht verändert. Seine Hände waren zu Fäusten geballt, seine Lippen fest aufeinander gepreßt. Hoffentlich beschwor er nicht im Beisein der Kinder eine Auseinandersetzung herauf.

Es war die junge Katja, die letzten Endes die Situation rettete. Die Fünfzehnjährige dachte nämlich überhaupt nicht daran, ihre Gefühle irgendwelchen Konventionen unterzuordnen. Mit dem ganzen Überschwang ihrer unbefangenen Jugend fiel sie Magnus mit einem leisen Schrei um den Hals und ließ ihren Freudentränen freien Lauf.

»Papa!« stammelte sie völlig überwältigt. »So und nicht anders habe ich dich immer vor mir gesehen. Ich bin so glücklich, daß ich wie ein Schloßhund heulen möchte. Ach, das tue ich ja bereits! Willst du mir nicht auch einen Kuß geben – bitte!«

Magnus zögerte nur kurz, dann ergab er sich dem Zauber dieses fremdartig anmutenden Kindes, das ihm so bereitwillig sein ganzes Herz darbot. Lutz und Carola waren mit Zärtlichkeiten eher sparsam. Er neigte sich mit einem Lächeln vor und küßte Katja auf ihre weiche Wange, die, ein Erbteil ihres russischen Vaters, wie mattes Elfenbein schimmerte.

Den Ausschlag zu Magnus' Kapitulation gab aber nicht zuletzt die Tatsache, daß Katja nicht nur Wolkows, sondern auch Stefanies Tochter war. Die Tochter der Frau, die zu lieben er nie aufgehört hatte.

»Ich ahne schon, daß Vater uns überhaupt nicht mehr beachten wird, nun, da er seine verlorene Tochter wiedergefunden hat«, bemerkte Lutz belustigt und machte damit der Szene, die ins Rührselige abzurutschen drohte, ein Ende. Weder er noch Carola wußten, daß Katja lediglich ihre Halbschwester war.

Von diesem Nachmittag an, der die ganze Familie in Harmonie vereinigt hatte, sahen Stefanie und Magnus sich regelmäßig. Katja fühlte sich in der alten Hartmannschen Villa schon wie zu Hause und verstand nicht, daß ihre Mutter es übers Herz hatte bringen können, dieses schöne Heim aufzugeben. Überhaupt fand das junge Mädchen Berlin himmlisch und wünschte sich, für immer in der Reichshauptstadt bleiben zu dürfen.

»Warum erfüllen wir dem Kind diesen Wunsch nicht einfach?« Magnus und Stefanie saßen am Abend allein am Kamin. »Wir haben viele Jahre genügend Zeit zum Nachdenken gehabt. Gelegenheit, unsere Gefühle einer Prüfung zu unterziehen. Ich, für meinen Teil, möchte behaupten, daß ich durch Schaden klug geworden bin. Weißt du eigentlich, warum ich damals nicht auf eine Scheidung gedrängt habe, Stefanie?« Als sie fragend aufsah, setzte er leise hinzu: »Weil ich nie aufgehört hatte, insgeheim auf diesen Augenblick zu hoffen. Muß ich noch mehr sagen, Stefanie?«

Stefanies noch immer jugendlich frisches Gesicht rötete sich. Seit jener Zeit in Jugoslawien, seit jener letzten Nacht mit Dimitri Wolkow, hatte sie keinem Mann mehr gehört. Jetzt spürte sie, daß sie alles andere als wunschlos war. Was sie bisher energisch aus ihren Gedanken verdrängt hatte, gab sie nunmehr ganz offen zu. Ja, sie sehnte sich danach, morgens neben einem Mann aufzuwachen, der ihr Mann war, wollte geborgen sein, lieben und sich wiedergeliebt wissen.

»Nein, Magnus. Es bedarf keiner weiteren Erklärungen. Du hast das wunderhübsch gesagt. Und meine Antwort lautet – ja. Ich glaube, wir werden jetzt endlich eine sehr glückliche kleine Familie sein.«

Stefanies Hoffnung erfüllte sich. Die Kinder verstanden sich blendend, Katja wurde von den älteren Geschwistern verwöhnt. Carolas Verlobter Klaus Döring fügte sich ins Familienbild ein, als habe er schon immer dazugehört.

»Du weißt gar nicht, wie schwer es mir wird, dich schon nach so kurzer Zeit wieder hergeben zu müssen.« Es war am Vorabend der Hochzeit, Carola würde schon in den nächsten Tagen Berlin verlassen, um mit ihrem jungen Ehemann nach Rhodesien zu gehen. Stefanie betrachtete ihre Tochter wehmütig. »Mußte es denn unbedingt ein Mann von so weit her sein, Liebling? Das ist für uns alle so schrecklich unpraktisch!«

Carola schlang lachend die Arme um ihre Mutter, mit der sie herzliche Zuneigung verband. »Ja, ausgerechnet, Mama! Das Herz ist nun einmal so eingerichtet, daß es nicht danach fragt, ob etwas praktisch ist oder nicht. Doch Rhodesien ist nicht aus der Welt. Ihr werdet uns bestimmt einmal besuchen. Wir werden fleißig sein und die Farm hochbringen. Weißt du, ich liebe Klaus sehr. Ohne ihn wäre mein Leben sinnlos.«

Stefanie zog Carola in ihre Arme. Sie wußte, daß es auf dieses Argument keine Widerrede geben konnte.

Als dann der Pfarrer die Trauformel sprach und mit den

Worten schloß: »...bis daß der Tod euch scheidet«, wandte Carola den Blick dem jungen Mann zu, dessen Frau sie eben geworden war. Der Tod! Dieses düstere Wort schien zu einem so glücklichen Zeitpunkt fehl am Platze zu sein. Sie fingen ihr gemeinsames Leben ja erst an. Und doch war ihr, als habe eine kalte Hand an ihr Herz gerührt. Wie eine Warnung, daß ihr fröhliches Dasein von einem Tag zum anderen ein jähes Ende finden könne, wenn es Gott so gefiel.
Bei der anschließenden Feier im engsten Familienkreise stellte Lutz seinen Eltern Regine Brandt vor, ein sehr apartes ernstes Mädchen Anfang der Zwanzig.
»Wir planen, es Carola und Klaus bald nachzumachen«, erklärte er mit der Sachlichkeit der modernen Jugend, die ihre Entschlüsse faßte, ohne vorher den Rat der Eltern einzuholen. »Wir haben uns im Krankenhaus kennengelernt. Regine ist Krankenschwester. Wenn ich später einmal eine eigene Praxis habe, wird sie mir helfend zur Seite stehen.«
Auch das war für Stefanie neu. Daß eine Frau berufstätig war und sich nicht allein auf das Einkommen des Ehemannes verließ. Als sie einst Magnus Hartmann geheiratet hatte, war dies allein aus Vernunftgründen geschehen. Er war ein angesehener Mann und konnte ihr ein sorgenfreies, bequemes Leben garantieren. Fast schämte sie sich vor der jungen, selbstbewußten Regine, die ihren Mann bestimmt niemals im Stich lassen würde.
Jetzt fuhr Lutz sich mit einer komisch verlegenen Bewegung durchs Haar.
»Abgesehen von dieser nüchternen Erklärung – wir lieben uns natürlich sehr. Aber das ist wohl selbstverständlich. Die Hartmanns haben immer nur aus Liebe geheiratet.«
Stefanies und Magnus' Augen trafen sich. Stefanie hatte längst erkannt, wie groß, wie unerschütterlich seine Liebe zu ihr stets gewesen war. Reifer geworden und klüger, wußte sie dies endlich zu schätzen.

An diesem Tag wurde nicht nur eine grüne, sondern auch eine Silberhochzeit gefeiert. Letztere freilich wäre bereits vor zwei Jahren fällig gewesen, aber Magnus hatte darauf bestanden, sie bei dieser Gelegenheit nachzuholen.
Die Köchin hatte sich selbst übertroffen. Es wurde ein regelrechtes Galadiner, das sie der Familie vorsetzte.
Man begann mit hausgemachter Gänseleber ›en croute‹, ging dann zu Essenz von Reh und pochiertem Wachtelei über, gefolgt von Seezungenfilet ›Belle Gabrielle‹. Nach dem ausgezeichneten Sorbet von Passionsfrüchten ›Laurent Perrier‹ gab es Filet von schottischem Angus-Rind in Fleurie-Weinsoße, Broccoli Soufflé und Gratin dauphinois. Eisparfait ›Grand Marnier‹ mit frischen Erdbeeren und Weinschaum bildete den Abschluß. Magnus hatte die erstklassigen Weine selbst ausgesucht, Madeira, Mosel, Rheinwein und Burgunder, und alle waren des Lobes voll.
Carola dankte dem Vater in bewegten Worten für alles, was er ihr in den vergangenen Jahren Gutes getan hatte. Mit einem lieben Blick schloß sie auch Stefanie in diesen Dank mit ein.
»Ich bin sehr glücklich, Mama«, sagte sie leise, »daß ich dich an diesem für mich so wichtigen Tag bei mir haben durfte. Das Schicksal hat dich gerade im richtigen Moment nach Berlin zurückgeführt.«

Nach Carola und Klaus Dörings Abreise sorgte Katja dafür, daß es bei den Hartmanns nicht allzu still und langweilig wurde. Ihr fröhliches Temperament stand in einem überraschenden Gegensatz zu ihrem von russischer Schwermut geprägten jungen Gesicht. Es mochte sich mancher den Kopf darüber zerbrechen, wie die Hartmanns zu dieser aparten, fremdländisch anmutenden Tochter gekommen waren. Da aber Magnus seine Zuneigung für Katja offen zeigte, verstummten die Gerüchte sehr schnell.
»Hast du Graf Wolkow eigentlich jemals wiedergese-

hen?« fragte Magnus einmal so unvermutet, daß Stefanie ihn erschrocken ansah. Er nickte ihr aufmunternd zu. »Bitte, Liebling. Es ist doch sinnlos, Versteck spielen zu wollen. Katja ist der lebendige Beweis deiner Liebe zu ihm.«

»Du hast es von Anfang an gewußt?«

»Nein. Damals in Kroatien war ich sogar völlig ahnungslos. Der Verkauf der Fabrik nahm mich auch ganz und gar in Anspruch. Außerdem ist der Ehemann bekanntlich stets der letzte, der es erfährt. Auch als du mir in Berlin sagtest, daß du ein Kind erwartetest, ging mein Verdacht hundertprozentig daneben. Ich wußte nur eins – daß dieses Kind nicht von mir sein konnte. Du hattest dich mir ja beharrlich verweigert. Nein, die wahren Zusammenhänge wurden mir erst klar, als ich Katja sah. Ihre Ähnlichkeit mit Natascha Wolkow ist frappant. Von ihrem Vater hat sie überhaupt nichts mitbekommen.«

»Nein, er war ja blond, wie seine baltische Mutter.« Stefanie sah plötzlich Dimitri vor sich. So, wie er damals, in jenem ihr unvergeßlichen Sommer, gewesen war. Lebensvoll und unerhört attraktiv. Sie lächelte in der Erinnerung, aber es war kein heiteres Lächeln. Eher nachdenklich, betrübt.

»Ja, einmal habe ich ihn wiedergesehen. Natascha war damals bereits mit Leutnant Borodin verheiratet und ständig mit ihm unterwegs; Borodin hatte sich dem neugegründeten und sehr erfolgreichen Donkosakenchor angeschlossen. Auf meine Rückfrage teilte sie mir mit, Dimitri lebe in Paris.« Ein bitteres Lächeln lag um Stefanies Mund. »Ich glaube, daß Wolkow sich wenig gefreut hat, mich wiederzusehen. Unser kurzes Gespräch verlief unpersönlich und kühl. Wir trafen uns in einem Hotel. Fremde Menschen umgaben uns, von dem alten Zauber war nichts mehr vorhanden. Da wußte ich, daß es falsch gewesen war, die Vergangenheit erneut heraufzubeschwören.«

»Was sagte er zu Katja?« fragte Magnus gespannt. Der Gedanke, ein anderer – und sei es auch der leibliche Vater

– könne Ansprüche auf das reizende Mädchen erheben, störte ihn.
»Du wirst dich vielleicht wundern, aber ich habe sie überhaupt nicht erwähnt. Seine abweisende Haltung bewog mich dazu. Es wäre mir vorgekommen, als wollte ich eine Rechnung präsentieren, zu deren Einlösung er nicht bereit war.«
Stefanie verstummte, verlor sich wieder an ihre Erinnerungen. Sie sah Dimitri vor sich, wie er damals in Paris gewesen war. Sein ernstes, zerquältes Gesicht, seine Geschicklichkeit, all ihre Fragen über sein gegenwärtiges Leben ausweichend zu beantworten. Zutiefst verletzt, hatte sie sich bald darauf von ihm verabschiedet, und er hatte keinen Versuch gemacht, sie zurückzuhalten. Dadurch war etwas in ihr zerbrochen, denn was sie für die ganz große Liebe gehalten hatte, war für den Grafen wohl nur ein flüchtiges Abenteuer gewesen.
Magnus störte Stefanies stumme Betrachtungen nicht. Er glaubte zu wissen, was sie bewegte. Doch plötzlich wandte sie sich ihm zu, ihre Augen blickten ratlos. Als sei sie unversehens mit Fakten konfrontiert worden, die ihr bisher verborgen geblieben waren.
»Ja, so muß es gewesen sein«, sagte sie verblüfft. »Es ging Dimitri finanziell nicht gut. Warum bin ich bloß damals nicht darauf gekommen! So fühlte ich mich zurückgestoßen, gedemütigt. Er war so ganz anders als in Kroatien, wo er doch immerhin ein sicheres, wenn auch kleines Einkommen hatte.«
»Er wollte dich wohl nicht in seine Misere mit hineinziehen und gab sich darum unpersönlich und kalt. Ich habe einiges über die Not der emigrierten Russen in Paris gehört. Er wußte, daß du versuchen würdest, ihm zu helfen. Das aber ließ sein Stolz nicht zu.« Seit jener unglücklichen Duellgeschichte mit Hanno von Werden versuchte Magnus stets auch seinen Gegnern gegenüber fair zu sein. »Kein Mann, der dich einmal geliebt hat, könnte dich je vergessen, Stefanie.«

Sie neigte sich ihm zu, ihre Hand strich zärtlich über sein Haar, das inzwischen fast weiß geworden war. Doch im Herzen war er jünger denn je, seine Leidenschaft für sie ebenso überwältigend wie einst vor vielen Jahren.

Katja besuchte ihre ersten Bälle und Gesellschaften. Ihre Anmut, ihr fröhlich impulsives Wesen machten sie bald zum Mittelpunkt, wo immer sie auch auftrat. In ihrer Bescheidenheit, die zu ihren schönsten Charaktereigenschaften gehörte, schien sie gar nicht zu spüren, welche Wirkung sie auf die Menschen und dabei besonders auf Männer hatte.
Bis sie eines Tages Olaf zur Linden kennenlernte.
Der Baron lebte in Lettland. Jedes Jahr kam er für mehrere Wochen nach Berlin, um alte Freunde zu besuchen und gesellschaftlichen Verpflichtungen nachzukommen. Obgleich er fast doppelt so alt wie Katja war, fühlten sie sich doch vom ersten Moment an zueinander hingezogen.
»Ich hörte, daß Sie in Lettland ein Rittergut besitzen, Baron«, bemerkte Katja in einer Tanzpause. Sie sah in ihrem weißen Organdykleid sehr attraktiv aus. Zum ersten Mal in ihrem jungen Leben wollte Katja schön sein, schön für diesen ernsten Mann, der sie vom ersten Augenblick an beeindruckt hatte.
Während ihre schrägen Augen ihn aufmerksam betrachteten, dachte Olaf zur Linden unwillkürlich, daß es ratsam für ihn wäre, Berlin schleunigst wieder zu verlassen. Für dieses entzückende kleine Mädchen war er doch viel zu alt. Katja Hartmann konnte unmöglich etwas für ihn empfinden. Höchstens ein flüchtiges Wohlgefallen. Schließlich machte er im Frack keine schlechte Figur.
»Ja, gnädiges Fräulein«, antwortete er verbindlich. »Doch die Landwirtschaft läuft bei mir nur so nebenbei. Mein Aufgabengebiet ist ein anderes. Ich züchte nämlich Veilchen, und das in unsagbaren Mengen. Ganz Deutschland wird damit beliefert . . .«

Er sah bei seinen Worten Katja nicht an. Er wollte das Lachen nicht sehen, das bei seiner Eröffnung unweigerlich in ihren graublauen Augen aufsteigen mußte. Vielleicht würde sie sogar laut über ihn lachen? Bei so jungen Mädchen war alles möglich. Ein Mannsbild wie er – groß, imponierend – und dann Veilchen!
Baron zur Linden kannte Katja nicht. Sie reagierte ganz anders, als er befürchtet hatte.
»Veilchen – wie hübsch!« Sie strahlte den gutaussehenden baltischen Baron entzückt an. »Wenn das nicht romantisch ist! Oh, wie sehr wünschte ich mir, das alles einmal sehen zu dürfen. Ein ganzes, riesiges Meer von Veilchen!«
Musik erklang, es wurde wieder getanzt. Katja und Olaf erhoben sich wie auf Kommando. Sein Arm legte sich behutsam um ihre schmale Taille. Er spürte, daß sie seinem Druck nachgab und sich an ihn schmiegte. Den zarten dunklen Kopf geneigt, folgte sie seinen Schritten, als hätten sie etwas Symbolisches. So wollte sie gern mit ihm durchs Leben gehen, im gleichen Rhythmus, Seite an Seite . . .
Am Morgen nach dem Ball wurde für Katja ein Veilchenstrauß abgegeben, der so groß war, daß sie ihn kaum mit beiden Händen umfassen konnte. Während Stefanie sie lächelnd beobachtete, lag auf Katjas Gesicht ein selbstvergessen zärtlicher Ausdruck, der sie schöner und reifer erscheinen ließ.
»Veilchen, seine Veilchen«, flüsterte sie, während ihre Lippen die blaue Blütenpracht streiften. »Wußtest du, Mama, daß Baron zur Linden Veilchen züchtet? Er beliefert ganz Berlin damit, nein, ganz Deutschland. Er ist ein wunderbarer Mensch. Ich liebe seine Heimat schon heute, ohne sie zu kennen –«
Stefanie dachte daran, daß Dimitris Mutter, also Katjas Großmutter väterlicherseits, ebenfalls aus Lettland gekommen war. Fühlte sich das Kind darum so zu dem Baron hingezogen?

»Liebling«, sagte sie, und die Warnung in ihrer Stimme war unüberhörbar, »ein paar Blümchen bedeuten noch nicht die Welt, schon gar nicht ein Versprechen auf die Zukunft. Du bist doch noch so jung. Bitte, mach dir keine zu großen Ilusionen. Du könntest leicht enttäuscht werden. Der Baron –«

Katja schüttelte den Kopf. In ihren Augen lag unerschütterlicher Glaube. Es war noch kein Wort darüber gefallen, aber sie war sich Olafs Liebe ganz sicher. Nichts konnte sie daran hindern, Zukunftspläne zu schmieden.

»Er liebt mich, Mama. So etwas spürt man doch. Ich weiß, daß ich sehr jung bin. Zu jung, um jetzt schon zu heiraten. Doch Olaf wird auf mich warten, und jeder Tag, der vergeht, bringt uns unserem Ziel näher.«

»Soviel Liebe«, sagte Stefanie einmal zu Magnus, während sie das ungleiche Paar beim Tanzen beobachteten. Katja, klein, zierlich, fast noch ein Kind. Und Olaf zur Linden, hochgewachsen, ernst und voll verhaltener, fast anbetender Zärtlichkeit. »Man möchte beinahe Angst bekommen. Wenn Katjas Träume sich nun nicht erfüllen? Sie würde diese Enttäuschung nie überwinden.«

»Ja, ihre Liebe hat etwas Absolutes, grenzt an Selbstaufgabe«, räumte Magnus ein. »Doch besteht meiner Meinung nach kein Grund zur Besorgnis. Ich würde mein Kind keinem lieber anvertrauen als dem Baron. Er wird Katjas Eigenart nie zerstören, sie wie eine seiner empfindlichen Blumen behandeln. Ich bin sehr froh darüber, daß sie einen solchen Mann gefunden hat.«

Stefanie nahm Magnus' Hand, hielt sie fest. Diese Geste verriet sehr viel Zusammengehörigkeitsgefühl. Wahrscheinlich wußte er es selbst nicht; aber er hatte Katja eben als *sein* Kind bezeichnet, und das machte Stefanie sehr glücklich. Dimitris Schatten stand nicht mehr zwischen ihnen, auch wenn die Erinnerung an jene heißen Nächte in Kroatien in ihr noch wie eine Flamme war, die nie verlöschen würde.

Doch das war in einem anderen Leben gewesen. Jetzt beherrschten Zuneigung und Zufriedenheit ihren Alltag, und sie sehnte sich nicht mehr nach der Vergangenheit.

Seit Olafs Abreise gingen zahllose Briefe zwischen Berlin und Lettland hin und her. Er und Katja kamen sich bei diesem Gedankenaustausch näher, lernten sich erst richtig kennen. Anläßlich eines erneuten, wenn auch kürzeren Besuchs in der Reichshauptstadt hielt der Baron offiziell um Katjas Hand an.

»Mit dem Heiraten müssen wir natürlich noch etwas warten«, erklärte er gelassen, während er mit Magnus Einzelheiten durchsprach, wobei auch seine eigenen glänzenden wirtschaftlichen Verhältnisse nicht unerwähnt blieben. »Ich denke dabei an das nächste Frühjahr. Lutz und Regine werden dann auch vor den Altar treten –«

»Gute Idee!« unterbrach Magnus ihn launig. »Eine Doppelhochzeit fände ich ausgesprochen hübsch. Stefanie wird begeistert sein. Einigen wir uns doch gleich auf den Mai neunzehnhundertneununddreißig. Dann ist Katja zwar erst siebzehn – na, du wirst schon auf ihre Jugend Rücksicht nehmen und sie schrittweise auf ihre Pflichten als Ehefrau vorbereiten. Ich verlasse mich da völlig auf dein Taktgefühl, mein Junge.«

Der Baron lächelte verstohlen. Magnus zeigte sich manchmal direkt altväterlich. Gewiß, Katja war jung. Aber sie ging mit offenen Augen durchs Leben, war über alle Fakten genauestens unterrichtet. Die heutige Jugend war aufgeklärt, machte sich nichts vor. Das Märchen vom Klapperstorch war längst überholt. Daß Katja sich körperlich ebenso nach ihm sehnte, wie er nach ihr, war ihm längst bekannt.

Während Katja sich mit großem Eifer mit allen Fragen der Haushaltsführung vertraut machte – würde sie doch Olafs großem Haus vorstehen müssen –, war Stefanie nicht minder eifrig bemüht, ihrer Tochter eine angemessene Aussteuer zusammenzustellen.

Es war Anfang Mai, bis zur geplanten Doppelhochzeit

fehlten noch knapp zwei Wochen. Die Familie Hartmann saß beim Tee unter der alten Linde. Hermann, der die Nachfolge des treuen, längst verstorbenen Anton angetreten hatte, kam über den Rasenplatz näher, um dem Hausherrn ein Telegramm zu überreichen.
»Aus Riga«, stellte Magnus überrascht fest, und Katja schrie erfreut auf.
»Bestimmt kommt Olaf früher als geplant! Was telegrafiert er denn, Papa?« Noch ehe Magnus sie daran hindern konnte, hatte sie ihm das Telegramm entrissen. Ein Ausdruck höchster Fassungslosigkeit trat in ihre Augen, ihre Lippen bewegten sich, doch sie brachte keinen Laut hervor.
Schließlich las sie so leise, daß die anderen sie kaum verstehen konnten: »Baron Olaf zur Linden bei Ausritt tödlich verunglückt - stop - Hochzeitsvorbereitungen abbrechen - stop - erbitten Anwesenheit Testamentseröffnung 12. Mai - stop - Weber und Rostow, Anwälte, Riga.«

2

Die nächsten Tage vergingen für Katja in einer Art Benommenheit. Es schien, als weigere sie sich beharrlich, die Nachricht von Olafs tödlichem Unfall als unabänderlich hinzunehmen. Erst nach und nach dämmerte ihr die Erkenntnis, daß sie Olaf verloren hatte, daß er nie mehr zu ihr kommen, sie nie mehr in die Arme nehmen würde.
Der nüchternen Benachrichtigung durch die Rigaer Anwälte folgte ein ausführlicher, warmherziger Brief des neuen Majoratsherrn. Ludwig zur Linden, ein jüngerer Vetter Olafs, sprach darin Katja sein Beileid aus und teilte das Datum der Beisetzung mit. »Ich würde es verstehen, verehrtes gnädiges Fräulein«, schrieb er unter anderem, »wenn Sie diesem für Sie so schmerzlichen Ereignis fernbleiben würden. Ich habe Olaf wie einen Bruder gekannt und weiß, daß er dafür Verständnis gehabt hätte. Er hat viel von Ihnen erzählt, und es war von Anfang an sein größter Wunsch, Sorgen und Leid von Ihnen fernzuhalten. Was ich noch zu sagen habe, mag für Sie ein schwacher Trost sein: aber Sie haben meinem Vetter ein Glück geschenkt, das ihm bis dahin versagt geblieben war . . .«
Katjas Hand, die den Brief hielt, zitterte. Für sie war Olafs jäher Tod noch immer unbegreiflich. Darum gab es nur eine einzige Antwort darauf.
»Ich muß Olaf noch einmal sehen«, stammelte sie. »Sonst kann ich einfach nicht glauben, daß er wirklich tot ist, daß er nie mehr –« Sie sah verstört in die Runde und lief dann so schnell aus dem Zimmer, als könne sie dadurch vor ihren eigenen Gedanken die Flucht ergreifen.
In Magnus Hartmanns Begleitung trat sie die Reise nach

Lettland an, die sie sich einst in ihren Träumen so wunderbar ausgemalt hatte. Jetzt reiste sie nicht als Olaf zur Lindens junge Frau, sondern als – ja, als was eigentlich? Sie war nicht seine Witwe, hatte nie die Erfüllung finden dürfen, die sie sich in seiner Liebe erhofft hatte.
Durch einen unvorhergesehenen Aufenthalt unterwegs trafen Katja und Magnus erst kurz vor der Beisetzung im Herrenhaus ein. Der Sarg war bereits verschlossen worden.
Ludwig zur Linden, durch Katjas tränenlose Verzweiflung zutiefst erschüttert, bot zwar an, ihn nochmals öffnen zu lassen. Doch Katja wehrte ab. Sie war wie versteinert, ihr, die früher ebenso leicht gelacht wie geweint hatte, blieben diesmal Tränen versagt.
»Es ist wohl gut, daß ich Olaf nicht mehr sehen konnte«, vertraute sie Magnus nach der Bestattung des Sarges in dem alten Erbbegräbnis derer zur Linden an. »So behalte ich ihn letzten Endes doch so in Erinnerung, wie er war: lebensvoll, äußerlich unversehrt.«
Beim Anblick der weitläufigen Gewächshäuser und Felder, wo der Verstorbene seine Veilchen gezüchtet hatte, verspürte sie ein Würgen in der Kehle, das ihr fast den Atem benahm.
»Hier hätten Olaf und ich leben, miteinander arbeiten können«, sagte sie erschöpft. »Aber es hat nicht sein sollen.«
Magnus drückte mitfühlend die Hand seiner Tochter, denn das war ihm Katja längst geworden. Er schwieg jedoch. Ihm war klar, daß es für sie in diesem Moment kein Wort des Trostes geben konnte.
Olafs Testament, in dem er seiner Braut sein gesamtes Privatvermögen hinterließ – das Gut war Majorat und damit an Ludwig zur Linden, den nächsten Agnaten, gefallen –, machte Katja Hartmann mit einem Schlag zu einem wohlhabenden Mädchen.
»Natürlich ist diese Erbschaft für Katja vorläufig ohne jede Bedeutung«, erklärte Magnus, als er nach ihrer

Rückkehr Stefanie Bericht erstattete. »Sie wehrt jeden Gedanken daran geradezu heftig ab. Wie ich sie kenne, wird sie versuchen, dieses Geld zu ignorieren, weil sie es nur Olafs Tod verdankt. Später einmal, wenn die Wunden verheilt sind, wird sie froh darüber sein. Ich bin kein armer Mann, doch ich hätte ihr niemals eine solche Mitgift geben können. Sie wird eines Tages heiraten – nein, widersprich mir nicht, Liebling. Irgendwann, und sollten Jahre darüber hinweggehen, wird Katja wie aus einem bösen Traum erwachen und sich dem Leben wieder zuwenden.«

Stefanie, deren Leben einem ständigen Wechsel unterzogen gewesen war, pflichtete Magnus insgeheim bei. Zuerst nahm das Schicksal einem den geliebten Menschen und später dann auch den Schmerz, den man über seinen Verlust empfunden hatte. Aber eine gewisse Leere blieb dennoch zurück, nicht jede Lücke schloß sich mit der Zeit wieder.

Die nächsten Monate bewiesen, wie recht Stefanie mit ihrem Zweifel gehabt hatte. Die Aussichten, daß Katja schnell zu sich selbst zurückfinden würde, schienen äußerst gering. Sie versank immer mehr in einen Zustand akuter Depression. Erst nach und nach schien sie sich der Tragweite dessen, was geschehen war, in vollem Umfang klarzuwerden.

Olaf war ihr für alle Zeiten entrückt, kein Brief würde je wieder die Trennung von ihm überbrücken.

Bisher von einer unverwüstlichen Gesundheit, begann sie plötzlich zu kränkeln. Ihr erbarmungswürdiger Zustand überschattete das einst so harmonische Familienleben der Hartmanns.

Es war anfangs ganz natürlich gewesen, daß Lutz und Regine ihre Hochzeit wegen des Trauerfalls auf unbestimmte Zeit verschoben. Niemand dachte vorläufig daran, einen neuen Termin festzulegen.

Bis Lutz der für ihn unhaltbaren Situation ein Ende

machte. Er liebte Regine, wollte sie immer an seiner Seite haben. Katjas Erleben hatte ihm gezeigt, wie schnell sich von einem Tag zum anderen alles verändern konnte.
»Ich möchte nicht eines schönen Tages so wie meine Schwester dastehen und erkennen, daß ich mein Leben sinnlos vergeudet habe«, erklärte er eines Abends, als er und Regine mit den Eltern beisammensaßen. »Ich verstehe natürlich Katjas Schmerz, aber es wäre auf die Dauer ganz falsch, sie noch darin zu bestärken. Statt ihr wirklich zu helfen, machen wir sie nur noch kränker, als sie es seelisch ohnehin schon ist. Sie braucht neue Interessen, muß aus ihrer Lethargie aufgerüttelt werden. Die heutige Zeit bietet so viele Möglichkeiten, sich nützlich zu machen. Keiner darf abseits stehen und nur an sich selbst denken.«
Magnus blickte mit einem belustigten Hochziehen seiner Brauen auf. Bisher hatte Lutz sich den umwälzenden Ereignissen seit der Machtergreifung durch die Nationalsozialisten im Jahre 1933 eher verschlossen. Er blieb abwartend und stand den Versprechungen des neuen Regimes sehr skeptisch gegenüber. Jetzt aber sprach er schon in den gleichen Parolen, die den Berlinern von allen Häuserfronten entgegenschrien.
Lutz verstand den Blick des Vaters nur zu genau. Sein Gesicht rötete sich unwillig.
»Ich weiß, was du denkst, Vater, aber meine Bemerkungen eben waren rein menschlich zu werten. Wo kämen wir hin, wollte jeder von uns nur seinen persönlichen Kümmernissen leben. Lassen wir Katja jetzt gewähren, geben wir sie auf. Ich bin Arzt geworden, um den Menschen zu helfen. Wenn nötig, sogar mit ein wenig Brutalität. Was den Fall meiner Schwester betrifft, so bilde ich mir ein, eine passende Therapie gefunden zu haben.«
Jetzt wurde auch Stefanie aufmerksam. Sie blickte, wie vor ihr Magnus, ihren Sohn fragend an. Nicht belustigt, sondern eher ein wenig beunruhigt. Sie kannte die Methoden ihres Ältesten, sie hatten zuweilen etwas erschreckend

Durchgreifendes. Darin schlug er seinem Vater nach, wenn nicht gar seinem Großvater, dem despotischen Friedrich Hartmann.
Als könne er die Gedanken seiner Mutter lesen, lächelte Lutz flüchtig.
»Keine Angst, Mama. Ich werde unserem Küken nicht weh tun. Ganz im Gegenteil. Du wirst sehen, es wird bald eine andere Stimmung bei uns herrschen.«

Wie es seine Art war, schob Lutz auch diesen Fall nicht auf die lange Bank. Bereits an dem Sonntag, der dem Gespräch folgte, suchte er Katja zu früher Stunde in ihrem Zimmer auf. Nach kurzem Gruß, den sie, verwundert über sein formloses Eindringen in ihre selbstgewählte Einsamkeit, leise erwiderte, kam er sofort zur Sache.
»Ich möchte, daß du mich heute einmal begleitest, Schwesterlein«, sagte er freundlich, aber bestimmt. »Ich will dir nämlich ein paar Leutchen vorstellen, deren Schicksal mir sehr am Herzen liegt.«
Katja hob in entsetzter Abwehr die Hände.
»Du weißt genau, Lutz, daß ich keinen sehen mag. Vielleicht später einmal. Ich –«
Sie konnte nicht zu Ende sprechen. Lutz war mit wenigen Schritten bei ihr, riß sie aus dem Sessel hoch, in dem sie gesessen hatte. Seine kräftigen Hände umfaßten ihre fast noch kindlich schmalen Schultern, schüttelten sie sanft.
»Wach endlich auf, Katja! Du hast kein Recht, die ganze Familie auf die Dauer unter deinem Kummer leiden zu lassen. Du zwingst uns unablässig, wie in einem Trauerhaus zu leben. Hast du vergessen, welches Opfer Regine und ich dir gebracht haben und noch bringen? Wir könnten seit Wochen verheiratet sein. Um deine Gefühle zu schonen, haben wir bis heute damit gewartet. Denk doch einmal nach. Was dir passiert ist, müssen tagtäglich Tausende von Frauen hinnehmen. Viele von ihnen stehen allein, müssen sich und ihre Kinder mühsam durchbringen.«

»Ja – aber . . .«, stammelte Katja verwirrt. So hatte seit Olafs Tod noch keiner mit ihr zu sprechen gewagt. »Aber . . .«

Lutz schüttelte den Kopf, hinderte sie am Weitersprechen. »Kein Aber! Vielleicht hast du deinen Leidensgefährtinnen sogar sehr viel voraus. Du hast ein ganzes Jahr in dem Bewußtsein einer großen Liebe leben dürfen. Nur wenigen Menschen wird diese Gnade zuteil. Komm, zieh deinen Mantel über. Es gießt in Strömen.«

Lutz hatte ruhig, aber sehr energisch gesprochen. Katja gab ihren Widerstand auf. Sie fragte nicht einmal, was er mit ihr vorhatte. Lutz seufzte. Wahrscheinlich würde sie wie bisher alles stumpf über sich ergehen lassen. Anscheinend war sie entschlossen, sich durch nichts von ihrem Schmerz um Olaf ablenken zu lassen.

Durch den strömenden Regen fuhren sie zum Krankenhaus. Lutz und Regine arbeiteten schon seit geraumer Zeit dort. Jetzt führte er Katja endlos scheinende Korridore entlang. Vor einer der vielen Türen blieb er stehen, öffnete sie weit.

Katja sah eine Reihe weißer Betten, wollte erschrocken zurückweichen. Aber Lutz schob sie vor sich her in den Saal hinein, ohne ihre instinktive Abwehr zu beachten.

Katjas Blick glitt durch den Raum, suchte nach einem Fluchtweg. Sie wollte das Elend, das sie umgab, nicht zur Kenntnis nehmen. Die Hand des Bruders, die schwer auf ihrer Schulter lag, zwang sie, auszuharren.

»Du sollst dir diese Menschen genau ansehen, Katja«, sagte er leise, doch jedes seiner Worte wirkte auf sie wie ein Hammerschlag. »Sie alle hätten mehr Grund, sich selbst zu bemitleiden. Keiner von ihnen wird – falls nicht ein Wunder geschieht – dieses Haus lebend verlassen. Manche liegen schon jahrelang hier. Gelähmt, hilflos, völlig auf andere angewiesen. Wie gut geht es dir dagegen, wie dankbar müßtest du deinem Schöpfer trotz allem sein. Das ganze Leben liegt noch vor dir, du bist jung und gesund. Du kannst jederzeit unter Beweis stellen, daß du

stark genug bist, dich selbst zu überwinden, deinen Kummer hinter dem anderer zurückzustellen. Wieviel könntest du leisten, wieviel Gutes tun!«
Katja antwortete nicht. Sie ging langsam neben dem Bruder her, sah mit offenen Augen, was Lutz ihr hatte klarmachen wollen. Sie verschloß ihr Herz nicht länger dem Elend, das sie umgab. Ihre schmale Gestalt hatte sich gestrafft, ihr Gang war anders geworden. Sicherer, selbstbewußter. Als sie sich draußen auf dem Gang Lutz zuwandte, ließ der Ausdruck ihrer Augen ihn aufatmen.
»Ich danke dir, Lutz«, sagte sie ernst. »Zuerst fand ich dich grausam, weil du auf deine Art versucht hast, mich aus meiner Lethargie aufzurütteln. Du wolltest mir ja den Schmerz um Olaf nehmen, das einzige, das mich noch mit ihm verbindet. Doch jetzt weiß ich, daß deine Härte notwendig war.«

»Lutz hat mir den einzig richtigen Weg gewiesen«, erklärte sie später ihren Eltern. Sie wirkte frischer und sehr zielbewußt. »Wir haben bereits alle Einzelheiten besprochen. Ich will Krankenschwester werden. Meine Ausbildung beginnt schon in den nächsten Tagen.«
Stefanie wollte Einspruch erheben, denn sie hielt diesen schweren Beruf für Katja ungeeignet, doch diese kam ihr zuvor.
»Sei unbesorgt, Mama. Meine körperlichen Kräfte sind dieser Aufgabe gewachsen. Meine Schwäche war nur vorübergehend.« Katja verstummte, ihr Blick verlor sich in den Schatten, die das Zimmer zu verhüllen begannen. »Ich war nicht dabei, als Olaf starb, konnte ihm nicht mehr helfen. Aber vielleicht gelingt es mir, durch meinen Einsatz mancher Frau den Mann zu erhalten, den sie –«
Und jetzt kamen endlich die erlösenden Tränen, die dem jungen Mädchen bisher versagt geblieben waren. Katja warf sich in Stefanies Arme und weinte, wie noch nie zuvor in ihrem jungen Leben.
Oberflächlich betrachtet, konnte man den Eindruck ge-

winnen, daß sie ihr Schicksal von nun an mit Fassung trug. Doch in ihrem Herzen setzte Katja Olaf zur Linden ein Denkmal, das sie gegen jede neue Liebe immun zu machen drohte.

Bald darauf heirateten Lutz und Regine, froh darüber, daß die lange Wartezeit endlich zu Ende war. Sie arbeiteten am gleichen Krankenhaus und wohnten nach ihrer Hochzeit in der Hartmannschen Villa, die ihnen allen genügend Raum bot. Für Regine bedeutete dies kein Opfer, sie fühlte sich in ihrer Bewegungsfreiheit nicht beengt. Solange sie noch berufstätig war, blieb ihr die Belastung durch einen eigenen Haushalt erspart. Sie hätte auch kaum Zeit gefunden, sich damit zu befassen. Außerdem liebte die junge Frau Stefanie und Magnus von Herzen. Sie waren ihr ein vollgültiger Ersatz für ihre frühverstorbenen Eltern.
Nach Monaten gedrückter Stimmung herrschte wieder Fröhlichkeit in dem schönen alten Haus in Dahlem.

»Es ist nicht zu fassen!« Stefanie sah von dem Brief auf, den sie von Carola erhalten hatte. »Ich werde tatsächlich zum zweiten Mal Großmutter! Du lieber Himmel – wie schnell doch die Zeit vergeht. An seinen Enkeln merkt man erst, wie alt man geworden ist.«
Sie lachte, aber in ihren Augen standen Freudentränen.
Magnus konnte nicht anders. Er mußte seine Frau in die Arme nehmen.
»Liebling, du solltest nicht so schamlos nach Komplimenten angeln«, sagte er verweisend. »Du weißt genau, daß du noch als Urgroßmutter jung und sehr begehrenswert sein wirst.« Nach kurzem Zögern küßte er Stefanie schnell auf den Mund.
»Die Zeiten haben sich geändert, die biologischen Gesetze ebenfalls«, beantwortete er das belustigte Räuspern seines Sohnes. »Großeltern gehören heutzutage noch lange nicht zum alten Eisen. Im Gegenteil. Leider schlägt

Lutz mir in dieser Beziehung nach, Regine«, fügte er, zu seiner Schwiegertochter gewandt, hinzu. »Er gibt sich gern klug und überlegen, will immer alles besser wissen. Darum rate ich dir, laß dir nichts von ihm gefallen, halte ihn stets auf Trab. Gib ihm manche Nuß zu knacken, so, wie meine Stefanie es stets mit mir gehalten hat. Wäre dies nicht der Fall gewesen, wer weiß, vielleicht wären wir dann heute nicht mehr so verliebt ineinander. Wahrscheinlich würden wir statt dessen wahre Bilderbuchgroßeltern sein. Alt, weise und sehr abgeklärt. Du weißt gar nicht, Reginchen, wie ein wenig innere Unruhe und Eifersucht die Leidenschaft wachhalten!«
Stefanie lachte mit den anderen. Dann aber befreite sie sich energisch aus Magnus' Armen. »Gar so eilig brauchten die beiden es nicht zu haben. Zwei Kinder so rasch aufeinander. Eins ist euch doch wohl klar: Diesmal muß ich dabeisein, wenn Carolas Baby kommt. Damals, bei der kleinen Beate, konnte ich nicht zu ihr fahren, weil kurz vorher Olaf tödlich verunglückt war. Katja brauchte mich dringender. Doch jetzt soll Carola zu ihrem Recht kommen.«
Alle waren Stefanies Meinung, und sie begann auch sofort, konkrete Pläne zu schmieden.

Noch ehe sie diese verwirklichen konnte, geschah etwas, das nicht nur in das Schicksal der Familie Hartmann eingriff, sondern in das der ganzen übrigen Welt.
»Ich kann es einfach nicht glauben, Magnus.« Stefanies blühendes Gesicht war erblaßt. »Krieg mit Polen, und unsere Truppen seit der vergangenen Nacht im Vormarsch! Wie konnte das nur so plötzlich geschehen? Wir hatten doch alle keine Ahnung, daß ein solcher Konflikt auf uns zukommen würde –«
Magnus sah seine Frau sehr ernst an. Das war wieder einmal typisch Stefanie. Sie bemerkte nur, was sie bemerken wollte. Alles andere, was dazu angetan war, störend in ihr privates Leben einzugreifen, ignorierte sie ganz einfach.

»In dieser Beziehung bin ich anderer Meinung als du, Liebes. Meinst du nicht auch, daß die Anzeichen für einen Krieg sich von Tag zu Tag mehrten? Wir zogen es lediglich vor, Scheuklappen zu tragen, um sie nicht wahrzunehmen. Jetzt müssen wir uns der Wirklichkeit stellen, die alles andere als angenehm ist. Ich fürchte nämlich, daß es nicht bei diesem einen Feldzug bleiben wird.«
Ein leiser Schreckenslaut ließ Magnus stocken, dann aber sprach er weiter, und in jedem seiner Worte war die Erregung spürbar, die er empfand.
»Es ist gar nicht anders möglich. Andere Länder werden nachziehen. England, zum Beispiel. Es hat, falls du dich daran erinnerst, einen Beistandspakt mit Polen geschlossen. Wie man die Engländer kennt, werden sie sich den Verpflichtungen, die sich aus diesem Pakt ergeben, nicht entziehen. Ich wage nicht, mir weiter auszumalen, was uns dann noch alles erwartet.«
Stefanies schmale Brauen zogen sich grübelnd zusammen.
»Damit willst du also sagen, daß der Krieg sich ausbreiten könnte? Über ganz Europa?« Stefanie fröstelte trotz der hochsommerlichen Temperaturen.
Magnus hob die Schultern. Es lag sehr viel Resignation in dieser Bewegung.
»Möglich wäre es schon. Vergiß nicht, daß wir bei unseren Nachbarn alles andere als beliebt sind. Für ihren Begriff haben wir seit dem Weltkrieg wirtschaftlich viel zu schnell aufgeholt. Deutschland ist einfach zu mächtig geworden, es stellt Forderungen, die von den anderen nicht toleriert werden können. Die Westmächte werden alle Hebel in Gang setzen, uns Paroli zu bieten. Ein Glück nur, daß der deutsch-sowjetische Nichtangriffspakt noch rechtzeitig unterzeichnet wurde. An Rußland müßten wir zwangsläufig scheitern. Bereits der mächtige und siegreiche Napoleon hat sich letzten Endes die Zähne daran ausgebissen.«
»Du müßtest aber nicht wieder ins Feld, nicht wahr?« Ste-

fanie schlang die Arme um ihren Mann, als könne sie ihn dadurch an sich binden und vor allen Gefahren bewahren.

Magnus drückte sie beruhigend an sich.

»Kaum, Liebling. Dazu bin ich nun doch wohl zu alt. Zumindest sagt das mein Geburtsschein. Im Werk wird es allerdings, wie im letzten Krieg, wieder mehr zu tun geben. Willst du mir dabei helfen?«

Stefanie nickte stumm. Sprechen konnte sie nicht. Sie standen und hielten sich umfaßt. Alles war wie sonst und doch von einer Minute zur anderen total verändert. Irgendwo tobte Krieg, Menschen wurden verwundet, starben. Der Friede, der in dem sonnendurchtränkten Zimmer herrschte, schien bei diesem Gedanken blanker Hohn zu sein.

Von der Straße her klang monotoner Marschtritt durch die offenen Fenster. Im Garten des Hartmannschen Hauses stand das Personal und winkte den vorbeiziehenden Soldaten zu, die lachend und singend in ein ungewisses Schicksal zogen.

»In der Heimat, da gibt's ein Wiedersehn!« versprachen ihre hellen, begeisterten Stimmen.

Stefanie und Magnus waren auf den Balkon getreten.

»Genauso haben sie schon neunzehnhundertvierzehn gesungen. Trotzdem kehrten Tausende von ihnen nie mehr in die Heimat zurück«, kommentierte Magnus nachdenklich. »Schau nur, Stefanie. Diese jungen, vor Vaterlandsliebe glühenden Gesichter. Ob sie überhaupt eine Vorstellung davon haben, was sie draußen erwartet? Man hat ihnen etwas vom Siegen, von Patriotismus vorgeschwätzt, die Kehrseite der Medaille müssen sie nun in harter Praxis am eigenen Leib kennenlernen.«

Magnus schüttelte bedrückt den Kopf.

»So geht das nun seit Menschengedenken. Es gibt Krieg, die Soldaten schreien ›Hurra!‹ und wissen im Grunde oft gar nicht, wofür sie eigentlich kämpfen, warum ihre Kameraden ihr Leben lassen mußten. Neunzehnhundert-

achtzehn meinten wir, die Völker hätten dazugelernt, daß es in unserem Zeitalter keinen Krieg mehr geben würde. Doch niemand hat aus dem Geschehen eine Lehre gezogen. Auch jetzt gibt es kein Zurück mehr.«
»Nein. Nur neue Schmerzen für unschuldige Menschen, neues Blutvergießen.« Stefanie dachte an die Ängste, die sie damals um Magnus durchlitten hatte. An die kurze Zeit, da sie sich nähergekommen waren als je während ihrer ersten Ehejahre. Lutz war noch ganz klein gewesen, Carola ein Baby.
Carola! Die Sorge um ihre Tochter, die ein Kind erwartete, überfiel sie mit unvermuteter Heftigkeit.
»Was wird aus unseren Rhodesiern?« fragte sie angstvoll. »Wenn England uns den Krieg erklärt, dann sind Carola, Klaus und die Kinder in Gefahr . . .«
Auch Magnus hatte bereits daran gedacht. Er mußte Stefanie beruhigen, obgleich er sich selbst die größten Sorgen machte. »Vielleicht wird alles gar nicht so schlimm, wie es momentan aussehen mag. Schließlich war Klaus Dörings Mutter Engländerin, von ihr hat er seinerzeit die Farm geerbt. Die Morrows waren eine angesehene, alteingesessene britische Familie. Du sorgst dich sicher unnötig. Die Dörings haben die Tradition fortgesetzt und genießen hohes Ansehen.« Draußen auf der Straße war es still geworden, die Soldaten waren weitergezogen. Und doch wirkte diese Stille irgendwie beängstigend. Wie die Stille vor einem Sturm, der die ganze Welt in ein einziges Trümmerfeld verwandeln konnte.

Der September des Jahres 1939 war ungewöhnlich warm und sonnig. Es schien unmöglich, sich vorzustellen, daß irgendwo ein Krieg tobte, in den auch Deutsche verwikkelt waren.
Magnus Hartmanns Befürchtungen hatten sich nur zu schnell bewahrheitet. Nach England erklärte auch Frankreich Deutschland den Krieg. Der Zweite Weltkrieg hatte begonnen.

Noch ehe die Postverbindung mit dem nunmehr feindlichen Ausland für lange Zeit abbrach, traf der vorläufig letzte Brief aus Rhodesien in Berlin-Dahlem ein.
»Uns könnte es gar nicht besser gehen«, schrieb Klaus Döring an seine Schwiegereltern. »Die Farm ist prima in Schuß. Carola ist eine Farmersfrau geworden, wie sie im Buche steht. Wenn es so weitergeht, werden wir es noch zu einigem Wohlstand bringen – wenn nicht gar zu Reichtum. Die Schwangerschaft macht Carola kaum zu schaffen. Sie hat sich überraschend schnell an unser Klima gewöhnt, ist die reinste Sonnenanbeterin geworden. Ihr würdet sie kaum wiedererkennen, so braungebrannt ist sie. Ein Bild blühender Gesundheit . . .«
Stefanie sah von dem Brief auf.
»Er ist am fünfundzwanzigsten August geschrieben worden«, sagte sie tonlos. »Ach, Magnus! Wie schön hatte ich mir meine Reise zu den Kindern vorgestellt. Afrika war schon immer mein Wunschtraum. Und dann noch mit solch einem wunderbaren Ziel! Um meinen Enkel übers Taufbecken zu halten, ihm eine glückliche Zukunft zu wünschen. Aber jetzt? Rhodesien ist britisch. Man wird die Familie Döring internieren . . .«
Sie warf sich in Magnus' Arme und ließ ihren Tränen freien Lauf. Er konnte nichts weiter tun, als immer wieder beruhigend über ihr Haar zu streichen. Worte des Trostes wollten ihm nicht über die Lippen. Seine Befürchtungen deckten sich völlig mit den ihren. Er kannte Beispiele aus dem Ersten Weltkrieg. Auch damals war es Deutschen, die von den Briten interniert worden waren, nicht besonders gut ergangen.

Katja hatte ihr Versprechen, Krankenschwester zu werden, gehalten. Sie war eine eifrige Schülerin gewesen, begriff schnell und galt in der Schwesternschule als Musterbeispiel. Sehr bald schon wurde sie in dem Krankenhaus, in dem auch Regine und Lutz beschäftigt waren, als Aushilfe eingesetzt. Sie verrichtete willig die niedrigsten Ar-

beiten und versuchte niemals Vorteile aus der gehobenen Position ihres Bruders zu ziehen.
»Ich bin sehr stolz darauf, für die an Frontlazarette abkommandierten Schwestern einspringen zu dürfen.« Während einer kurzen Atempause hatte sich Katja bei Lutz eingefunden. »Hast du eigentlich noch nie daran gedacht, Lutz, daß auch du an der Front nützlicher sein könntest als hier in Berlin?«
Katjas hübsches Gesicht war schmal und blaß. Sie hatte den Schmerz um Olaf zur Linden noch immer nicht überwunden. Trotzdem versuchte sie seit ihrem ersten Besuch im Krankenhaus, zu dem Lutz sie praktisch gezwungen hatte, sich damit abzufinden. Seit Beginn des Krieges wußte sie, daß sie nicht allein stand. Sie hatte Tausende von Leidensgefährtinnen.
Lutz fand nicht gleich eine Antwort auf die Frage seiner Schwester. Er überlegte, ob es ratsam war, sich ihr anzuvertrauen. Dann aber sagte er ruhig: »Nein, Katja. Ich bin hier schon am richtigen Platz. Ein Arzt hat mitunter Pflichten verschiedener Art. Es genügt oft nicht, nur Wunden zu vernähen.« Nach einer weiteren nachdenklichen Pause fügte er hinzu: »Nein, ich glaube nicht, daß ein anderer meinen Posten hier ausfüllen könnte.«
»Du bist gewiß ein guter Chirurg, Lutz.« Eine leichte Verwunderung stand in Katjas schrägen graublauen Augen. So kannte sie ihren Bruder nicht. Seine Feststellung hatte fast überheblich geklungen. Als meine er, mit seinen Fähigkeiten allein dazustehen. Jeder war letzten Endes zu ersetzen. Sogar ein Chirurg von Lutz Hartmanns Format.
»Trotzdem finde ich, daß ein älterer Arzt, der für den Frontdienst nicht mehr in Frage kommt, in Berlin dasselbe leisten könnte, wie du«, fügte sie mit leichtem Tadel hinzu.
Doch Lutz lächelte nur. »Meinst du wirklich? Zerbrich dir darüber nicht den Kopf, Kleines. Es hat schon seine Ordnung.«

Damit war dieses Thema für ihn erledigt. Katja ging bereitwillig darauf ein. Aber zum ersten Mal war es ihr unmöglich, sein Verhalten zu verstehen oder gar zu billigen.

Erst mehrere Wochen später – der Blitzkrieg in Polen war längst gewonnen – wurde ihr die volle Bedeutung seines Handelns klar. Sie kam einmal ziemlich spät vom Dienst heim. Zufällig blickte sie am Haus empor, das, den Luftschutzbestimmungen entsprechend, dunkel und abweisend vor ihr aufragte.
Doch nein, nicht ganz dunkel. Oben, in der Mansarde, waren die Vorhänge nicht richtig geschlossen. Ein schmaler Lichtstreifen war deutlich zu erkennen. Seltsam. Seit Marie, das Hausmädchen, in einer Munitionsfabrik arbeitete und wieder bei ihren Eltern wohnte, stand das kleine Zimmer leer.
Katja überlegte nicht lange. Sie öffnete die Wohnzimmertür nur einen Spaltbreit und rief vorwurfsvoll: »Ihr seid ganz schön leichtsinnig! Kontrolliert denn abends niemand die Fenster? In der Mansarde brennt nämlich Licht, und der Vorhang ist nicht ganz zugezogen. Wenn das der Luftschutzwart sieht, bekommen wir Ärger. Ihr wißt doch, was für ein ausgemachtes Ekel er ist. Der wartet nur darauf, den eingebildeten Hartmanns eins auszuwischen. Ich kümmere mich gleich darum, will ohnehin schnell nach oben, um zu duschen. Heute ging es bei uns wieder einmal rund, ich bin total fertig.«
Katja hatte noch nicht zu Ende gesprochen, als Lutz auch schon an ihr vorbei auf der Treppe war.
»Laß mal, Katja, ich mach das schon«, rief er ihr zu. »Du hast eine Ruhepause verdient. Recht hast du. So etwas darf einfach nicht vorkommen. Das fehlte uns noch, daß jemand anfinge, hier herumzuschnüffeln, bloß weil einmal ein Vorhang nicht dicht ist.«
Lutz schien Katja merkwürdig erregt. Auch die Eltern machten einen unruhigen Eindruck. Als habe etwas sie

aus dem gewohnten Gleichgewicht gebracht. Von der gleichen Unruhe gepackt, folgte sie Lutz unbemerkt nach oben. Warum wollte er nicht, daß sie selbst nach dem Rechten sah?
Sie hörte, daß er oben leise anklopfte und dann das Mansardenzimmer betrat. Komisch – es war doch unbewohnt! Er zog die Tür nicht ganz zu, so daß Katja beobachten konnte, was sich dahinter abspielte.
Ihr Bruder stand mitten im Zimmer, sprach mit gedämpfter Stimme auf zwei ältere Menschen ein, die Katja unbekannt waren.
Die zierliche, verhärmt aussehende Frau stieß einen leisen Schrei aus und eilte zum Fenster, um den Vorhang sorgfältig zu schließen. Als sie sich danach Lutz mit einer entschuldigenden Gebärde zuwandte, hielt Katja erschrokken den Atem an. Sie hatte auf dem einfachen grauen Kleid der Fremden den gelben Stern erkannt!
Katja lehnte sich gegen das Geländer. Ihre Beine zitterten, sie brauchte einen festen Halt. Ihr war auf Anhieb klargeworden, was dies für ihre Familie bedeuten konnte. Jeder von ihnen war von nun an in Gefahr; denn das Paar dort im Zimmer trug den Judenstern, es befand sich auf der Flucht vor der Gestapo. Und diese Flucht wurde von Lutz und den Eltern gedeckt.
Lutz erschien in der Tür, zog sie hinter sich zu. Sein Gesicht war sehr ernst und müde. Er schrak zusammen, als Katja sich aus dem Schatten löste und seinen Arm berührte.
»Nun weiß ich dein Geheimnis und verstehe dich, Lutz. Darum also willst du unbedingt in Berlin bleiben, statt an die Front zu gehen. Weil du diesen unglücklichen Menschen helfen mußt. Das freilich würde an deiner Stelle kein anderer tun wollen. Du bist, wie du neulich sagtest, in Berlin tatsächlich nicht zu ersetzen.«
Lutz nahm Katjas Hand, hielt sie fest. Seine Augen forschten in ihrem schmalen Gesicht. Er erkannte, daß die Schwester sein Verhalten billigte.

»Ja, Kleines. Nun bist du mir auf die Schliche gekommen. Ich hätte es dir gern schon früher gesagt, wollte dich aber nicht mit meinen Problemen belasten. Die Eltern wissen natürlich längst Bescheid. Ohne ihre Zustimmung wäre meine Aktion unmöglich gewesen. Sie sind sich – wie du und ich – darüber klar, wie gefährlich sich das für uns auswirken könnte.«

Katja nickte stumm. Sie sah nur immer die beiden verängstigten Menschen in der Mansarde vor sich.

»Aber sag selbst«, sprach Lutz leise weiter, »könnte man vor seinem eigenen Gewissen bestehen, würde man da nicht helfend eingreifen? Das Ehepaar, das du gesehen hast, sind Professor Weinheim und seine Frau. Er war einst mein Lehrer an der Universität, ich verdanke ihm sehr viel. Letzten Endes alles, was mich zu einem guten Chirurgen gemacht hat.«

»O Lutz!« Katja sah bewundernd zu ihrem Bruder auf. »Wieviel setzt du doch aufs Spiel. Deine Karriere als Arzt, vielleicht sogar dein Leben. Die Weinheims sind sicher kein Einzelfall für dich. Möglicherweise hilfst du schon eine ganze Weile auf diese Weise. Das wird sich herumsprechen. Andere werden kommen und deine Hilfe in Anspruch nehmen wollen. Weißt du auch, was du damit auf dich nimmst? Du bist doch in erster Linie Arzt . . .«

»Ich verspreche dir, vorsichtig zu sein, Katja.« Lutz sah abgespannt, aber zuversichtlich aus. »Nein, ich habe, weiß Gott, nicht vor, dies zur Gewohnheit werden zu lassen. Schon aus Rücksicht auf Regine, die ein Baby erwartet, auf die Eltern und dich, muß ich jeden meiner Schritte zweimal überlegen. Die Weinheims werden uns schon in den nächsten Tagen verlassen. Ich habe einen Weg gefunden, sie in die Schweiz bringen zu lassen.«

Lutz hielt sein Versprechen. So oft Katja auch danach Ausschau hielt, wenn sie vom Dienst nach Hause kam – nie wieder brannte in der Mansarde ein Licht . . .

Fast ein Jahr war seit dem Beginn des Kriegs vergangen,

und noch immer war kein Ende abzusehen. Holland, Belgien und Norwegen waren von deutschen Truppen besetzt worden und hatten bereits nach kurzer Zeit kapituliert. Zwischen Frankreich und Deutschland war Waffenstillstand geschlossen worden.
»Was nützt das alles«, kommentierte Magnus resigniert die politische Lage. »Wir siegen zwar an allen Fronten; aber über Nacht schießen neue Kriegsherde wie die Pilze aus dem Boden.«
Für Katja sollte die Erinnerung an Olaf zur Linden noch einmal mit aller Macht wach werden. Als Stefanie Ende Juli 1940 aus der Stadt nach Hause kam, fand sie ihre Tochter weinend im Wohnzimmer vor. Auf dem Tisch lag eine ausgebreitete Zeitung.
»Ach, Mama – Lettland ist der Sowjetunion angegliedert, Olafs herrlicher Veilchenhof russisch geworden. Erst jetzt habe ich das Gefühl, ihn unwiederbringlich verloren zu haben.«
Stefanie zog sich einen Stuhl heran, las betroffen die wenigen Zeilen, die über das Schicksal eines ganzen Volkes entschieden. Es gab sehr viele Deutsche im Baltikum. Ludwig zur Linden und seine Familie gehörten auch dazu.
»Es ist ein wahres Glück, daß wir wenigstens mit Rußland in Frieden leben«, sagte sie nachdenklich und küßte die weinende Katja auf die Wange. »Sonst müßte Ludwig, den du mir als sehr sympathisch beschrieben hast, am Ende auch noch gegen unsere Soldaten kämpfen. Ein wahrhaft erschreckender Gedanke!«
Es gab in diesen letzten Tagen des ersten Kriegsjahres allerdings manches, das einem unbegreiflich erscheinen mußte. Dies vor allem, seit am 25. August 1940 die ersten Bomben auf Berlin gefallen waren, denen dann am 6. September der erste feindliche Großangriff aus der Luft auf die Reichshauptstadt folgte. Die Bevölkerung, bis dahin leidlich optimistisch, begann zu ahnen, daß dies nur der Anfang war, daß weit Schlimmeres folgen würde.

3

In Gedanken versunken ging Stefanie eine stille Straße in Berlin-Wilmersdorf entlang. Ihr Gesicht war sehr ernst. Seit einiger Zeit half Lutz wieder politisch Verfolgten, setzte sich erneut der Gefahr aus, selbst in diese gnadenlose Maschinerie mit hineingezogen zu werden, die sich die Ausrottung einer ganzen Rasse zum Ziel gesetzt hatte.

Stefanie zog unmutig die Brauen zusammen. Und sie – wie stand es mit ihr? Spielte sie dabei nicht oft genug den Mittelsmann? War sie dadurch nicht auch gefährdet?

Die Straße war menschenleer. Darum schien das plötzliche Motorengeräusch in dieser Stille überlaut. Eine schwarze Limousine näherte sich in langsamer Fahrt, überholte sie, war vorbei.

Unwillkürlich atmete Stefanie auf. Doch da hielt der Wagen auch schon weiter vorn an. Ein Mann stieg aus. Von der Sonne geblendet konnte Stefanie sein Gesicht nicht erkennen, sie sah nur den dunklen Umriß der unheimlich groß erscheinenden Gestalt.

Sie blieb abrupt stehen. Ihr fiel jäh ein, von diesen schwarzen Limousinen gehört zu haben, die plötzlich aus dem Nichts aufzutauchen pflegten. Menschen verschwanden auf Nimmerwiedersehen, kehrten nicht mehr nach Hause zurück.

Stefanie spürte, daß ihre Handflächen feucht wurden. Gehörte sie etwa schon zu denen, die den braunen Machthabern verdächtig waren? Kam sie nicht eben von Leuten, die politisch – wie man es heutzutage nannte – nicht mehr tragbar waren? Hatte man sie gar schon längere Zeit unter

Beobachtung – war sie auch an diesem Tag auf Schritt und Tritt beschattet worden?
Einem Instinkt folgend, wandte Stefanie sich wie ein in die Enge getriebenes Tier um, wollte davonlaufen. Doch die Angst, die ihr den Atem abschnürte, ließ sie wie gelähmt stehenbleiben.
Sie ergab sich in ihr Schicksal, sah mit vor Grauen geweiteten Augen der hochgewachsenen Gestalt entgegen, die langsam, aber mit zielbewußt ausgreifenden Schritten auf sie zukam.
Die sommerlich heitere Umgebung verschwamm vor ihren Blicken, nur der Mann blieb – ein übergroßer, drohender Schatten, der ins Unermeßliche zu wachsen schien. Stefanie war jedes Gedankens unfähig. Ihr Verstand reagierte nicht auf die verwunderte Frage, die sie sich selbst stellte.
Die Frage nämlich, seit wann Beamte der Gestapo Heeresuniformen trugen. Und überhaupt – traten sie normalerweise nicht gleich gruppenweise auf?
Völlig überraschend spürte sie, wie zwei warme Hände die ihren umfaßten, sie festhielten. Der eben noch unter ihren Füßen schwankende Boden wurde wieder zum festen, soliden Untergrund. Eine Stimme, die tief aus der Vergangenheit zu kommen schien, sagte leise und sichtlich bewegt: »Du bist es also tatsächlich, Stefanie! Ich glaubte anfangs, mich zu täuschen, wollte an dir vorbeifahren. Doch dein Gang, der mir immer so gefallen hat, ließ mich trotzdem anhalten. Wie gut, daß ich es getan habe. Nach so vielen Jahren sehen wir uns endlich wieder. In einer Straße, durch die ich nie zuvor gefahren bin.«
Erst jetzt öffnete Stefanie die Augen, blickte benommen auf. Das Gesicht, das sich über sie neigte, nahm Konturen an, wurde ihr so vertraut wie einst. Es gehörte Dimitri Wolkow, dem Mann, den sie einen Sommer lang geliebt und seitdem nie mehr vergessen hatte.
»Mitja!« Unwillkürlich bediente sie sich des Kosenamens, den sie ihm damals nur in Stunden der Zweisamkeit gege-

ben hatte. Die Erleichterung, die sie bei seinem Anblick empfand, die Erkenntnis, daß ihr keine Gefahr drohte, löste sich in einer wahren Flut von Tränen.

»Aber Stefanie – Liebste!« Dimitri sah sich hastig um. Noch immer war die Straße menschenleer, niemand beobachtete sie. Der Fahrer seines Dienstwagens drehte ihnen den Rücken zu, döste vor sich hin. »Was ist los? Hat unser unverhofftes Wiedersehen dich so verwirrt? Das wollte ich natürlich nicht, verzeih.« Da war es wieder, sein Lächeln, mit dem er – wohl, weil es so selten war – ihr Herz seinerzeit im Sturm erobert hatte. Als sie versuchte, es zu erwidern, bebten ihre Lippen unkontrollierbar. Sie konnte Dimitri Wolkow doch unmöglich gestehen, daß sie befürchtet hatte, auf offener Straße verhaftet zu werden! Weil sie verbotene Wege ging, die in dieser Zeit leicht in den Tod führen konnten.

»So war es gewiß nicht«, wehrte sie verlegen ab. »Sag doch selbst, Dimitri. Dir nach so vielen Jahren ausgerechnet in Berlin zu begegnen – mit einer solchen Überraschung konnte ich unmöglich rechnen. Da kann man schon ein wenig aus dem Gleichgewicht geraten und die Nerven verlieren.«

»Stefanie Hartmann und Nerven?« Wieder lächelte Dimitri Wolkow. Stefanies Herz begann schneller zu schlagen. Sie wich seinem eindringlichen Blick aus, starrte beharrlich auf den Aufschlag seines Uniformmantels. Sie wollte seinem Zauber nicht noch einmal erliegen. Nicht jetzt, da sie völlig zu Magnus zurückgefunden hatte.

»Du hast dich kaum verändert«, lenkte sie ab. »Doch eins verstehe ich überhaupt nicht. Wie kommst du zu einer deutschen Uniform?« Ihre Augen glitten über seine Gestalt. »Und noch dazu rote Streifen – Himbeerbeine! Du bist im Generalstab? Das kommt mir wirklich überraschend. Kannst du mir das mit wenigen Worten erklären? Bestimmt bist du in Eile?«

»Jetzt nicht mehr.« Dimitri berührte leicht Stefanies Arm, forderte sie damit auf, ihm zu folgen. »Dort vorn ist eine

kleine Parkanlage. Wir können uns einen Moment hinsetzen. Es fällt weniger auf, als wenn wir auf der Straße herumstehen.«
»Natürlich.« Stefanie nahm seinen Vorschlag gern auf. Seit ihrem mißglückten Besuch in Paris hatte sie Dimitri völlig aus den Augen verloren. Auch von Natascha fehlte seit Jahren jede Nachricht. Sie war begierig zu erfahren, wie es ihm in der Zwischenzeit ergangen war, wie es kam, daß er in Deutschland eine derartig steile Karriere gemacht hatte. Denn daran war nicht zu zweifeln, seine Uniform bewies es.
Als sie neben ihm auf der schmalen Bank Platz nahm, flog ein Lächeln über ihr Gesicht. Parkbänke schienen in ihrem Leben - zumindest was die Männer betraf - eine bedeutungsvolle Rolle zu spielen. Damals, als sie Magnus nach Jahren der Trennung wiedergesehen hatte, war es eine Bank im Tiergarten gewesen ...
»Ich bin schon einige Zeit in Berlin. Seit August neunzehnhundertvierzig, um präzise zu sein«, berichtete Dimitri, nachdem Stefanie ihn durch einen Blick dazu ermuntert hatte. »Als die deutsche Wehrmacht Paris besetzte, trat man an mich heran. Du kannst dir vorstellen, wie sehr mich das überraschte. Es ging mir damals finanziell nicht besonders und auch sonst - na ja, das nur nebenbei«, lenkte er ab. »Später erfuhr ich, daß ein General, der in alten Zeiten mit meiner Familie befreundet gewesen war, Schicksal für mich gespielt hatte. Nach eingehender Überprüfung meiner Vergangenheit wurde ich der Abteilung für russische Fragen zugeteilt, bekam meinen neunzehnhundertneunzehn abgelegten Offiziersrang zurück, avancierte dann sehr schnell. Jetzt sitze ich also in Berlin -«
»Für russische Fragen«, wiederholte Stefanie betroffen. »Wie soll ich das verstehen? Du, als ehemaliger Offizier des Zaren - deine Eltern wurden während der Revolution ermordet - kannst dich doch unmöglich für das heutige Rußland einsetzen. Nein, Dimitri, das paßt einfach nicht zu deinem Charakter. Und doch - lieber Himmel,

Deutschland hat schließlich mit der Sowjetunion einen Nichtangriffspakt geschlossen!«
Dimitris Gesicht verschloß sich, wurde hart. Nichts an ihm erinnerte mehr an den Träumer von einst.
»An meiner Einstellung hat sich selbstverständlich nichts geändert. Ich stehe dem neuen russischen Regime nach wie vor feindlich gegenüber, darum erklärte ich mich nur zu gern bereit, es zu bekämpfen. Aus diesem Grunde bin ich hier, wo ich . . .«
General Wolkow verstummte abrupt. Als sei ihm plötzlich bewußt geworden, schon zuviel verraten zu haben. Keinem Menschen außer Stefanie war es bisher gelungen, ihn aus der Reserve zu locken. Ihr gegenüber hatte er nie Zurückhaltung gekannt, doch in diesem ganz speziellen Fall war es unklug gewesen, seine Karten aufzudecken.
Stefanie musterte ihn scheu von der Seite. Die Politik war für sie von jeher ein Buch mit sieben Siegeln. Sie versuchte gar nicht erst, es zu ergründen. Doch jetzt war sie mehr als verwirrt. Was hatte es mit dem Nichtangriffspakt auf sich, wenn man Dimitri dafür gewonnen hatte, nicht für, sondern gegen das jetzige Rußland zu kämpfen? Sie verstand ihn nicht und glaubte doch, seinen Worten entnehmen zu müssen, daß eine Gefahr in der Luft lag, gegen die das ganze bisherige Kriegsgeschehen das reinste Kinderspiel gewesen war.
»Ich bin froh, daß es dir jetzt gutgeht«, versuchte sie abzulenken. »Damals, zwischen den Kriegen – als wir uns in Paris trafen, schien das nicht der Fall zu sein.«
Dimitri hatte, als sei ihm plötzlich heiß geworden, seine Mütze abgenommen. Sein Haar war einst sehr hell gewesen. So fiel es kaum auf, daß es heute nicht mehr blond, sondern silberweiß war.
Die Mittagszeit war vorbei, die Straße begann sich zu beleben. Einige Passanten sahen sich neugierig nach ihnen um. Es war ja auch ein ungewohnter Anblick – ein General mit einer schönen Frau auf einer Parkbank. Als lebe man nicht im Krieg, sondern im tiefsten Frieden.

»Ja«, räumte Dimitri bereitwillig ein. »Es ging mir damals sogar ausgesprochen schlecht. Als du mich besuchtest, sah ich keine Möglichkeit, dich bei mir zu behalten, sosehr ich mir das auch gewünscht hätte.«
»Wirklich?« In Stefanies grünen Augen stand ein kleines Lächeln. Sie wußte, daß es nicht ungefährlich war, aber sie konnte der Versuchung, ein wenig mit Dimitri Wolkow zu flirten, auch heute noch nicht widerstehen. »Den Eindruck hatte ich damals eigentlich nicht. Du warst bis an den Rand der Unhöflichkeit abweisend. Ich schied in dem Bewußtsein von dir, für dich nur ein kleines, unbedeutendes Abenteuer gewesen zu sein.«
Dimitri erwiderte ihren herausfordernden Blick ruhig und gelassen.
»Dann hast du dich geirrt, Stefanie. Ich mußte so handeln, wollte ich nicht zum Schuft an dir werden. Denn außer Armut hatte ich dir nichts zu bieten. Nicht einmal eine Hoffnung auf die Zukunft. Heute läge der Fall natürlich anders, aber –«
». . . aber heute gehöre ich wieder ganz meiner Familie. Es war wohl ganz richtig so.« Stefanie vermied es, Dimitri zu oft anzusehen. Sie wäre nur an die leidenschaftlichen Stunden mit ihm erinnert worden. Der Gedanke daran war ihr plötzlich peinlich. »Mein Ältester, Lutz«, fuhr sie lebhaft fort, froh, ein harmloses Thema gefunden zu haben, »du erinnerst dich sicher noch an ihn. Er ist ein tüchtiger Arzt geworden und seit einigen Monaten stolzer Papa eines Sohnes. Carola«, ein Schatten flog über Stefanies Gesicht, »lebt mit ihrem Mann und ihren Kindern in Rhodesien. Kurz vor Kriegsausbruch erfuhren wir noch, daß es ihr gutging. Seitdem fehlt jede Nachricht.«
Dimitri suchte ihre Hand, hielt sie fest.
»Und meine Käthe . . .« Stefanie taufte ihre jüngste Tochter spontan um. Katja – das klang zu russisch, Dimitri hätte daraus zu leicht Schlüsse ziehen können. »Unser Nesthäkchen Käthe verlor kurz vor der Hochzeit ihren Verlobten durch einen tragischen Reitunfall. Olaf zur

Linden war ein baltischer Baron und uns allen sehr lieb geworden. Sie hat seinen Tod bis zum heutigen Tag nicht überwunden. Bis Lutz sie dazu überreden konnte, Krankenschwester zu werden, um ihren Kummer zu überwinden, stand es um ihren Gemütszustand ausgesprochen schlecht. Jetzt geht sie ganz in ihrem Beruf auf und hofft, bald an ein Feldlazarett zu kommen.«

In Dimitris Augen, die noch immer so verblüffend blau waren wie einst, trat ein Lächeln.

»Und deine treue Anna? Erinnerst du dich noch, wie sie jeden deiner Schritte bewachte? Aber du hast es doch immer wieder verstanden, dich ihrer Kontrolle zu entziehen.«

Stefanie errötete. »Meine gute Anna ist leider schon vor Jahren von uns gegangen. Noch in ihrem letzten Blick lag die feste Überzeugung, daß ich ohne sie bestimmt auf dumme Gedanken kommen würde. Du weißt gar nicht, wie sehr sie mir fehlt. Ihr konnte ich alles anvertrauen . . .«

Stefanie verstummte unter Dimitris Blick, in dem sekundenlang das alte leidenschaftliche Feuer aufgeflammt war.

»Alles?« wiederholte er leise.

»Mit gewissen Einschränkungen, natürlich«, gab Stefanie mit glühenden Wangen zurück. Nein, nicht einmal Anna hatte erfahren, daß Katja Dimitris und nicht Magnus Hartmanns Tochter war. Bis zu ihrem Tod hatte sie geglaubt, Stefanie habe Magnus nur verlassen, weil die Gegensätze unüberbrückbar geworden waren.

Die Liebenden von einst trennten sich, ohne eine Verabredung getroffen zu haben. Beide fühlten, daß es so am besten war.

Als Stefanie später Magnus von dieser Zufallsbegegnung erzählte – sie hatte nie mehr Geheimnisse vor ihm –, betrachtete er sie nachdenklich.

»Ich wußte seit einiger Zeit, daß Wolkow sich in Berlin

aufhält«, gestand er zögernd. »Aber ich hielt es für richtig –« Sein Tonfall verriet, was er dachte und insgeheim befürchtete.

Stefanie ging auf ihn zu und legte ihre Arme um seinen Hals. »Das ist doch längst vorbei, Magnus. Du müßtest das eigentlich mittlerweile erkannt haben. Wir beide gehören jetzt ganz fest und für immer zusammen. Ich bin sehr froh, daß mein Leben so klar und übersichtlich vor mir liegt. An Komplikationen bin ich nicht mehr interessiert.«

Magnus Hartmann zog seine Frau an sich. Er küßte sie nicht. Doch in der Art, wie er sie hielt, lag sehr viel Zärtlichkeit. Auch er war seinem Schicksal dankbar. Stefanie bekannte sich uneingeschränkt zu ihm, die Vergangenheit besaß keine Macht mehr über sie.

Obgleich Stefanie seit Kriegsbeginn fleißig in der Fabrik mitgearbeitet hatte, um vor allem Magnus zu entlasten, waren durch die Geburt ihres Enkels Wolfgang zahlreiche neue Pflichten auf sie zugekommen.

Regine, Wolfgangs Mutter und Lutz Hartmanns Frau, hatte nach relativ kurzer Zeit ihre Arbeit am Krankenhaus wiederaufgenommen.

»Die Zeiten sind vorbei, da eine Frau sich nach einer Geburt monatelang schonen kann. Natürlich wäre ich gern Tag und Nacht bei meinem kleinen Sohn«, hatte die junge Frau gesagt, »aber ich weiß ihn ja bei dir in den besten Händen, Mama.«

Um die Schwiegermutter nicht zu beunruhigen, verschwieg Regine ihr, warum sie bestrebt war, sich ständig in der Nähe ihres Mannes aufzuhalten. Sie fürchtete stündlich, daß man Lutz' Bemühungen, politisch Verfolgten zu helfen, entdecken könne. Sollte dies geschehen, wollte sie ihm zur Seite stehen.

Stefanie sorgte mit sehr viel Liebe und Begeisterung für den Stammhalter der Familie Hartmann. »Ich wünschte«, seufzte sie trotzdem oft, »meine gute alte Anna würde noch leben. Für sie wäre es die reinste Wonne gewesen,

wieder ein Baby aufzuziehen. Ich dagegen hätte dann mehr Zeit, mich auch in der Fabrik nützlich zu machen.«
Jeder, der sie gekannt hatte, erinnerte sich gern an die pflichtbewußte Spreewälderin, die bereits Stefanies Kindermädchen gewesen war. Kurz nach Katjas Geburt, im hohen Alter von vierundsiebzig Jahren, hatte sie die Augen für immer geschlossen.
Trotz aller Mehrbelastung vergötterte Stefanie ihren Enkelsohn. Manchmal jedoch wurde sie beim Anblick des kräftigen kleinen Kerlchens von quälenden Gedanken überfallen.
»Wer weiß schon, in welch eine Zukunft der liebe kleine Wicht hineinwächst«, sagte sie einmal zu Magnus, der ihr dabei zusah, als sie Wolfgang zu Bett brachte. »Dimitri Wolkow machte so beunruhigende Andeutungen. Daß er, der frühere zaristische Offizier, in Berlin einen so hohen Posten bekleidet, läßt manche Schlüsse zu. Selbst einem so unpolitischen Menschen wie mir muß da ein Licht aufgehen. Als sei der Nichtangriffspakt zwischen Deutschland und der Sowjetunion noch längst keine Garantie für einen dauerhaften Frieden . . .«
Magnus nickte stumm. Natürlich hatte Stefanie recht. Doch der bloße Gedanke, daß es so sein könnte, machte ihm Angst. Ein Konflikt zwischen den beiden Mächten lag durchaus im Bereich des Möglichen. Zu viele Abkommen waren im Verlauf der letzten Jahrhunderte schon gebrochen worden.

Acht Monate waren seit jener zufälligen Begegnung Stefanies mit Dimitri Wolkow vergangen. Am 22. Juni 1941 sollte sich erfüllen, was mancher insgeheim befürchtet hatte. Deutsche Truppen drangen in einem unerhörten Siegeszug bis tief ins Herz Rußlands vor. Ihr Weg führte sie in drei Richtungen – auf Leningrad, Moskau und das Schwarze Meer zu.
Die Zahl der Gefallenen war trotz unleugbarer Erfolge auch auf deutscher Seite ungeheuer. Es gab kaum eine Fa-

milie, in der nicht ein oder gar mehrere Gefallene zu beklagen waren.
An der Heimatfront kamen die Dinge ebenfalls in Bewegung. Die Hartmann-Werke waren ganz auf Heereslieferungen umgestellt worden, Magnus kam eigentlich nur noch zum Schlafen nach Hause. Er arbeitete oft bis tief in die Nacht hinein, um auf seine Weise den Mangel an Administrationskräften ein wenig auszugleichen.
Auch für Katja wurde es ernst.
»Es ist endlich soweit.« Sie wirkte blaß und abgespannt, der ewige Nachtdienst im Krankenhaus begann seine Spuren auf ihrem jungen Gesicht zu hinterlassen. Doch ihre Augen – Natascha Wolkows Augen – blickten lebhaft, erregt. »Ich komme bald an die Front, Mama. An ein Lazarett dicht hinter der Kampflinie. Ich wünschte nur, Lutz käme mit. Ich bin so sehr daran gewöhnt, mit ihm zusammenzuarbeiten. Dann würde ich mich anfangs nicht so allein fühlen.«
Stefanie ließ den Federhalter sinken, sah ihre Tochter beunruhigt an. Sie durfte jetzt keine Schwäche zeigen, nicht verraten, wie schrecklich ihr der Gedanke war, Katja gerade jetzt fortgehen zu lassen. In eine Umgebung, die sehr leicht den Tod bedeuten konnte. »War es denn nicht dein größter Wunsch, Kind?« wandte sie unsicher ein. »Jetzt machst du aber den Eindruck, als ob du –«
»O nein, ich bereue nicht, mich gemeldet zu haben. Ganz im Gegenteil.« Katjas Wangen hatten sich gerötet. »Aber man übernimmt damit doch eine gewaltige Verantwortung. Auch wird meine Arbeit ganz anderer Art als bisher sein. Verwundete pflegen, tagtäglich soviel Leiden mit ansehen zu müssen, ohne immer helfen zu können.« Katja hob ratlos die Schultern.
»Man fragt sich oft, ob das alles wirklich nötig gewesen ist. Warum vertragen sich die Völker untereinander nicht? Muß es überhaupt Kriege geben? Vielleicht dienen sie nur dem Zweck, Politikern das Gefühl zu vermitteln, sie seien mächtig und unschlagbar?«

Stefanie hielt unwillkürlich den Atem an.
»In der Öffentlichkeit darfst du so etwas nie aussprechen, Katja. Im Grunde nicht einmal zu Hause. Man weiß nie, wer mithört. Hinterher werden einem solche Äußerungen als Wehrkraftzersetzung ausgelegt. Du weißt genau, wie so etwas endet.«
Katja nickte der Mutter beruhigend zu. Sie kannte ihre eigenen Fehler, wußte, daß sie allzuleicht dazu neigte, mit ihrer Meinung nicht hinter dem Berg zu halten. Darin war sie ganz wie Lutz. Der tat auch immer nur, was sein Gewissen ihm riet. Egal, ob er sich dadurch selbst in größte Gefahr brachte.
»Keine Angst, Mama. Ich werde deine Warnung beherzigen. Du brauchst dich nicht auch noch um mich zu sorgen. Ich weiß doch, daß du schon genug damit zu tun hast, Lutz zu bremsen.«
Stefanie wünschte sich trotzdem, Katja weiterhin in Berlin behalten zu dürfen. Über Dimitri Wolkow hätte sich das bestimmt arrangieren lassen. Ihm war nichts unmöglich.
Doch gerade an ihn durfte sie sich in Fragen, die Katja betrafen, nicht wenden. Die Ähnlichkeit des Mädchens mit seiner Schwester Natascha müßte ihn stutzig machen. Wüßte er erst einmal die ganze Wahrheit, könnte er Ansprüche auf seine Tochter erheben, Rechte aus seiner Vaterschaft ableiten.
Einem solchen Konflikt wollte sie weder Katja noch Magnus aussetzen. Das Glück der Familie war schwer genug erkämpft worden. Alles mußte so wie bisher bleiben.

Ende Februar 1942 traf Katja Hartmann nach endloser Fahrt durch Schnee und Eis in dem notdürftig zusammengeflickten Feldlazarett von Minsk ein. Der Krieg war bereits einmal über diese Stadt hinweggerollt und hatte seine zerstörerischen Spuren hinterlassen. Katja, wegen Personalmangel sehnlichst erwartet, hatte kaum Zeit, einige Stunden zu schlafen, ehe sie ihren Dienst antrat.

Von der ersten Minute an war sie so eingespannt, daß sie gar nicht Gelegenheit fand, daran zu denken, daß es von hier aus nicht sehr weit nach Riga war. Zum Veilchenhof und damit zu Olaf zur Lindens Grab.
Die Leichtverwundeten wurden ausnahmslos aus Minsk fortgebracht. Irgendwohin in die Etappe, wo sie ihre Verwundungen in aller Ruhe auskurieren konnten. Katja, ohne jede Übergangsphase sofort bei schweren Fällen eingesetzt, zeigte sich ihrer Aufgabe gewachsen. Obgleich sich ihr beim Anblick der grausamen Wunden oft das Herz zusammenzog, ließ ihr eiserner Wille sie doch durchhalten, und man merkte ihr nicht die geringste Schwäche an.
»Ich möchte Ihnen eins unserer Sorgenkinder anvertrauen, Schwester Katja.« Gleich in den ersten Tagen führte der Stabsarzt sie an das Lager eines jungen Mannes, dessen fiebrig glänzende Augen blicklos zur Decke starrten. »Oberleutnant Dieter Hollburg, Panzeroffizier. Er wurde im Januar in der Schlacht bei Welikije-Luki verwundet. Doch das wäre nicht das eigentliche Problem. Die Verwundung haben wir im Griff. Doch ihm seelisch zu helfen, scheint fast unmöglich. Schade um den Jungen. Ihm fehlt einfach der Wunsch, gesund zu werden.«
Hollburg war, wie Katja der Tafel über seinem Bett entnahm, nur knapp sechs Jahre älter als sie. Sie fand, daß er sehr jung und hilflos aussah. Sein Gesicht war abgemagert, die dunklen Augen lagen tief in ihren Höhlen.
Katja hatte, seit sie Krankenschwester war, schon viel fremdes Leid ansehen müssen. Dieser Fall lag ganz anders. Es schmerzte, die Leere in Hollburgs Blick ertragen zu müssen, der auf sie gerichtet war und auf ihrem Gesicht einen Halt gefunden zu haben schien.
»Er muß doch leben wollen!« Sie berührte sanft die feuchte Stirn des jungen Offiziers und erschrak heftig, als seine Finger sich mit schmerzhaftem Druck um ihre Hand schlossen. Woher nahm der Kranke die Kraft dazu, derart zuzupacken?

»Maria.« Die vom Fieber aufgesprungenen Lippen bewegten sich. Was sie sagten, war kaum zu hören, und Katja neigte sich tiefer über Dieter Hollburg, um ihn besser zu verstehen. »Wir sind wieder zusammen, nicht wahr, Maria? Ich bin so froh, daß ich verwundet wurde. So kann ich mich doch auf den Weg zu dir machen. Bald bin ich – ich will . . .«

Die nächsten Worte verloren sich in einem unverständlichen Murmeln. Die Finger des Verwundeten lösten sich, gaben Katjas Hand frei.

»Er muß mich verwechselt, für ein anderes Mädchen gehalten haben.« Katja verbarg ihre Erschütterung nicht. »So etwas kommt im Fieber häufig vor.«

»Ja.« Der Arzt nickte ernst. »Wir haben den Briefen, die Hollburg bei seiner Einlieferung bei sich trug, entnommen, daß seine Verlobte bei einem Bombenangriff in Westdeutschland ums Leben gekommen ist. Außer ihr besitzt er keine Angehörigen. Daher wohl auch der Wunsch, ihr zu folgen – zu sterben.«

»Dann gleicht sein Schicksal dem meinen«, gab Katja leise zurück. Es war also Bestimmung gewesen, daß man sie ausgerechnet nach Minsk geschickt hatte. »Mein Verlobter starb auch kurz vor unserer Hochzeit. Auch ich wollte mich, wie Hollburg, aufgeben. Dann zeigte mir mein Bruder – er ist Arzt – eine Möglichkeit, aus meinem seelischen Tief ins Leben zurückzufinden. Ich wurde Krankenschwester. Über dem Leid anderer war es mir möglich, das eigene zu vergessen.«

Katja verbrachte jede freie Minute an Dieter Hollburgs Bett. Oft opferte sie sogar Stunden ihrer ohnehin knappen Nachtruhe, um bei ihm sein zu können. Um ihm zu helfen, wenn er erwachte und erkennen mußte, daß er lebte und ohne Maria würde weiterleben müssen. Doch sein Zustand blieb unverändert. Katja lauschte seinen geflüsterten Gesprächen mit Maria und fühlte sich davon so angerührt, als gälten sie ihr persönlich.

Obgleich seine Seele noch immer in der Vergangenheit

weilte, besserte sich sein körperlicher Zustand doch von Tag zu Tag.
»Sie haben ein wahres Wunder an ihm vollbracht, Schwester Katja.« Der Stabsarzt berührte sanft ihre Schulter. »Er wird durchkommen. Das ist nur Ihrer unermüdlichen Fürsorge zu verdanken.«
Katja wehrte bescheiden, doch über das Lob sichtlich erfreut, ab. »Ich tat nichts Besonderes, Herr Doktor. Nur meine Pflicht. Jede andere Schwester hätte das auch gekonnt.«
»Tatsächlich?« Der total übermüdete Arzt lächelte. »Sind Sie ganz sicher, Katja, daß nicht schon ein wenig Zuneigung – Liebe – mit im Spiel ist?«
Noch ehe Katja eine Antwort auf diese Frage gefunden hatte, wandte der Arzt sich ab. Sie sah ihm nach, bis die Tür hinter seiner Gestalt zugefallen war. Dann erst blieb ihr Blick wieder auf Dieter Hollburgs Gesicht liegen, nahm jeden Zug darin wahr. Stimmte es, was der Arzt behauptet hatte? War es möglich, daß die Erinnerung an Olaf zu verblassen begann, daß sie im Begriff stand, sich in diesen jungen Mann zu verlieben, der in ihr doch nur das Schattenbild einer Toten zu sehen meinte?
Als habe er ihre Gedanken gespürt, schlug Hollburg unvermutet die Augen auf. Zum ersten Mal, seit Katja ihn pflegte, blickten sie klar und nahmen ihre Umgebung wahr.
»Sie sind gar nicht Maria.« Er sprach langsam, als habe er während seines langen Krankseins das Sprechen verlernt und müsse sich erst wieder daran gewöhnen. »Dabei habe ich mir die ganze Zeit eingebildet, sie sei gekommen, um mich zu sich zu holen. Wie gut, daß es nur Fieberträume waren.«
Seine Worte waren bereits ein Schritt in die richtige Richtung, und Katja lächelte ihm spontan zu. Sie wußte selbst nicht, wie schön sie in diesem Moment aussah. Doch Hollburg bemerkte es. Er beachtete nicht die Spuren der Übermüdung in dem reizvollen Gesicht der jungen

Schwester. Er wußte nur eins: sie verkörperte für ihn das Leben, auf das er aus freien Stücken hatte verzichten wollen.
»Ich sehe Sie heute zum ersten Mal bei vollem Bewußtsein, Schwester.« Sogar seine Stimme hatte an Kraft gewonnen, bekam Farbe. Sie war tief und angenehm. »Wäre es trotzdem möglich, daß ich mich in Sie verliebt habe?«
Katja wich seinem forschenden Blick nicht aus.
»Doch. Ja, das halte ich durchaus für möglich. Ich mag Sie ja auch sehr gern, Oberleutnant Hollburg . . .«
Sie neigte sich über ihn, berührte mit ihren Lippen sanft seine Stirn, die sich glatt und kühl anfühlte. Dabei blieb es vorerst. Sie waren beide viel zu sehr von dem Neuen, das in ihr Leben getreten war, erfüllt, um ihren Gefühlen Ausdruck verleihen zu können.
Katja hockte auf dem Bettrand, ihre Hände hatten sich ganz selbstverständlich um die seinen gelegt. Wie wird alles weitergehen? schienen ihre Blicke einander zu fragen. Wird der Krieg es uns gestatten, glücklich zu sein?
Katja schrak aus ihrem Sinnen auf. Über Dieter Hollburgs Geständnis hatte sie völlig ihre anderen Pflichten vergessen. Diese wenigen Minuten hatten sie wie auf einer friedlichen kleinen Insel inmitten des Krieges verbracht. Sie schöpften daraus die Kraft, mit allem, was noch auf sie zukommen würde, fertig zu werden.
»Ich muß gehen, Liebling.« Das ungewohnt gewordene Kosewort, einst nur für Olaf zur Linden reserviert, kam Katja nur schwer über die Lippen. Doch sie würde sich daran gewöhnen. Auch an das neue Gefühl, das sie an einen Mann band, der noch vor kurzer Zeit für sie ein Fremder gewesen war.

In Berlin schlug die Nachricht von Katjas Verlobung wie eine Bombe ein.
»Na, wenn das nicht eine Fügung des Himmels war«, versuchte Magnus seine Rührung mit einem Scherz zu über-

spielen. Er freute sich, mit seiner Prognose recht behalten zu haben. »Unsere kleine Katja – was habe ich dir seinerzeit prophezeit, Stefanie? Eines Tages wird sie überwinden und sich dem Leben wieder zuwenden. Natürlich wird sie Olaf nie ganz vergessen. Aber der Schatten eines Toten, die Erinnerung an ihn – nein. Das kann einer jungen Frau auf die Dauer nicht genügen. Ich freue mich – freue mich aufrichtig!«

Katjas Hochzeit mit Dieter Hollburg fand im April 1942 in Berlin statt. Der junge Offizier konnte dort noch einen längeren Genesungsurlaub verbringen, während Katja bereits nach wenigen Tagen die Rückreise nach Minsk antreten mußte.

Als Oberleutnant Hollburg später an die Ostfront zurückkehrte, befand er sich Tausende von Meilen von seiner jungen Frau entfernt. Er war gerade rechtzeitig bei der Armee Paulus eingetroffen. Die Armeen der Achse setzten sich in Richtung auf Stalingrad in Bewegung.

Die Verbindung zwischen den jungen Eheleuten war, durch die Kampfhandlungen bedingt, auf ein Mindestmaß beschränkt. Noch in Berlin hatte Katja mit ihrem Mann einen Kode vereinbart, so daß sie seinen Briefen stets entnehmen konnte, wo er sich gerade befand. Auch sie wurde wiederholt versetzt. Je länger der Krieg andauerte, desto größeren Belastungen war auch das Pflegepersonal der Frontlazarette unterworfen.

Katja wußte mittlerweile mit einiger Gewißheit, daß sie ein Baby erwartete. Im Normalfall wäre sie überglücklich gewesen. Jetzt aber, während Geschützdonner aus der Ferne ihre Arbeit begleitete, fragte sie sich oft, ob es richtig war, in dieser aus den Fugen geratenen Welt Kindern das Leben zu schenken. Was würde ihr Kind eines Tages zu erwarten haben? Würde schon Frieden herrschen, wenn es geboren wurde – oder würde der Krieg mit unverminderter Heftigkeit weitertoben? Die zweite Möglichkeit trieb ihr den Angstschweiß auf die Stirn, verursachte ihr Übelkeit. Trotzdem bemühte sie sich tapfer, ihren Zustand zu verbergen. Sie wollte erst nach Berlin zurückkehren, wenn dies unbedingt nötig geworden war. Bis dahin hatte sie vor, im Lazarett auszuharren.

Seit einiger Zeit arbeiteten einige junge Russinnen im Lazarett. Zwar wurden sie nur zu untergeordneten Dienstleistungen herangezogen, waren aber für die deutschen Schwestern eine nicht zu unterschätzende Hilfe. ›Zwangsrekrutierungen‹ nannte Katja es bei sich und versuchte, vor allem einem der Mädchen etwas näherzukommen.

Tanja, so hieß es, war Studentin und fungierte nebenbei als Dolmetscherin zwischen verwundeten Kriegsgefangenen und den Ärzten.

Sosehr Katja sich aber auch bemühte, es gelang ihr nicht, der hübschen, ernsten Russin ein privates Wort zu entlokken.

»Wie sehr mußt du uns Deutsche hassen«, sagte sie einmal behutsam, als Tanja, ohne zu klagen, blutdurchtränktes Verbandsmaterial zusammenpackte und den verschmutzten Fußboden im OP reinigte. »Aber ich – ich habe dir doch nichts getan. Wir müssen etwa im gleichen Alter sein, sehen uns auf gewisse Weise sogar ähnlich. Ein flüchtiger Beobachter könnte uns für Schwestern halten. Und doch trennen uns ganze Welten. Wir finden einfach keine gemeinsamen Berührungspunkte. Im Frieden könnten wir vermutlich Freundinnen sein . . .«

Katja hob die Schultern, ließ sie wieder sinken. Es war wohl sinnlos. Sie drang einfach nicht zu dieser Russin vor. Dabei hätte sie so gern einmal mit einer anderen Frau über ihr Problem gesprochen. Über das Kind, das in ihr heranwuchs –

Tanja hob die Augen, die im Gegensatz zu Katjas samtig schwarz waren.

»Sie irren sich in mir, Schwester«, antwortete sie gleichmütig. »Haß ist nur etwas für dumme Menschen, die den Dingen nicht auf den Grund gehen. Es ist Krieg, nun gut. Er macht uns automatisch zu Gegnern, Feinden. Wahrscheinlich ist es Ihnen gar nicht erlaubt, eine private Kon-

versation mit mir zu führen. Ich bin schließlich nichts weiter als eine Kriegsgefangene, nicht wahr?«
Als Katja empört aufbegehren und dies abstreiten wollte, bemerkte sie das leise Lächeln in den dunklen Augen der Russin, und sie erwiderte es spontan.
»Nicht, soweit es mich betrifft, Tanja. Mit wem ich spreche und worüber, geht nur mich allein etwas an. Also?«
Sie streckte auffordernd ihre Hand aus. Die Russin zögerte nur kurz, ehe sie die ihre mit festem Druck hineinlegte.
Während Katja sich bemühte, dem jungen Mädchen das Leben halbwegs erträglich zu machen, las Tanja ihrer Beschützerin jeden Wunsch von den Augen ab.
»Sie sollten sich mehr schonen, Schwester Katja«, sagte sie einmal unvermutet. »Sie erwarten ein Baby, habe ich recht? Es soll doch gesund zur Welt kommen. Lassen Sie mich das nehmen, es ist viel zu schwer für Sie«, fügte sie hinzu und nahm Katja den schweren Eimer ab, mit dem sie hereingekommen war.
Von diesem Tag an sprachen die beiden jungen Frauen oft über das werdende kleine Wesen.
»Ich sehe es so, Katja«, erklärte Tanja eifrig. »Es gibt in jedem Lande Gute und Böse. In den Krieg ziehen müssen beide, und die bösen Menschen gewinnen leider allzuschnell die Oberhand. Mein Volk muß augenblicklich viel unter dem deinen ausstehen, leiden. Weil du meine Freundin geworden bist, hoffe ich – um deinetwillen –, daß dir das erspart bleibt, was ich durchmachen mußte.«
Eine verständliche Scheu hinderte Katja daran, Tanja über ihre bösen Erfahrungen mit den Deutschen zu befragen. Die Wahrheit hätte möglicherweise ihr Verhältnis zu der jungen Russin getrübt, und darauf wollte sie es nicht ankommen lassen.
Katjas sorgsam gehütetes Geheimnis, das Baby, das sie erwartete, wurde schneller bekannt, als sie geglaubt hatte. Sie war einfach nicht mehr in der Lage, größere Anstrengungen, die es hier ständig gab, durchzustehen.

»Was ist los mit Ihnen, Schwester Katja?« Der junge Unterarzt kam gerade noch zurecht, sie in seinen Armen aufzufangen. Sie hatte dieses Gefühl in letzter Zeit sehr oft – das Gefühl, als wanke der Boden unter ihren Füßen, als drehe sich alles um sie herum.
»Ich bin nur übermüdet.« Katja versuchte krampfhaft gegen die in ihr aufsteigende Übelkeit anzukämpfen. Das Wechseln der durchbluteten Verbände, an das sie sich längst gewöhnt hatte, wurde ihr in ihrem Zustand zur unerträglichen Qual und drehte ihr buchstäblich den Magen um. »Es ist gleich vorbei.«
»Das bezweifle ich stark. Es wird wohl noch einige Monate so weitergehen. Sieben etwa – habe ich richtig geschätzt?« Er lächelte jungenhaft. »Ich glaube gehört zu haben, daß Sie noch nicht lange verheiratet sind. Da muß schließlich mit so etwas gerechnet werden.«
Katja setzte sich auf. Eine tiefe Röte überflutete ihr Gesicht. Zum ersten Mal sprach sie mit einem Mann über ihre Schwangerschaft. Auch daran würde sie sich gewöhnen müssen, daß ihr wunderbares Geheimnis ihr nicht mehr allein gehörte.
»Ich bin also überführt. Trotzdem möchte ich natürlich wie bisher weiterarbeiten. Ich werde mich in Zukunft sehr zusammennehmen. Außerdem ist Tanja zu meiner Unterstützung da. Sie nimmt mir alle körperlich schweren Arbeiten ab.«
Katja versäumte nie, sich vor die junge Russin zu stellen und ihre Vorzüge herauszustreichen. Nur so konnte sie erreichen, daß Tanja in ihrer Nähe blieb und nicht versetzt wurde. Denn dann mußte sie sie zwangsläufig aus den Augen verlieren und würde nicht mehr in der Lage sein, ihr beizustehen.
Der Unterarzt musterte Katja nachdenklich. Dann nickte er zögernd und hob die Arme, als weise er damit alle Verantwortung für sie von sich.
»Wie Sie wollen, Schwester. Aber irgendwann wird auch der Stabsarzt dahinterkommen, und dann heißt es für Sie:

Ab in Richtung Heimat! Wir werden Sie alle sehr vermissen. Es arbeitet sich gut mit Ihnen, Schwester Katja.«
Die gleichen Worte fand einige Wochen später der Oberstabsarzt, dem das gesamte Lazarett unterstand. Bei der Knappheit an geschultem Pflegepersonal war jede Schwester praktisch unentbehrlich. Katja zu verlieren bedauerte er ganz besonders. Bei allen, die mit ihr in Kontakt kamen, war sie äußerst beliebt; denn sie verlor nie die Ruhe und wurde auch mit den störrischsten Landsern fertig. Trotzdem war das Risiko, sie noch länger hierzubehalten, zu groß. Der Krieg forderte schon genügend Opfer. Diese tapfere junge Frau sollte nicht zu ihnen gehören.
Als es endlich ans Abschiednehmen ging, fiel Katja vor allem die Trennung von Tanja schwer. Sie ahnte, daß sie zum letzten Mal mit der Freundin zusammen war, und konnte doch der Sorge, die sie um sie hatte, nicht Ausdruck geben.
»Was immer auch geschieht, Tanja«, sagte sie mit erstickter Stimme, »du weißt, wo ich in Berlin zu finden bin. Ich wünschte, ich könnte dich mit mir nehmen – in eine relative Sicherheit . . .«
Katja konnte nicht zu Ende sprechen. Andere traten hinzu, wollten sich von ihr verabschieden. Ein fester Händedruck war alles, was sie noch mit der jungen Russin verband. Dann war auch dieser Lebensabschnitt, der ihr eine Freundschaft mitten im Feindesland vermittelt hatte, vorbei.
Katja sollte ihre russische Freundin niemals wiedersehen. Als sie später versuchte, erneut Verbindung mit Tanja aufzunehmen, scheiterte jeder ihrer Versuche. Tanjas Spur war irgendwo in der Weite Rußlands verlorengegangen . . .

Im Sommer des Jahres 1942 war Katja nach Berlin zurückgekehrt. Danach arbeitete sie noch mehrere Monate an dem gleichen Krankenhaus wie ihr Bruder Lutz und dessen Frau Regine.

Als Katja dann im Januar 1943 einem Töchterchen das Leben schenkte, mußte bereits befürchtet werden, daß die kleine Nicole ihren Vater niemals kennenlernen würde. Denn Dieter Hollburg, Katjas Mann, gehörte zu den Eingeschlossenen von Stalingrad.

4

Der für ein Krankenhaus typische Geruch nach Medikamenten und Desinfektionsmitteln erfüllte den mäßig großen Untersuchungsraum, in dem sich eine kleine Gruppe Menschen versammelt hatte. Die Atmosphäre schien mit Elektrizität geladen, der Sturm konnte jeden Moment losbrechen.

Regines Gesicht lag im Schatten. Sie war froh darüber, denn einem guten Beobachter hätte sofort auffallen müssen, wie blaß, wie verängstigt sie wirkte. Mehr noch – sie konnte sich nur mühsam beherrschen, nicht in Panik zu verfallen und einfach laut loszuschreien. Doch die Anwesenden gaben ihr, gewiß völlig absichtslos, Gelegenheit, sich einigermaßen von ihrem Schock zu erholen.

Die Aufmerksamkeit der Beamten der Gestapo konzentrierte sich in diesem Augenblick ausschließlich auf Dr. Lutz Hartmann. Regine konnte erleichtert feststellen, daß ihr Mann nicht unbefangener hätte aussehen können.

»Ich bitte Sie, meine Herren«, sagte er eben mit seiner tiefen, angenehmen Stimme. »Wo denken Sie hin? Ich bin Arzt, im Moment sogar Chef der Chirurgischen Abteilung. Es wäre also überflüssig, noch zu betonen, daß ich in Zeiten wie diesen mit meinen Aufgaben mehr als ausgelastet bin. Meine freien Minuten kann ich leicht an einer Hand abzählen.«

Lutz fuhr sich mit glänzend gespielter Ratlosigkeit durch die Haare. »Du lieber Himmel! Manchmal wünschte ich mir tatsächlich, zehn Paar Hände zu besitzen. Mich auch noch mit organisierter Fluchthilfe zu befassen, wäre – selbst, wenn mir so etwas läge – absolut unmöglich.«

Regine sah, wie er in überzeugender Resignation die Arme hob und sie wieder sinken ließ. Ein Lächeln, von dem nur er allein wußte, wie schwer es ihm fiel, erschien auf seinem offenen Gesicht, das verriet, wie übermüdet er war.

»Sie kennen unseren obersten Chef nicht, den Leiter der Klinik. Professor Lohner würde mir ganz schön den Marsch blasen, wollte ich außer meiner Abteilung noch andere Dinge im Kopf haben. Sie werden lachen, aber er ist tatsächlich der Meinung, man müsse von früh bis spät mit dem Skalpell hantieren, um seine Daseinsberechtigung als Chirurg unter Beweis zu stellen.«

Keiner der Gestapoleute verzog auch nur eine Miene. Lutz ballte die Hände in den Taschen seines makellos weißen Arztkittels. Er spürte die Schweißtropfen, die sich auf seiner Stirn zu sammeln begannen. Sie konnten ihn verraten, zeigen, wie nervös er in Wirklichkeit war. Er wagte nicht einmal, Regine anzusehen, aus Furcht, bei ihrem Anblick völlig die Nerven zu verlieren.

Ja, er hatte Angst, schreckliche Angst sogar. Um seine Frau, die er in diese unselige Affäre mit hineingezogen hatte, um seinen kleinen Sohn, die Familie. Und doch bereute er nicht, was er getan hatte, um anderen, die sich in einer weit verzweifelteren Lage befanden als er, das Leben zu retten.

»Von der geglückten Flucht Professor Weinheims ins neutrale Ausland wissen Sie also auch nichts? Oder wollen Sie behaupten, sich nicht mehr zu erinnern, weil dies schon einige Zeit zurückliegt?« Die scharfe Stimme des Mannes im Ledermantel – er schien hier das Wort zu führen – brach höhnisch in seine unerquicklichen Gedanken ein.

»Weinheim war mein Lehrer an der Uni.« Lutz zog grübelnd die Brauen zusammen und wünschte sich gleich darauf, es nicht getan zu haben. Einer der Schweißtropfen geriet dadurch in Bewegung, rollte an seiner Nasenwurzel entlang nach unten. Er wagte nicht, die Hand zu heben,

um ihn wegzuwischen. Vielleicht hatten die Gestapomänner nichts bemerkt. »Das ist schon so endlos lange her. Ich bin seit Jahren Arzt, habe geheiratet und bin Vater eines Sohnes. Das alles ist längst Vergangenheit geworden. Man denkt doch kaum noch zurück.«
An der Miene des Mannes im Ledermantel erkannte Lutz, daß man ihm diese Behauptung nicht abnahm.
»Ach ja, ich erinnere mich«, setzte er betont gelassen hinzu. »Vor dem Krieg habe ich den alten Herrn einmal ganz zufällig getroffen. Er war in Eile, wir wechselten kaum ein paar Worte. – So, er ist also im Ausland. Na ja, an seiner Stelle hätte ich wohl auch das Weite gesucht. Sie etwa nicht?«
Nein, Lutz, nein, dachte Regine entsetzt. Nicht diesen herausfordernden Ton. So kommen wir nicht durch. Unwillkürlich legte sie die Hand auf ihre bebenden Lippen. Lutz ging entschieden zu weit. Er legte sich ja geradezu mit diesem schrecklichen Menschen an.
Doch nichts geschah, es war noch einmal gutgegangen. Als die Beamten sich endlich verabschiedet hatten, wußte Lutz, wußte auch Regine, daß dies nicht ihr letzter Besuch gewesen war.
Regine schluchzte auf, lief durchs Zimmer und warf sich mit einem leisen Aufschrei in die Arme ihres Mannes.
»Es war entsetzlich, Lutz. Ich konnte mich kaum noch beherrschen, glaubte, jeden Moment losschreien zu müssen. Ich bin vor Angst um dich – um uns alle – fast umgekommen.« Während Lutz etwas geistesabwesend über ihr Haar strich, fuhr sie anklagend fort: »Aber es mußte ja eines Tages so kommen. Deine Mutter und ich haben es dir oft genug gesagt, dich gewarnt. Was soll nun werden? Ich –«
Ihre Stimme hatte einen schrillen Ton angenommen, steigerte sich zur Hysterie. Lutz legte hastig die Hand auf ihren Mund, um sie zum Schweigen zu bringen. Heutzutage hatten alle Wände Ohren. Wer weiß, ob hier nicht ein Abhörgerät installiert worden war.

Professor Lohner trat ein, ohne vorher anzuklopfen. Man sah ihm an, daß er zutiefst beunruhigt war.
»Da haben wir die Bescherung, Hartmann. Aber darauf haben wir wohl alle stündlich gewartet.« Er wich Lutz' Blick aus; was er zu sagen hatte, schien ihm peinlich und sehr schmerzlich zu sein. »Es tut mir unendlich leid, Sie und Ihre Frau zu verlieren«, fuhr er gedämpft fort, als fürchte auch er, abgehört zu werden. »Doch Sie müssen weg aus Berlin. Und zwar so schnell wie möglich. Ich habe mit diesen Burschen von der Gestapo wie mit Engelszungen geredet, mich hundertprozentig hinter Sie gestellt. Ich glaube nicht, daß es mir gelungen ist, sie von Ihrer Unschuld in Sachen Fluchthilfe zu überzeugen, Lutz. Es ist mir lediglich geglückt, einen Aufschub zu erzielen. Für ein paar Tage haben Sie jedenfalls Ruhe. Aber die kommen wieder, und dann geht es Ihnen an den Kragen.«
Lutz starrte scinen Chef, der natürlich genauestens über seine Aktionen unterrichtet war, erschrocken an.
»Das mag wohl zutreffen, Herr Professor. Aber ich sehe keinerlei Möglichkeit, wegzukommen. Noch dazu mit meiner Frau und meinem kleinen Sohn. Zurücklassen kann ich sie nicht, man würde sich an ihnen schadlos halten.« Lutz sprach langsam, stockend, versuchte Regines verzweifelten Blick zu ignorieren. »Sie wissen so gut wie ich, daß unsere Helferzentrale neulich aufgeflogen ist. Vorige Woche sind die letzten verhaftet worden, die uns jetzt nützlich sein könnten. Ich bin am Ende. Bitte, kümmern Sie sich um meine Frau, falls ich verhaftet werde. Ihre und Regines Mitwisserschaft werde ich natürlich bis zu meinem letzten Atemzug ableugnen.«
Lohner schwieg. Er konnte unmöglich in Regines Gegenwart sprechen. Sie durfte nicht noch mehr beunruhigt werden, als sie es ohnehin schon war. Er wußte aus Andeutungen der Gestapobeamten, daß die gesamte Familie Hartmann längst auf der schwarzen Liste stand. Nur ein Wunder – und die waren in diesen turbulenten Zeiten selten geworden – konnte sie jetzt noch retten.

»So stehen die Dinge also, Mama – Papa.«
Die Bewohner der alten Hartmannschen Villa in Berlin-Dahlem hatten sich im Wohnzimmer versammelt. Die Unterhaltung wurde mit gedämpften Stimmen geführt. Sogar im engsten Familienkreis mußte man mißtrauisch sein, man wußte nicht mehr, wem man unter dem stark zusammengeschrumpften Personal noch trauen durfte.
»Wir haben zahllosen Menschen zur Flucht verholfen, ihnen dadurch das Leben gerettet. Und nun sitzen wir selbst in der Falle, sind in die tödliche Maschinerie geraten, die auf ihre Weise entscheidet, wer das Recht hat zu leben und wer nicht. Wir sind, wie man es heutzutage so schön umschreibt, politisch untragbar geworden. Was das bedeutet, brauche ich keinem von euch zu erklären. Es tut mir nur leid, daß ich mit meinen Aktionen auch euch ins Unglück gebracht habe.«
Stefanie lächelte, obgleich ihr eher zum Weinen zumute war. »Vielleicht siehst du alles zu düster, mein Junge. Die häßliche Szene in der Klinik hat dich aus dem Konzept gebracht. Man soll nie aufgeben, ehe man nicht alle Möglichkeiten ausgeschöpft hat.«
Magnus hob fragend die Brauen, sah Stefanie scharf an. Was führte sie im Schilde? Sie hatte gesprochen, als wisse sie einen Weg aus dieser offensichtlich hoffnungslosen Situation. Sie schien seine stumme Frage verstanden zu haben, denn sie nickte ihm mit einem kaum wahrnehmbaren Lächeln zu. Ihre grünen Augen glänzten, signalisierten ihm, daß sie einen ganz bestimmten Plan hatte. Einen Plan, der die Rettung bedeuten konnte.
Später in ihrem gemeinsamen Schlafzimmer – seit ihrer Versöhnung gab es nichts Trennendes mehr zwischen ihnen – nahm er sie in den Arm, betrachtete sie forschend.
»Was hast du vor, Stefanie?« fragte er und glaubte, ihrer jähen Unsicherheit entnehmen zu können, was er insgeheim bereits vermutet hatte. Unwillkürlich wich er zurück, ein abweisender Ausdruck trat auf sein Gesicht.
»Ja, Dimitri Wolkow«, sagte sie ruhig und legte, als er

protestieren wollte, die Hand sanft auf seine Lippen. »Still, nicht widersprechen. Was einmal war, ist vorbei, das weißt du so gut wie ich. Aber es gibt im heutigen Deutschland nur einen einzigen Menschen, der Lutz und seiner Familie helfen kann. Und damit letzten Endes auch allen übrigen Hartmanns. Denn keiner wird uns abnehmen, daß wir völlig ahnungslos gewesen sind. Daß sich all das unter unseren Augen abspielen konnte, ohne daß wir etwas gemerkt hätten. Vergiß nicht, daß auch Katja automatisch mit hineingezogen würde.«

Magnus nickte nachdenklich. Stefanies Nähe wirkte beruhigend und zugleich erregend auf ihn. Wieder nahm er sie in seine Arme, spürte den raschen Schlag ihres Herzens an dem seinen. »Du willst zu ihm gehen? Hältst du das für richtig – nach allem, was zwischen euch war?« Die alte Eifersucht erwachte erneut in ihm. Bilder aus der Vergangenheit, quälende Erinnerungen wurden lebendig, nahmen Gestalt an.

Stefanie und Wolkow in Kroatien – für Uneingeweihte Fremde, die sich wenig oder nichts zu sagen hatten. Und doch so vertraut, so intim vertraut ...

»Nein.« Stefanie hatte wohl seine Gedanken erraten; denn sie hob sich auf die Zehenspitzen, schlang die Arme um seinen Hals und küßte Magnus lange und innig. »Ich weiß einen besseren Weg, auch wenn wir damit ein Risiko anderer Art eingehen.«

»Du willst Katja zu ihm schicken?« Magnus reagierte betroffen. Als sie nickte, schüttelte er skeptisch den Kopf. »Das Risiko, das du meinst, wäre unvermeidlich. Er müßte an Katjas Ähnlichkeit mit seiner Schwester Natascha die Zusammenhänge durchschauen. Und dann wird er möglicherweise Katja für sich beanspruchen.«

»Diesen Punkt habe ich nicht übersehen.« Stefanie nickte. Auch sie wirkte sehr ernst und bekümmert. »Doch sei ehrlich, Magnus. Haben wir eine andere Wahl? Falls Lutz und seine Familie der Gestapo in die Hände fallen, würden wir uns ewig Vorwürfe machen, nicht alle Möglich-

keiten ausgeschöpft zu haben. Erführe Katja die Wahrheit über ihre Herkunft, so wäre dies gewiß das kleinere Opfer. Dem Herzen nach wird sie ohnehin immer deine Tochter bleiben. Du hast sie durch ihre Mädchenjahre begleitet, dich liebt sie, solange sie denken kann.«
Magnus gab sich geschlagen. Er wußte, wie recht Stefanie hatte, obgleich er sich wenig von Wolkows Intervention versprach. Nun gut, der Russe war im Generalstab, besaß dadurch aber keinerlei Machtbefugnisse, der Gestapo Vorschriften zu machen.
Stefanie war fest entschlossen, Dimitri wissen zu lassen, daß Katja seine Tochter war. Diese Tatsache verpflichtete ihn der Familie Hartmann, er war dadurch moralisch gezwungen, helfend einzugreifen. Denn alles, was die Hartmanns traf, traf auch seine Tochter, von deren Existenz er bislang nichts gewußt hatte. Wie und auf welche Weise er sich einschalten konnte, wollte sie ihm überlassen. Es hatte keinen Zweck, sich darüber den Kopf zu zerbrechen, ehe nicht mit ihm darüber verhandelt worden war.

Es war ziemlich schwierig, General Wolkow telefonisch zu erreichen. Man schien ihn hermetisch von der Außenwelt abzuschirmen. »Wenn Sie mich schon nicht mit dem General verbinden können«, hatte Stefanie nach endlosen Versuchen ausgerufen, »dann richten Sie ihm doch wenigstens etwas von mir aus. Sagen Sie ihm, Frau Stefanie Hartmann habe angerufen, er möchte bitte zurückrufen –«
Wenig später meldete sich Dimitri. Sichtlich verwundert und auffallend zurückhaltend. Nach den üblichen einleitenden Floskeln erkundigte er sich höflich, womit er dienen könne; denn daß Stefanie ihn nur angerufen hatte, um mit ihm von alten Zeiten zu plaudern, soweit verstiegen sich seine Erwartungen nicht.
»Ich brauche deine Hilfe, Dimitri«, antwortete sie leise, und ihre Stimme verriet, daß sie mit Tränen kämpfte. »Ich kann am Telefon nicht darüber sprechen. Nur eins

möchte ich verraten – es geht, so lächerlich das auch klingen mag, tatsächlich um Leben und Tod. Nein«, wehrte sie seinen spontanen Vorschlag ab, ihn sofort im Amt aufzusuchen. »Das geht leider nicht. Meine jüngste Tochter wird dich über alles unterrichten. Sie kann das viel besser, und es ist auch unverfänglicher. Eine junge Frau weckt keinen Argwohn. Veranlasse bitte, daß sie dir sofort gemeldet wird . . .«
Graf Wolkow legte nachdenklich den Hörer auf. Er war plötzlich äußerst beunruhigt. Er wußte, daß Stefanie ihn nie angerufen hätte, wäre die Angelegenheit nicht wirklich dringend. Ihre Worte waren einem Hilferuf gleichgekommen. Sie konnte jederzeit auf ihn zählen. Zwar war sogar er in seiner Bewegungsfreiheit stark eingeschränkt und alles andere als allmächtig – nun, man würde sehen . . .

Katja, seit Monaten ohne Nachricht von ihrem Mann, wirkte erstaunlich gefaßt. Sie weigerte sich beharrlich, an Dieter Hollburgs Tod zu glauben.
»Wenn er tot wäre, müßte ich das doch fühlen. In mir wäre dann eine Leere, an der ich es erkennen würde«, pflegte sie bei der leisesten Andeutung, ihr Mann könnte den Heldentod erlitten haben, zu antworten.
»Du hast recht, Liebes«, hatte Stefanie erst kürzlich erwidert. »Man darf die Hoffnung niemals aufgaben. Damals, im Ersten Weltkrieg, als es hieß, Magnus sei gefallen, habe ich fast die gleichen Worte gebraucht.« Seit Stefanie Dimitri Wolkow wiedergesehen hatte, vermied sie es, ihren Mann Katja gegenüber als deren Vater zu bezeichnen. »Und ich behielt recht. Magnus lebte. Auch Dieter wird bestimmt zurückkehren. Nur wirst du wahrscheinlich etwas länger auf seine Rückkehr warten müssen als ich seinerzeit.«
Jetzt stand Katja vor ihr, lauschte aufmerksam Stefanies Plan. Diese verschwieg ihrer Tochter freilich, daß sie schon in wenigen Stunden ihrem wirklichen Vater begeg-

nen würde: Die Überraschung gehörte mit zu Stefanies Plan, Lutz und seine Familie vor dem sicheren Verderben zu retten. An Katjas Ähnlichkeit mit Natascha würde Dimitri die Zusammenhänge begreifen und sich verpflichtet fühlen, den Hartmanns zu helfen. Denn wenn ihnen etwas passierte, war auch seine Tochter in Gefahr.
Als Stefanie verstummte, blickten Katjas blaue Augen sie befremdet an.
»Ich verstehe kein Wort, Mama. Was habt ihr mit einem russischen General zu tun? Das ist er schließlich nach wie vor, auch wenn er jetzt deutsche Uniform trägt. Wie könnt ihr ihm überhaupt vertrauen? Du willst doch, daß ich ihm von Lutz erzähle, von den Schwierigkeiten, in denen er sich befindet. Ist dir nicht der Gedanke gekommen, der General könnte uns anzeigen, statt uns zu helfen?«
In Stefanies blasses Gesicht stieg eine helle Röte. Sie mochte ihre Tochter nicht ansehen und machte sich darum an ihrem kleinen Nähtisch zu schaffen, der am Fenster stand.
»Das ist bestimmt nicht zu befürchten«, wehrte sie ab, und ihre Stimme klang nicht ganz klar. »Wenn uns jemand helfen kann, dann nur Dimitri. Dimitri Wolkow«, fügte sie hastig hinzu, als Katja sich ihr verwundert zuwandte. »Falls er es nicht tut, dann nur aus einem einzigen Grunde: Weil es ihm technisch unmöglich ist, etwas für uns zu tun. Glaube mir, Kind, er ist ein guter alter Freund aus unserer jugoslawischen Zeit. Mein und auch der Freund deines – von Magnus. Du kannst ihm also ruhig vertrauen.«
Du ganz besonders, setzte Stefanie innerlich hinzu. Denn er wird, er muß dich lieben. Weil du seine Tochter und zur Hälfte eine Wolkow bist.

Als Katja bei Dimitri Wolkow eintrat, erhob er sich, um ihr freundlich lächelnd entgegenzugehen. Dann aber blieb er mitten im Raum stehen, als habe dicht neben ihm ein Blitz eingeschlagen.

Ein verirrter Sonnenstrahl glitt über Katjas junges Gesicht, ließ die Züge klar und deutlich werden. Die hochangesetzten Wangenknochen waren unverkennbar, die ausdrucksvollen, etwas schräggestellten Augen ...

»Natascha!« Dimitri wußte hinterher selbst nicht zu sagen, ob er diesen Namen nur gedacht oder doch laut ausgesprochen hatte. Die junge Frau vor ihm schien jedenfalls völlig unbefangen zu sein.

Während der General sich zu fassen versuchte – er mußte mit der veränderten Situation erst ins reine kommen –, betrachtete Katja den gutaussehenden Mann mit einem Lächeln. Es verriet, ihr selbst unbewußt, wie gut er ihr gefiel. Sie konnte jetzt verstehen, warum ihre Eltern uneingeschränktes Vertrauen zu ihm hatten. Sogar jetzt, da es um Lutz' und der Seinen Schicksal, vielleicht sogar um ihr Leben ging.

»Ich bin Katja Hollburg«, sagte sie leise. Der Blick, mit dem er sie ansah, schien ihr bis auf den Grund ihrer Seele zu dringen. »Aber das wissen Sie ja bereits, General Wolkow, sonst hätten Sie mich vermutlich gar nicht empfangen. Meine Mutter schickt mich zu Ihnen.«

Dimitri erwiderte ihr Lächeln spontan. Katja hieß sie also! Nicht Käthe, wie Stefanie seinerzeit auf jener Parkbank behauptet hatte, als sie nach so vielen Jahren wieder zusammengetroffen waren.

Und diese aparte junge Katja war seine Tochter, eine lebendige Erinnerung an leidenschaftliche Stunden in Kroatien. Wie lange war das alles wohl schon her? Er versuchte hastig, nachzurechnen. Kaum zu glauben, etwa zweiundzwanzig Jahre mochten seitdem vergangen sein. Wenn er jetzt zurückdachte, schien es ihm, als habe er Stefanie erst gestern in den Armen gehalten ...

Dimitri Wolkow rief sich ungehalten zur Ordnung. Sehr viel Zeit war seitdem verflossen, die Welt hatte sich gründlich verändert. Ob zu ihrem Vorteil? Das mußte abgewartet werden. Er war jedenfalls geneigt, dies zu bezweifeln.

»Mein Kind«, sagte er leise und nahm Katjas Hand, um sie fast zärtlich an seine Lippen zu heben. Ihre Stirn zu küssen, was er liebend gern getan hätte, wagte er nicht. Das Mädchen durfte sein und Stefanies Geheimnis nicht erfahren, in keinen Gewissenskonflikt gestürzt werden. »Mein Kind«, wiederholte er, nur, um diese Worte voll auszukosten. Er würde ja nie das Recht haben, Katja offiziell so nennen zu dürfen.

»Ihre Frau Mama hat mir am Telefon leider keine näheren Angaben über den Zweck Ihres Besuches gemacht«, setzte er fast überstürzt hinzu; denn Katjas Augen waren ihm verwirrt und mit einer deutlichen Frage zugewandt. Hatte sie seine Gemütsbewegung bemerkt? Versuchte sie, Schlüsse daraus zu ziehen?

Er lächelte, bot ihr einen Stuhl an und nahm ihr gegenüber Platz. Und zwar so, daß er mit dem Rücken zum Fenster saß, während ihr Gesicht im Hellen lag. Auf diese Weise konnte er sie beobachten, nichts in ihrem Mienenspiel würde ihm entgehen. Vielleicht würde er ihr nie wieder so nahe sein wie jetzt. Darum wollte er jede Sekunde des Zusammenseins mit seiner Tochter - mit seinem einzigen Kinde - gut nützen.

»Worum geht es also, Frau Hollburg?« fragte er sachlich.

Katja erwiderte seinen fragenden Blick vertrauensvoll. Seltsam. Plötzlich war ihre Befangenheit verflogen. Dieser Fremde, der ihr trotz allem merkwürdig vertraut erschien - so, als kenne sie ihn bereits viele Jahre -, würde ihnen helfen, Rat wissen. Sie verstand selbst nicht, warum sie davon so felsenfest überzeugt war. Und obgleich sie es nicht verstand, war sie voller Zuversicht.

Leise schilderte sie die Situation, in der sich zur Zeit Lutz Hartmann, ihr Bruder, und damit auch die ganze Familie, befand.

»Ja, ich verstehe. Das ist natürlich eine böse Geschichte.« Dimitri Wolkow war über Katjas Bericht zutiefst beunruhigt. Er wußte aus Erfahrung, was es hieß, von der Ge-

stapo verdächtigt zu werden – auf der schwarzen Liste zu stehen. Angst um Stefanie, um Katja, die auch seine Tochter war, stieg in ihm auf. »Ich brauche natürlich Zeit, um mir über die nächsten Schritte schlüssig zu werden«, fügte er nach einer kurzen Pause hinzu. »Es war richtig, daß Ihre Frau Mutter gerade Sie zu mir geschickt hat, Frau Hollburg.« Er spürte Katjas verwunderten Blick und sprach ruhig weiter. »Sie haben mir die Lage sehr anschaulich geschildert. Vielleicht, weil Sie Lutz Hartmann generationsmäßig am nächsten stehen. Sie können sich dadurch am besten in seine Beweggründe hineinversetzen. Jedenfalls werde ich mir einen Plan zurechtlegen. Sie können versichert sein, daß ich nichts unversucht lassen werde. Ihre –« Er zögerte unmerklich. »Ihre Eltern werden bald von mir hören.«
Dimitri erhob sich langsam. Er hätte es vorgezogen, noch länger mit Katja zu sprechen, sie besser kennenzulernen. Bis jetzt hatte sie lediglich von ihrer Familie, dem Konflikt ihres Bruders erzählt. Doch die Zeit drängte. In zwanzig Minuten mußte er sich bereits in der Reichskanzlei melden. Dringende Besprechung, die Lage an der russischen Front betreffend. Außerdem durfte er die notwendigen Schritte zu Lutz Hartmanns Rettung nicht unnötig hinausschieben. Jede Verzögerung konnte die Situation unhaltbar machen.
Dimitri begleitete Katja zur Tür, reichte ihr die Hand. Länger als notwendig hielt er die ihre umfaßt, sah mit einem zärtlichen Lächeln in ihr schmales, hoffnungsvoll zu ihm aufgehobenes Gesicht.
»Von Ihrer Frau Mutter weiß ich, daß Ihr Mann in Stalingrad gekämpft hat. Daß Sie ohne Nachricht von ihm sind. Ich werde versuchen, Näheres über sein Schicksal zu erfahren, mein liebes Kind.«
Katja war verwundert. Dieser russische Graf, den sie erst seit wenigen Minuten kannte, sprach mit ihr, als läge ihm ihr persönliches Wohlergehen ganz besonders am Herzen.

»Ich danke Ihnen für Ihre Anteilnahme, General Wolkow.« Ihr Lächeln erinnerte ihn wieder an seine Schwester Natascha, von der er seit Kriegsbeginn nichts mehr gehört hatte. Er wußte nur, daß sie irgendwo in Amerika lebte.
Katjas Blick trübte sich. »Ich wäre so glücklich, wenn Dieter eines Tages nach Hause zurückkehren würde. Er kennt ja seine kleine Tochter noch gar nicht.«
Dimitri starrte Katja betroffen an. Der Gedanke, er könne bereits Großvater sein, war ihm nicht gekommen. Stefanie hatte ihm wirklich allerhand vorenthalten! Er versicherte Katja nochmals, in beiden Fällen das Menschenmögliche zu tun, dann fiel die Tür hinter ihr zu. Als sie gegangen war, kam Dimitri der große Raum merkwürdig leer vor.
Vor einer Stunde noch war ihm unbekannt gewesen, daß er eine Tochter besaß. Jetzt aber fehlte sie ihm bereits, als habe sie schon immer zu ihm gehört.
Während Wolkow zur Reichskanzlei fuhr, waren seine Gedanken alles andere als erfreulich. Spätestens seit der Kapitulation der deutschen Truppen in Stalingrad war ihm klar, daß er sich einer verlorenen Sache verschrieben hatte. Auch der Krieg, den Deutschland gegen die Sowjetunion führte, würde ihm seine alte Heimat, und damit den Besitz seiner Väter, nicht wiedergeben.
Was sich heute an allen Fronten abspielte, war nur ein Schritt näher zum Abgrund. Dieser Krieg mußte für das Land, für das er jetzt tätig war, in einem unbeschreiblichen Chaos enden.

An dem Tag, der seinem Gespräch mit Katja folgte, war Dimitri unermüdlich in der Sache Hartmann tätig. Bereits am darauffolgenden Abend fuhr zu später Stunde eine dunkle Limousine vor der Dahlemer Villa vor. Die gleiche Limousine, die Stefanie vor einigen Jahren zu Tode erschreckt hatte. Ein hochgewachsener Mann in Zivilkleidung wurde von dem verschwiegenen und im Dienste der Familie ergrauten Diener hereingelassen und ins Wohnzimmer geführt. Zum ersten Mal seit vielen Jahren standen sich Magnus Hartmann und Dimitri Wolkow gegenüber. Nicht mehr als Chef und Untergebener, sondern auf gleicher gesellschaftlicher Ebene. Beide zögerten nur kurz, ehe sie sich mit festem Druck die Hände reichten. Stefanie ließ keine Verlegenheit aufkommen. Es ging in diesem Moment um mehr als um Erinnerungen an eine verbotene Liebe, die sie und Dimitri vor endlos langer Zeit vereint hatte.

»Katja kennen Sie bereits, Graf Wolkow«, sagte sie mit vor Erregung unsicherer Stimme. »Mein Sohn Lutz, seine Frau Regine«, stellte sie hastig vor. »Bringen Sie uns günstige Nachrichten?« setzte sie hinzu und atmete hörbar auf, als er ihr ernst zunickte.

»Ich denke schon.« Die Ruhe, die von ihm ausging, teilte sich den anderen mit. »Allerdings dürfen wir keine Zeit verlieren, mein Plan ist auf die Minute genau festgelegt. Falsche Papiere, die dennoch jeder Überprüfung standhalten würden, habe ich bereits besorgen lassen. Es fehlen nur Ihre Fotos. Mein Fahrer, Russe wie ich, wird Sie auf einem sicheren Weg über die grüne Grenze in die Schweiz bringen. Er ist zuverlässig und mir treu ergeben. Über die Route kann ich nichts Genaues sagen. Sie wechselt je nach Bedarf, wir müssen uns in dieser Beziehung ganz nach meinen Gewährsleuten richten.«

»Wird die Reise für unseren kleinen Sohn nicht zu anstrengend werden?« mischte sich Regine ein. Die Angst vor dem, was auf sie zukam, ließ ihre Stimme flach und ausdruckslos klingen.

Dimitri zündete sich, nachdem er Stefanie mit einem stummen Blick um Erlaubnis gefragt hatte, eine Zigarette an. Er war ziemlich lange damit beschäftigt, konnte dann aber nicht umhin, Regine ernst anzusehen.

»Ich fürchte, daß Sie Ihren Sohn nicht mitnehmen können, Frau Hartmann. Bei einem solchen Unternehmen sind Kinder stets ein Risikofaktor. Es ist schon manche gut vorbereitete Flucht an dem Weinen eines Kindes ge-

scheitert. Außerdem wären die Strapazen zu groß . . .«
Regine mußte tief durchatmen, ehe sie endlich sprechen konnte. »Ohne Wolfgang gehe ich nicht. Lieber riskiere ich es, hier verhaftet zu werden. Würden wir das Kind zurücklassen – der Ausdruck ›Sippenhaft‹ dürfte Ihnen nicht unbekannt sein, General. Man macht ja nicht einmal vor Babys halt. Ich . . .«
Regine verstummte, ein Schluchzen machte es ihr unmöglich, weiterzusprechen.
»Bitte beruhigen Sie sich, Frau Hartmann.« Dimitri fühlte mit der jungen Frau. Seit er wußte, daß Katja seine Tochter war, glaubte er zu wissen, wie sehr man sich um ein Kind sorgen konnte. »Mein Plan beinhaltet auch die Sicherheit Ihres Söhnchens. Sie und Ihr Gatte müssen ins Ausland, das steht fest. Auf Umwegen wird auch Ihr Kind eines Tages zu Ihnen gelangen. Ihre Frau Mutter wird es morgen zu Pastor Rasmussen bringen. Es bekommt die Papiere eines kürzlich verstorbenen schwedischen Jungen und gehört dadurch zu einem Transport, der legal und mit voller Zustimmung der deutschen Behörden in das neutrale Schweden abgeht. Und das bereits in den nächsten Tagen.«
Regine hob den Kopf, neue Hoffnung lag in ihrem Blick.
»Und – weiter?« fragte sie stockend.
»Dann besteht die Möglichkeit, daß Sie Ihren Sohn, soweit das die Kampfhandlungen zulassen, aus der ebenfalls neutralen Schweiz kommend, abholen können. Einzelheiten, also auch den Namen, unter dem das Kind geführt wird, erfahren Sie noch vor Ihrer Abreise.«
»Graf Wolkow hat wahrscheinlich recht.« Lutz nahm seine Frau, die unter der seelischen Belastung zusammenzubrechen drohte, besänftigend in die Arme. »Wir sind ihm zu großem Dank verpflichtet. Wir müssen uns seinen Anordnungen fügen.«
Lutz wußte, daß der General sich durch seine Hilfsaktion selbst am meisten gefährdete. Wenn man ihm auf die Schliche kam, konnte das für Wolkow das sichere Todes-

urteil bedeuten. Selbst sein hoher Rang würde ihn nicht vor der Gestapo retten können.
Aus diesen Gedanken heraus fügte er spontan hinzu: »Ich habe das Gefühl, daß Sie so etwas nicht zum ersten Mal tun, Graf. Sonst hätten Sie nicht von einem Tag zum anderen Rat gewußt. Sie müssen über weitreichende Beziehungen zu den Gegnern des Regimes verfügen.«
Dimitri antwortete nicht sofort. Sein Blick suchte Stefanie. Das Licht der Stehlampe, unter der sie saß, warf einen weichen Schimmer auf ihr Gesicht, verwischte die Konturen. Sie sah jetzt ebenso jung und attraktiv aus wie einst, als sie für eine kurze, beseligende Zeit seine Geliebte gewesen war.
Für dich tue ich das alles, das weißt du doch, schien dieser Blick zu sagen, und Stefanie nickte ihm unmerklich zu. Sie waren einander in diesem schicksalhaften Augenblick sehr nahe.
Magnus war das stumme Zwischenspiel nicht entgangen. Die alte Eifersucht wollte ihn überwältigen. Doch gleich darauf schämte er sich dieser Regung. Half Wolkow nicht Lutz – und damit auch ihm? Genau wie sein Sohn hatte auch Magnus begriffen, welches Wagnis der russische Aristokrat damit auf sich nahm.
»Ja, Sie haben recht, Doktor Hartmann«, beantwortete Dimitri endlich Lutz' Frage. »Dies ist wirklich nicht meine erste Hilfsaktion. Ich habe schon mehrfach auf diese Weise eingegriffen. Warum ich dies tue?« Er hob leicht die Schultern. »In meiner Position sieht man manches, was einem mißfällt, fühlt sich für die Entwicklung der Dinge mitverantwortlich. Weil man nicht rechtzeitig den Absprung gewagt hat, sich zu distanzieren. Man sieht zu und schweigt, wird auf gewisse Weise ebenso schuldig. Daß man es selbst nicht gewollt hat, ist keine Entschuldigung. Darum versucht man zu helfen, so gut es eben geht. Aber das ist leider nur ein Tropfen auf den heißen Stein.«
Dimitri sah auf einmal sehr deprimiert und älter als vorher aus.

»Wir werden Sie bald einmal bei uns wiedersehen, Graf Wolkow?« fragte Magnus betont herzlich, nachdem alles besprochen worden war.
Doch Dimitri verneinte. »So angenehm mir dies wäre, so unmöglich ist es auch. Es würde nur auffallen, wollte ich nach dem Verschwinden Ihres Sohnes plötzlich bei Ihnen aus und ein gehen. Man könnte stutzig werden, zu den richtigen Folgerungen gelangen. Dann würde es mir unmöglich sein, anderen, die sich in einer ähnlichen Notlage befinden, zu helfen. Bitte, verstehen Sie meine Absage richtig. Man kann heutzutage nicht immer so, wie man gern möchte.«
Dabei blieb es. Jeder verstand den Einwand Dimitris, der sich gleich darauf von den Hartmanns verabschiedete.

Regine beherrschte sich mustergültig, als sie am nächsten Tag von ihrem Söhnchen Abschied nahm. Seine Fragen beantwortete sie so ruhig, daß das Kind keinerlei Verdacht schöpfte.
»Omi bringt dich jetzt zu einem lieben alten Herrn, mein Schatz. Mit ihm wirst du eine wunderschöne Reise machen – mit vielen anderen Kindern auf einem großen Schiff. Bestimmt wirst du viel Spaß haben.«
Regine weinte nicht. Später werde ich es tun, dachte sie verzweifelt, ich werde ja viel Zeit dazu haben – Jahre, womöglich. Ihre Arme schlossen sich so heftig um den winzigen Kinderkörper, daß Wolfgang einen leisen Schrei ausstieß und heftig gegen diese schmerzhafte Umarmung aufbegehrte.
»Später werden Mami und Papi dich abholen – wenn du dich gut erholt hast, mein Liebling. Oben in Schweden – so heißt das Land, in das du reist – gibt es nämlich keinen Krieg. Du kannst jede Nacht durchschlafen, und zu essen gibt es auch viel mehr als hier in Berlin. Lauter gute Sachen. Du wirst . . .«
Regines Stimme brach; sie löste sich hastig von Wolfgang und machte sich an seinem Köfferchen zu schaffen.

»Fein, Mami. Da ist kein Alarm, und ich brauche nicht mehr aus dem warmen Bettchen in den kalten Keller zu gehen.« Der Kleine, für sein Alter klug und aufgeweckt, fand diese Lösung anscheinend sehr vernünftig. Und auf einem großen Schiff übers Meer zu fahren hatte er sich schon lange gewünscht. Stolz hielt er sein winziges Köfferchen, in das Regine nur das Nötigste hatte einpacken dürfen, in der Hand.

Noch einen letzten Kuß, dann ging er brav mit Stefanie davon, ohne zu ahnen, daß er seine Eltern vielleicht nie wiedersehen würde.

»Pastor Rasmussen ist ein sehr sympathischer, gütiger Mann«, berichtete Stefanie später. Ihr Gesicht war verweint. »Entschuldige, Regine, daß ich mich so schlecht beherrsche. Natürlich habe ich erst nach dem Abschied von Wolfgang mit dem Heulen angefangen. Wir Frauen haben nun einmal so dicht am Wasser gebaut –«

Regine legte den Arm um ihre Schwiegermutter.

»Ich wünschte, ich könnte auch weinen«, erwiderte sie leise. »Es würde mich unendlich erleichtern. Mir ist, als könnte ich nie mehr frei atmen. Dieser Druck, der auf mir liegt, ist unerträglich. Tränen könnten ihn lösen.«

»Das ist oft so, wenn etwas besonders weh tut.« Katja sah ihre Schwägerin mitfühlend an. »Als Olaf so plötzlich starb, konnte ich auch erst viel später darüber weinen. Bei dir liegen die Dinge anders. Die Trennung ist nicht so endgültig. Du wirst Wolfgang bestimmt bald wiedersehen, Regine.«

Stefanie nickte ihrer Schwiegertochter herzlich zu.

»Katja hat recht. Ich bin ganz ihrer Meinung.« Sie legte einen Zettel, den sie ihrer Handtasche entnommen hatte, auf den Tisch. »Das hier mußt du dir wortwörtlich einprägen, Regine. Unter diesem Namen, dieser Adresse, wirst du Wolfgang wiederfinden. Den Zettel müssen wir vernichten, sobald dir der Inhalt geläufig ist. Solltet ihr gefaßt werden, was der Himmel verhüten möge, würden Aufzeichnungen dieser Art das Kind gefährden.«

Regine starrte die Buchstaben an, bis ihre Augen schmerzten. Leere Worte, Namen ohne Bedeutung. Ein Groll, an dem sie zu ersticken drohte, stieg in ihr auf. Groll, weil Lutz sich in Dinge eingelassen hatte, die ihn und seine Familie zwangsläufig in Gefahr bringen mußten. Wäre das alles nicht geschehen, könnten sie jetzt ebenso leben wie Millionen Deutsche. So aber blieb ihnen nur die Flucht!
Regine versuchte, sich dieser Gedanken wegen zu schämen, doch es wollte ihr nicht gelingen. Sie wünschte sich mit schmerzhafter und verzweifelter Intensität alles ungeschehen machen, zu Hause bleiben zu dürfen . . .

Die Abendstunden schlichen quälend langsam dahin. Die Familie saß – zum letzten Mal – vollzählig versammelt im Wohnzimmer, wartete. Doch kein Wagen hielt vor dem Haus an, niemand läutete, um das vereinbarte Zeichen zum Aufbruch zu geben.
Lutz' Augen glitten immer wieder durch den Raum, nahmen jede Einzelheit in sich auf. Würde er das alles je wiedersehen? Die schönen alten Bilder, die Kostbarkeiten, die sein Vater im Lauf vieler Jahre gesammelt hatte, um sie eines Tages seinen Kindern zu vererben.
Der Vater. Er sah alt und müde aus. Plötzlich hatte Lutz das beängstigende Gefühl, daß er diesen Mann, der ihm in allem stets ein Vorbild gewesen war, nach diesem Abschied nicht wiedersehen würde. Wenn er heute aus dem Hause ging, wurde ein Kapitel in seinem Lebensbuch abgeschlossen. Wenn er es eines Tages wieder aufschlug, würden einige der ihm nahestehenden Menschen nicht mehr darin vorkommen.
Magnus bewegten ähnliche Gedanken. Er wußte, daß sein Sohn eine gefährliche Reise antrat, die unter Umständen seinen Tod bedeutete. An die Möglichkeit, er selbst könnte in diesem unseligen Krieg umkommen, dachte Magnus Hartmann nicht.
Die Uhr zeigte Mitternacht, als von draußen leise an die

Fensterscheibe geklopft wurde. Verabredungsgemäß eilte Katja aus dem Zimmer, um zu öffnen.
»Ich halte mit Wagen weiter unten auf Straße. Ist unauffälliger.« Dimitri Wolkows Fahrer trat ein, nachdem er sich gründlich die Schuhe abgetreten hatte. Er war ein untersetzter Russe in mittleren Jahren, dem man seine bäuerliche Herkunft ansah. Verlegen drehte er seine Kappe in den kräftigen Händen. Seine dunklen scharfen Augen lagen fragend auf Stefanie. Doch sie schien sich seiner nicht zu erinnern.
Erst viel später, als sie wieder in der Lage war, klar zu denken, fiel ihr ein, daß der Mann in dem schlechtsitzenden Zivilanzug Dimitris Lebensretter während der russischen Revolution gewesen war.
Der treue Oleg, der Wache gestanden hatte, wenn sie sich mit Dimitri bei den Pferden traf . . .
Der Winter schien in diesem Jahr übermäßig lange zu zögern, dem Frühling zu weichen. Es kam trotz der vorgeschrittenen Jahreszeit immer wieder zu heftigen Schneefällen. Auch in dieser Nacht war der Himmel grau und verhangen.
Zum Abschiednehmen das rechte Wetter, flog es Stefanie durch den Sinn, während sie Regine und Lutz noch einmal in die Arme nahm, um sie zum letzten Mal zu küssen.
Als sie vor die Haustür traten, begann es zu schneien. Dichter fast als während der Wintermonate fielen die Flocken. Sie hüllten das junge Paar und Dimitris Fahrer ein, entzogen sie rasch den Blicken der drei Menschen, die irgendwo verloren auf den Stufen standen und ihnen nachsahen.
Stefanies bis dahin mühsam aufrechterhaltene Fassung brach nun endgültig zusammen. Sie warf sich weinend in Magnus' Arme, drückte sich fest an ihn. Ihr war, als könne nur die unmittelbare Nähe ihres Mannes ihr über diesen schrecklichen Augenblick hinweghelfen.
Zu Bett gingen sie in dieser Nacht nicht mehr. Keiner von

ihnen hätte schlafen können. Sie saßen im Wohnzimmer, dachten an Lutz, Regine und den kleinen Wolfgang, die jetzt in ihrem Kreis fehlten. Katja brachte heißen Tee, doch die innere Kälte, das Gefühl des plötzlichen Verlassenseins blieben.

»Es kann ja nicht mehr allzulange dauern«, sagte Stefanie endlich mit mehr Zuversicht, als sie empfand. »Der Krieg muß bald zu Ende gehen. Früher, als wir jetzt glauben, werden wir unsere Lieben wiedersehen. Hier, in unserem schönen, wenn auch im Moment reichlich mitgenommenen Berlin.«

Stefanie sprach damit aus, was in diesem vierten Kriegsjahr so manchen Deutschen hoffnungsvoll bewegte: Es kann ja nicht mehr lange dauern!

Doch niemand wagte es laut auszusprechen, nicht in der Öffentlichkeit. Ja, es fiel sogar schwer, ernsthaft darüber nachzudenken, was mit diesem ›Es‹ tatsächlich gemeint war. Nur der Krieg – oder das Regime im allgemeinen?

Niemand aber, der sich dieser vagen Hoffnung hingab, dachte an eine totale Niederlage Deutschlands. An ein Ende, wie es für einen großen Teil der Bevölkerung nicht grausamer sein konnte.

5

Stefanies Befürchtungen, man könne sie und Magnus für Lutz' und Regines Verschwinden zur Verantwortung ziehen, erfüllten sich glücklicherweise nicht. Trotzdem wurde sie die Angst nicht los, es könnte eines Tages klingeln und die Gestapo vor der Tür stehen. Jedesmal, wenn ein Wagen vor dem Hause hielt, zuckte sie erschrocken zusammen, und die ständige Ungewißheit zerrte an ihren Nerven.

Erst allmählich überwand sie ihre Besorgnisse und wurde wieder einigermaßen die Stefanie von einst.

»Es ist merkwürdig. Fast ein Jahr ist seit Lutz' Abreise vergangen. Seit jenem kalten Vorfrühlingstag habe ich es immer als ein Wunder empfunden, daß die Behörden uns in Ruhe gelassen haben. Kein Verhör – nichts!«

Stefanie lehnte sich in ihrem Sessel zurück. Sie hatte den ganzen Tag mit Magnus in der Fabrik gearbeitet und war müder, als sie eingestehen wollte. Nicht nur körperlich müde. Am meisten machte ihr die Trennung von ihren Angehörigen zu schaffen.

»Es ist ein so schreckliches Gefühl«, fuhr sie fort und zog mit einem leisen Seufzer ihr Nähkörbchen näher heran. Heutzutage mußte man jedes Paar Strümpfe, einfach alles, immer wieder flicken. Es gab schließlich kaum noch Nachschub an Textilien. »Ein bedrückendes Gefühl, so gar nichts zu wissen. Von Lutz, Regine, dem kleinen Wolfgang, der wohl noch immer mutterseelenallein irgendwo in Schweden sitzt und darauf wartet, von seinen Eltern abgeholt zu werden. Von Carola und ihrer Familie, von der wir seit Kriegsbeginn ohne Nachricht sind, ganz

zu schweigen. Da habe ich nun drei oder mehr Enkelkinder und darf sie nicht heranwachsen sehen.«
Stefanie griff nach der Hand ihres Mannes, die unbeholfen tröstend über ihr Haar strich, schmiegte ihre Wange hinein. Sie schloß entspannt die Augen, überließ sich ganz ihrer Müdigkeit. »Ich denke auch immerzu an die Kinder.« Magnus zog seine Frau fester an sich. »Wahrscheinlich leben sie sicherer als wir in Deutschland. Allein diese ständigen Luftangriffe! Manchmal denke ich, daß ich alt werde. Nachts keine Ruhe, tagsüber im Werk, pausenlos im Einsatz – normalerweise würde sich ein Mann in meinen Jahren längst im Ruhestand befinden.«
»Du bist alles andere als alt, Magnus.« Stefanie wandte sich ihm zu, betrachtete aufmerksam sein Gesicht. »Nein, Magnus, alt bist du gewiß nicht. Es ist nur der Krieg, dieser verdammte Krieg, der kein Ende nehmen will. Er setzt uns allen zu – ob jung oder alt – macht uns seelisch und moralisch kaputt.«
»Mag sein.« Magnus berührte mit den Lippen ihr Haar, ihre immer noch glatte Stirn. »Ich bin kein Freund von Durchhalteparolen, aber manchmal haben sie doch etwas Tröstliches. Man darf einfach nicht den Mut verlieren, die Hoffnung. Doch wenn man dann intensiv über die Dinge nachdenkt –« Er fuhr mit der Hand durch die Luft. »Na, Schwamm drüber. Wir sind gezwungen, mit dem Strom zu schwimmen, ob wir das nun wollen oder nicht. Ganz gleich, in welche Richtung er uns treibt.«
Während Stefanie ihre Näharbeit wieder aufnahm, vertiefte sich Magnus in seine Zeitung, um hier und da mißbilligende Laute auszustoßen.
»Ich wünschte, man könnte alles glauben, was sie einem da in Druckerschwärze schmackhaft zu machen versuchen«, murmelte er erbost und faltete das Blatt zusammen, um Stefanie bei ihrer Arbeit zuzusehen. Das war doch wenigstens etwas Erfreuliches – eine noch immer schöne Frau bei ihrer allerdings höchst prosaischen Beschäftigung zu beobachten.

»Um auf deine Bemerkung von vorhin zurückzukommen«, sagte er plötzlich. Stefanies Anblick hatte ihn unvermittelt daran erinnert, daß er nicht der einzige Mann war, den sie in ihrem bisherigen Leben geliebt hatte. »Ich meine, warum uns die Gestapo nie behelligt hat. Das haben wir wohl unserem Freund Wolkow zu verdanken. Er wird ein gutes Wort für uns eingelegt haben.« Magnus zog grübelnd die Brauen zusammen. »Leicht mag es ihm nicht gefallen sein, die Bluthunde von unserer Spur abzulenken.«
Stefanie hielt den Blick auf ihre Arbeit gesenkt. »Das wiederum verdanken wir indirekt Katja. Daß sie seine Tochter ist, muß er auf Anhieb erkannt haben.«
Stefanie wußte, daß dies nur die halbe Wahrheit war. Sie ahnte, daß Dimitri nie aufgehört hatte, sie zu lieben.

Lutz Hartmann, um den die Gedanken seiner Eltern ebenso kreisten wie die seinen um Stefanie und Magnus, ging es den Umständen entsprechend gut. Dank der Fürsprache seines ehemaligen Lehrers an der Universität war es ihm sehr schnell gelungen, in seinem Beruf wieder Fuß zu fassen, wenn auch nicht zu so glänzenden Bedingungen wie seinerzeit in Berlin.
Dr. Weinheim hatte nicht vergessen, daß er und seine Frau ihr Leben nur der Hilfe des jungen Arztes verdankten. Lutz wurde Assistenzarzt bei seinem alten Professor, in der gleichen Züricher Klinik, in der Regine später Rainer, ihrem zweiten Sohn, das Leben schenkte.
Der kräftige kleine Bursche gedieh prächtig, ließ sie zuweilen den Kummer um Wolfgang vergessen, der, für sie unerreichbar, in Schweden lebte. Ob er noch an seine Eltern dachte? Oder hatten die neuen Eindrücke die Erinnerung an sie verdrängt?
Lutz trat ein, und Regine sah ihm mit angstvoller Spannung entgegen. Sie hatte sofort erkannt, daß etwas vorgefallen sein mußte, denn sein Gesicht war noch ernster als sonst.

»Hast du etwas erfahren können? Hat das Rote Kreuz unsere Anfrage beantwortet?« fragte sie unruhig.
»Es tut mir leid, Liebling. Die Nachforschungen sind wieder negativ verlaufen.« Dr. Hartmanns Stimme klang gepreßt.
Regine konnte nicht sprechen. Sie hob nur die Hände, ließ sie hilflos wieder sinken. Nun war auch diese Hoffnung zunichte gemacht worden.
Ihre Augen blieben auf dem Brief liegen, den Lutz in der Hand hielt. Gab es etwas, was er ihr verschwiegen hatte? Eine unbeschreibliche Angst drückte ihr die Kehle zu, drohte sie zu überwältigen. Sie ging auf Lutz zu, spürte, wie seine Arme sich um sie schlossen. Doch sie fühlte auch, daß es mechanisch und geistesabwesend geschah. Was war geschehen, um Gottes willen?
»So stehen die Dinge also. Von Wolfgang fehlt noch immer jede Spur. Man sucht aber weiter nach ihm«, sagte Lutz endlich. »Dagegen habe ich eine andere Nachricht erhalten. Aus Rhodesien.«
»Von Carola?« Es schien sich um keine gute Nachricht zu handeln. Sonst wäre Lutz nicht so ernst gewesen.
»Ja, Liebling. Sie und ihre Familie wurden bei Kriegsbeginn interniert. Bald nach der Geburt ihres zweiten Kindes, eines kleinen Jungen. Wir hatten das ja bereits befürchtet. Kriege verlaufen stets nach einem bestimmten Schema und machen nicht vor der Zivilbevölkerung halt. Das war neunzehnhundertvierzehn nicht anders. Die Angaben sind etwas lückenhaft. Niemand scheint genau zu wissen, wie es geschehen konnte.«
»Was – geschehen?« Regines Augen waren angstvoll geweitet. »So sprich doch endlich, Lutz!«
»Vermutlich wurde Carola mit den Kindern in einem anderen Gebäude als Klaus untergebracht. Als dann bei einem Überfall aufständischer Eingeborener das Lager in Brand gesteckt wurde, versuchte er wohl, zu seiner Familie zu gelangen. Bei seinem gewaltsamen Ausbruch wurde er erschossen.«

Lutz verstummte abrupt. Es fiel ihm schwer, Regine auch noch den Rest zu berichten.
»Und Carola – die Kinder?« Regine schüttelte Lutz, als könne sie dadurch schneller erfahren, was er ihr noch vorenthielt.
»Sie kamen in den Flammen um.« Lutz' Stimme brach. Erst jetzt, da er es aussprach, kam ihm die volle Tragweite dieser Tragödie richtig zu Bewußtsein. Von einer Sekunde zur anderen verlor er die Fassung.
»O mein Gott!« Regine strich immer wieder über Lutz' geneigten Kopf. Sie hatte seine Schwester Carola zwar nur flüchtig gekannt, sie aber auf Anhieb sympathisch gefunden. Sie verstand, wie ihm nach dieser grauenhaften Nachricht zumute sein mußte. »Oh, Lutz, Liebling, es tut mir so schrecklich leid. Deine armen Eltern! Sie werden es wohl erst nach Beendigung des Krieges erfahren – wann immer das auch sein mag . . .«
Es dauerte geraume Zeit, bis Lutz sich einigermaßen beruhigt hatte.
»Im Moment ist ohnehin jede Verbindung zwischen uns abgerissen«, sagte er schließlich leise. »Schon aus Sicherheitsgründen darf ich nicht einmal versuchen, Mutter davon Mitteilung zu machen. Es muß für die Gestapo so aussehen, als hätten wir uns völlig und für alle Zeiten von der Familie abgesetzt.«

Magnus und Stefanie blieben also im unklaren über das Schicksal ihrer Kinder und von deren Familien. Auch Katja hat nichts mehr von ihrem Mann gehört. Seit der Einschließung Stalingrads durch russische Einheiten fehlte jede Nachricht von ihm.
Eines Tages aber bat General Wolkow sie überraschend zu sich. Stumm und erwartungsvoll saß sie ihm gegenüber, wagte nicht, Fragen zu stellen. Zu groß war die Angst vor einer negativen Auskunft.
Katja Hollburg wirkte blaß und erschöpft, ihre Schönheit bekam dadurch etwas Rührendes.

»Ich glaube, Ihnen endlich Gewißheit über das Schicksal Ihres Mannes geben zu können, mein liebes Kind.«
General Wolkow bediente sich stets dieser Anrede, wenn er allein mit Katja war. Es bereitete ihm eine schmerzliche Freude, sie so zu nennen. Auf diese Weise konnte er sich auf völlig unverfängliche Weise zu ihr bekennen. Die junge Frau, die die wahren Zusammenhänge nicht kannte, fand nichts dabei. Sie wußte nur, daß der General ein alter Freund ihrer Eltern war, den sie selbst ausnehmend gut leiden konnte.
Jetzt neigte sie sich vor, ihre Augen hingen angstvoll an seinen Lippen.
»Ja?« fragte sie, von düsteren Ahnungen erfüllt. »Bitte – was haben Sie erfahren, General Wolkow?«
»Wir konnten in Erfahrung bringen, daß Oberleutnant Hollburg nicht zu den Verwundeten gehörte, die aus Stalingrad ausgeflogen werden konnten. Er hätte sich dann ja auch umgehend bei Ihnen gemeldet, oder Sie wären von dem betreffenden Lazarett benachrichtigt worden.«
Dimitri verstummte und blätterte, um Zeit zu gewinnen, in den Akten, die vor ihm auf dem Schreibtisch lagen. Wie brachte man einer jungen Frau, die einem noch dazu sehr nahestand, so etwas bei? Zwar gab es noch eine winzige Chance, daß Hollburg zu den Überlebenden der Tragödie um Stalingrad gehörte; aber niemand konnte sagen, was seitdem mit ihm geschehen war.
»Es gibt auch keinen Anhaltspunkt dafür, daß Ihr Mann gefallen ist, liebes Kind«, fuhr Wolkow fort, als die Pause allzulang zu werden drohte. »Im Gegenteil, es besteht die Möglichkeit, daß er unverletzt in russische Gefangenschaft geraten ist.«
Dimitri sah Katja nicht an. Er spürte selbst, wie unaufrichtig diese Behauptung klang. Wer, um Himmels willen, konnte bei diesem Stand der Dinge so etwas mit Sicherheit sagen? Doch der Schmerz in Katjas Augen hatte es ihm unmöglich gemacht, seine wirklichen Befürchtungen in Worte zu kleiden.

»Ich weiß, was das bedeutet. Die russische Gefangenschaft kann einem Todesurteil gleichkommen.« Katjas Stimme bebte zwar, aber sie zeigte sich bewundernswert gefaßt. »Die Hauptsache ist, daß Dieter noch lebt.« Sie wußte selbst nicht, woher sie diese feste Überzeugung nahm, denn eins war ihr natürlich klar: Wolkow bemühte sich lediglich, sie über Dieters Schicksal zu beruhigen. Sie neigte sich vor, berührte leicht Dimitris Hand. »Das Leben kann nicht so grausam sein, mir zweimal einen Mann zu nehmen, den ich liebe. Olaf zuerst, jetzt vielleicht Dieter . . .«

Katjas Stimme versagte, ihre Fassung geriet nun doch ins Wanken. Gleich darauf schüttelte sie, über sich selbst unwillig, den Kopf und bekam sich rasch wieder unter Kontrolle. »Ich werde warten«, sagte sie fest, »und sollte ein ganzes Jahrzehnt darüber ins Land gehen.«

Fast die gleichen Worte sprach Katja später im Krankenhaus. Diesmal zu Dr. Hinrichs, dem sie von ihrer Unterredung mit General Wolkow berichtete. Seit einiger Zeit arbeitete sie mit dem jungen Chirurgen zusammen, der an Lutz Hartmanns Stelle getreten war. Aber auch privat hielt er viel von der aparten jungen Frau, die ihm bei seinen Operationen assistierte und deren aufopferungsvolles Pflichtbewußtsein er immer wieder bewundern mußte.

Doch das war es nicht allein. Vor sich selbst gab Dr. Hinrichs ganz offen zu, daß er Katja Hollburg liebte. Er sprach es zwar nie aus, aber sie hätte keine Frau sein dürfen, um auf die Dauer über die Art seiner Gefühle im unklaren zu bleiben.

»Sie werden jedenfalls sehr tapfer sein müssen, Schwester Katja«, lautete sein Kommentar, nachdem sie ihren kurzen Bericht abgeschlossen hatte. »Auch dann – und das wollen wir in Ihrem Interesse hoffen –, wenn Ihr Mann aus der Gefangenschaft nach Hause zurückkehrt. Eine solche Zeit der Demütigungen und Entbehrungen in einem russischen Lager hinterläßt ihre Spuren. Davon wuß-

ten bereits die Kriegsgefangenen des Ersten Weltkrieges ein Lied zu singen.«
»Das mag zutreffen, und ich mache mir in dieser Beziehung auch nichts vor.« Katja hielt den schmalen Kopf hoch, ihre Augen blitzten zuversichtlich. »Aber wozu bin ich Krankenschwester? Ich habe Dieter schon einmal dem Tod abgerungen und bin fest entschlossen, auch diesmal nichts unversucht zu lassen, ihn wieder auf die Beine zu stellen. – Soweit dies in meiner Macht liegt, natürlich«, fügte sie, von einer jähen Mutlosigkeit gepackt, leise hinzu.
Wenn Dieter nun doch nicht zu ihr zurückkehrte? Wenn er irgendwo in den Weiten Rußlands gestorben war oder für immer verschollen blieb? Dann nützte ihr all die Liebe nichts, die sie für ihn empfand.

Der Krieg spitzte sich immer mehr zu. Nicht nur die Soldaten an den zahlreichen Fronten schienen einen aussichtslosen Kampf gegen eine Übermacht zu führen, der sie einfach nicht gewachsen waren. Es fehlte auch an Munition, an den notwendigsten Hilfsgütern, der Nachschub geriet ins Stocken. Hier und da wurden Transporte in die falschen Gebiete geleitet, und ehe sie umdirigiert werden konnten, war es bereits zu spät, die entscheidende Schlacht war geschlagen und – verloren.
In der Heimat war die Lage nicht weniger kritisch, in mancher Beziehung vielleicht sogar noch schlimmer. Denn hier wurden wehrlose Frauen, Kinder und alte Menschen Opfer der feindlichen Bomber, die pausenlos über Deutschland ihre tödliche Last abluden und die Städte in Schutt und Asche legten. Niemand wußte im voraus zu sagen, welche Stadt in der nächsten Nacht, am nächsten Tage das Ziel eines Angriffs sein würde.
Vor mehr als einem Jahr, im Juli 1943, war Hamburg dem Erdboden gleichgemacht worden. Zahlreiche Großstädte in allen Teilen Deutschlands teilten mittlerweile das Schicksal der einst so schönen Hansestadt, die jetzt einem

Trümmerfeld glich, in dem nur noch die Seelen der bei den Angriffen Getöteten zu hausen schienen.
Am 6. Juni 1944 waren die Alliierten in der Normandie gelandet. Spätestens jetzt mußte auch der größte Optimist erkennen, daß dieser Krieg unmöglich mit einem Sieg der Deutschen enden konnte. Der Luftkrieg stellte die Bevölkerung auf eine harte Probe, die Versorgung mit Lebensmitteln und Textilien wurde immer lückenhafter.
Die Einwohner der Reichshauptstadt begannen sich daran zu gewöhnen, offensichtlich das beliebteste Ziel der feindlichen Bombergeschwader zu sein.
»Wahrscheinlich ist es unser Glück, daß wir nicht mitten in der Stadt wohnen.« Stefanie betrat erschöpft Magnus' Büro. Sie hatte zum soundsovielten Male versucht, in einem der Kaufhäuser ein paar Handtücher auf Bezugsschein zu bekommen. Wie immer ohne Erfolg. Dagegen hatte sie sich von dem Ausmaß der Zerstörungen in den dichter besiedelten Stadtteilen überzeugen können.
Magnus sah von seiner Arbeit auf. Wieder einmal wurde ihm bewußt, wie bekümmert Stefanie aussah. Er wußte, wie sehr sie unter der Trennung von ihren Kindern litt, unter der Ungewißheit, wie es ihnen in der Fremde erging. Von Dimitri Wolkow war ihnen Lutz' und Regines geglückte Flucht in die Schweiz gemeldet worden. Doch seitdem hatten sie nichts mehr von den beiden gehört.
»Bisher haben uns die Bomben verschont«, fuhr Stefanie müde fort. »Sei mal ganz ehrlich, Magnus. Kannst du dir vorstellen, daß wir, so wie die Dinge liegen, den unseligen Krieg noch gewinnen können?«
Stefanie stand, die Hände auf die Schreibtischplatte gestützt, vor Magnus und wartete auf seine Antwort. Er ließ sich Zeit, und dieses Zögern verriet Stefanie mehr, als Worte es vermocht hätten.
»Die russischen Truppen sind ebenso auf dem Vormarsch wie die der Alliierten, drängen uns immer weiter zurück«, sagte er endlich. »Wir wissen nicht, was uns noch alles erwartet. Unser sogenanntes Tausendjähriges Reich ist arg

ins Wanken geraten. Versprich mir, Liebling, daß du von Berlin weggehen wirst – mit Katja und dem Kind –, falls es zum Schlimmsten kommen sollte. Damit meine ich eine Besetzung der Stadt durch russische Truppen.«

»Unsinn!« Stefanie wandte sich mit einem Lachen ab, das völlig mißlang. »Du siehst bestimmt zu schwarz, Magnus. Wie sollte es je dazu kommen, daß –«

Noch während sie sprach, wußte Stefanie, daß man schon jetzt mit einer solchen Möglichkeit rechnen mußte. Daß der Vormarsch der Russen nicht mehr zu bremsen war, daß sie eines Tages unweigerlich die Stadt einkreisen würden. Was das bedeutete, wußte inzwischen jedes Schulkind.

»Überhaupt«, fuhr sie unsicher fort, »du bist ja auch noch da. Wenn schon, dann gehen wir natürlich alle zusammen, egal, was aus den Werken wird. Sie sind nur totes Gut, an das man sein Herz nicht hängen sollte. Irgendwann bauen wir wieder auf. Niemals würde ich dich allein in Berlin zurücklassen.«

Magnus hatte sich erhoben. Er trat zu Stefanie, nahm sie in seine Arme. Beglückt spürte er das Nachgeben ihres weichen, biegsamen Körpers, als sie sich an ihn schmiegte. Gerade als sich ihre Lippen fanden, begannen die Luftschutzsirenen zu heulen – ein Geräusch, das die Berliner im Laufe der letzten Jahre zu fürchten gelernt hatten. Wie oft hatte es wohl in diesem Monat schon Alarm gegeben? Man hatte es längst aufgegeben, mitzuzählen.

»Wir müssen in den Luftschutzraum, Magnus.«

Stefanie löste sich aus den Armen ihres Mannes. Ihre Wangen glühten, ihr Mund war unter seinen Küssen weich und zärtlich geworden. Weiß Gott, sie benahmen sich wie ein jungverliebtes Paar, nicht wie Eheleute, die schon mehrfache Großeltern waren. »Dabei bliebe ich viel lieber mit dir allein, hier oben, in unserem gemütlichen Büro.«

Magnus drückte sie noch einmal an sich. Dann nahm er ihr den kleinen Koffer ab, der für diese Fälle immer in

Reichweite stand. Er enthielt die wichtigsten Dokumente, den Betrieb und die Familie betreffend.
Während Magnus vor ihr zur Tür ging, um sie für sie zu öffnen, dachte Stefanie stolz, wie gerade er sich trotz seiner vierundsechzig Jahre noch hielt. Sein Gang war elastisch, sein Auftreten von einer erstaunlichen Vitalität. Vielleicht bewirkt die Liebe solche Wunder, dachte sie lächelnd und berührte im Vorbeigehen noch einmal zärtlich seine Wange.
Im Luftschutzkeller, den sie als letzte betraten, dann das vertraute Bild. Man hatte gelernt, mit diesen unangenehmen Unterbrechungen des Tagesablaufs zu leben, war abgestumpft und hoffte lediglich, daß auch diesmal alles gutgehen würde.
Einige der Arbeiterinnen packten ihr Strickzeug aus, um die Zeit zu überbrücken, andere vertieften sich in ein Buch. Das Geräusch fallender und detonierender Bomben war schon zu sehr zur Gewohnheit geworden, daß man nicht mehr jedesmal erschrocken zusammenzuckte. Nur wenn es allzu nah klang, zog man den Kopf ein, als könne einen dies vor der Gefahr schützen.
Stefanie hielt Magnus' Arm umfaßt. Ihre Finger krallten sich, ohne daß ihr dies bewußt wurde, in den Stoff seiner Jacke, als eine gewaltige Detonation den Raum erschütterte. Sie war ebenso blaß geworden wie alle anderen Anwesenden.
»Das muß auf unserem Gelände gewesen sein.« Magnus befreite sich sanft von Stefanies Hand, sprang auf und ging zur Tür. Noch ehe er sie erreicht hatte, wurde sie von draußen aufgerissen. Der Luftschutzwart stand auf der Schwelle.
»Chef, eine Bombe ist ins Laborgebäude eingeschlagen und hat es in Brand gesetzt. Dadurch wurden in der Versuchsabteilung mehrere kleinere Explosionen ausgelöst. Einige Leute sollen sich noch oben befinden, das Feuer hat ihnen den Weg abgeschnitten. Der Alarm kam diesmal wieder reichlich spät. Wahrscheinlich wollten sie versu-

chen, die wertvollsten Arbeitsunterlagen in Sicherheit zu bringen. Sie konnten nicht wissen, daß die feindlichen Bomber bereits über der Stadt waren, als Alarm gegeben wurde.«
Magnus nickte ernst und folgte dem Mann nach draußen. Stefanie lief ihm nach, hielt ihn zurück. Sie wußte selbst nicht, warum sie plötzlich so große Angst um ihn hatte. In letzter Zeit war es immer wieder zu solchen Situationen gekommen. Und doch hatte sie an diesem Tag das erschreckende Gefühl, es könnte etwas geschehen – mit Magnus . . .
»Bleib bei uns, Liebling«, bat sie leise, so daß er sie in dem Lärm, der draußen herrschte, kaum verstehen konnte. »Im Keller ist es sicherer. Die Entwarnung steht noch aus. Du hörst doch selbst, was los ist. Es fallen noch immer Bomben.«
Wie um ihre Worte zu unterstreichen, wurde das Gebäude von einer weiteren heftigen Explosion erschüttert. Der Angriff schien sich heute fast ausschließlich auf diesen Stadtteil zu konzentrieren. Hoffentlich wird das nicht zur Gewohnheit und sie suchen uns jetzt jeden Tag heim, dachte Stefanie unwillkürlich. Die Arbeiterinnen, die bisher eifrig und scheinbar unbeeindruckt von dem Lärm draußen an den für ihre im Felde stehenden Männer bestimmten Socken gestrickt hatten, schienen das gleiche zu denken. Sie ließen ihr Strickzeug sinken und wechselten vielsagende Blicke.
Magnus lächelte Stefanie beruhigend zu, doch das Lächeln lag nur um seinen Mund, es erreichte nicht die Augen. Behutsam entzog er ihr seinen Arm, den sie noch immer umklammert hielt.
»Ich setze mich nicht leichtfertig der Gefahr aus, Stefanie. Wir wollen lediglich beraten, was zu tun ist. Die Entwarnung muß auch jede Minute kommen.«
Wie auf ein Kommando war es draußen plötzlich still geworden. Nach dem tosenden Lärm des Fliegerangriffs war diese Stille fast noch beängstigender. Die Stadt schien

den Atem anzuhalten und auf die nächste Welle der Angreifer zu warten. Doch nichts geschah. Es war wohl wieder einmal vorbei.
»Hörst du, da ist bereits die Entwarnung«, bemerkte Magnus aufatmend. Er mußte schnellstens das Ausmaß der Schäden feststellen, sich um die eingeschlossenen Männer kümmern. Stefanie hatte als eine der ersten den Luftschutzraum verlassen und sich zu ihm gesellt.
Der Anblick, der sich ihnen bot, war ihnen nichts Ungewohntes mehr. Überhaupt schien der Schaden auf dem Werksgelände doch geringer zu sein, als zunächst angenommen.
Auch stellte sich heraus, daß die vermißten Laboranten das in Flammen stehende Gebäude rechtzeitig durch einen Notausgang hatten verlassen können. Sie waren, bis auf ungefährliche Brandverletzungen, in guter Verfassung.
Stefanie blieb in einigem Abstand stehen, während Magnus die Löschmannschaften einteilte. Es würde zwar an diesem Brandherd nichts mehr zu retten geben, doch konnte man zumindest ein Übergreifen des Feuers auf andere Gebäude verhindern.
Ein forschender Blick zeigte ihm, daß Stefanie sich zu nahe an der Gefahrenzone befand. Er wollte eben auf sie zugehen, um sie zu bitten, weiter zurückzutreten, als die Front des Laborgebäudes in sich zusammenstürzte.
»Chef – Vorsicht!« gellte eine Stimme auf. Doch die Warnung kam zu spät. Einer der herumfliegenden Balken traf Magnus, schleuderte ihn mehrere Meter durch die Luft. Er blieb, auf der asphaltierten Straße aufschlagend, reglos liegen.
Stefanie stand wie erstarrt. Ihr Verstand weigerte sich zu registrieren, was geschehen war. Dann aber löste sich ihre Erstarrung, und sie flog förmlich auf Magnus zu. Als sie ihn erreichte, sah sie, daß er in einer unnatürlich gekrümmten Haltung dalag. Aus einer tiefen Wunde an seiner Schläfe sickerte Blut, färbte den Staub der Straße rot.

Stefanie war noch immer zu benommen, um weinen zu können. Ihre Bewegungen glichen denen eines Automaten. Sie bemühte sich, Magnus Erleichterung zu verschaffen, ihn in eine bequemere Lage zu bringen. Dann nahm sie seine Hand, fühlte den Puls ...

»Sein Pulsschlag ist kaum wahrnehmbar. Aber mein Mann lebt.« Sie richtete sich auf, machte dem Werksarzt, den man eiligst herbeigerufen hatte, Platz. »Was ist mit ihm, Doktor? Bitte, tun Sie doch etwas, damit er das Bewußtsein wiedererlangt ...« -

Der Arzt nahm eine flüchtige Untersuchung vor, sein Gesicht war sehr ernst.

»Ihr Gatte muß unverzüglich in ein Krankenhaus gebracht werden, gnädige Frau«, sagte er, Stefanies Blick ausweichend. »Und es ist am besten, wenn Sie ihn dorthin begleiten. Ich kann hier nicht das Ausmaß seiner Verletzungen feststellen. Der Aufprall, wie man ihn mir geschildert hat, muß sehr heftig gewesen sein. Er könnte innere Verletzungen erlitten haben. Eine Gehirnerschütterung ist jedenfalls das mindeste, womit wir rechnen müssen.«

Der erfahrene Arzt verschwieg Stefanie, daß unter Umständen sogar eine Verletzung des Rückgrats vorliegen konnte. Die unnatürliche Haltung Magnus Hartmanns ließ diese Möglichkeit offen. Falls sein Verdacht zutraf, würde der Besitzer der Hartmann-Werke bis an das Ende seiner Tage an den Rollstuhl gefesselt sein.

Magnus war noch immer bewußtlos, als er in die Klinik eingeliefert wurde. Stefanie war bei ihm, sie wollte in der Nähe sein, wenn über sein Schicksal entschieden wurde.

Auf der Unfallstation herrschte nach dem schweren Bombenangriff Hochbetrieb. Dr. Hinrichs war es zu verdanken, daß Magnus sofort untersucht werden konnte. Der Unfallarzt war nach einer gründlichen Auswertung aller Tests davon überzeugt, daß die Lähmung, von der Magnus Hartmann betroffen war, nicht von der Wirbelsäule herrührte.

»Anfangs war ich anderer Meinung, mußte aber mein Ur-

teil revidieren.« Er nahm seine Brille ab, putzte sie umständlich. Seine Augen schmerzten. Da es bereits in der Nacht Fliegeralarm gegeben hatte, war er rund um die Uhr auf den Beinen gewesen und völlig erschöpft.
Dr. Hinrichs, von der zu Tode erschrockenen Katja begleitet, nickte geistesabwesend. Er hatte sich den Verletzten angesehen und gab ihm kaum noch eine Überlebenschance.
»Wie lautet Ihre Diagnose, Kollege?« fragte er sachlich.
»Die Kopfwunde«, gab Dr. Bieler zurück. »Wie ich von seiner Frau erfuhr, wurde Dr. Hartmann mit voller Wucht zu Boden geschleudert. Wahrscheinlich ist dabei das Gehirn verletzt worden . . .«
Wieder mußte Dr. Hinrichs seinem Kollegen recht geben. Er hatte die gleiche Vermutung gehabt. Sein Blick streifte Katja, die erschreckend blaß war. Er wußte, wie sie an ihrem Vater hing. Unwillkürlich seufzte er auf. Daß man so machtlos war – daß dieser wahnwitzige Krieg pausenlos neue Opfer forderte. Sogar hier, in der Heimat . . .
»Magnus Hartmann hat zwei Kriege miterlebt«, sagte er aus diesen bedrückenden Gedanken heraus. »Bereits im Ersten Weltkrieg wurde er schwer verwundet. Überhaupt hat seine Generation besonders viel durchgemacht. Zerstörung, Wiederaufbau und jetzt neue Zerstörung. Zeit zum sorglosen Genießen des Lebens ist diesen Menschen kaum geblieben.«
»Wollen Sie operieren, Kollege?« fragte Dr. Bieler und glaubte, die Antwort bereits zu wissen. Es gab wohl in diesem Fall kaum noch etwas zu retten.
Hinrichs antwortete nicht sofort. Auch er war der Meinung, daß eine Operation sinnlos war. Man würde den Verletzten nur unnötig quälen. Seiner Macht als Chirurg waren Grenzen gesetzt. Magnus Hartmann blieben, so fürchtete er, nur noch wenige Stunden.
»Wir müssen noch die letzten Testergebnisse abwarten«, entzog er sich einer direkten Antwort. Er wandte sich ab, um den Raum zu verlassen, und Katja folgte ihm stumm.

Ihr fiel dabei auf, daß er noch mühsamer als sonst ging. Als drücke ihn eine schwere Last zu Boden.
Peter Hinrichs hatte im Polenfeldzug, als er half, Verwundete aus dem Kampfgebiet zu bergen, ein Bein verloren. Seitdem war er in der Heimat tätig – in der Etappe, wie er es mit einem bitteren Lächeln zu nennen pflegte.
Katja wußte mittlerweile, daß ihm das stundenlange Stehen am Operationstisch oft unerträgliche Schmerzen bereitete; aber er ließ sich nie etwas anmerken, beklagte sich niemals.

Gegen Abend kam Magnus noch einmal zu sich. Stefanie und Katja, die vom Dienst befreit worden war, befanden sich bei ihm. Er betrachtete Stefanie lange und sehr zärtlich. Als wolle er von ihr Abschied nehmen. Dann wandte er den Blick Katja zu, die fassungslos weinte.
Ein Lächeln glitt über sein Gesicht, auf dem bereits die Schatten des Todes zu liegen schienen.
»Eigentlich komisch«, flüsterte er mühsam, sein Atem ging keuchend. »Im Grunde habe ich dich, kleine Katja, mehr geliebt als Carola und Lutz. Wenn das nicht irgendwie paradox ist . . .« Magnus Hartmann verstummte mitten im Satz, ein verwunderter Ausdruck trat in seine Augen. Als Stefanie sich fragend über ihn neigte, wurde sein Blick starr. Magnus Hartmann war tot.

Stefanie brauchte sehr lange, um zu begreifen, was sein Tod für sie bedeutete. Immer hatte er sich hinter sie gestellt, ihr alle Sorgen abgenommen. Jetzt war sie plötzlich allein, ohne den Schutz, an den sie gewöhnt gewesen war.
Eine Zeitlang war sie wie betäubt, weigerte sich, die Tatsache anzuerkennen, daß das Leben trotz allem weiterging. Was um sie herum geschah, schien sie nur im Unterbewußtsein wahrzunehmen.
Dann kamen unaufschiebbare Entscheidungen auf sie zu, die Firma brauchte sie. Da erst wurde ihr klar, daß sie ih-

ren Schmerz nur durch Arbeit, durch einen geregelten Tagesablauf überwinden konnte.
Sie nahm fortan Magnus' Platz ein, versuchte, was vom Werk noch unbeschädigt vorhanden war, für seine Kinder zu erhalten.
Seine Kinder – Carola und Lutz –, wo mochten sie sein, wie mochte ihr Leben in der Fremde sich gestaltet haben?
Von Dimitri Wolkow waren anläßlich des Todesfalles in der Familie Hartmann mitfühlende Zeilen gekommen, herzlich und von echtem Bedauern diktiert. Doch der Beisetzung war er ferngeblieben. Aus Sicherheitsgründen, wie er Stefanie erklärte, als er sie eines Abends nach Eintritt der Dunkelheit überraschend aufsuchte.
»Seit dem zwanzigsten Juli, seit dem Attentat auf Hitler, traut man mir nicht mehr über den Weg«, sagte er mit einem schiefen Lächeln, und Stefanie hob erschrocken den Blick, versuchte in seinen Zügen zu lesen.
»Hat man dich etwa im Verdacht, du könntest irgend etwas damit zu tun gehabt haben?« fragte sie verwirrt. »Aber das hättest du doch bestimmt nicht getan, Dimitri. Du doch nicht! Was geht dich Deutschland an, was die politischen Mißstände. Du hast dich zwar damals für uns entschieden, dich auf die falsche Seite gestellt. Als du die deutsche Generalsuniform angezogen hast, hat sich dein Schicksal endgültig in einer bestimmten Bahn festgefahren. Deine ursprüngliche Heimat ist dir nun für immer verloren. Du kannst nie mehr nach Rußland zurückkehren.«
»Du hast recht, Stefanie. Sei unbesorgt. Ich halte mich aus allem heraus, tue nur, was man von mir erwartet. Ob das sehr ehrenhaft ist, bleibt dahingestellt. Eines Tages wird man mich vermutlich zur Rechenschaft ziehen.«
Dimitri lächelte, doch diesmal war sein Lächeln nicht spöttisch, sondern resigniert, wenn nicht gar traurig. »Ein schauderhaftes Gefühl, wenn man nirgends richtig zu Hause ist.«

Stefanie betrachtete ihn fragend. Sie begriff nicht ganz, worauf er hinauswollte. Überhaupt war er heute so verändert, ganz anders als sonst.
»Wie meinst du das, Dimitri? Ist dir Deutschland nicht ein wenig zur Heimat geworden?«
»Mag sein – auf Zeit. Ach, Stefanie!« Er neigte sich vor, berührte sanft ihr Gesicht, aus dem ihn angstvoll forschende Augen ansahen. »Was dich betrifft, so komme ich immer zu spät oder im falschen Moment. Damals, in Paris, durfte ich dich nicht an mich binden, weil ich eine verkrachte Existenz war, ein Niemand, und dir nichts bieten konnte. Jetzt hätte ich wohl ein gutes Auskommen und darf doch gar nicht daran denken, dich zu bitten, nach Ablauf des Trauerjahrs meine Frau zu werden.«
Stefanie saß ganz still. Sie hätte gern etwas gesagt, aber ihr fiel nichts Passendes ein. Sie wußte nur, daß sie noch nicht in der Verfassung war, an ein neues Glück, an einen anderen Mann als Magnus zu denken. Später, vielleicht . . .
Sie richtete sich auf, wollte zu seinen Worten Stellung nehmen, ihn auf die Zukunft vertrösten.
Dimitri kam ihr zuvor, sprach hastig weiter: »Es ist wieder einmal zu spät. Nicht lange mehr, und ich stehe erneut vor dem Nichts. Für die Russen, die trotz ihres mir verhaßten Regimes schließlich noch immer meine Landsleute sind, stehe ich zwangsläufig als Verräter da. Das bin ich in gewissem Sinne ja auch. Man wird kurzen Prozeß mit mir machen, wenn man erfährt, wer in dieser deutschen Generalsuniform steckt.«
Stefanie berührte erschrocken seinen Arm, zwang ihn, sie anzusehen.
»Mitja, um Gottes willen! Willst du damit andeuten – nein, du kannst das nicht ernsthaft in Erwägung ziehen. Nicht so etwas Grauenhaftes: daß die Russen bis zu uns, bis nach Berlin –«
Stefanies Stimme brach, als ihr bewußt wurde, was sie eben hatte aussprechen wollen. Die bloße Vorstellung war

zu entsetzlich, um diesen Gedanken weiter auszuspinnen. Schließlich war bereits genug von dem Vorgehen der russischen Truppen in Ostpreußen und im Baltikum durchgesickert.
Und doch – hatte Magnus nicht auch so etwas in Betracht gezogen? Als er sie kurz vor seinem Tod bat, Berlin zu verlassen, falls ...
Dimitri schwieg, aber die Antwort auf ihre Frage stand mit erschreckender Klarheit in sein Gesicht geschrieben. Als er Stefanie zum Abschied auf die Stirn küßte, konnte sie nicht ahnen, daß dies ihre letzte Begegnung mit dem Geliebten von einst gewesen war.
Dimitri mochte es bereits wissen, aber er verhielt sich so, als würde er schon in den nächsten Tagen wieder vorbeikommen, um mit ihr über die schönen alten Zeiten zu plaudern.
Als er gegangen war, irrte Stefanie ziellos aus einem Raum in den anderen. Sie kam sich seltsam verwaist vor, mehr noch als nach Magnus' plötzlichem Tode. Dabei war Dimitri doch wahrlich ein seltener Gast in ihrem Hause gewesen, das ihr jetzt unheimlich leer und still vorkam. Diese Stille war wie eine schwere bedrückende Last. Als sei das Ende einer Welt nahe, die einst so voller Hoffnung und so heiter gewesen war ...

Das bittere Ende einer der schönsten Städte Europas war zu diesem Zeitpunkt bereits beschlossene Sache.
Der Fasching wäre in diesem letzten Kriegsjahr 1945 wohl unbemerkt vorübergegangen – denn wem stand schon der Sinn nach ausgelassenem Feiern –, hätten anglo-amerikanische Bomber nicht ausgerechnet den Faschingsdienstag dazu auserkoren, Dresden ein Feuerwerk ganz besonderer Art zu bescheren. Die Zerstörung der weltberühmten Barockstadt an der Elbe wurde noch gründlicher durchgeführt als seinerzeit die Hamburgs.
Es war taghell, als in der Nacht des 13. Februar während der ersten Angriffswelle ein Bombenregen auf die Stadt

niederfiel, die zweite Welle folgte in den frühen Morgenstunden des 14. Februar. Zu diesem Zeitpunkt brannte die Stadt bereits von einem Ende zum anderen. Der Brand wurde zu einem Feuersturm, vor dem es kein Entrinnen gab, der durch nichts zu löschen war. Wer im Keller blieb, erstickte, wem es glückte, ins Freie zu gelangen, verglühte im Flammenmeer. Der dritte Angriff erfolgte gegen Mittag – an diesem Aschermittwoch, der seinem Namen alle Ehre machte. Diesmal wurden auch die Außenbezirke der Stadt in Schutt und Asche gelegt.
Es gab im Februar 1945 kaum noch eine größere deutsche Stadt, die nicht bereits ein Opfer der Bomben geworden war. Trotzdem konnte nicht daran gezweifelt werden: Die Bombardierung Dresdens war eins der schrecklichsten Ereignisse in diesem an Grausamkeit und Unmenschlichkeit so reichen Krieg.
Später wurde die Zahl der Toten auf 135 000 geschätzt. Das Bombardement Dresdens war also das mörderischste des ganzen Krieges, Hiroshima eingeschlossen.

Der Endkampf um Berlin war lang und blutig. Die Angriffe aus der Luft unterstützten das Vordringen der sowjetischen Truppen. Wie gewohnt, kamen die britischen Bomber auch in der Nacht vom 15. zum 16. April, um die Ruinen der Stadt – denn viel mehr war von ihr nicht übriggeblieben – weiter zu zerstören. Das infernalische Dröhnen der Bombenteppiche, die Stadtteil um Stadtteil in Schutt und Asche legten, war für die Berliner bereits ein so vertrautes Geräusch geworden wie einst das Dröhnen der U-Bahn. Doch als der Morgen zu dämmern begann, kam schlagartig etwas anderes, bisher Unbekanntes auf sie zu. Um 3 Uhr morgens begannen die wenigen noch heil gebliebenen Fenster in den östlichen Vorstädten zu klirren. Der Horizont war von einem ständigen Beben erfüllt, das die Herzen der leidgeprüften Menschen, die sich bisher durch nichts hatten unterkriegen lassen, in Angst erstarren ließ.

Schnell sprach sich herum, was dies zu bedeuten hatte: An der Oder und diesseits des Stroms hatten 22 000 Geschütze das Feuer gegen die deutschen Stellungen, die um jeden Preis gehalten werden sollten, eröffnet. Die Endoffensive begann. Trotzdem versuchte jeder sich einzubilden, es habe sich nichts geändert. Vielleicht, weil die Berliner sich einfach nicht vorstellen konnten, daß irgendwann auch in ihren Straßen gekämpft werden könnte. Das tägliche Leben ging so intensiv weiter, daß es in der Ruinenszenerie geradezu surreal wirkte.
»Ich weiß nicht, Kind«, sagte Stefanie zu Katja, die eine ihrer knappen Ruhepausen dazu benutzte, die Mutter im Werk zu besuchen. »Es kommt mir geradezu unheimlich vor. Die Fabriken arbeiten auf Hochtouren, soweit das bei dem katastrophalen Mangel an Material möglich ist, die Büros bieten ein beinahe friedensmäßiges Bild, wenn man davon absieht, daß das Personal fast ausschließlich aus Frauen besteht. Sogar Kinos gibt es noch! Aber statt daß man sich dort vom Krieg ablenken und erholen kann, wird einem ein Film wie ›Kolberg‹ geboten. Krieg in jeder Aufmachung, in jedem Zeitalter. Als ob es nichts anderes gäbe, woran man erinnert werden möchte!«
Katja wirkte blaß und abgespannt.
»Du hast ganz recht, Mama. Im Film Krieg gegen Napoleon, im Leben – ja, wie viele verschiedene Feinde versuchen wir denn heutzutage noch zu besiegen? Will man uns für dumm verkaufen? Was sollen jetzt noch die Durchhalteparolen, die Spruchbänder! Du wirst es kaum glauben – aber vorhin sah ich, daß gerade eins angebracht wurde, an einem total zerbombten Gebäude noch dazu. Es wirkte wie der blanke Hohn, wenn man bedenkt, daß die Russen praktisch vor Berlin stehen. Wer zweifelt denn jetzt noch an der vernichtendsten Niederlage, die Deutschland je erlebt hat!«
Stefanie nickte nachdenklich. Wer konnte jetzt noch von sich sagen: Wer an Hitler glaubt, glaubt an den Sieg? Und doch stand es überall angeschrieben.

Die Atmosphäre in der Stadt war seltsam unwirklich. Die Menschen, die nie genug Schlaf bekamen, wirkten grau vor Müdigkeit. Auch zu essen gab es wenig, da die meisten Geschäfte zerstört und die Zuteilungen ganz unregelmäßig waren.
Katja griff nach der Zigarettenschachtel, die auf Stefanies Schreibtisch lag. Sie selbst rauchte nicht, zumal diese Dinger, wie sie beharrlich behauptete, wie die ganze Stadt nach verbranntem Holz rochen.
»›Stambul‹«, las Katja vor, und ein Lächeln erhellte flüchtig ihr ernstes Gesicht. »Weißt du, was das angeblich heißen soll?«
Als Stefanie verwundert verneinte, buchstabierte Katja: »Das ist doch ganz einfach: du mußt nur die einzelnen Buchstaben zu Worten formen: *ST*alins *A*rmee *M*arschiert *B*erlin *U*nter den *L*inden!«
Die beiden Frauen sahen sich an. Sie wußten, daß dies bereits in wenigen Wochen, wenn nicht gar Tagen, der Fall sein konnte.
Später einmal würde sich jeder Berliner, darunter auch Stefanie und Katja, an diese letzte Phase des Krieges wie an einen bösen Traum erinnern. Doch jetzt war das alles noch Wirklichkeit. Eine bedrohende Wirklichkeit, der man sich nur durch eine möglichst rasche Flucht in Richtung Westen entziehen konnte.

6

Stefanie gehörte nicht zu denen, die bereits damit beschäftigt waren, ihre Zelte in Berlin abzubrechen.
»Nein, ich bleibe hier«, sagte sie energisch, als Heinrich Holt, langjähriger Prokurist der Firma, sie darauf ansprach. Holt, seit Jahren pensioniert, hatte nach Magnus Hartmanns Tod seine Arbeit im Werk wieder aufgenommen. Er unterstützte Stefanie, soweit seine nachlassenden Kräfte dazu ausreichten. »Ich könnte ja auch gar nicht fort, solange Katja im Krankenhaus unabkömmlich ist. Gewiß, ich hätte die Möglichkeit, nach Norddeutschland zu gehen, wo ich bereits zwischen den beiden Kriegen bei Verwandten gelebt habe. Doch müßte ich dann meine kleine Enkelin mitnehmen, und Katja wird sich nicht von dem Kind trennen wollen, obgleich sie es selten genug sieht.«
Stefanie trat ans Fenster und sah über den Hof hin. Es war Mittagspause. Überall standen Arbeiterinnen in kleinen Gruppen beisammen und debattierten heftig. Sie wirkten bedrückt und ratlos. Jede von ihnen hielt eine Tasche an sich gedrückt, in der sie tagaus, tagein die wichtigsten Besitztümer mit sich herumschleppte. Wußte doch am Morgen keiner, ob sein Haus, wenn er abends nach Hause kam, noch stand.
»Und überhaupt«, fuhr Stefanie ernst fort, »kann ich die dort unten jetzt nicht im Stich lassen. Das Werk läuft noch einigermaßen, obgleich das wahrhaftig einem Wunder gleichkommt. Schäden an den Gebäuden halten sich in annehmbaren Grenzen. Solange wir Krieg haben, bleibt der Bedarf an Verbandsmaterial und Medikamenten

groß. Wir können – nein, wir dürfen einfach nicht aufgeben.« Sie wandte sich dem alten Herrn, der sie bekümmert betrachtete, wieder zu.

»Ihnen kann ich unmöglich – bei Ihrem Alter – alle Verantwortung für die Hartmann-Werke aufbürden, mein Freund. Nein, ich bleibe. Es wird schon gehen . . .«

»Aber wenn es gar zu schlimm werden sollte, dann werden Sie Ihren Entschluß doch noch einmal überdenken, nicht wahr, Frau Hartmann«, bat der alte Mann besorgt. »Ich weiß, daß Magnus es auch gewünscht hätte – daß Sie fortgehen, ehe die Russen Berlin einnehmen.«

»Das will ich Ihnen gern versprechen, Holt. Ich weiß wirklich nicht . . .«

Was Stefanie hatte sagen wollen, blieb unausgesprochen. Innerlich pflichtete sie dem Prokuristen natürlich bei. Magnus hätte es auch von ihr verlangt. Sie würde versuchen, mit Dimitri darüber zu sprechen, sich von ihm beraten zu lassen. Doch immer wieder schob sie es auf, sich mit dem alten Freund in Verbindung zu setzen.

Auch Katja wehrte jeden Gedanken an eine Flucht aus Berlin ab. Um jederzeit greifbar zu sein, wohnte sie, bis auf ihre Freistunden, dauernd in der Klinik. Sie wußte ihre kleine Nicole bei Stefanie in guter Hut, und das kleine Mädchen fühlte sich bei seiner Großmama sichtlich wohl. Ob in dem schönen alten Haus in Dahlem, in dem es jetzt so still geworden war, oder in dem hellen großen Büro, wo man so fein mit bunten Pappschachteln spielen und Puppenstuben daraus basteln konnte – Nicole war leicht zufriedenzustellen.

Bis auf eine Frau, die ab und zu kam, um die Villa in Ordnung zu halten, war das gesamte Personal längst irgendwo im Kriegseinsatz. Dadurch befand sich Stefanie nachts ganz allein im Haus, und sie schätzte das in diesen gefährlichen Zeiten nicht sonderlich. Das Kind war noch zu klein, um das Unheimliche dieser Situation überbrükken zu können.

Die russischen Truppen standen bereits dicht vor Berlin,

die ersten Granaten waren in der von allen Seiten bedrängten Stadt explodiert, als es eines Nachts klingelte.
Stefanie zögerte lange, die Haustür zu öffnen. Man wußte nie, wer zu so später Stunde unter dem Schutz der Verdunkelung Einlaß begehrte und was seine Absichten waren.
Als sie endlich aufmachte, erkannte sie zu ihrer großen Verwunderung in dem Zivilisten, der sie stumm flehend ansah, Oleg, Dimitri Wolkows treuen Diener.
»Oleg!« Eine unerklärliche Angst schnürte Stefanies Kehle zu. Was hatte dieser nächtliche Besuch zu bedeuten? »Kommen Sie herein.« Sie trat beiseite, um den Mann eintreten zu lassen und die Tür schnell wieder zu schließen. Es war nicht nötig, daß er gesehen wurde.
»Was ist passiert, Oleg, und wieso sind Sie in Zivil?«
Stefanie musterte ihn fragend und bemerkte betroffen die Tränen, die über die unrasierten Wangen des einfachen Mannes rollten. Vergeblich versuchte er sie mit einer unbeholfenen Bewegung an seinem Ärmel abzuwischen.
Ebenso unbeholfen war auch seine Schilderung des Geschehens, das ihn zu so später Stunde in Stefanies Haus getrieben hatte. Erst nach und nach kam etwas Ordnung in seine sich überstürzenden Worte, in die sich hier und da russische Ausdrücke mischten, wenn ihn die Verzweiflung gar zu sehr übermannte.
Stefanie versuchte, den Sinn seiner Rede zu begreifen. Doch es wollte ihr nicht gelingen, sie wehrte sich mit aller Kraft dagegen, ihm Glauben zu schenken. Nein! Es konnte, es durfte einfach nicht wahr sein!
»Graf Wolkow hat sich erschossen?« wiederholte sie endlich mit versagender Stimme. Ihr noch immer schönes Gesicht zeigte einen fassungslosen Ausdruck. Wie war das nur möglich, warum mußte das alles ausgerechnet ihr passieren? Alle Menschen, die sie liebte, die zu ihrem Leben gehörten, hatten sie verlassen. Carola zuerst, dann Lutz, Magnus – und nun auch Dimitri, ihr letzter Halt in dieser aus den Fugen geratenen Welt.

»Aber warum – warum, um Himmels willen?« Sie wußte selbst nicht, daß sie Oleg bei den Armen gepackt hatte und ihn schüttelte, als könne sie dadurch die bittere Wahrheit schneller aus ihm herausholen.
Der einfache Mann schien über ihre heftige Reaktion nicht verwundert. Er war ja selbst noch außerstande, sich mit den Dingen abzufinden. Sanft, aber bestimmt befreite er sich aus Stefanies Zugriff.
»Der Herr General hat es der gnädigen Frau aufgeschrieben.« Oleg zog ein schmales Päckchen aus der Tasche seines Mantels, der für seine herkulisch gebaute Gestalt viel zu eng war.
Stefanie griff hastig danach, ihre Hände schlossen sich mit schmerzlicher Inbrunst um das kühle Papier. Ihr war, als spüre sie noch einmal Dimitris Nähe, als stünde er noch einmal vor ihr, berühre sanft ihr Stirn.
Ihre mühsam aufrechterhaltene Fassung verließ sie von einer Sekunde zur anderen. Da ihre Füße sie nicht mehr zu tragen schienen, sank sie in einen Sessel, während Oleg sich taktvoll abwandte. Er wußte, daß sein Herr diese Frau geliebt hatte, und wollte sie in ihrem Schmerz nicht stören, ihr dabei nicht zusehen.

So groß Stefanies Entsetzen über Dimitris Selbstmord auch gewesen war, so sehr war sie geneigt, diesen unwiderruflichen Schritt zu verstehen. In seinen Abschiedszeilen legte er ihr seine Gründe dar, die sich mit seinen Worten anläßlich seines letzten Besuches bei ihr deckten. Die Russen standen vor Berlin, durch seine Zusammenarbeit mit den Deutschen war er in eine ausweglose Lage geraten.
›Ich kann nicht anders, Liebste‹, schrieb er. ›Der Freitod ist mir lieber und für mich ehrenhafter, als von meinen Landsleuten wie ein toller Hund abgeknallt zu werden. Weiß Gott, ich hätte gern weitergelebt – schon, weil es Dich gibt, Stefanie. Mein letzter Wunsch an Dich ist: Bringe Dich und die Deinen in Sicherheit. Verlasse Berlin.

Ich weiß, daß Du mir diese Bitte erfüllen wirst. Oleg . . .‹ Es folgten genaue Anweisungen bezüglich der von ihm in allen Einzelheiten geplanten Flucht. Nicht einmal die Passierscheine fehlten, die ihnen, soweit das in diesem unbeschreiblichen Chaos noch möglich war, die Hilfe der maßgeblichen Dienststellen sicherten.
Während Berlin bereits zu fünf Sechsteln eingeschlossen war und die russischen Schützen sich im Osten dem Alexanderplatz näherten, gelang Stefanie, Katja und der kleinen Nicole unter Olegs umsichtiger Führung die Flucht aus dem Hexenkessel, der bisher die Hauptstadt Deutschlands gewesen war.
Wenn Stefanie die Schreckensmeldungen hörte, die immer wieder aus den durch die Russen besetzten Gebieten durchsickerten, konnte sie Dimitri Wolkow nur von Herzen dankbar sein. Seine Liebe zu ihr hatte bis über seinen Tod hinaus gewirkt, sie vor einem grauenhaften Ende bewahrt.

Die letzten Kriegswochen verbrachte sie mit ihrer Tochter und ihrer Enkelin in Holstein. Ihre Verwandten waren sofort bereit gewesen, sie aufzunehmen. Genau wie damals, nach Katjas Geburt und vor Stefanies endgültiger Rückkehr zu Magnus und ihren Kindern, im Jahre 1938.
Zwar hausten sie zu dritt in einer winzigen Kammer, die man hastig für sie freigemacht hatte; aber sie hatten ein Dach über dem Kopf und Menschen um sich, mit denen sie sich verbunden fühlten.
»Was soll man machen«, hatte Henny von Rosen, Stefanies angeheiratete Kusine, resigniert gesagt. »Wir liegen direkt an der Landstraße, ein Flüchtlingstreck nach dem anderen zieht bei uns vorbei. Früher habe ich mich oft über unser weitläufiges Herrenhaus mit seinen zahllosen Zimmern beklagt. Jetzt ist kein Eckchen mehr unbesetzt, und ich wünschte mir oft, noch mehr Platz zu haben. Wo sollen die vielen Flüchtlinge bloß bleiben?«
Henny betrachtete nachdenklich die kleine Nicole, die

selbstvergessen mit einer jungen scheckigen Katze spielte.
»Nun kann ich nicht einmal unsere Verwandten ordentlich unterbringen«, sagte sie und seufzte. »Die einst so verwöhnte Stefanie von Rosen in einer Dachkammer! Dein seliger Vater würde sich im Grab umdrehen. Na, es geht jedenfalls auf den Mai zu, ihr braucht also wenigstens nicht zu frieren. Aber du verstehst, daß ich schlecht umdisponieren kann. Es sähe den armen Leuten gegenüber so unfreundlich aus.«
Stefanie legte den Arm um ihre Kusine, die sie seit 1938 nicht mehr gesehen hatte, und küßte sie impulsiv auf die Wange. »Es ist alles wunderbar, und wir können dir gar nicht genug danken«, versicherte sie. »Wenn ich mir vorstelle, wir säßen jetzt noch in Berlin – dagegen ist das hier der reinste Himmel!«
Zwar sickerten die Nachrichten nur spärlich durch, aber was man erfuhr, war schon schlimm genug. Obgleich es noch keine offizielle Meldung darüber gab, konnte doch nicht mehr daran gezweifelt werden, daß der Krieg in seine Endphase eingetreten und für Deutschland bereits verloren war.

Währenddessen tobte der Kampf um Berlin weiter. Ein Aschenregen ging unaufhörlich darüber hinweg. Der durch Millionen Geschosse hochgewirbelte Gips- und Zementstaub fiel, gemischt mit dem Ruß und den Funken eines Meeres von Bränden, auf die Stadt zurück.
Die Sonne lag wie hinter einem dichten Schleier, drang nicht durch diese künstlich erzeugten Wolken. Die Beleuchtung glich der eines Gewitters in der Dämmerung, mit starker Abendröte und gelegentlichen prächtigen Flammenkometen.
Lohende Gewölbe überdeckten die Reste der Straßen, und als genüge dies noch nicht, gesellten sich die Flammen aus den Flammenwerfern hinzu. Von allen Seiten kamen die Granaten, die Geschosse der Stalinorgeln schleu-

derten riesige Schuttmengen empor, die wie Wasserfälle wieder auf die Erde herabrieselten.
Wracks von Lastwagen, ausgebrannte Panzer lagen in den aufgerissenen Straßen. Der Potsdamer Platz war wie in Blut getaucht, es haftete an den Mauerresten, an denen die Leichen buchstäblich plattgedrückt worden waren.
Trotzdem gab es in diesem Grauen noch immer Gruppen von Männern und Frauen, die kämpften wie Besessene. Die Nachricht von Hitlers Selbstmord ließ die Menge gleichgültig. Man hielt sich gar nicht damit auf, darüber nachzudenken. Man war viel zu sehr damit beschäftigt, an das eigene Überleben zu denken, das während der letzten Tage und Stunden bereits reine Glückssache geworden war.
Am 3. Mai endlich schwieg, nach einem letzten Aufbäumen der wenigen Verteidiger, der Gefechtslärm in Berlin. Die Menschen kamen mit bleichen Gesichtern aus den Kellern, erstaunt, noch am Leben zu sein. Was sie sahen, war grauenhaft. Doch bald schon begannen sie die Tausenden von Toten zu beneiden, denn alle Gesetze der Gesellschaftsordnung waren aufgehoben, die Überlebenden den Siegern ausgeliefert.
Was das vor allem für die Frauen bedeutete, war unschwer zu erraten. Die Nachlese des Krieges würde noch schrecklicher sein als der Krieg selbst.
Am 9. Mai 1945 kam dann die endgültige Kapitulation Deutschlands.

»Es ist nicht zu fassen!« Stefanie wirkte blaß und angegriffen. Nicht nur Dimitris Selbstmord war ein großer Schock für sie, den sie noch immer nicht überwunden hatte. Auch die Sorge um Magnus Hartmanns Lebenswerk, die Sorge um das Schicksal seiner treuen Angestellten quälte sie.
Ob die alte Villa in Dahlem wohl den Feuersturm überstanden hatte – würden sie je wieder dorthin zurückkehren und in der Lage sein, neu aufzubauen?

In diesem Augenblick waren sie und Katja damit beschäftigt, in der Waschküche des Gutshauses auszuhelfen. Die Flüchtlingsfrauen, die dies sonst taten, wurden auf den Feldern benötigt.
»Wirklich, man kann es nicht glauben«, fuhr sie, als wäre dies unvorstellbar, kopfschüttelnd fort. »Es wird keinen Alarm mehr geben, keine Fliegerangriffe. Doch das wird vermutlich das einzig Erfreuliche an diesem so sehr herbeigesehnten Kriegsende sein.«
Katja nickte beklommen. »Die Nachrichten aus Berlin sind grauenhaft. Obgleich ich anfangs dagegen war, bin ich jetzt doch heilfroh, noch in letzter Minute herausgekommen zu sein.«
Trotz der fast sommerlichen Temperaturen zog sie fröstelnd die Schultern zusammen. Der Gedanke an das Geschehen während des Endkampfes um die Reichshauptstadt war zu erschreckend.
»Natürlich. Und du hast dich hier recht nützlich machen können. Die vielen Flüchtlinge, darunter zahllose geschwächte, kranke Kinder – was hätten sie wohl ohne deine Hilfe und Pflege angefangen? Es war so schon ganz in Ordnung.«
Katja war manches rätselhaft. Warum war Graf Wolkow immer wieder bemüht gewesen, ihrer Familie zu helfen? Erst Lutz und dann auch ihr und ihrem Töchterchen. Ohne seinen treuen Diener Oleg wäre ihnen die Flucht aus Berlin niemals gelungen. Doch wenn sie ihre Mutter danach fragte, bekam sie nur ausweichende Antworten. Stefanie hielt die Zeit noch nicht für reif, Katja über ihr Verwandtschaftsverhältnis zu dem verstorbenen General aufzuklären. Wer weiß, vielleicht war es überhaupt besser, darüber zu schweigen.

Erst Ende August kehrten die beiden Frauen mit dem Kind und Oleg, der ihnen eine große Hilfe war, nach Berlin zurück. Sie wollten in Erfahrung bringen, wie die Dinge standen. Insgeheim rechneten sie damit, nach Hol-

stein zurückkehren zu müssen. Und sie blieben dann doch, um mutig einen neuen Anfang zu wagen ...
Vorerst aber standen sie beklommen vor dem riesigen Trümmerfeld, das einst ihre schöne, friedliche Heimatstadt gewesen war.
Zu Fuß, dies schien die sicherste Methode, machten sie sich auf den Weg nach Dahlem. Oleg, gewissermaßen Dimitris Vermächtnis, folgte ihnen wie ein getreuer Schatten. Ohne zu klagen, schleppte er ihr Gepäck, und es war sehr beruhigend, ihn in der Nähe zu wissen. Auf seine gewaltigen Hände, seine starken Arme war Verlaß. Sie würden jedes Hindernis aus dem Weg zu räumen wissen.
Gegen jede Vernunft hatte Stefanie gehofft, der Schaden an der Villa würde nicht allzu schlimm sein, obgleich der alte Holt sie behutsam auf einiges vorbereitet hatte.
Als sie dann das verwüstete Grundstück betrat, mußte sie sich sehr zusammennehmen, um nicht die Fassung zu verlieren.
Der einst so gepflegte Garten war ein einziges Trümmerfeld, der schmiedeeiserne Zaun, der ihn umschlossen hatte, offensichtlich von Panzern niedergewalzt worden.
Im Haus dann das gleiche Bild. Es hatte eine Zeitlang als Unterkunft der Eroberer gedient und sah dementsprechend aus. Was die in den Nachbargrundstücken niedergegangenen Bomben nicht erschüttert hatten, war nachträglich systematisch zerstört worden.
Stefanie sah sich hilflos um. Gab es hier überhaupt noch etwas zu retten? Sie hätte am liebsten geweint, aber dazu hatte sie jetzt keine Zeit. Vielleicht später – jetzt gab es anderes zu tun, als sich in Selbstmitleid zu verströmen.
»Im Grunde können wir froh sein, daß unser Haus keinen direkten Bombentreffer abbekommen hat«, sagte sie, »wenn wir alle mit anpacken, wird es bald wieder halbwegs bewohnbar sein. Es ist Sommer, die fehlenden Fensterscheiben werden sich also vorläufig nicht allzu störend bemerkbar machen. Worauf warten wir noch?«
Oleg war bereits damit beschäftigt, eine Art Inventur zu

machen. Er klopfte die Wände auf ihre Unversehrtheit ab, begutachtete sachverständig die demolierten Möbel. Mit seinen großen Händen deutete er wortlos, aber um so überzeugender an, daß er den Hauptteil der Arbeiten übernehmen würde.

Seit ihrer Flucht aus Berlin vor mehr als vier Monaten war er nicht von Stefanies Seite gewichen. Oleg nahm willig alle Lasten auf sich, weil er es Stefanie zu verdanken hatte, daß er nicht zu dem riesigen Heer der Heimatlosen gehörte, das jetzt, ohne jede Hoffnung auf ein neues Zuhause, durch das verwüstete Deutschland irrte.

Stefanie hatte in dem Russen eine Hilfe, die sich gar nicht mit Gold aufwiegen ließ.

Wie durch ein Wunder war der im Keller in die Wand eingelassene Weinschrank von den Siegern unbemerkt geblieben. Oleg hatte ihn vor ihrer überstürzten Flucht zugemauert und mit altem Gerümpel verdeckt. Nachdem nun das Mauerwerk wieder abgetragen worden war, lagen alle seinerzeit hastig darin verwahrten Schätze unversehrt vor ihnen.

»Mein Gott, das ist das schönste Geschenk seit Kriegsbeginn!« Stefanie holte mit feuchten Augen die alten Bilder aus ihrem Versteck, freute sich an dem schönen Porzellan, dem Silber, das noch die Mutter von Magnus, deren Porträt bald wieder in der Halle hängen sollte, mit in die Ehe gebracht hatte. »Ich habe nie zu glauben gewagt, daß wir etwas von diesen Sachen wiederfinden würden.«

Der kostbare Kristallkronleuchter hatte dagegen den Krieg nicht überdauert. Seine Behänge, die früher unter jedem Schritt im oberen Stockwerk leise geklirrt hatten, lagen verstreut und teilweise zertreten in dem dicken Staub, dem Unrat, der den einst so farbenprächtigen Perserteppich bedeckte. Hier und da blitzte eins der Kristalle auf, als wolle es an die Zeiten erinnern, da Magnus Hartmann noch mit an diesem Tisch gesessen hatte.

Stefanie nahm einen der kühlen Glastropfen in die Hand, schloß die Augen. Ihr war, als könne sie plötzlich zurück-

blicken. Wie wechselhaft war doch ihr Leben in diesem Haus verlaufen!
»Ich habe einst geglaubt«, sagte sie leise, »daß ich nicht in dieses Haus passe. Damals lebte mein Schwiegervater noch, und ich hatte es nicht gerade leicht. Aber jetzt – trotz allem, was geschehen ist – möchte ich doch keinen einzigen Tag davon missen.«
Katja verstand nicht genau, was ihre Mutter meinte. Sie bückte sich geistesabwesend, um die einzelnen Kristalle, soweit sie unter den schweren Soldatenstiefeln nicht zu feinen Splittern geworden waren, einzusammeln.
»Ich meine«, warf sie mit ihrer ruhigen, stets etwas traurig klingenden Stimme ein, »daß man den Kronleuchter wieder in Ordnung bringen könnte. Nicht sofort, aber nach und nach. Vielleicht wird er nicht mehr ganz so prunkvoll sein wie ursprünglich, aber wir sollten es doch wenigstens versuchen. Später einmal kann man die noch fehlenden Teile ergänzen.«
Später einmal! Wann würde das wohl sein? Im Augenblick sah es nicht so aus, als würde es je wieder so etwas wie den einfachsten Wohlstand geben können. Es fehlte an den notwendigsten Bedarfsgütern, es gab nicht einmal Werkzeuge, die vorhandenen Schäden zu beseitigen. Durfte man sich unter diesen Umständen den Kopf wegen eines beschädigten Kronleuchters zerbrechen? Stefanie nickte ihrer Tochter trotzdem mit einem dankbaren Lächeln zu.
»Ein guter Gedanke, Katja. Lieb, daß du daran gedacht hast. Ja, wir wollen jedes Stück gut aufbewahren. Wenn wir diesen Kronleuchter eines Tages in alter Pracht über unserem Tisch hängen sehen, dann wird auch unser Leben wieder in normalen Bahnen verlaufen.«
»Ich wünschte, Lutz und Regine wären schon da. Fünf Leute schaffen eben mehr als drei«, sagte Katja und seufzte. »Ein Segen, daß sie die letzten Kriegsjahre gut überstanden haben und uns nun mit Dingen, die bei uns nicht zu beschaffen sind, aushelfen können.«

»Wir werden uns wohl noch etwas gedulden müssen.«
Nach den Sorgen und Ängsten der Trennung war es für Stefanie wie ein Wunder gewesen, als ihr Ältester sich endlich aus der Schweiz gemeldet hatte. Sein Brief – der erste seit seiner Flucht vor dem Zugriff der Gestapo – war seinerzeit über Berlin gegangen und hatte sie erst mit beträchtlicher Verspätung in Holstein erreicht. »Lutz ist ja vertraglich noch an die Züricher Klinik gebunden, er muß seine Zeit abarbeiten. Danach hofft er, wieder an seinem alten Platz in Berlin tätig sein zu können. Diesbezügliche Verhandlungen laufen bereits. Gute Ärzte sind bei uns Mangelware, seit der Krieg auch unter ihnen reiche Ernte gehalten hat.«
»Ja.« Katja hatte die Kristalle des Kronleuchters behutsam in einer Schachtel verstaut. »Jetzt kommt es Lutz zugute, daß er seinerzeit politisch Verfolgten geholfen hat. Er braucht sich wegen seiner Entnazifizierung jedenfalls keine Sorgen zu machen.«

Noch ehe die beiden Frauen sich mit Olegs Hilfe daranmachten, die Schuttmassen aus Haus und Garten zu räumen, vergewisserten sie sich über die Schäden im Werksgelände.
Sie erkannten auf Anhieb, daß hier vorläufig gar nichts mehr lief. Was sie sahen, übertraf ihre schlimmsten Erwartungen. Die Bombenschäden hielten sich noch in Grenzen. Weitaus größer waren die beim Endkampf um Berlin entstandenen Verwüstungen.
»Das alles hätten wir mit Fassung tragen und allmählich wieder in Ordnung bringen können«, bemerkte der alte Prokurist Holt, der Stefanie während ihrer Abwesenheit vertreten hatte. »Aber was der Zerstörung entgangen ist, haben uns die Sieger nachträglich noch weggenommen.«
Stefanie schwieg. Was gab es dazu auch zu sagen? Sie wußte, daß der sowjetische Industrieminister persönlich nach Berlin gekommen war, um den Abtransport der intakten oder wenigstens noch halbwegs intakten Industrie-

anlagen in die Sowjetunion zu organisieren. Da durfte auch kein einziges Rädchen zurückbleiben.
»Stellen Sie sich vor, Frau Hartmann«, fuhr der alte Mann aufgebracht fort. »Da wurde teilweise noch gekämpft, aber die Demontage war bereits in vollem Gang. Manchmal geschah das sogar bei Scheinwerferlicht, man kann sich vorstellen, was dabei alles zu Bruch gegangen ist. Wenn das mal in Rußland ankommt, wird es kaum noch Schrottwert haben –«
»Ja, und wir könnten jedes Stück so nötig brauchen.« Stefanie vermied es, an die Stelle zu blicken, wo Magnus seinerzeit schwerverletzt am Boden gelegen hatte. In einem jähen Gefühl der Schwäche schloß sie die Augen. Sie wollte wenigstens für Sekunden diese Zerstörung vergessen, das Bild, das sich für immer in ihr Herz eingebrannt hatte: die einstürzende Mauer, Magnus, der durch die Luft geschleudert wurde. Doch es half nichts. Das Bild blieb, auch wenn sie die Augen noch so fest schloß.
»Wir müssen abwarten, Herr Holt«, sagte sie müde. »Es kann nicht bis in alle Ewigkeit so bleiben. Irgendwann wird man uns Deutsche in der Welt wieder brauchen – unsere Tatkraft, unser Können, unseren Fleiß. Und dann bauen wir auf. Ich habe ja . . .«, jetzt lag ein Lächeln um ihren Mund, »ich habe ja schon eine Menge Enkel, Holt. Die sollen doch einmal etwas Handfestes erben. Und die Hartmann-Werke hatten schon immer einen guten Namen.«
Holt nickte, aber ganz so zuversichtlich wie Stefanie, daß alles wieder so wie einst werden könnte, war er nicht. Ganz Berlin war ein Trümmerhaufen – wo sollte allein das notwendige Material zum Wiederaufbau herkommen?
»Sie waren schon immer eine Optimistin, Frau Hartmann«, räumte er gutmütig ein. »Warum sollten Sie nicht auch diesmal recht behalten?«
»Wenn wir zu Hause erst wieder ein festes Dach über dem Kopf haben, setze ich mich mit Ihnen in Verbindung,

Holt. Auch mein Sohn, der in einigen Wochen aus der Schweiz zurückkehren wird, kann uns mit Rat und Tat zur Seite stehen. Wir sollten zunächst einmal die weitere Entwicklung der Dinge abwarten. Wer weiß, was die Besatzungsmächte noch mit uns vorhaben!«
Ehe sie ging, kam sie auf das Thema zu sprechen, das ihr am meisten am Herzen lag. Sie hatte es hinausgeschoben, weil sie die Antwort fürchtete.
»Was ist aus unseren Leuten geworden – aus den Frauen, die wir zuletzt beschäftigt haben?«
»Einige sind unversehrt davongekommen, die anderen ...« Holt hob die Arme, ließ sie mit einer verzweifelten Bewegung wieder sinken.
Stefanie nickte mit fest zusammengepreßten Lippen. Sie hatte genügend gehört, um zu wissen, was der alte Mann meinte. »Dieses Schicksal ist uns erspart geblieben«, erwiderte sie bedrückt. »Vielleicht hätte ich in Berlin bleiben müssen; aber dann wäre es uns nicht besser ergangen, und ich hätte dadurch diesen armen Frauen ihr grauenhaftes Schicksal nicht ersparen können.«

Nachdem Stefanie und Katja das Werk besucht hatten, führte ihr Weg sie zu Magnus Hartmanns Grab. Doch sie kamen vergeblich. Statt der schönen alten Familiengruft fanden sie nur einen riesigen Bombenkrater vor.
»Liebling, es hat deinem Vater nicht mehr weh getan«, versuchte Stefanie die herzzerbrechend schluchzende Katja zu beruhigen, obgleich auch sie den Tränen näher war als der abgeklärten Ruhe, die sie vorschützte. »Ein Grab ist nur ein Symbol, weiter nichts. Es gibt unzählige Gräber, an denen keiner weint, weil die darinliegenden Menschen längst vergessen sind. Nur wer vergessen wird, ist wirklich tot, heißt es. Und Magnus lebt in uns weiter, die Erinnerung an ihn, an das, was er in unserer Lage tun würde, hält uns aufrecht, weist uns die Richtung.«
»Ich wünschte mir trotzdem, Papas Grab wäre erhalten geblieben«, sagte Katja später, als sie wieder in Dahlem

waren und in ihrem halbwegs bewohnbar gemachten kleinen Salon saßen, der einst Stefanies Lieblingszimmer gewesen war. »Er wäre uns dann irgendwie näher, erreichbarer. Warum mußte er damals nur sterben? Es war doch alles nur ein unglücklicher Zufall. Wäre die Mauer nicht eingestürzt, könnte er heute noch leben, bei uns sein. Was sollen wir ohne ihn anfangen? Wir beide verstehen viel zuwenig davon, um das Werk wiederaufbauen zu können. Überhaupt – bei dem Ausmaß an Zerstörung wird es Jahre dauern, bis es wieder einigermaßen produktionsfähig ist.«

Von Dieter Hollburg, ihrem Mann, sprach Katja nur noch selten. Als fürchte sie, in sich selbst falsche Hoffnungen zu wecken, wenn sie allzu intensiv an ihn dachte; denn falls er nicht zu ihr zurückkehrte, würde sie um so unglücklicher sein.

»Wir müssen Geduld haben.« Stefanie gab sich betont zuversichtlich. »Irgendwann muß sich das Chaos lichten, dem normalen Leben weichen. Dann fangen wir sofort mit dem Wiederaufbau an.«

»Weißt du, Mutti . . .« Katja schien gar nicht richtig zugehört zu haben. Sie betrachtete ihre Mutter nachdenklich. »Ich mußte in der letzten Zeit sehr oft daran denken, was Vater in seiner letzten Stunde zu mir gesagt hatte: Daß er mich mehr geliebt hat als Lutz und Carola. Das schien ihn zu wundern. Paradox nannte er es. Und das ist, was mich immer wieder beschäftigt. Warum – wie konnte er es paradox finden, mich geliebt zu haben? Er wußte doch, was er mir bedeutete. Habe ich seine Liebe denn nicht verdient?«

Stefanie zögerte einen Moment. Dann stand sie entschlossen auf. Katja mußte endlich über ihre Herkunft aufgeklärt werden. Sie war jetzt alt genug, die Wahrheit zu ertragen.

Während die junge Frau sie aufmerksam beobachtete und geduldig auf die Beantwortung ihrer Frage wartete, holte Stefanie ihre Schmuckkassette, die sie seit ihrer Flucht aus

Berlin stets bei sich gehabt hatte. Sie entnahm ihr Dimitris letzten Brief und legte ihn vor Katja auf den Tisch.
»Dieses Schreiben ist zwar an mich gerichtet und ganz vertraulich, aber du sollst es trotzdem lesen. Du hast ein Recht darauf. Warte!« Sie legte, als Katja hastig danach greifen wollte, leicht die Hand auf den Brief. »Ehe du anfängst, solltest du die Hauptsache von mir, der eigentlich Schuldigen, erfahren. Nicht Magnus Hartmann war dein Vater, sondern Dimitri Wolkow. Magnus hat es gewußt und dir trotzdem all seine Liebe geschenkt. Als du mit sechzehn Jahren zum ersten Mal mit Bewußtsein dieses Haus betreten hast, wurdest du *sein* Kind, und daran hat sich nie mehr etwas geändert. Dimitri hat niemals versucht, Magnus seine Vaterrechte streitig zu machen, nahm jedoch, seit ihm die Wahrheit bekannt war, lebhaftes Interesse an deinem Schicksal. Das wirst du vielleicht selbst bemerkt und dich darüber gewundert haben.«
Katja senkte den Blick. Sie mochte ihre Mutter jetzt nicht ansehen. Sie war über diese Eröffnung betroffen, wenn nicht gar peinlich berührt. Nicht, weil Stefanie Magnus Hartmann untreu gewesen war, ihn mit einem anderen betrogen hatte. Der jungen Frau war nur plötzlich bewußt geworden, daß es Dimitri Wolkow bei ihren wenigen Begegnungen gelungen war, Gefühle in ihr zu wecken, die alles andere als kindlich gewesen waren.
Sie hatte den General auf fast schwärmerische Art bewundert, ihn – als Mann – interessant und beunruhigend attraktiv gefunden. In ihm eine Vaterfigur zu sehen, wäre ihr nie im Traume eingefallen. Jetzt, da sie die Wahrheit wußte, schämte sie sich fast ihrer geheimen Regungen.
Um ihre Verlegenheit zu überspielen, griff sie nach Dimitri Wolkows Abschiedsbrief und las ihn langsam, Wort für Wort.
»Wie Vater sagte, ehe er starb: es ist wirklich paradox«, erklärte sie fast kühl, nachdem Stefanie ihr die Ereignisse jenes kroatischen Sommers geschildert hatte. »Alles, was du mir jetzt erzählt hast – reichlich spät, wie ich finde –, kann

mich nicht beeinflussen. Ich sehe in Magnus Hartmann nach wie vor meinen leiblichen Vater. Ich mochte Graf Wolkow, fand ihn –«, Katja zögerte, und eine tiefe Röte überflutete ihre Wangen, »fand ihn sympathisch. Aber ich kannte ihn ja kaum, eigentlich nur ganz flüchtig. Die kurzen Gespräche, die ich mit ihm führte, genügten nicht, ihm näherzukommen. Jetzt, da ich Bescheid weiß, kommt mir manches in seinem Verhalten natürlich aufschlußreich vor. Damals aber dachte ich mir nichts dabei.«

»Wie meinst du das?« Stefanie fühlte sich merkwürdig erleichtert, daß nunmehr auf allen Gebieten Klarheit herrschte.

Katjas Brauen waren nachdenklich zusammengezogen. Sie wußte nicht, wie sehr sie in diesem Moment ihrer Tante Natascha Wolkow glich, von deren Existenz sie bisher keine Ahnung hatte.

»Nun ja, er nannte mich stets ›mein liebes Kind‹. Vermutlich tat er es, weil es ihm Freude bereitete, mich wenigstens auf Umwegen so nennen zu dürfen; denn offiziell war es ihm ja verwehrt. Trotzdem – geboren zu werden, ist doch wohl nur eine Frage des Zufalls. Letzten Endes entscheidet das Herz darüber, zu wem man sich hingezogen fühlt.«

»Das mag zutreffen. Magnus sorgte für dich, war als Vater immer für dich da. Dennoch solltest du Dimitri Wolkow niemals vergessen. Du verdankst ihm unter anderem, daß du Berlin rechtzeitig verlassen konntest. Was dir dadurch erspart geblieben ist, brauche ich wohl nicht näher zu erläutern.«

Wenige Wochen nach diesem Gespräch kehrten auch Regine und Lutz Hartmann in ihre Heimatstadt zurück. Der Anblick, der sich ihnen bot – Ruinen und bittere Armut –, erschütterte beide zutiefst.

»Wenn ich das so sehe«, gestand Lutz leise, »dann schäme ich mich fast meiner friedlichen Jahre in der Schweiz. Aber hatte ich damals eine andere Möglichkeit? Dafür darf ich jetzt am Wiederaufbau Berlins mittätig sein. Ich werde an meiner alten Klinik arbeiten, zusammen mit Katja und dem sehr sympathischen Doktor Hinrichs. Welch eine Aufgabe! Es gibt für uns alle unendlich viel zu tun ...«

Noch aus der Schweiz hatte Lutz seiner Mutter von dem tragischen Schicksal seiner Schwester Carola und von deren Familie berichtet. Stefanie wußte, daß sie nie darüber hinwegkommen würde. Äußerlich schien sie gefaßt, doch in ihrem Herzen konnte sie sich nicht mit dem Gedanken abfinden, daß sie Carola, ihre Enkel und ihren Schwiegersohn auf so grauenhafte Weise verloren hatte. Regine, die sehr feinfühlig war, ahnte, woran ihre Schwiegermutter in diesem Moment dachte. Sie berührte den Arm ihres Mannes, sah ihn mahnend an.

Lutz verstand, was sie meinte, seine Hand schloß sich fest um die ihre. Um Stefanie abzulenken, wechselte er das Thema.

»Ja, Liebes. Ich weiß. In erster Linie müssen wir natürlich versuchen, Wolfgang ausfindig zu machen.« Lutz sprach zuversichtlich, obgleich er das im Grunde gar nicht war. Im Gegenteil: Sobald er an seinen ältesten Sohn dachte, mußte er sogar gegen ein panikartiges Angstgefühl ankämpfen. »Ich habe noch in Zürich an die Suchstelle in Schweden geschrieben und erwarte fast täglich Nachricht über Wolfgangs Verbleib. Mein Gott, er war damals fast noch ein Baby, jetzt muß er schon ein richtiger, kräftiger Junge sein. Rainer kann es kaum erwarten, seinen Bruder kennenzulernen.«

Stefanie war klar, daß Lutz, aus der freien Schweiz kommend, eine falsche Vorstellung von den Dingen hatte. Er meinte, ohne große Formalitäten nach Schweden reisen zu können, um dort persönliche Nachforschungen anzustellen.

»Du wirst dich bei der Militärregierung rechtzeitig um eine Ausreisebewilligung bemühen müssen«, warf sie ein. »Heutzutage braucht man für alles viel Zeit und Geduld.

Wir haben, und das müßte sich sogar bis in die Schweiz herumgesprochen haben, unseren Besatzungsmächten gegenüber keinerlei Rechte. Da hilft nur Beharrlichkeit und eine gehörige Portion Dickfelligkeit. Wirft man dich zu einer Tür hinaus, mußt du durch die zweite wieder hereinkommen.«
Lutz streckte die Arme in die Höhe, reckte sich, als müsse er seine Kräfte unter Beweis stellen. Über Stefanies Einwand lachte er nur. »Sei unbesorgt, Mama! Ich nehme es mit allen vier Besatzungsmächten auf, um unsere Familie wieder zu komplettieren.«
Stefanie streifte ihn mit einem ernsten Blick, und sofort ärgerte sich Lutz über seine unbedacht dahingesprochenen Worte. Nein, die Familie Hartmann würde nie mehr vollzählig sein. Der Vater, Carola und ihre Angehörigen, waren tot. Die Hoffnung, daß Katjas vermißter Mann noch am Leben war, verringerte sich von Woche zu Woche.
Impulsiv und in einer fast unbeholfen wirkenden Abbitte legte er den Arm um seine Mutter. Er schwieg, aber sie verstand sofort, was diese stumme Geste bedeuten sollte. Sekundenlang legte Stefanie den Kopf an die Schulter ihres Sohnes. Er war Magnus in Erscheinung und Wesen sehr ähnlich. Natürlich hatte sie bis zuletzt gehofft, Carola eines Tages wiederzusehen; aber nun mußte sie wohl dankbar sein, daß wenigstens Lutz unversehrt zu ihr zurückgekehrt war.

Lutz und Regine packten kräftig mit an; denn es gab noch eine Menge Schäden im Haus zu beseitigen. Oleg vollbrachte wahre Wunder, wenn es galt, die notwendigen Materialien herbeizuschaffen. Von Anbruch der Dunkelheit an war er unermüdlich unterwegs, um in den Ruinen nach Brauchbarem zu suchen.
Oft stand die Familie Todesängste aus, er könne dabei erwischt werden oder die Sperrstunde, die von den Alliierten verhängt worden war, überschreiten.

Doch der gutmütige Riese schien einen ganz besonders wachsamen Schutzengel zu haben. Je rissiger und schwieliger seine Hände wurden, desto ordentlicher sah es in der Hartmannschen Villa aus.
Obgleich zahllose Briefe zwischen Deutschland und Schweden gewechselt wurden, mußten Regine und Lutz sich sehr lange gedulden, ehe sie gen Norden reisen durften, um selbst nach ihrem Ältesten zu suchen. Erst im Sommer des Jahres 1947 bekamen sie endlich die Erlaubnis, nach Schweden zu fahren. Und das auch nur, weil Lutz eines Tages der Kragen geplatzt und er sehr energisch geworden war.
»Ich mußte diesem zwar netten, aber schrecklich sturen amerikanischen Captain erst einmal klarmachen, daß ich kein Nazibonze gewesen war«, berichtete er müde, aber mit seinem Erfolg zufrieden. »Daß ich im Gegenteil seinerzeit aus Deutschland fliehen mußte, wohl mit meiner Frau, aber ohne meinen kleinen Sohn, der mit einem Transport nach Schweden gebracht worden war. Und das nur, weil ich vorher anderen, die sich in Gefahr befanden, zur Flucht verholfen hatte.«
Lutz' Stirn rötete sich verlegen.
»Na, ihr wißt, daß ich mich damit noch nie gebrüstet habe; aber diesmal ging es einfach nicht anders. Plötzlich war der junge Mann bereit, etwas halbwegs Menschliches in mir zu sehen. Wir werden also in absehbarer Zeit reisen können. Urlaub von der Klinik bekomme ich, Doktor Hinrichs wird mich während meiner Abwesenheit vertreten. Wir werden ja nicht lange fortbleiben.«

Noch ehe es dazu kam, gab es für die Hartmanns eine Überraschung angenehmer Art. Schmalhans regierte, wie überall in Deutschland, in der geräumigen, einigermaßen wieder in Ordnung gebrachten Küche, als der Briefträger Katja ein umfangreiches Paket überreichte.
»Aus Amerika!« rief sie verblüfft aus. »Das muß ein Irrtum sein. Wir kennen doch dort keine Menschenseele.

Aber die Adresse stimmt. Es ist an dich gerichtet, Mama ...«

Stefanie, durch den Ausruf ihrer Tochter herbeigelockt, las mit hochgezogenen Brauen: »Absender N. Brown – kenne ich nicht. Aber da das Paket meinen Namen trägt, wären wir Narren, wollten wir es zurückweisen. Irgend jemand in den Staaten muß meinen Namen gekannt und ihn der Care-Paket-Organisation gemeldet haben. Also, worauf warten wir noch?«

Der Inhalt war ganz dazu angetan, sie in allgemeine Hochstimmung zu versetzen. Alles, was in diesen Notzeiten fehlte, was man im Grunde nur noch dem Namen nach kannte, war vorhanden. Sogar für die Kinder war reichlich mit Schokolade und Bonbons gesorgt worden.

»Und Nylons!« sagte Stefanie ehrfürchtig und hob ihr noch immer schlankes und schöngeformtes Bein, um auf ihre gestopften alten Strümpfe hinzuweisen. »Wer immer das Paket auch auf den Weg gebracht haben mag, soll dafür gesegnet sein!«

Die Aufklärung dieses angenehmen Rätsels folgte fast auf dem Fuße. Der unbekannte Spender war Natascha Wolkow. Ihr zwei Tage später eintreffender Brief gab Aufschluß über ihren derzeitigen Verbleib.

›Dein Brief, liebe Stefanie‹, schrieb sie, ›der mir unter anderem auch Dimitris tragischen Tod mitteilte, erreichte mich erst kürzlich nach allerlei Umwegen. Seit Beginn des unseligen Krieges haben wir nichts mehr voneinander gehört, und doch – wieviel hat sich seitdem ereignet! Daß Du Deinen Mann verloren hast, bedaure ich sehr. Ich habe Magnus Hartmann immer geschätzt und bewundert.

Was Dimitris tragisches Ende betrifft, so hatte ich ihn seinerzeit davor gewarnt, sich in diese Geschichte einzulassen. Aber er träumte davon, in unsere alte Heimat zurückkehren zu dürfen, und ahnte nicht, daß er sich auf die falsche Seite gestellt hatte. Der Preis dafür war hoch. Du weißt, Stefanie, wie sehr ich an meinem Bruder hing.

Darum wirst Du auch verstehen, wie schmerzlich mich die Nachricht von seinem Tod getroffen hat. – Nun zu mir. Meine Ehe mit Leutnant Borodin ist bereits vor vielen Jahren auseinandergegangen. Wir hatten wohl zu jung geheiratet, unsere Interessen waren zu verschieden. Für ihn gab es nur noch die Donkosaken und ihre Konzerte, ich war dadurch zuviel allein.
Später dann kam eine andere Frau – nun, das alte Lied eben. Wir trennten uns als Freunde und in bestem Einvernehmen.
Ein Jahr danach lernte ich Jim Brown kennen, einen bekannten Industriellen. Es war Liebe auf den ersten Blick, und er trägt mich auf Händen. Ich könnte gar nicht glücklicher sein . . .‹
Stefanie legte den Brief nachdenklich aus der Hand.
Ja, es hatte sich seit damals tatsächlich sehr viel geändert. Die einst so scheue Natascha war eine selbstbewußte und, wie das beigelegte Foto zeigte, sehr schöne Frau geworden. Alles, was sie außerdem noch schrieb, klang schon ganz amerikanisch. Ob es wirklich nur eine Liebesheirat gewesen war?
»Deine Tante, Katja«, sagte sie später, als sie mit ihrer Tochter allein war; denn weder Lutz noch Regine ahnten, wer der wirkliche Vater Katjas gewesen war. »Sie sieht dir sehr ähnlich, respektive du ihr. Sie schreibt, daß sie uns einmal besuchen will.«
Ein belustigtes Lächeln glitt um Stefanies Mund. »Na, dann wäre die Katze wohl endgültig aus dem Sack. Denn so blind kann keiner sein, um über diese Ähnlichkeit hinwegzusehen!«
Katja nahm die Sache von der praktischen Seite.
»Wennschon«, sagte sie mit einem Achselzucken. »Das alles liegt so weit zurück. Wenn Papa sich damit abgefunden hatte, werden wohl auch Lutz und Regine nichts dabei finden, daß ich nicht seine Tochter bin. Überhaupt kann es kein Fehler sein, eine wohlhabende Tante in der Familie zu haben. Denk doch bloß einmal an die herrli-

chen Pakete, mit denen wir nun laufend rechnen können.«

»Materialistin«, schalt Stefanie zärtlich, doch sie gab Katja innerlich recht. »Natürlich war Natascha bekannt, daß Dimitri mich liebte, sie ahnt aber bis zum heutigen Tag nicht, daß unsere Liebe Folgen gehabt hat. Sie wird die Überraschung ihres Lebens bekommen, wenn sie dir plötzlich gegenübersteht und in dir ihr um viele Jahre jüngeres Ebenbild erblickt.«

Im Grunde glaubte Stefanie nicht daran, daß es je dazu kommen würde. Natascha mochte zwar den festen Vorsatz haben, Berlin und vor allem Dimitris Grab zu besuchen. Doch ihre gesellschaftlichen Verpflichtungen und ihre völlig andere Lebensweise mochten sie letzten Endes davon abhalten, in ein Land zu reisen, in dem Ruinen und Elend den Alltag beherrschten.

7

Regine und Lutz waren endlich in Stockholm angekommen. Das kleine Hotel, in dem sie abstiegen, machte einen sauberen und behaglichen Eindruck. Das Essen, vorzüglich zubereitet, war, für deutsche Mägen in diesen Hungerjahren, geradezu üppig zu nennen.

Trotdem war es Regine unmöglich, mehr als ein paar Bissen zu sich zu nehmen. Die Kehle war ihr wie zugeschnürt. Sie konnte nur an den morgigen Tag denken, an das Wiedersehen mit ihrem Sohn, von dem sie vier Jahre lang getrennt gewesen war.

»Es ist schade, daß wir Stockholm erst am Abend erreicht haben. Sonst hätten wir gleich heute etwas wegen Wolfgang unternehmen können. Wie sehr sehne ich mich danach, ihn endlich wieder in meine Arme schließen zu dürfen.«

Regine machte einen gehetzten, nervösen Eindruck. Um sie abzulenken, schlug Lutz einen kurzen Stadtbummel vor. Als Arzt erkannte er sehr schnell, daß ihr Zustand nicht einem körperlichen Leiden entsprang, sondern der seelischen Belastung, der sie seit Monaten ausgesetzt gewesen war.

Es dunkelte bereits, in den Gartenrestaurants flammten die ersten Lichter auf. Irgendwo erklang Musik. Wie magisch angezogen folgten sie der Richtung, aus der sie kam. Dorthin, wo es recht lustig zuzugehen schien.

»Laß uns nach langer Zeit wieder einmal leichtsinnig sein, Liebling«, schlug Lutz impulsiv vor. »Die Welt wird es nicht kosten, wenn wir uns eine Flasche Wein leisten. Und überhaupt – hast du eine Ahnung, wie lange es schon her

ist, seit wir miteinander getanzt haben? Es muß ganz am Anfang unserer Bekanntschaft gewesen sein, auf einem Medizinerball. Und ist dir klar, wie alt wir seitdem geworden sind? Nein, verzeih. Du nicht. Nur ich. Du bist noch immer so jung und schön wie einst.«
Regine schlug lächelnd die Augen zu ihrem Mann auf, ließ sich willig von ihm auf die Tanzfläche führen. Der Garten mit seinen vielen Lichtern bot einen fast märchenhaften Anblick, wenn man aus einer Stadt wie Berlin kam.
Krieg und Zerstörung versanken, waren vergessen. In den Armen ihres Mannes fühlte Regine sich der Wirklichkeit entrückt und so glücklich und geborgen wie schon lange nicht mehr. Stockholm erschien ihr an diesem Abend als die wunderbarste Stadt der Welt.
In dieser Sommernacht vergaßen die beiden Menschen alles, was sie seit langem bekümmerte. Sie waren nur füreinander da, gaben sich ganz dem Gefühl ihrer neuerwachten Liebe hin und lebten dem Augenblick.

Als sie am nächsten Morgen Pastor Björnsen gegenübersaßen, lag ein Abglanz dieses Glücks in ihren Augen, und der junge Geistliche bedauerte insgeheim, diesem sympathischen Paar möglicherweise einen großen Schmerz zufügen zu müssen.
»Wir haben ja bereits per Brief miteinander Bekanntschaft gemacht«, leitete er seine Rede zögernd ein. »Ich teilte Ihnen darin mit, daß Pastor Rasmussen nicht mehr am Leben ist, er hätte Ihnen viel rascher behilflich sein können als ich. Sie wissen, daß der Kindertransport seinerzeit auf dem Weg von Berlin nach Norden von Tieffliegern angegriffen wurde. Dabei kamen mehrere Kinder ums Leben.«
»Aber Wolfgang doch nicht!« rief Regine verstört aus. Sie zitterte am ganzen Körper, der Ausdruck des Glücks hatte ihre blauen Augen verlassen. Sie spiegelten nur noch Entsetzen wider.

»Nein, nein«, beeilte Pastor Björnsen sich, sie zu beruhigen. Sehr wohl fühlte er sich nicht in seiner Haut; denn seit er allen Hinweisen nachgegangen war, quälten ihn Zweifel, die ihm durchaus berechtigt erschienen. »Pfarrer Rasmussen trug allerdings schwere Verletzungen davon, an deren Folgen er einige Zeit danach starb. Sie können sich vorstellen, daß es bei dem Tieffliegerangriff zu einem ziemlichen Durcheinander kam. Eine Schar Kinder – von ihren Eltern getrennt – es müssen sich herzzerreißende Szenen abgespielt haben . . .«

Warum erzählt er uns das bloß, dachte Regine beklommen. Er hat uns doch geschrieben, daß es Wolfgang bei seinen Pflegeeltern recht gut ergangen ist. Um die Dinge voranzutreiben, entnahm sie ihrer Handtasche ein Foto, um es dem Geistlichen zu reichen.

»Das war Wolfgang kurz vor der Trennung von uns. Es ist eine Aufnahme anläßlich seines Geburtstags. Er war damals drei Jahre alt.«

»Dann wäre er jetzt also etwa sieben.« Das Gesicht des Pastors spiegelte eine gewisse Ratlosigkeit wider. Als bemühe er sich, eine Rechenaufgabe zu lösen, die unmöglich aufgehen konnte. »Kinder wachsen heran, verändern sich in vier Jahren oft auf verblüffende Weise«, fügte er nachdenklich hinzu und schien doch bereits zu ahnen, wie es sich in diesem ganz speziellen Fall wirklich verhielt.

»Ja, natürlich.« Regines Züge entspannten sich. »Dennoch würde ich meinen Sohn überall wiedererkennen. Unter Tausenden von Kindern. Dürfen wir ihn noch heute sehen und mit nach Hause nehmen?«

Björnsens Augen wichen den ihren aus. Er spürte das drohende Unheil fast körperlich. Warum hatte es nur zu dieser Situation kommen müssen? Um Zeit zu gewinnen, nahm er seine Brille ab und putzte sie umständlich.

Wieso antwortete er nicht? dachte Regine beunruhigt. Die Lage ist doch geklärt, die Regelung braucht nicht mehr auf die lange Bank geschoben zu werden.

Endlich schien die Brille sauber zu sein. Pastor Björnsen

setzte sie auf und gab sich einen inneren Ruck. Die Entscheidung stand bevor. Je schneller alles geregelt wurde, desto besser. »Mein Wagen steht unten. Ihr – Ihr Sohn lebt bei netten Leuten auf dem Lande. Er weiß bereits, daß Sie heute kommen. Wie ich hörte, kann er Ihre Ankunft kaum erwarten . . .«

Die Fahrt dauerte zwei Stunden. Keine lange Zeit, und doch kam sie Regine wie eine Ewigkeit vor. Die Landschaft, die an ihnen vorüberglitt, war auf herbe Weise schön. Die Straße führte an Feldern vorbei, deren Ähren sich im leichten Wind wiegten, und schließlich ging es durch einen kleinen Wald.

An seinem Ende bog der Wagen in eine lange Allee ein, um endlich vor einem roten Haus mit einem tief herabgezogenen Dach und blendend weißen Fensterläden zu halten.

»Wir sind da.« Pastor Björnsen zögerte. »Ich habe eine große Bitte an Sie, Frau Hartmann«, fügte er hinzu, als er Regine beim Aussteigen behilflich war. »Vergessen Sie bei allem, was geschieht, bitte nicht, daß Sie Christin sind. Folgen Sie lediglich Ihrem Herzen, nicht Ihrem Verstand.«

Regines Augen weiteten sich. Eine uneingestandene Angst stand darin geschrieben. Sie spürte die Hand des Geistlichen wie ein Bleigewicht auf ihrem Arm. Wovon sprach er, um Himmels willen – was erwartete sie hier?

Noch ehe sie eine Frage stellen konnte, zeigte Björnsen auf mehrere Kinder, die bis zu diesem Moment auf einer Wiese gespielt hatten. Als der Wagen vorgefahren war, hatten sie ihr Spiel eingestellt, und nun lugten sie neugierig zu ihnen herüber.

Ein hochaufgeschossener Junge löste sich aus der Gruppe, tat einige Schritte nach vorn und blieb wieder stehen. Er hatte dunkle Augen und Haare, sein Gesicht war schmal, und seine Haut zeigte einen matten Elfenbeinton.

Björnsen räusperte sich, seine Stimme klang belegt. »Das,

Frau Hartmann, ist Ihr Sohn Wolfgang. Zumindest war ich dieser Meinung, bis ich –« Er verstummte, als er den Ruck spürte, der durch Regines Körper gegangen war. Sie holte tief Luft, als sei sie dem Ersticken nahe, und wandte sich ihm heftig zu. Als sie sprach, merkten die beiden Männer, daß sie einem hysterischen Ausbruch bedenklich nahe war.

»Aber – aber das ist doch gar nicht mein Sohn, Herr Pastor – hier muß ein schrecklicher Irrtum vorliegen! Sie haben mich zum falschen Haus gebracht. Ich verstehe nicht –«

Sie wankte, und Lutz trat rasch neben sie, um sie zu stützen. Er war über diese Entwicklung ebenso entsetzt wie seine Frau.

Pastor Björnsen verstand, was in diesen beiden Menschen vorging. Sie hatten viele Jahre darauf gewartet, ihren kleinen Sohn in die Arme schließen zu dürfen, und standen nun einem fremden Jungen gegenüber, der sie ohne Zweifel für seine Eltern hielt. »Der Junge dort, Frau Hartmann, hat vier lange Jahre unter Ihrem Namen gelebt«, erklärte er so leise, daß das Kind, das scheu nähergekommen war, ihn nicht verstehen konnte. »Er glaubt fest daran, Wolfgang Hartmann zu sein. Sehen Sie sich den netten kleinen Burschen doch einmal genauer an. Er hält Sie für seine Eltern, für die Menschen, an die er voller Sehnsucht gedacht hat – während der Zeit der Trennung. Entscheiden Sie selbst. Ich kann und will Sie zu nichts zwingen. Sie müssen tun, was Sie für richtig halten.«

»Wolfgang – unser leiblicher Sohn – wo ist er? Was ist mit ihm geschehen?« Lutz fiel das Sprechen schwer, er mußte nach Worten suchen.

»Als Ihre Frau mir in Stockholm sein Foto zeigte, glaubte ich bereits, die Zusammenhänge erraten zu können, Herr Doktor Hartmann. Es muß während des Tieffliegerangriffs zu einer tragischen Verwechslung gekommen sein. Anders kann ich es mir gar nicht vorstellen. Ich brauche wohl nicht zu betonen, wie leid mir das alles für Sie tut.

Sie stehen vor einer schweren Entscheidung, die Ihr ganzes ferneres Leben beeinflussen kann. Ob zum Guten oder Bösen – wer kann das heute schon sagen. Aber eins steht fest: In ganz Schweden gibt es kein Kind mehr, in dem Sie Ihren Sohn wiedererkennen würden. Alle Kinder, die seinerzeit den Tieffliegerangriff überlebt haben und mit dem Transport in Schweden ankamen, wurden mittlerweile von ihren Eltern heimgeholt. Nur der Junge dort blieb übrig.«

»Das bedeutet also, daß unser Wolfgang tot ist.« Regine sah aus, als würde sie jeden Moment die Fassung verlieren und laut losschreien. Um nicht umzusinken, klammerte sie sich an Lutz, rang nach Atem. Ihre Augen zeigten einen gehetzten Ausdruck, wie die eines in die Enge getriebenen Tieres. Wie sollte sie sich entscheiden – so schnell entscheiden?

»Mama?« Der fremde Junge, der älter als Wolfgang sein mußte, war zögernd zu ihnen getreten. In seinen braunen Augen brannte ein Licht, das eine jähe Flamme in Regines Herz entfachte. Es stand soviel Sehnsucht, soviel stilles, unfaßbares Glück in diesen sanften Kinderaugen, daß Regines Verzweiflung sich in einem Tränenstrom löste.

Sie weinte lautlos und schmerzhaft, und doch war es, als spülten diese Tränen all ihre Bedenken mit sich fort.

»Mama – Papa, ich bin so froh. Ich habe mich sehr nach euch gesehnt, soviel Zeitlang nach euch gehabt.« Dieses Wort ›Zeitlang‹, das wieder nichts anderes als Sehnsucht bedeutete, verriet mehr als der leichte Akzent, daß dieses Kind aus dem süddeutschen oder österreichischen Raum stammen mußte.

Regine befreite sich sachte von Lutz' stützender Hand. Sie sank vor dem Jungen auf die Knie und nahm ihn in ihre Arme. Es gab für sie gar keine andere Möglichkeit. Dieses hübsche Kind sah in ihr seine Mutter, liebte sie bereits, ohne sie je zuvor gesehen zu haben. Es wäre unmenschlich gewesen, soviel Erwartung, soviel Vertrauen zu zerstören.

»Mein Junge«, sagte sie, noch immer schluchzend. »Mein armer, lieber Junge!«
Lutz Hartmann stand stumm daneben. Unvermutet wandte er sich ab, wollte sich dagegen verwahren, daß er einen fremden Jungen als seinen Sohn anerkennen sollte. Doch Björnsen kam seinem Protest zuvor.
»Sie hat für Sie beide entschieden«, sagte er ruhig und sichtlich erleichtert. »Für Ihre Frau *ist* er bereits Ihr Sohn. Belassen Sie es dabei, Herr Doktor Hartmann. Sie tun damit ein gutes Werk. Würden Sie dem Kind jetzt noch seine Illusion rauben, endlich seine Eltern wiedergefunden zu haben, würden Sie es unweigerlich seelisch zum Krüppel machen. Sie, als Arzt, müssen mein Argument anerkennen.«

Regine und Lutz kehrten mit dem Jungen nach Berlin zurück, und er fügte sich in den Hartmannschen Haushalt ein, als habe er nie anderswo gelebt. Mit seinem vermeintlichen Bruder Rainer verstand er sich überraschend gut. Nur selten kam es zu kleinen Reibereien, wie sie unter Geschwistern nun einmal unausbleiblich sind.
Stefanie und Katja, über die wahren Zusammenhänge unterrichtet, gewannen sein Herz, in dem sich im Laufe der Jahre sehr viel Zärtlichkeit angestaut hatte, im Sturm.
Seine große Liebe aber gehörte Regine. Sie ließ ihn niemals fühlen, daß nur Rainer ihr leiblicher Sohn war.
Lutz Hartmann zeigte sich dem Jungen gegenüber freundlich, begegnete ihm jedoch stets mit einer gewissen Zurückhaltung. Es fiel ihm schwer, sich an den Gedanken zu gewöhnen, daß ein fremdes Kind die Stelle seines Stammhalters einnahm.
Natürlich vergaß auch Regine ihr verstorbenes Söhnchen nie und weinte ihm manche heimliche Träne nach. Trotzdem ging sie ganz in den Pflichten als Mutter ihres Ersatzsohnes auf. Sie liebte ihn und förderte sein musikalisches Talent, das er von seinen ihnen unbekannten Eltern geerbt haben mochte.

»Erinnerst du dich eigentlich noch an deine früheste Kindheit, Wolf?« fragte sie einmal, als er, vom Spiel erhitzt, zu ihr kam, um sich stürmisch in ihre Arme zu werfen. Mit jedem Atemzug betete er sie an. Als fühle er im Unterbewußtsein, was er Regine zu verdanken hatte. »Hast du uns, als wir nach Schweden kamen, um dich abzuholen, gleich wiedererkannt? Wir hatten uns schließlich eine Ewigkeit nicht gesehen«, fügte sie zögernd hinzu.
»Ach, Mama.« Ein grüblerischer Ausdruck erschien in Wolfgangs dunklen Augen. »Es liegt alles wie hinter einem dicken Vorhang versteckt. Ich erinnere mich gar nicht mehr daran, wie es gewesen ist, als ich noch ein kleiner Junge war. Nur an die Bomben und Schüsse – damals, als wir nach Schweden unterwegs waren. An die Angst und die vielen toten Kinder. Nicht weinen, Mama – ich habe ja nur eine kleine Schramme dabei abbekommen.«
Der Junge konnte nicht ahnen, wem die Tränen, die Regine vergoß, galten. Er streichelte immer wieder tröstend über ihre Wangen, küßte sie mit überwältigender Zärtlichkeit.
»Als du in Schweden aus dem Wagen gestiegen bist«, fuhr er nach kurzer Pause fort, »wußte ich ganz einfach, daß du meine Mutter sein mußtest. Ich fühlte es, weißt du. Nur schien mir, als sei dein Haar früher viel dunkler gewesen.«
Regine drückte einen Kuß auf seine weiche, bräunliche Wange. Natürlich. Seine Eltern mochten dunkel gewesen sein, sein Haar, seine braunen Augen, ließen darauf schließen. Alle Hartmanns waren blauäugig, sogar Katja, mit ihrer russischen Abstammung väterlicherseits. Aber auch die Wolkows hatten blaue Augen gehabt.
»Liebling«, antwortete sie, lächelnd auf seine Bemerkung eingehend. »Bei Damen wechselt die Haarfarbe oft über Nacht. Das ist eine Sache der Mode, verstehst du?«
»Ja, Mama.« Wolfgang gab sich mit dieser Erklärung zufrieden, wie er überhaupt jedes ihrer Worte wie ein Evangelium in sich aufnahm. »Versprich mir aber, daß du von

nun an immer so schön blond bleiben wirst wie jetzt«, fügte er dennoch ganz ernsthaft hinzu.

Obgleich Berlin seit 1945 offiziell nicht mehr die Hauptstadt Deutschlands war, stand es doch weiterhin im Interesse der Weltpolitik.

Die Westalliierten waren übereingekommen, von der ersten Phase ihrer Deutschlandpolitik abzurücken, die vornehmlich negativ ausgerichtet war: Entwaffnung, Demontage und demokratische Umerziehung. Im Zuge der amerikanischen Europapolitik sollte auch Deutschland wieder eine Chance eingeräumt werden.

Den Auftakt zu diesem Umdenken gab die Währungsreform vom 20. Juni 1948. Denn nun sollte nicht nur die wirtschaftliche Sanierung erreicht werden, sondern zugleich die deutsche Eigenstaatlichkeit, die mit der bedingungslosen Kapitulation aufgehört hatte, wiederbegründet und ganz von unten neu aufgebaut werden.

Stefanie wurde an diesem Tag an die Vergangenheit erinnert, an eine Vergangenheit, die sie nicht mit Magnus geteilt hatte.

»Ich muß an die Inflation zurückdenken«, sagte sie zu Lutz, während sie gemeinsam das neue Geld betrachteten, das ihnen – so wurde jedenfalls allgemein behauptet – zu einem neuen Wohlstand verhelfen sollte. »Ich habe mit deinem Vater niemals darüber gesprochen, wir lebten damals ja getrennt. Aber heute wüßte ich gern, wie er die Hartmann-Werke durch jene finanzielle Krise hindurchgesteuert hat. Wir stehen jetzt vor einem ähnlichen Problem, müssen wieder ganz von vorn anfangen. Damals ging es um Summen von schwindelnden Höhen, diesmal sitzen wir mit einem ›Kopfgeld‹ von sechzig sogenannten D-Mark da. Ich komme mir wie ein Verbrecher vor, wenn ich diesen Ausdruck höre!«

Trotzdem sollte es von nun an aufwärtsgehen. Dem schwarzen Markt war endgültig ein Riegel vorgeschoben, die Schaufenster füllten sich mit Waren, deren Existenz

man fast schon vergessen hatte. Der Wiederaufbau Deutschlands begann. Die Sowjets, die in ihrer Besatzungszone längst eindeutige Tatsachen geschaffen und Mitteldeutschland in den Ostblock eingeschmolzen hatten – wobei sie hofften, auch auf die übrigen Gebiete Einfluß zu gewinnen –, ließen es auf eine Machtprobe ankommen. Das Tischtuch zwischen Ost und West wurde dadurch auf drastische Weise zerschnitten.
Der sowjetische Delegierte verließ den Berliner Kontrollrat, der Eiserne Vorhang wurde hermetisch abgeriegelt. Es kam zu der Berliner Blockade, die vom 24. Juni 1948 bis zum 12. Mai 1949 andauerte.
Während dieser für die Bevölkerung unerhört schwierigen Zeit wurde der westliche Teil Berlins durch eine Luftbrücke versorgt. Die sogenannten ›Rosinenbomber‹ waren Tag und Nacht unterwegs und pausenlos im Einsatz. Amerikanische und britische Transportgeschwader beförderten im Verlauf von fast elf Monaten zwei Millionen Tonnen an Versorgungsgütern in die belagerte Festung, die einst die deutsche Reichshauptstadt gewesen war.
Der Erfolg bewies die Richtigkeit dieser Maßnahme: An soviel Gemeinschaftsgeist und Entschlossenheit, sich nicht erpressen zu lassen, mußte der sowjetische Anschlag zerbrechen.
»Damals, während der letzten Kriegstage«, bemerkte Stefanie seufzend, während sie die Rationen für die nächste Woche einteilte, »hatten wir so gehofft, die Amerikaner würden Berlin einnehmen und halten. Wieviel wäre uns da erspart geblieben.«
»Warum haben sie es nicht getan, Omi?« erkundigte sich Wolfgang, der den Dingen immer gern auf den Grund ging.
»Ach, Kind!« Stefanie hob resigniert die Schultern. »Wie soll ich dir das erklären? Nicht einmal wir Erwachsenen haben das seinerzeit verstanden. Ich glaube, sie hatten erreicht, was sie erreichen wollten, und überließen es danach den anderen, uns den Rest zu geben. Die jetzige Ak-

tion beweist, daß sie dies inzwischen bereut haben mögen.«
Ein Aufatmen ging durch die Bevölkerung, als auch dieser Spuk endlich ein Ende nahm. Jeder meinte, nun könne nichts mehr geschehen, den Frieden der Stadt zu erschüttern. Man ging wieder seiner Arbeit nach, versuchte den Krieg, der schon vier Jahre zurücklag, zu vergessen.

Katja hatte seit mehr als sieben Jahren nichts mehr von ihrem Mann gehört. Sie war jung und fühlte sich oft unausgefüllt und einsam, obgleich sie ihren Beruf hatte und ihre sechsjährige Tochter Nicole, die für ihr Alter recht verständig war, sehr liebte. Oft dachte sie zurück: an ihre Zeit im Feldlazarett, an die Monate, die dem Kriegsende gefolgt waren.
Einmal, bald nach ihrer Rückkehr in das zerstörte Berlin, hatte sie Oleg im Garten angetroffen und ihn impulsiv gefragt: »Auf welchem Friedhof liegt eigentlich General Wolkow begraben, Oleg? Sie waren doch bei ihm, als er starb, nicht wahr?«
Es war die erste Frage, die sie nach ihrem wirklichen Vater stellte.
Oleg, der Schutt von den Blumenbeeten räumte, hatte seine Arbeit unterbrochen und Katja treuherzig angesehen.
»Ja, war dabei. Aber für Begräbnis auf Friedhof damals keine Zeit. Alles drunter und drüber gegangen. Gnädige Frau wissen ja, wie es war. Habe also Graf Wolkow, meinen seligen Herrn, unter großer Birke in Garten von Villa, wo gewohnt hat, begraben. Liebte Birken so sehr, mein guter Herr. In Wolkow am Don, was war Rittergut von hochherrschaftliche Familie, wo er aufgewachsen, viele Birken . . .«
Oleg war jäh verstummt, Tränen traten in seine Augen und liefen über seine schmal gewordenen Wangen in den dichten Bart, der sein Kinn umwucherte. Umständlich zog er ein Taschentuch heraus und schneuzte sich ergriffen.

Katja ließ ihm Zeit, sich zu fassen. Sie wußte von ihrer Mutter, wie sehr der einfache Mann Dimitri ergeben gewesen war, ja, daß er ihm einst sogar das Leben gerettet hatte. Diesmal war es ihm nicht gelungen, dem Tod Einhalt zu gebieten. Die Umstände waren stärker als seine Treue und Zuneigung gewesen.
Katja hatte an Oleg vorbei den verwüsteten Garten betrachtet. Natürlich, die berühmten weißen Birken Rußlands! Auch in Olaf zur Lindens Heimat, in Lettland, waren sie heimisch.
Am liebsten wäre sie Olegs Beispiel gefolgt und hätte ebenfalls zu weinen begonnen. Sie bedauerte es zutiefst, den Mann, dem sie ihr Leben verdankte, nicht näher gekannt zu haben.
»Waren Sie seitdem wieder einmal dort?« fragte sie, nachdem Olegs Tränen versiegt waren.
Er nickte stumm. Es fiel ihm nicht leicht, darüber zu sprechen. »War dort, ja. Aber Villa, wo Herr Graf gewohnt haben, sehr kaputt, auch schöner Garten – alles großer Bombentrichter. Grab ganz weg. Nur Birke noch da . . .«
Katja hatte sich mit einem ernsten Kopfnicken abgewandt. Seltsam. Auch Magnus Hartmanns Grab war von einer Bombe zerstört worden . . .

Während der letzten Monate hatte Katja sich noch enger an Dr. Hinrichs angeschlossen, bis ihr klar wurde, daß aus dieser gegenseitigen Sympathie Komplikationen entstehen konnten. Wie leicht sprang ein Funke über, der zu einem Brand wurde, der nicht mehr zu löschen war.
Um sich vor ihren eigenen Wünschen zu schützen, war sie plötzlich abweisend gegen den jungen Arzt. Mit neuer Energie stürzte sie sich in die Nachforschungen nach ihrem vermißten Gatten. Bis jetzt stand lediglich fest, daß er weder gefallen noch in Gefangenschaft geraten war. Jedenfalls gab es darüber keine Aufzeichnungen. Vielleicht war das auch der Grund, warum sich in Katja leise Zweifel zu regen begannen.

»Bestimmt ist es unrecht von mir, so etwas überhaupt zu denken, Mutti«, sagte sie einmal zu Stefanie, als sie zusammen das Frühstück zubereiteten. »Aber ich muß es einfach loswerden, sonst werde ich mit diesem Verdacht nie fertig.«

Noch ehe Stefanie eine Rückfrage stellen konnte, fuhr Katja fast überstürzt fort: »Wir haben damals sehr schnell geheiratet, Dieter und ich, nicht wahr? Wir kannten uns erst kurze Zeit. Im Grunde waren wir nur so lange zusammen, wie ich Dieter im Lazarett gepflegt habe. Ich weiß, daß ich aus Liebe seine Frau wurde, daß ich ihn noch heute liebe. Aber wie stand es mit ihm? Die Angst vor dem, was ihn erwartete, wenn er wieder genesen war, mochte ihn dazu bewogen haben, sich ein kurzes Glück zu sichern, ehe er wieder an die Front zurückkehrte. Vielleicht glaubte er wirklich, mich zu lieben – jedenfalls in jenen kurzen Wochen . . .«

»Worauf willst du hinaus, Kind?« Stefanie hatte das Küchenmesser aus der Hand gelegt und sich hingesetzt. Die helle, sonst so freundliche Küche schien ihr plötzlich verdüstert.

Katja hob die Achseln, ließ sie resigniert sinken.

»Mit der Zeit mag Dieter erkannt haben, daß diese Liebe nichts weiter war als eine Flucht vor der grausamen Gegenwart. Weißt du, man hört doch immer wieder, daß Männer in den Nachkriegswirren ihre Familien einfach im Stich gelassen haben, um anderswo ein neues, von Verpflichtungen unbelastetes Leben zu beginnen. Mit einer anderen Frau, natürlich.«

Stefanie starrte ihre Tochter sprachlos an. Kein Wunder, daß Katja jetzt immer so elend aussah – bei solchen Gedanken!

»Du mußt den Verstand verloren haben, mein armes Kind, so etwas auch nur in Betracht zu ziehen«, sagte sie und meinte jedes ihrer Worte ernst. »Meine Menschenkenntnis mag nicht die beste sein; aber von einem bin ich ganz fest überzeugt: in diesem Punkt liegst du völlig

falsch. Wenn je ein Mann eine Frau wirklich geliebt hat, dann dein Dieter dich. Das schreib dir gefälligst hinter die Ohren und hör damit auf, dich in Selbstmitleid zu hüllen!«
Stefanie nahm ihre Arbeit wieder auf, wobei sie hoffte, ihre Tochter einigermaßen beruhigt zu haben. Doch Katja hatte sich nun einmal in ihren Verdacht verbissen. Zwar fühlte sie sich erleichtert, nachdem sie mit ihrer Mutter darüber gesprochen hatte, doch ein leiser Zweifel blieb nach wie vor.
»Sei doch ehrlich, Mutti. Heutzutage kommt so etwas am laufenden Band vor. Möglicherweise lebt Dieter irgendwo mit einer anderen Frau zusammen, die keine Ahnung hat, daß er bereits verheiratet und Vater einer Tochter ist.«
»Quatsch«, sagte Stefanie mehr ehrlich als höflich, und dieses schlichte Wort brachte Katja schneller zur Vernunft, als stundenlange Standpauken es vermocht hätten.
»Natürlich ist das Quatsch, Mutti.« Sie lächelte Stefanie entschuldigend an. »Wenn man so lange wartet, kann die Phantasie schon mal mit einem durchgehen.«

Dann kam der Tag, an dem Dr. Hinrichs Katja zu einem Theaterbesuch einlud.
»Sie müssen einmal unter Menschen, Katja, in eine andere Umgebung. Eine Absage lasse ich nicht gelten. Außerdem müßten Sie mich lange genug kennen, um zu wissen, daß ich kein leichtes Abenteuer suche . . .«
Katja sah zu dem jungen Arzt auf. Sie wußte, was sie ihm bedeutete. Dennoch, Hoffnungen konnte und durfte sie in ihm nicht wecken.
»Ich nehme Ihre Einladung gern an, Doktor Hinrichs. Doch ich setze voraus, daß Sie daraus keine voreiligen Schlüsse ziehen, nicht zuviel von mir erwarten . . . noch nicht.«
Nun hatte sie ihm – trotz aller guten Vorsätze – eine win-

zige Hoffnung gegeben, wenn auch nur auf später. Und damit letzten Endes auch sich selbst. Ihre kleine Tochter brauchte einen Vater, ein geordnetes Zuhause. Nicht nur die Fürsorge einer liebevollen Großmutter, die sich während ihrer, Katjas, Abwesenheit um alles kümmerte, was ein Kind nötig hatte. Nicole konnte manchmal ziemlich dickköpfig und trotzig sein. Es fehlte da eben die feste Hand des Vaters.
Katja bereute nicht, Dr. Hinrichs Einladung angenommen zu haben. Sie verbrachten einen harmonischen Abend miteinander, der nicht ganz ohne Zauber war. Die junge Frau erkannte deutlicher denn je zuvor, was sie während der letzten Jahre entbehrt hatte. Es tat gut, wieder einmal in einem hübschen Abendkleid in der Oper zu sitzen und hinterher in einem gepflegten Restaurant zu essen – von einem gutaussehenden Manne verwöhnt zu werden.
»Ich komme mir momentan gar nicht mehr wie eine berufstätige Frau vor, die in der breiten Masse untergeht und sich mit Alltagsproblemen herumschlägt«, sagte sie leise. Sie versuchte dabei Dr. Hinrichs Blick auszuweichen; denn mehr noch als der köstliche Wein stieg ihr die Anbetung zu Kopfe, die aus jedem seiner Blicke sprach.
»Sie werden nie in der Masse untergehen«, gab er ebenso leise zurück, und seine Hand berührte leicht die ihre. »Dazu sind Sie viel zu schön, Katja. Habe ich Ihnen das noch nie gesagt?«
Katja schüttelte stumm den Kopf. Eine unbestimmbare Beklemmung schnürte ihr die Kehle zu. Sie wußte ja, wie sehr sie sich danach sehnte, ihre Arme um den Hals eines Mannes zu legen, seine Lippen auf den ihren zu spüren. Es gab keinen Zweifel: der Mann, an den sie dabei dachte, war Dr. Hinrichs.
Sie war jung, die Quellen ihrer Liebesfähigkeit waren noch lange nicht erschöpft. Sie mochte den Arzt, hatte ihn während ihrer gemeinsamen Arbeit schätzengelernt. Er suchte kein Abenteuer, es war ihm ernst mit seiner Liebe.

Es kam, wie es kommen mußte. Als Dr. Hinrichs Katja im Taxi nach Hause begleitete, lag sie plötzlich in seinen Armen. Es schien die natürlichste Sache der Welt zu sein, daß sie sich küßten.
Als er sie endlich freigab, sagte Katja benommen: »Das Kind – ich habe mein Kind völlig vergessen . . .«
»Ja, das Kind«, wiederholte Hinrichs, und es klang gegen seinen Willen bitter. »Dieter Hollburgs Kind. Ich könnte ihm ein guter Vater sein, wenn du es nur erlauben würdest. Aber es wird dich immer an ihn erinnern, und du wirst den Gedanken nicht loswerden, nicht genug getan zu haben, um ihn wiederzufinden.«
Was gab es darauf zu antworten? Sie schieden, obgleich sie sich noch vor wenigen Minuten leidenschaftlich geküßt hatten, wie zwei Fremde voneinander und wünschten doch insgeheim, daß der Abend anders geendet hätte.

Als Katja am nächsten Morgen ihren Dienst antrat, sah Dr. Hinrichs ihr freundlich und gelassen wie eh und je entgegen. In seinen Augen stand nichts mehr von dem Sturm des vergangenen Abends zu lesen.
»Ich habe vorhin mit deinem Bruder gesprochen, Katja«, leitete er das Gespräch ein. »Du bekommst ein paar Tage Urlaub.«
»Aber ich habe doch gar nicht darum gebeten«, gab Katja verwirrt zurück. »Außerdem stehen mir in diesem Jahr keine freien Tage mehr zu.« Worauf wollte Hinrichs hinaus?
»Du wirst sie aber brauchen.« Er schob ihr ein Zeitungsblatt zu. Die Schlagzeile war riesengroß und traf Katja mitten ins Herz.
»Nächster Heimkehrertransport aus Rußland in Kürze in Friedland erwartet«, las sie mit versagender Stimme. »Aber ich weiß doch gar nichts – man hätte mich doch ganz bestimmt benachrichtigt, falls Dieter –«, stammelte sie atemlos.

»Natürlich. Dein Mann wird kaum mit dabei sein. Doch du kannst mit Heimkehrern über ihn sprechen, ihnen Dieters Foto zeigen. Vielleicht kennt einer ihn, war mit ihm zusammen. Es ist eine winzige Chance, die du nicht ungenutzt lassen solltest.«
Katja ahnte, welche Überwindung es Dr. Hinrichs kostete, ihr diesen Rat zu geben. Sie nahm sich in diesem Moment eines fest vor: Wenn sich auch diese Hoffnung zerschlug, dann würde sie die Vergangenheit endgültig begraben und nur noch der Gegenwart leben, in der Peter Hinrichs die Hauptrolle spielen sollte.
Sie ahnte auch, daß er sich von den gleichen Gedanken leiten ließ, um der Ungewißheit für alle Zeiten ein Ende zu bereiten.
Als sie sich von ihm verabschiedete, um nach Friedland zu fahren, geschah es wortlos; aber sie wußten beide, wieviel für sie von den nächsten Tagen abhing.

Die Stunden, die Katja auf dem Bahnhof von Friedland verbrachte, glichen einem Alptraum. Die Eindrücke, die dort auf sie einstürmten, brannten sich für immer in ihre Seele ein.
Als der Zug endlich einfuhr, spielten sich vor ihren Augen erschütternde Szenen ab. Flüchtige Ähnlichkeiten ließen sie immer wieder zusammenzucken; aber wenn sie dann zögernd nähertrat, war es nie Dieter Hollburg, ihr Mann, in dessen Gesicht sie blickte.
Es erschien ihr herzlos, die Wiedersehensfreude der Heimkehrer und ihrer Angehörigen zu stören, um ihnen Dieters Foto zu zeigen und sie um Auskunft zu bitten. Doch die Männer spürten, wie ihr zumute war, und sie gaben sich die größte Mühe, ihr zu helfen. Vergebens, wie sich bald herausstellte.
Sie wollte sich bereits mutlos abwenden, als einer der Männer über ihre Schulter hinweg nach der Aufnahme griff.
»Das ist Hauptmann Hollberg, Dieter Hollberg, ja . . .«

»Hollburg«, verbesserte Katja mechanisch. Die Stimme wollte ihr nicht recht gehorchen.
»Richtig. Wir waren im gleichen Lager, Frau Hollburg, haben im Bergbau gearbeitet. Als dieser Transport abging, war er krank und nicht reisefähig. Er mußte zurückbleiben –«
Tränen stiegen in Katjas Augen, liefen langsam über ihr vor Erregung blasses Gesicht. Sie mußte mehrmals ansetzen, ehe sie wieder sprechen konnte.
»Dieter lebt – er lebte noch, als Sie abfuhren? Bitte, schreiben Sie mir doch seine Adresse auf.«
Er tat es mit Fingern, die steif und des Schreibens ungewohnt geworden waren.
»Ich wünsche Ihnen Glück, Frau Hollburg. Es wird schon alles in Ordnung kommen«, sagte er und betrachtete sie mitfühlend. Er wußte, was es hieß, zurückbleiben zu müssen, wenn ein Transport in die Heimat abging, dem man eigentlich zugeteilt gewesen war. Wer weiß, ob man noch lebte, wenn der nächste abging!
Als Katja dem Mann mit einem bebenden Lächeln dankte, legte er gewohnheitsmäßig die Hand an die abgetragene Mütze und wandte sich dann seinen Angehörigen zu.
Katja meinte, bis zu diesem Tag nie etwas Kostbareres in der Hand gehalten zu haben als diesen kleinen zerknitterten Zettel, auf dem stand, wo Dieter sich noch bis vor kurzem aufgehalten hatte. Doch er war krank gewesen, und sie hatte völlig vergessen, danach zu fragen, was ihm gefehlt hatte! Lieber Gott, betete sie während der Rückfahrt unausgesetzt, laß ihn jetzt durchhalten, jetzt, da ich seinen Aufenthaltsort kenne und in der Lage bin, ihm zu schreiben und die notwendigen Schritte einzuleiten, damit er endlich zurückkehren kann – zu mir und zu unserem Kind!
Als sie in der Klinik eintraf, las Dr. Hinrichs ihr vom Gesicht ab, was geschehen war.
»Du hast also etwas erfahren«, sagte er leise. »Ich bin froh – um deinetwillen.«

»Wenn ich meinen Mann wiederbekomme, verdanke ich es dir, Peter. Ohne dich wäre ich nie auf den Gedanken gekommen, nach Friedland zu fahren«, antwortete sie ebenso leise.

»Wir hätten diese Möglichkeit längst in Betracht ziehen müssen.« Hinrichs sprach ruhig und gelassen. Als hätte er diese Frau, die schmal und blaß vor ihm stand, nie in seinen Armen gehalten. Sie war ihm verloren, aber darauf kam es jetzt nicht mehr an. Nur ihr Glück war wichtig.

»Wenn du erlaubst, werde ich mich von nun an um diese Angelegenheit kümmern«, fügte er hinzu.

»Peter . . .«

»Ich weiß. Ich bin ein ganz großartiger, edler Mensch. So etwas pflegt man wohl in einer solchen Situation zu sagen. Vielleicht trifft es bei mir sogar irgendwie zu; denn wenn ich dir zu deinem Glück verhelfe, verzichte ich auf das meine.«

Mit einer fast abrupten Bewegung wandte Dr. Hinrichs sich ab. Er wollte damit die Unterredung, die über seine Kräfte ging, beenden. Katja verstand. Als sie leise hinausging, klangen seine Worte noch in ihr nach. Er wollte ihr zu ihrem Glück verhelfen. Würde es aber wirklich ein Glück sein?

»Es sind so viele Jahre vergangen, seit Dieter und ich uns geliebt haben«, sagte sie am Abend zu Stefanie, nachdem sie ihr von dem Erfolg ihrer Fahrt nach Friedland berichtet hatte.

»Weißt du, Mama, wenn ich mir die Gesichter der Heimkehrer vorstelle, an das, was sie aussagten, wird mir einfach himmelangst.«

»Natürlich.« Stefanie nickte ernst. »Du bist inzwischen erwachsen geworden und eine selbständige Frau, die gelernt hat, auf eigenen Füßen zu stehen. Dieter dagegen –«

Katja lehnte sich lebhaft vor, ihre Augen glänzten im Licht der Lampe. Die Erregung verlieh ihrem Gesicht Farbe, sie sah jünger und sehr reizvoll aus.

»Dieter dagegen mag sich nach einer ganz anderen Richtung entwickelt haben, als es vielleicht in Friedenszeiten der Fall gewesen wäre. Sein Schicksal, die lange Gefangenschaft, all das mag ihn verbittert und mir entrückt haben. Vielleicht bin ich sogar in seiner Erinnerung verblaßt, und wir werden uns als Fremde, die einander nichts mehr zu sagen haben, gegenüberstehen.«
Stefanie schüttelte den Kopf. »So etwas darfst du dir gar nicht erst einreden, Kind. Sonst bist du von Anfang an befangen, und das könnte die Dinge nur erschweren.«
Katja gab sich einen inneren Ruck.
»Du hast recht, Mama. Es wäre verfrüht, sich schon heute deswegen Sorgen zu machen. Zuerst einmal muß ich versuchen, Dieter dem Leben wieder zuzuführen. Und sollten wir nicht mehr zusammenpassen, dann können wir uns zu einem späteren Zeitpunkt noch immer für eine Trennung entscheiden.«
Obgleich Dr. Hinrichs und Lutz ihr behilflich waren, die notwendigen Schritte einzuleiten, lief auch Katja von Amt zu Amt, schrieb selbst zahllose Briefe, beantwortete die gleichen Fragen wie früher schon und wartete, zwischen Furcht und Hoffnung schwankend.

Es vergingen mehrere ereignislose Monate. Dann hielt Katja eines Abends, als sie aus der Klinik nach Hause gekommen war, eine Benachrichtigung des Deutschen Roten Kreuzes in der Hand.
»Sie schreiben mir«, sagte sie tonlos, während Stefanie, Regine und Lutz sich abwartend verhielten, »daß mein Mann mit dem nächsten Transport in Friedland eintreffen wird.« Katja schluckte krampfhaft. Sie wollte jetzt nicht weinen. »Transport – das hört sich so entwürdigend an. Als ginge es nicht um lebendige Menschen, sondern um irgendeine Ware.«
Und nun kamen die Tränen doch. Plötzlich war Katja zumute, als brächte sie nicht mehr die Energie auf, auch diese letzte Kraftprobe noch zu bestehen.

»Mami weint«, hörte sie Nicoles zartes Stimmchen traurig sagen.
Sie fuhr herum, nahm ihr Kind in die Arme und ließ ihren Tränen freien Lauf. Alles, was sich in den langen Jahren der Trennung von Dieter in ihr angestaut hatte, brach sich jetzt mit Gewalt Bahn und schwemmte Angst und Zweifel mit sich fort. »Ach, das tat gut«, sagte sie endlich aufatmend. »Ich habe das Gefühl, als sei meine Seele dadurch einer Generalreinigung unterzogen worden.«
Sie trocknete energisch ihre Tränen und fuhr Nicole mit der Hand sanft über das Köpfchen.
»Weißt du, der Papi kommt nämlich bald zu uns. Er war sehr krank, und wir müssen darum besonders lieb zu ihm sein«, sagte sie lächelnd, aber die Kleine betrachtete sie unschlüssig und fast betroffen.
»Der Papi . . .«
Nun ja. Nicole war zwar daran gewöhnt, daß andere Kinder einen Papi hatten, aber sie selbst war bisher ganz gut ohne ihn ausgekommen. Sie wurde von allen verwöhnt und konnte sich eine Veränderung ihrer kleinen Welt gar nicht vorstellen.
»Kein Wunder«, sagte Katja später, nachdem sie das Kind zu Bett gebracht hatte. »Der Gedanke an einen fremden Mann, der bei uns leben und zu dem sie auch noch ›Papi‹ sagen soll, muß Nicole zwangsläufig ein wenig unheimlich sein.«

Die Tage bis zu Dieter Hollburgs Heimkehr aus russischer Kriegsgefangenschaft, die mehr als sechs Jahre gewährt hatte, verbrachte Katja in einem Zustand, der sich zwischen Traum und Wirklichkeit bewegte. Sie tat wie zuvor in der Klinik ihre Pflicht und bemühte sich, Dr. Hinrichs unglückliches, in sich gekehrtes Gesicht zu ignorieren. Sie wußte, daß er mit Dieters Rückkehr eine Hoffnung begrub, und sah keine Möglichkeit, ihn zu trösten. Sicher lernte er eines Tages eine andere Frau kennen und vergaß darüber seine hoffnungslose Liebe. Momentan aber schien diese Möglichkeit noch in weiter Ferne zu liegen.

Dann stand Katja wieder auf dem Bahnhof von Friedland, eingekeilt in einer Menge ungeduldig wartender Menschen, die genau wie sie unendlich viel von den nächsten Stunden erhofften. Für manche von ihnen würde unter Umständen etwas zerbrechen, woran sie jahrelang geglaubt hatten. Unwillkürlich faltete Katja die Hände und betete, daß es ihr nicht ebenso ergehen möge.

Als der Zug endlich einfuhr, wurde sie einfach mitgerissen und verfiel beinahe in Panik. Wie sollte sie in diesem Gedränge Dieter herausfinden – nach all den Jahren der Trennung? Katja wurde jäh bewußt, wie kurz die Zeit gewesen war, die sie mit ihm hatte verbringen dürfen. Viel zu kurz ...

Während alle vorwärtsstürmten, gelang es Katja, sich zur Seite durchzuarbeiten. Dort blieb sie stehen und holte tief Luft. Sie wollte diesen Augenblick, der für sie und ihre kleine Tochter so unendlich viel bedeutete, in sich aufnehmen, um ihn nie wieder zu vergessen.

Dann aber schweiften ihre Augen umher, unruhig, von jäher Angst erfüllt. Wenn Dieter nun auch diesmal nicht mitgekommen war? Sie wollte weitergehen, der Menge nach, die ihr wie ein unentwirrbarer Knäuel erschien. Doch plötzlich stockte ihr Schritt, sie blieb wie angewurzelt stehen und starrte den Mann an, der nur wenige Meter von ihr entfernt stand und sie ansah.

Es war Dieter, und er war es auch wieder nicht. Jedenfalls nicht der Dieter Hollburg, den sie einst gekannt hatte. Sein Blick schien erloschen, fast tot. Dann aber veränderte sich sein Gesicht, verriet heftige Bewegung.

»Katja?«

Auch seine Stimme war fremd. Sie klang rauh und hart. Wie die eines Menschen, der wenig Gelegenheit zum Sprechen gehabt hat.

Ein Schritt und noch einer. Seine Hände legten sich behutsam, als glaube er zu träumen, um Katja – seine Frau.

Sie küßten sich nicht, hielten sich nur fest umschlungen. Katja horchte in sich hinein. Wie hatte sie nur je annehmen können, daß ihr eigenes Leben schwer gewesen war? Was wogen ihre Sorgen, ihre Probleme, verglichen mit dem, was Dieter durchgemacht hatte?
Aus ihrem tiefen Mitgefühl für ihn wuchs eine Liebe, die weitaus stärker war als alles, was sie damals empfunden hatte, als sie seine Frau geworden war.

Es war spät in der Nacht, als sie in Dahlem ankamen. Die Familie war bereits zu Bett gegangen. Früher als gewohnt, um nicht zu stören. Das Wiedersehen der beiden sollte nicht durch höfliche Phrasen zerredet werden. Morgen war auch noch Zeit, den Spätheimkehrer zu begrüßen.
Katja führte ihren Mann an Nicoles Bettchen, und sie fühlte sich stolz und froh. Denn sie konnte Dieter nicht nur ein Zuhause, einen stillen Hafen, bieten, in dem er ins normale Leben zurückfinden konnte. Sie hatte ihm auch ein Kind geschenkt, das mit der Zeit lernen würde, ihn zu lieben und zu achten.
Als ihre Hände sich über dem schlafenden kleinen Mädchen fanden, hoffte Katja, daß von nun alles gut werden würde. Sie wußte aber auch, daß die nächsten Monate für sie alle nicht leicht sein würden; denn Dieter war wie ein Mensch, der lange blind gewesen war und sich erst wieder in einer ihm fremd gewordenen Welt zurechtfinden mußte.

Dritter Teil

I

Zehn Jahre waren seit Dieter Hollburgs Rückkehr aus russischer Kriegsgefangenschaft vergangen. Immer, wenn Katja versuchte, über diese Zeit Bilanz zu ziehen, dann mußte sie vor sich selbst ehrlich zugeben, daß keine ihrer Erwartungen, die sie an Dieters Heimkehr geknüpft hatte, in Erfüllung gegangen war.

»Mehr als sechs Jahre unter so unwürdigen Verhältnissen leben zu müssen, hinterläßt zwangsläufig seelische Narben«, hatte sie einmal zu Stefanie gesagt. Die beiden Frauen, Mutter und Tochter, saßen in dem halbwegs instand gesetzten Eßzimmer, das fast wieder so wie zu Magnus Hartmanns Lebzeiten aussah. Sogar der Kristallkronleuchter hing wieder an seinem Platz, restauriert und in seiner glitzernden Pracht in dem eher nüchternen Alltag der Nachkriegsjahre fast ein wenig deplaziert wirkend.

»Ich bin doch froh, daß ich seinerzeit alle Scherben aufgelesen habe«, schweifte Katja unwillkürlich vom Thema ab. »Mehr als alles andere hier erinnert mich dieses Prachtstück an meine schöne, sorglose Jugend. Ich wünschte, es wäre noch wie damals und ich könnte in diesem schönen alten Haus wohnen. Es ist doch weitaus mehr eine Heimat als unsere Wohnung in einem modernen Wohnblock.«

»Sie ist doch auch sehr hübsch.« Stefanie wußte genau, wie sehr Katja unter ihren unerquicklichen häuslichen Verhältnissen litt. »Eigentlich war es ein Wunder, daß du die Wohnung, die doch recht geräumig ist, überhaupt bekommen hast. Wahrscheinlich lag es nur daran, daß Dieter Spätheimkehrer ist. Da macht das Wohnungsamt schon mal eine Ausnahme.«

»Möglich.« Katja war, trotz ihrer achtunddreißig Jahre, noch immer eine aparte und anziehende Erscheinung, obgleich sie in letzter Zeit zu blaß und erschöpft wirkte. »Was nützt mir aber die schönste Wohnung, wenn darin dauernd Unfriede herrscht. Nein«, verbesserte sie sich hastig, »Dieter ist alles andere als despotisch. Im Gegenteil. Manchmal habe ich den Eindruck, als nehme er mich gar nicht wahr. Er lebt in einer anderen Welt, in seine unglücklichen Erinnerungen verstrickt. Die Gegenwart ist für ihn unwichtig geworden. Glaube mir, Mama. Mir wäre viel lieber, er würde einmal aufbegehren, auf den Tisch hauen. Zeigen, daß er da ist und mitbestimmen möchte. Kein Wunder, daß Nicole, mit ihren siebzehn Jahren, schon eigene Wege geht, Wege, die ich oft gar nicht kenne. Ich mache mir Vorwürfe –«
»Dazu besteht wirklich kein Grund, Kind. Du tust für deine Familie, was in deiner Kraft steht – nein, mehr als das. Du arbeitest, verdienst Geld, um euren Lebensstandard halten zu können. Sobald Dieters Gesundheitszustand sich gebessert hat . . .«
»Aber das ist ja der Fall!« brauste Katja ungewohnt heftig auf. »Körperlich ist er fast wieder in Ordnung. Er läßt sich nur einfach fallen, leidet ständig unter Depressionen. Mein Gott, was muß ich denn noch tun, um ihm zu beweisen, daß wir ihn lieben, ihn brauchen!« Katjas Stimme brach, und sie fuhr sich mit einer verzweifelten Bewegung übers Gesicht, um die Tränen, die über ihre Wangen rollten, wegzuwischen.
Stefanie schwieg. So gern sie geholfen hätte, sie wußte darauf nichts zu erwidern. Es tat nie gut, sich in eine Ehe einzumischen, man zerbrach dabei meist mehr Porzellan, als gut war. Trotzdem nahm sie sich vor, einmal mit Lutz über dieses Problem zu sprechen. Vielleicht konnte er, als Arzt, Dieter ins Gewissen reden, ihn ein wenig aufmuntern.
Nein, materielle Sorgen kannte Katja nicht. In den fünfziger Jahren war Natascha, geborene Wolkow, unvermutet

nach Berlin gekommen, um, wie sie erklärte, das Grab ihres Bruders zu besuchen. Während sie ihrer Tochter Katja zuhörte, mußte Stefanie an diesen kurzen Besuch zurückdenken. Sie erinnerte sich daran, als sei das alles erst gestern geschehen. Das Wiedersehen mit der Russin hatte sich ihrem Gedächtnis allzu lebhaft eingeprägt.
Die einst sehr schüchterne Natascha, die sich vor so vielen Jahren gefürchtet hatte, vor dem zusammengewürfelten Publikum eines kroatischen Kinos auf einem verstimmten Klavier die Begleitmusik zu herzzerreißenden Filmdramen zu spielen, war eine äußerst elegante und selbstbewußte Frau geworden.
»Was willst du, Stefanie«, hatte sie mit einem belustigten Lächeln gefragt, »Jim trägt mich auf Händen, liest mir jeden Wunsch von den Augen ab. Hätte ich ihn nicht heiraten sollen, nur weil er nicht meine erste große Liebe war?«
Stefanie beantwortete diese im Grunde nicht zu beantwortende Frage – denn diese Dinge mußte jeder mit sich selbst abmachen – mit einem nachdenklichen Blick. War sie seinerzeit nicht auch Magnus Hartmanns Frau geworden, ohne ihn zu lieben? Hatte sie nicht manchen Umweg machen müssen, ehe sie endlich erkannte, daß er im Grunde der einzige Mann in ihrem Leben gewesen war, der in jeder Beziehung zu ihr paßte?
Sie hatten einander auf wunderbare Weise ergänzt, ohne dies zunächst wahrnehmen zu wollen. Bis auch sie, Stefanie, durch manches Erleben reif genug geworden war, um die Situation richtig beurteilen zu können.
»Nein«, hatte sie nach einer Pause Nataschas Frage beantwortet, »wenn dir das Leben an Jim Browns Seite gefällt, dann konntest du wohl gar nichts Besseres tun, als ihn zu heiraten.«
Natascha spielte mit dem Ring an ihrem Finger, der einen ausnehmend großen und gewiß sehr kostbaren Brillanten aufwies. Sie ging nicht näher auf Stefanies Worte ein, schien über etwas nachzudenken.

»Du hast einst meinen Bruder Dimitri geliebt, Stefanie. Ach«, kam sie jedem Einwand zuvor, »ich habe es doch schon in Sisak gespürt, daß er dir nicht gleichgültig war. Und dann – erst viel später – als es ihm in Paris so hundeelend ging, hat er mir davon geschrieben. Nein, natürlich keine Einzelheiten. Dazu war er viel zu sehr Gentleman; aber ich konnte zwischen den Zeilen lesen. Er liebte dich nach wie vor und litt unter der Trennung von dir mehr als unter seiner materiellen Not.«

Stefanie schwieg. Ihr Blick irrte zum Fenster, verlor sich in dem Streifen blauen Himmels, der zwischen den Kronen der hohen alten Bäume sichtbar war. Sie glaubte, Dimitri vor sich zu sehen, jung, attraktiv, schwermütig. Und doch so verschwenderisch mit seiner Liebe, seiner Leidenschaft.

Als sie Natascha ansah, zeigten ihre Augen eine leise Unsicherheit. Sobald Katja dieses Zimmer betrat, würde Natascha ihrem jüngeren Ebenbild gegenüberstehen und die volle Wahrheit erraten. »Du hast recht, Natascha. Dimitri und ich haben uns einen kurzen Sommer lang geliebt. Nach dem herkömmlichen Gesetz war es Sünde, was wir taten, aber –«, ein frohes Lächeln zeigte sich auf Stefanies Gesicht, »aber, bei Gott, es war eine wunderbare Sünde!«

Auch Natascha lächelte, und die beiden Frauen verstanden sich wortlos. Natascha war sehr schön, es schien unmöglich, daß ihr weit älterer Gatte ihr immer genügt hatte. Sie war leidenschaftlich veranlagt und gewillt, all das vom Leben zu verlangen, worauf sie ein Recht zu haben meinte.

Natascha war kaum angekommen, als Katja sich auch schon telefonisch bei ihrer Mutter ansagte. Sie brannte darauf, ihre Tante, die von der Existenz einer erwachsenen Nichte keine Ahnung hatte, endlich kennenzulernen.

Mit hochroten Wangen betrat Katja nun den kleinen Salon, in dem Stefanie mit ihrem Gast auf sie wartete.

Natascha reagierte sehr gelassen, als sie Katja sah. Sie hob nur amüsiert die schmalen, sorgfältig gezupften Augenbrauen und warf Stefanie einen beredten Blick zu.
»Weiß das Kind Bescheid?« fragte sie leise. Als Stefanie stumm nickte, fielen sich Tante und Nichte mit einem herzlichen Lachen in die Arme.
»Du weißt gar nicht, wie sehr ich mich über diese unerwartete Überraschung gefreut habe, Katja«, erklärte Natascha später. »Vor allem, weil unsere erste Begegnung so völlig unsentimental verlaufen ist. Ein schöneres Legat hätte mein Bruder mir nicht hinterlassen können. Von deiner Mama wirst du wissen, daß meine beiden Ehen kinderlos geblieben sind. In dieser Beziehung ist in meinem Alter auch nichts mehr zu erwarten. Eines Tages, hoffentlich nicht so bald, denn ich lebe gern, wirst du mit einem ansehnlichen Erbe rechnen können. Bis es soweit ist, mußt du mir erlauben, ein wenig für dich zu sorgen. Du sollst nicht mehr so angestrengt arbeiten, sondern dich mehr deiner Familie widmen können. Daß dies möglich wird, laß meine Sorge sein.«
Natürlich bestand Natascha auch darauf, das Haus zu sehen, in dem Dimitri vor nunmehr fast zehn Jahren gestorben war.
»Zu dumm«, kommentierte sie den Freitod ihres Bruders. »Dimitri hat es nie recht verstanden, sich auf die richtige Seite zu schlagen. Ich weiß nicht, wie er auf die Idee kommen konnte, sich ausgerechnet den Nazis zur Verfügung zu stellen. Er mußte doch wissen, daß seine Parteinahme ihn eines Tages in eine ausweglose Situation bringen mußte. Bei einem Regime dieser Art hält man sich in jedem Fall zurück. Dadurch vermeidet man, bei dem unausbleiblich schlechten Ende in das Debakel mit hineingerissen zu werden.«
Stefanie verstand Dimitris Beweggründe besser. Sie wußte, daß es sein letzter verzweifelter Versuch gewesen war, der Misere zu entfliehen, in die er seit seinem Weggang aus Kroatien geraten war. Es mochte ihm verlocken-

der erschienen sein, in einer Generalsuniform – egal, welcher Farbe – herumzugehen, statt in der eines Portiers einer zweifelhaften Pariser Bar.
Oleg, der Natascha mit Tränen in den Augen und einem Kniefall, um nach alter russischer Sitte ihren Rocksaum zu küssen, begrüßt hatte, führte seine junge Herrin, wie er sie heute noch nannte, zu dem Grundstück, auf dem er Graf Wolkow seinerzeit begraben hatte.
Zum ersten Mal, seit Katja wußte, daß Dimitri ihr Vater gewesen war, schloß sie sich ihm an. Sie war bisher nicht zu bewegen gewesen, diese für sie traurige Stätte zu besuchen.
»Haus ist anders jetzt«, sagte Oleg mit rauher Stimme und Tränen in den Augen, die ihm stets kamen, wenn er an seinen Herrn erinnert wurde. »Waren nach dem Krieg unsere Landsleute drin, alles kurz und klein geschlagen. Aber«, ein Leuchten erhellte sein altes Gesicht, »Birke noch da, unter welcher den Herrn Grafen beerdigt habe.«
Das zweistöckige Haus mochte erst kürzlich neu hergerichtet worden sein. Es lag weiß und gepflegt in dem großen, verträumten Garten. Irgendwo spielten Kinder, ihre bunten Kleider wurden zwischen den Bäumen und Sträuchern sichtbar. Ihre Stimmen klangen fröhlich und unbeschwert.
Natascha legte spontan den Arm um Katjas Schultern. Es tat ihr wohl, daß in dieser Minute jemand neben ihr stand, der ein Teil Dimitris war.
»So hätte mein Bruder es wahrscheinlich gemocht«, sagte sie leise. »Nicht ein Grab auf einem traurigen Friedhof, wo es nach Trauer und verwelkten Blumen riecht, sondern hier, in diesem Garten, in dem Kinder spielen . . .«
Katjas und Olegs Blicke trafen sich verstohlen. Als wäre es vorher abgesprochen worden, erwähnte keiner von ihnen, daß Dimitris sterbliche Überreste von einer Bombe hinweggefegt wurden und längst nicht mehr in diesem heiteren Garten ruhten.

Natascha hielt Wort. Gleich nach ihrer Rückkehr nach New York wies sie Katja einen monatlichen Zuschuß an, der sie schlagartig von allen Geldsorgen befreite; denn Dieter Hollburgs Gesundheitszustand verursachte hohe Kosten, so daß sie bisher gezwungen gewesen war, immer wieder die Hilfe ihrer Mutter anzunehmen. Obgleich die Hartmann-Werke in bescheidenen Grenzen wieder zu arbeiten begonnen hatten, warfen sie doch anfangs nicht allzuviel Gewinn ab. Nicht genug jedenfalls, den Familienmitgliedern allzu große Sprünge zu gestatten.

Auch Stefanie war froh, Katja nunmehr versorgt zu wissen. Vielleicht würde die Veränderung der Lage sich auch günstig auf ihr Eheleben auswirken. Doch Katja dachte gar nicht daran, nur Hausfrau zu sein.
»Was sollte ich den ganzen langen Tag tun, Mama?« fragte sie trotzig, als Stefanie ihr deswegen Vorhaltungen machte.
»Muß ich dir das erst sagen? Sich um Mann und Kind zu kümmern ist, meine ich, auch eine Lebensaufgabe.«
»Ach!« Katja hob resigniert die Schultern. »Dieter merkt ja kaum, daß es mich gibt. Er sitzt oft stundenlang in seinem Sessel und starrt die Wand an. Du weißt, daß ich es damals, nach Tante Nataschas Besuch, versucht habe. Ich blieb zu Hause, sorgte nur für meine Familie. Aber schon nach kurzer Zeit hatte ich das Gefühl, als fiele mir die Decke auf den Kopf. Und Nicole – lieber Himmel – die Mädchen von heute sind mit siebzehn Jahren schon so schrecklich erwachsen! Sie hat ihren eigenen Freundeskreis, und außerdem . . .«
Katja verstummte, aber Stefanie glaubte zu wissen, was sie hatte sagen wollen. Nicole mochte ebenso unter der gedrückten Atmosphäre innerhalb der Familie leiden wie Katja.
So blieb also alles beim alten. Katja arbeitete wieder in der Klinik und hätte nicht einmal vor sich selbst zugegeben,

daß lediglich ihre Freundschaft mit Dr. Hinrichs ihr das Leben noch erträglich machte.
Dabei übersah sie völlig, daß die eigenen Wege, die ihre Tochter Nicole ging, irgendwann in einer Sackgasse enden mußten.
Dieter schlief bereits, als Katja, müde und ruhebedürftig, kurz vor Mitternacht aus der Klinik nach Hause kam. Zu ihrer Verwunderung fand sie Nicole im Wohnzimmer vor.
Das junge Mädchen war, in einem Sessel zusammengerollt, eingeschlafen und schlug erschrocken die Augen auf, als Katja ihre Schulter berührte, um sie wachzurütteln.
Gleich darauf war Nicole ganz da. Der trotzige Ausdruck ihres jungen Gesichtes hätte Katja zu denken geben müssen, aber sie war zu abgespannt, um darauf zu achten. Sie schenkte sich eine Tasse Kaffee ein, rauchte eine Zigarette. Dieser allabendliche Ritus entspannte sie stets auf angenehme Weise.
Doch was Nicole ihr dann zu berichten hatte, ließ sie mitten in der Bewegung erstarren. Sie setzte heftig ihre Tasse ab, ihr sonst eher blasses Gesicht rötete sich unwillig.
»Möchtest du das bitte wiederholen, Nicole! Das kann doch unmöglich wahr sein. Du, mit deinen knapp siebzehn Jahren –«
Katja stellte entsetzt fest, daß ihre Lippen bebten. Sie hob die Hand, um diese unkontrollierte Reaktion vor ihrer Tochter zu verbergen.
»Wenn du es unbedingt noch einmal hören willst, Mama – ja, ich erwarte ein Kind.« Nicole, dunkel, zierlich und ebenso apart, wie ihre Mutter es in jungen Jahren gewesen war, wirkte nicht weniger erregt. Der Ton, in dem sie sprach, war unmißverständlich aufsässig. »Du brauchst mich nicht erst danach zu fragen, ich denke nämlich nicht daran, dir den Namen des Vaters zu nennen oder ihn am Ende gar zu heiraten. Ich werde mir doch nicht heute schon ein Leben mit einer Ehe verpfuschen, mich für alle

Zeiten binden. Wie du ganz richtig zu bemerken geruhtest – dazu bin ich wirklich noch nicht alt genug.«
»Ach!« Eine heiße Welle des Zorns stieg in Katja auf. Sie zitterte am ganzen Körper.
Plötzlich hatte sie schreckliche Angst. Angst davor, wie Dieter – krank und deprimiert, wie er nun einmal war – diese Nachricht aufnehmen würde. »Aber du warst offensichtlich alt genug, dich mit irgendeinem hergelaufenen Burschen ins Bett zu legen, um dir von ihm ein Kind andrehen zu lassen!«
»Thomas ist kein hergelaufener Bursche!« Nicoles helle Stimme kippte vor Empörung um. Sie wußte noch nichts von echter Liebe, und der Vorfall, der sie in diese Situation gebracht hatte, war ihr alles andere als angenehm gewesen. Sie dachte noch jetzt voller Schrecken und Abscheu an ihre erste sexuelle Erfahrung mit diesem Jungen, der nicht viel älter als sie selbst war. Schmerzhaft war das Ganze gewesen und längst nicht so romantisch, wie man es in Büchern las. Thomas war ebenso unerfahren wie sie und hatte sich dementsprechend ungeschickt angestellt. Trotzdem, er war der einzige Mensch, der sie verstand, der Interesse an ihr zeigte. Die Eltern – nein. Für sie war sie nur da, weil der Zufall es so gewollt hatte, sonst nichts.
»Damit du es nur weißt, Mama«, fügte sie schrill hinzu. »Thomas bedeutet mir mehr als ihr alle zusammengenommen. Und damit meine ich nicht nur dich und Vater, sondern die ganze Hartmannsche Sippe dazu!«
Katja hob die Hand, als wolle sie einen Schlag abwehren. Nicole verstand diese hilflose Geste falsch.
»Warum schlägst du denn nicht zu, Mama? Etwas Besseres scheint euch Eltern heutzutage doch nicht einzufallen. An die eigene Schuld wollt ihr nicht erinnert werden, ihr denkt nur, daß man mit Schlägen seinen Kindern die Flausen austreiben muß. Seit ich gelernt habe, selbständig zu denken, habe ich mich immer als fünftes Rad am Wagen gefühlt. Du hattest nur Vaters Wohlergehen im Kopf. Für

ihn arbeitest, für ihn lebst du. Ihn liebst du, nicht mich. Ich war lediglich ein lästiges Anhängsel, mußte allein mit meinen Problemen fertig werden. Wie ich das alles hasse, die Wohnung, Vater, dich . . .«
Nicoles Stimme hatte sich zur Hysterie gesteigert. Aus ihrer langjährigen Praxis als Krankenschwester wußte Katja, daß es nur ein Mittel gab, das Mädchen wieder zur Vernunft zu bringen. In der augenblicklichen Situation fiel es ihr schwer, doch sie zögerte nicht länger. Sie schlug zu. Zweimal traf ihre Hand Nicoles hochrotes Gesicht, sank dann schlaff herab. Plötzlich war es sehr still in dem hübschen kleinen Zimmer.
Nicole war mitten im Satz verstummt. Ihre Augen füllten sich mit Tränen. Sie schien nicht fassen zu können, was geschehen war. Gleich darauf lag sie in Katjas Armen, drängte sich verzweifelt und hilfesuchend an sie.
»Verzeih, Mama. Wie konnte ich nur so gemein sein und so etwas zu dir sagen. Aber ich war so schrecklich unglücklich . . .«
Katja strich sanft über Nicoles dunkles, weiches Haar. Unwillkürlich dachte sie, daß es sich so fein wie das eines kleinen Kindes anfühlte. Fast mechanisch fuhr sie fort, es zu streicheln, während sie sich bemühte, Klarheit über die Situation zu gewinnen. Nicoles Vorwurf schien nicht ganz aus der Luft gegriffen. Es stimmte, daß sie, Katja, immer zuerst an Dieter gedacht hatte. Dazu die Arbeit in der Klinik. Schon Natascha hatte ihr geraten, sie aufzugeben. Ihr großzügiger Zuschuß sollte dies ermöglichen.
Katja seufzte verstohlen. Als ob man alles nur aus materieller Sicht beurteilen konnte. Geld allein genügte nicht. Sie wünschte sich, nicht immer alle Last allein tragen zu müssen. Mann und Tochter verließen sich auf sie, luden ihre Probleme bei ihr ab, ohne je daran zu denken, wie müde sie oft war, wie überfordert.
»Tut mir leid, mein Kleines, daß ich dich schlagen mußte«, sagte sie endlich, weil ihr gar nichts anderes einfallen wollte. »Es war nicht persönlich gemeint, nur rein

medizinisch. Du warst ja völlig hysterisch. Und welch ein Unsinn! Natürlich liebe ich dich, ebenso wie ich deinen Vater liebe. Aber er hat mich nach seiner Rückkehr aus russischer Gefangenschaft eben mehr gebraucht als du. Schließlich ist er ein kranker Mann, während du kerngesund bist. Obgleich seit seiner Rückkehr viele Jahre vergangen sind, braucht er mich noch ebenso wie am ersten Tag.«

»Ich weiß, Mama. Du bist bewundernswert. Du arbeitest für uns, weil Papa es noch nicht kann. Wirklich toll, wie du den ganzen Laden schmeißt. Trotzdem durftest du, bei aller Sorge um Vater, nicht vergessen, daß auch ich Liebe nötig habe. Bei Thomas fand ich sie. Vielleicht klingt das widersprüchlich; aber heiraten will ich ihn trotzdem nicht.«

Ein Verdacht stieg in Katja auf. Sie schob Nicole von sich, sah erschrocken in das junge, verweinte Gesicht. »Um Gottes willen - hat er etwa schon eine Frau?«

Nicoles Lachen klang unecht, unglücklich. »Nein, wo denkst du hin? Er ist ja nur eineinhalb Jahre älter als ich. Nach dem Abitur soll er studieren. Seine Eltern sind sehr ehrgeizig und würden ihn glatt an die Luft setzen, wenn sie von diesem Malheur erführen.«

Malheur - so kann man das erste entscheidende Liebeserlebnis und seine Folgen natürlich auch bezeichnen, dachte Katja. Aber sollte sie sich darüber wundern? Es handelte sich schließlich um zwei Kinder, die vor der Aufgabe standen, bereits selbst ein Kind aufzuziehen. Noch dazu in einer Ehe, die nur aus diesem Grund geschlossen werden würde. Etwas, das unter Zwang geschah, ging selten gut aus.

»Wir werden sehen, Kleines«, sagte sie müde. »Ich muß erst einmal ins Bett, sonst falle ich auf der Stelle um. Bitte sprich nicht mit deinem Vater über die Sache, er würde sich nur unnötig aufregen. Und das wollen wir doch beide nicht. Ich muß versuchen, mir etwas einfallen zu lassen.«

Nicole nickte ernst. Jetzt, da sie ihre Probleme auf ihre Mutter abgewälzt hatte, wirkte sie gelöst und unbekümmert. Katja seufzte leise. Natürlich, Mutter würde das schon in Ordnung bringen. Über das Wie brauchte sich keiner außer ihr den Kopf zu zerbrechen.

Da sie sich nicht traute, in diesem Fall die alleinige Verantwortung zu übernehmen, entschloß sich Katja, Dr. Hinrichs um Rat zu fragen. Zuerst schien er ein wenig betroffen zu sein, sah dann aber offensichtlich keine weltbewegenden Schwierigkeiten voraus.
»Mein Gott, Katja«, sagte er mit einem beruhigenden Lächeln, »du tust, als ginge die Welt zugrunde, nur weil ein unbedachtes junges Mädchen ein Kind erwartet. Nicole ist nicht dumm. Sie hätte wissen müssen, was passieren kann, wenn sie mit einem Jungen schläft. Erzähl mir nicht, daß sie noch an den Klapperstorch glaubt!«
»Natürlich nicht!« Katjas Antwort klang unfreundlicher als beabsichtigt. Warum wollte er nicht verstehen, was sie meinte. Er war doch sonst nicht so schwer von Begriff.
»Sie ist eben einfach der Versuchung erlegen. Allein mit einem Jungen, den sie zu lieben glaubt – lieber Himmel, wer würde da nicht schwach werden?«
Erst im letzten Moment wurde ihr bewußt, was sie gesagt hatte, und eine tiefe Röte ergoß sich bei Hinrichs' sprechendem Blick über ihre Wangen.
»Wir zwei haben damals der Versuchung nicht nachgegeben, nicht wahr, Katja«, gab er weich zurück, und seine Hand berührte zärtlich ihr zu ihm aufgehobenes Gesicht. Sie spürte, wie unter dieser Berührung ihr Blut zum Klingen gebracht wurde, denn mit Dieter verband sie seit seiner Heimkehr keine Leidenschaft mehr. Sie lebten wie gute Freunde, wie Bruder und Schwester miteinander.
Peter Hinrichs' Hand glitt über Katjas dunkles Haar, er neigte sich ihr zu.
»Wir hatten auch genügend Gelegenheit dazu. Wenn ich dich vor mir sehe und weiß, was du tagtäglich durch-

machst, wünsche ich mir, wir hätten eine jede davon genützt«, fügte er leise hinzu.
Wenn er mich küßt, dachte Katja benommen, dann kann ich mir alles von ihm wünschen. Dann wird er, schon um meinetwillen, bereit sein, Nicole zu helfen. Ich werde es ihm danken, denn ich weiß, daß er mich begehrt wie eh und je. Und ich – für mich wäre es kein Opfer, mich ihm zu schenken . . .
Sie schloß die Augen, ihr Kopf neigte sich zurück. Peters Atem strich über ihr Gesicht, aber er küßte sie nicht. Als sie forschend die Wimpern hob, sah sie, daß er sie mit einem seltsamen Ausdruck beobachtete. So, als könne er ihre Gedanken – die guten und die berechnenden – lesen.
»Nein«, sagte er fast schroff, »dies ist wohl nicht der richtige Moment, Versäumtes nachzuholen. Du hättest danach ewig ein schlechtes Gewissen, Katja. Und ich«, er lächelte verzerrt, »ich vermutlich auch. Schließlich ist dein Mann mein Patient.«
Katja wandte sich mit hochrotem Gesicht ab. Sie wollte sich nicht eingestehen, wie enttäuscht sie war. Warum eigentlich? Weil seine Hand sie nicht mehr berührte, weil sein Mund, dem ihren sekundenlang so nahe, sie nicht geküßt hatte?
Erst am Abend, ehe sie nach Hause ging, kam sie noch einmal auf Nicoles unerwünschte Schwangerschaft zurück. Als sie die Möglichkeit eines Schwangerschaftsabbruches erwähnte, stieß sie bei dem Arzt auf eisige Ablehnung.
»Was fällt dir ein, Katja! Du weißt, was du mir bedeutest, aber das gibt dir kein Recht, mich auszunützen. Ich denke gar nicht daran, mich wegen eines dummen kleinen Mädchens strafbar zu machen. Sei doch ehrlich, Liebes. Zu einem legalen Eingriff besteht kein Grund. Lieber Himmel, es werden täglich uneheliche Kinder geboren. Viele von ihnen ohne die geringste Aussicht, in einer richtigen Familie aufzuwachsen. Hier liegt der Fall anders. Nichts spricht dagegen, daß Nicole ihren jungen Mann heiratet.

In zehn, zwanzig Jahren werden Abtreibungen vielleicht an der Tagesordnung sein. Aber wir schreiben das Jahr neunzehnhundertsechzig, und Eingriffe dieser Art sind nach wie vor verboten. Warte doch einfach ab, Katja. Sicher wird sich alles von ganz allein regeln. Vielleicht freut sich der junge Vater in spe sogar über diese Nachricht.«
Katja betrachtete den Arzt zweifelnd. Sie teilte seine Zuversicht nicht. Nicht einmal seine Liebe zu ihr konnte seine Prinzipien ins Wanken bringen.
Dr. Hinrichs, der im Polenfeldzug ein Bein verloren hatte, war ledig geblieben. Er begründete dies mit der Tatsache, er könne keiner Frau zumuten, mit einem Krüppel zu leben. Doch Katja wußte es besser. Peter liebte sie, und nur aus diesem Grund hatte er keine andere Partnerschaft gesucht.
»Ich werde mit Mama sprechen«, sagte sie endlich resigniert, ohne auf seine Worte einzugehen. »Sie hat bisher immer Rat gewußt, vielleicht kann sie uns auch diesmal helfen.«

Als Katja dann an einem der nächsten Tage Stefanie auf den Friedhof begleitete, fand sie doch nicht den Mut, ihr von Nicoles Schwierigkeiten zu berichten. Es war dies wohl auch nicht die richtige Umgebung für eine solche Eröffnung.
Sie entschloß sich statt dessen, von Dieter und seinem bedenklichen Gemütszustand zu sprechen. Die schwere Tuberkulose, die er sich aus der Gefangenschaft mitgebracht hatte, war zwar beinahe ausgeheilt, doch seelisch stand es mit ihm nicht zum besten.
»Du weißt ja, Mama – die Jahre in Sibirien, die Zwangsarbeit, das alles hat seinen Lebensmut gebrochen. Er kann sich einfach nicht von diesem Trauma befreien und einen neuen Anfang wagen.«
Die Sorgen hatten Katjas einst so reizvolles Gesicht geprägt. Es wirkte oft müde, hoffnungslos. Sie begleitete ihre Mutter gern auf den Friedhof, weil sie in dieser stillen

Umgebung fern von der Hast der Stadt am ehesten zu sich selbst zurückfand.
»Dieter lebt in einer anderen Welt als wir«, fuhr sie fort, da Stefanie schwieg. »Ich weiß, daß er mich noch immer liebt, und doch trennt uns etwas, das ich nicht zu erfassen vermag.«
»Gib die Hoffnung trotzdem nicht auf, Kind.« Stefanie sah trotz ihrer siebzig Jahre noch immer attraktiv aus. Ihr einst kastanienbraunes Haar zeigte jetzt einen silbernen Schimmer. Ihre grünen Augen blickten jung und lebhaft, ihre Gestalt war schlank und geschmeidig geblieben. Jetzt bückte sie sich graziös, um ein welkes Blatt von Magnus Hartmanns Grab zu entfernen.
»Es ist traurig, nicht zu wissen, wo seine sterblichen Überreste wirklich ruhen«, meinte sie bedauernd. »Erinnerst du dich noch, wie wir damals nach dem Krieg heimkamen und nur noch einen riesigen Bombentrichter vorfanden?«
Katja schlang den Arm um ihre Mutter.
»Natürlich. Darum war es richtig, die Grabstelle zu erneuern. Sie ist irgendwie symbolisch, und so erinnert wenigstens der schöne Stein an Vater. Man kann einen geliebten Menschen doch nicht einfach spurlos verschwinden lassen.«
Stefanie senkte nachdenklich den Kopf.
»Gewiß«, pflichtete sie ihrer Tochter bei. »Doch ein Grabstein ist letzten Endes nur eine Formsache. Auch ohne ihn würden Spuren vorhanden sein. Ein Mann von Format – und das war Magnus – hinterläßt immer Spuren. Spuren, die kein noch so heftiger Sturm verweht. Nicht einmal, wenn er so stark wie im letzten Krieg war. Ich hoffe, seine Enkelkinder werden ihm einmal nachschlagen. Denk allein an Wolfgang, mit seinem herrlichen Talent.«
Wolfgang, Regines und Lutz Hartmanns Sohn, der im Grunde gar kein echter Hartmann war, gehörte längst zur Familie. Nicht nur Stefanie vergaß zuweilen, daß er ei-

gentlich ein namenloser Findling gewesen war, ehe er eine Heimat im Hartmannschen Hause fand. Auch seine neuen Eltern empfanden für ihn echte Liebe. Als sei er ihr eigener Sohn und nicht ein fremdes Kind, das Regine seinerzeit aus purem Mitleid aufgenommen hatte.

»Vor Jahren, als Wolfgang zu uns kam, erschien er mir oft zu ernst.«
Lutz und Regine beobachteten die jungen Leute, die sich zu einem Hausball bei ihnen eingefunden hatten.
»Jetzt bereiten mir seine Lebenslust, sein umwerfender Charme oft Sorge«, fügte Lutz hinzu. »Hoffentlich wird kein Casanova aus ihm. Sieh nur, wie die Mädchen sich um ihn reißen! Schließlich wissen wir wenig oder gar nichts über seine Herkunft. Wenn wir da bloß nicht eines Tages ein blaues Wunder erleben!«
Regine lächelte belustigt. Lutz' Stimme hatte gar zu mißbilligend geklungen. Er stand Wolfgang manchmal recht abwartend gegenüber, war in allem, was den Jungen betraf, reserviert. Er schien nicht vergessen zu können, daß nur Rainer sein leiblicher Sohn war, und dieses Wissen bestimmte sein Verhalten. Regine dagegen verteilte ihre Zuneigung ganz gleichmäßig.
»Ich glaube, er muß älter sein als unser verstorbenes Söhnchen. Er wirkt doch schon ausgesprochen männlich.«
Jetzt war es Lutz, der belustigt dreinsah. Regine schien selbst ein wenig in diesen jungen Mann verliebt zu sein, der, durch die Kriegswirren bedingt, als ihr Sohn galt.
»Ja, das mag möglich sein.« Er zündete sich eine Zigarre an, zog genüßlich daran. »Rainer wird jedenfalls später Vaters Firma übernehmen. Ich bin froh, daß sie einen so überraschenden Aufschwung genommen hat und Gewinn abzuwerfen beginnt. Die Leitung liegt in bewährten Händen, alles läuft wie am Schnürchen. Rainer wird nach dem Studium einen guten Start haben.«
Lutz schüttelte den Kopf. »Wer hätte das neunzehnhun-

dertfünfundvierzig gedacht! Weißt du noch, was wir nach unserer Rückkehr aus der Schweiz vorfanden? Nichts als Ruinen, die ganze Wirtschaft lag brach. Und heute, wohin man auch blickt, Wohlstand. Wir sind im wahrsten Sinne des Wortes noch einmal davongekommen!«
Regine schmiegte sich an ihn. Die Jugend war mit sich selbst beschäftigt, sie fühlte sich unbeobachtet. Glücklich genoß sie die kargen Stunden, in denen Lutz ganz ihr gehörte. Seit er Chefarzt der Klinik geworden war, nahm sein Beruf ihn völlig in Anspruch, vergönnte ihm kaum eine Ruhepause. Trotzdem war Regine mit ihrem Dasein zufrieden und hätte mit keiner anderen Frau getauscht.
»Ja, Liebling, es geht uns sehr gut«, pflichtete sie ihrem Mann bei. »Wolfgang wird eines Tages ein berühmter Pianist sein, Rainer ein begabter Chemiker – wie vor ihm sein Großvater. Ich bin dem Schicksal unendlich dankbar!«

Stefanie Hartmann hatte die Nachricht von Nicoles Schwangerschaft überraschend ruhig aufgenommen. Vielleicht war sie dadurch auch nur an ihr eigenes Leben erinnert worden. Schließlich hatte sie sich selbst einmal einer unerlaubten Liebe hingegeben.
Weniger behagte Stefanie, daß Nicole sich beharrlich weigerte, den Namen des jungen Mannes zu nennen, und schon gar nicht daran dachte, ihn zu heiraten. Darum bestellte die alte Dame das Mädchen kurzerhand zu sich, um ihm gehörig die Leviten zu lesen.
»Du wirst mir jetzt umgehend verraten, wer der Vater des Würmchens ist, daß du dir eingehandelt hast, mein Kind«, erklärte Stefanie energisch, als sich Nicole reichlich widerstrebend bei ihr einfand. Als Seniorin der Familie fühlte sie sich verpflichtet, Ordnung in diese Angelegenheit zu bringen. Wie sie meinte, war das zu Nicoles eigenem Wohl unbedingt nötig.
»Von Anfang an, das solltest du selbst wissen, muß alles in den richtigen Bahnen laufen«, fuhr sie fort, als Nicole mit

trotzig vorgeschobener Unterlippe beharrlich schwieg. »Das bist du schon deinem zukünftigen Sprößling, ob Mädchen oder Junge, schuldig. Ich halte nichts davon, wenn Kinder groß genug sind, bei der Hochzeit ihrer Eltern Blumen streuen zu können. Also – ich warte!«

An sich liebte Nicole ihre Großmutter schwärmerisch. Seltsamerweise kam ihr die alte Dame oft fortschrittlicher als ihre Mutter vor. Man konnte mit ihr reden, ohne sich lange Moralpredigten anhören zu müssen.

»Ich will doch gar nicht heiraten, Omi. Wenigstens nicht gleich«, sagte sie daher ungeniert. »Ich mag Thomas, ja. In puncto Liebe ist er irre auf Draht.« Ihr Gesicht rötete sich, aber sie sprach, nun, da der Anfang gemacht war, mutig weiter. »Um ganz ehrlich zu sein, das erste Mal hat es mir gar nicht gefallen – na, du weißt schon, was ich meine, Omi. Jedenfalls bin ich mir noch nicht klar, ob ich Thomas genug liebe, um ein ganzes Leben mit ihm zu verbringen. Wir kennen uns doch kaum, und körperliche Übereinstimmung genügt nicht. Man muß auch sonst auf der gleichen Wellenlänge liegen.«

Während Nicole sich so freimütig über ihre Beziehungen zu einem Jungen, der offensichtlich ebenfalls noch nicht trocken hinter den Ohren war, äußerte, mußte Stefanie mit einem überwältigenden Lachreiz kämpfen.

Nicole bemerkte es nicht. Etwas kleinlauter, als sie begonnen hatte, setzte sie hinzu: »Ich dachte schon daran, das Kind zur Adoption freizugeben. Wenn ich es gar nicht erst zu Gesicht bekomme, bringe ich das vielleicht übers Herz. Außerdem möchte ich gern etwas Ordentliches lernen, und dabei wäre mir ein Baby nur im Wege.«

Stefanies Belustigung schlug ins Gegenteil um. Sie hob die Hand, als müsse sie diesen schrecklichen Gedanken beiseite schieben. »Das hättest du vorher bedenken müssen, Nicole. Was die Adoption betrifft – diese Idee kannst du dir hier und jetzt aus dem Kopf schlagen. Kein Kind, das auch nur einen Tropfen unseres Blutes in den Adern hat, wird bei Fremden aufwachsen. Und wenn ich es selbst

aufziehen müßte – es wird ehelich geboren. Darauf bestehe ich und verbitte mir jede Widerrede. Was du später, wenn das Kind groß ist, mit deinem Leben anfängst, ist dann deine Sache.«
Nicole erkannte, daß es keinen Ausweg gab. Stefanie hatte keine Schwierigkeiten mehr, von ihr den Namen des jungen Vaters in spe zu erfahren.
Er hieß Thomas Behrens und wußte noch nichts von seinem Glück. Als Nicole ihm nunmehr gestand, daß ihre Liebesbeziehung nicht ohne Folgen geblieben war, schien er sich ehrlich zu freuen. Er war ein sympathischer, noch etwas unbeholfener Junge und zu allem bereit, was ihm von Nicoles Familie auferlegt wurde. Entgegen Nicoles Behauptung waren Herr und Frau Behrens von dieser Entwicklung sogar recht angetan. In die angesehene Familie Hartmann einzuheiraten, konnte für ihren Sohn nur Vorteile bringen.
Die Hochzeit fand in kleinstem Kreise statt. Nicole, die als Braut entzückend aussah, war von der Schule abgegangen und kam sich in ihrer neuen Würde sehr erwachsen und bedeutend vor.
»Frau Behrens – klingt gut, nicht wahr, Omi?« Sie drehte an ihrem Trauring, ließ ihn im Licht funkeln. »Ich glaube, du verstehst am besten, wie mir zumute ist. Du hast ja wohl auch sehr jung geheiratet.«
»Nicht ganz so jung wie du, Kind. Überhaupt lagen die Dinge damals anders. Man wurde mit seinem künftigen Ehemann nicht schon vor der Ehe intim. Meine gute alte Anna – du wirst von ihr gehört haben – pflegte mir, als ich heranwuchs, einzuhämmern: ›Jede Vertraulichkeit, jede Intimität vor der Ehe rächt sich.‹ Sie mag damit recht gehabt haben. Betrachte deinen Fall einmal ganz nüchtern, Nicole. Du warst gezwungen, Hals über Kopf zu heiraten. Männer haben zuweilen die garstige Angewohnheit, eine Mußehe allein der Frau zur Last zu legen.«
Nicole betrachtete noch immer ihren Ring. Ihr Gesicht war ernst geworden, eine steile Falte stand zwischen ihren

schmalen Brauen. Sie wirkte jetzt nicht mehr wie eine glückliche Braut, sondern eher mürrisch.

»Du meinst damit, Omi«, erwiderte sie zögernd, »daß Thomas mir eines Tages vorhalten könnte, ich hätte froh sein müssen, daß er mich überhaupt geheiratet hat? Du, dann würde ich ihn sofort verlassen. So etwas läßt man sich doch nicht von einem Jungen«, sie verbesserte sich hastig, »von einem Mann sagen. Schließlich ist er doch allein daran schuld, daß ich jetzt ein Kind erwarte.«

»Sagen wir, es geht in solchen Fällen fifty-fifty«, berichtigte Stefanie mit einem feinen Lächeln. »Als Frau muß man wissen, wo der Liebe Grenzen gesetzt sind. Die Natur hat es nun einmal recht ungerecht eingeteilt, nur die Frau für eine verbotene Liebesstunde bezahlen zu lassen.«

»Mein Großvater – dein Mann, Omi, muß ein wunderbarer Mensch gewesen sein. Sicher hast du ihn sehr geliebt.«

Nicole warf ihrer Großmutter einen verstohlenen Blick zu. Jung, wie sie noch war, konnte sie sich Stefanie in einer Situation, wie sie selbst sie jetzt durchlebte, einfach nicht vorstellen.

Stefanie Hartmann antwortete nicht sofort. Sie blickte versonnen zu dem Porträt auf, das Magnus in seinen besten Jahren zeigte und ihm in jeder Beziehung gerecht wurde. Nein, damals, am Tage ihrer Hochzeit, hatte sie Magnus ganz gewiß nicht geliebt. Im Gegenteil. Sie schätzte ihn ganz falsch ein und mochte ihn nicht, obgleich er sie mit den Beweisen seiner tiefen Zuneigung geradezu überschüttete. Erst viel später, nachdem sie ihn fast verloren hatte, da hatte sie Magnus Hartmann liebengelernt.

»Ja, du hast recht«, sagte sie endlich mit fester Stimme. »Ich habe deinen Großvater bis zu seinem allzu frühen Tod geliebt. Die Lücke, die er hinterließ, hat sich nie geschlossen. Ich wünsche dir, liebe Nicole, daß dein Thomas eines Tages so ein Mann wird, wie mein Magnus es war.

Ihr seid beide noch recht jung für eine Ehe. Doch du hast alle Möglichkeiten in der Hand, die Entwicklung günstig zu beeinflussen. Es liegt an uns Frauen, dafür zu sorgen, daß aus einem Zusammenleben eine wirkliche, gute Ehe wird.«

Stefanie fühlte sich plötzlich rechtschaffen müde. Der lange Tag mit seinen aufregenden Ereignissen hatte sie angestrengt. Sie sah auf, mitten in den Spiegel hinein, den sie und Magnus auf ihrer Hochzeitsreise in Venedig gekauft hatten.

»Ja, so ist das Leben.« Ihr Lächeln verriet Spott über sich selbst. »Die Fassade ist noch leidlich passabel, berechtigt zu den schönsten Hoffnungen. Doch darunter beginnt es zu bröckeln, die Zeit tut ihre zerstörerische Arbeit . . .«

Nicole musterte ihre Großmutter verständnislos. Sie begriff diesen Themawechsel nicht. Sie war zu jung, um den Gedankengängen reifer Menschen folgen zu können.

Bald darauf hatte sie dieses kurze, aber bedeutungsvolle Gespräch vergessen und mischte sich unter die Gäste, um mit ihrem Thomas den Tanz zu eröffnen.

2

Im Mai des Jahres 1961 wurde Nicole und Thomas Behrens ein Sohn, Oliver, geboren. Da Nicole sehr schmal gebaut war, verlief die Entbindung nicht gerade leicht. Um so überraschender war es, wie schnell sie sich danach wieder erholte.

Mit dem Baby, mit dem sie nicht so recht etwas anzufangen wußte, ging sie wie mit einer Puppe um. So kam es auch zu keiner starken mütterlichen Bindung an das hilflose kleine Wesen. Um so besorgter waren die anderen Familienmitglieder um Oliver.

»Er ist recht zart«, stellte Dr. Hinrichs nach einer sorgfältigen Untersuchung fest. »Wir können von Glück sagen, wenn der Kleine die nächsten Monate übersteht. Dann dürfte eigentlich nichts mehr passieren.«

»Ist Oliver denn organisch nicht in Ordnung?« erkundigte sich Katja erschrocken. Jetzt, da alle anderen Klippen überwunden waren, freute sie sich riesig über ihr erstes Enkelkind. »Ich finde eigentlich, daß er ganz gut aussieht. Die dicksten Babys sind nicht immer die gesündesten.«

»Na ja. Oliver ist eben das typische Achtmonatskind. Mit denen hat man meistens seine liebe Not.« Hinrichs lächelte Katja beruhigend zu. »Du darfst außerdem nicht vergessen, wie jung Nicole während ihrer Schwangerschaft noch war. Sie hat dem Baby nicht genügend Kraft mit auf den Weg geben können. Du wirst es schon aufpäppeln, Katja. Ich habe großes Vertrauen in deine Fähigkeiten. In jeder Beziehung –«

Er verstummte jäh, als sein Blick unvermutet ihre Lippen

traf, die leicht geöffnet waren. Ihre Augen blieben ineinander liegen. Die Stille im Raum hatte plötzlich etwas Beängstigendes. Katja verspürte den unvernünftigen Wunsch, zu Peter Hinrichs hinzugehen, ihren Kopf an seine Brust zu schmiegen. Sich bei ihm auszuruhen ...
Aber war das wirklich alles, was sie sich wünschte? Suchte sie nicht vielmehr die unmittelbare Nähe eines Mannes? Seine Zärtlichkeiten, seine Umarmung, die rasch überspringende Leidenschaft, die Hingabe? All das, was sie seit vielen Jahren bei Dieter nicht gefunden und schmerzlich vermißt hatte?
»Ich liebe meinen Mann doch«, sagte sie tonlos und scheinbar ohne jeden Zusammenhang.
Dr. Hinrichs schien sie trotzdem zu verstehen, zu wissen, was in ihr vorging. Er nickte ihr ernst zu. Du kannst dich immer auf mich verlassen, bedeutete dieses stumme Signal, und Katja fand ihre gewohnte Ruhe wieder.
Als er sie gleich darauf verließ, um nach seinen Patienten zu sehen, blieb eine Leere zurück, die in Katja ein peinigendes Schuldgefühl auslöste. Sie war Dieter untreu geworden – wenn auch nur in Gedanken. Das war manchmal noch schlimmer als eine wirkliche, körperliche Untreue.

Während Nicole die ersten Monate ihrer jungen Ehe recht amüsant fand, durchlief Rainer, Regines und Lutz Hartmanns jüngerer Sohn, alle Höhen und Tiefen einer ersten, aufregenden Liebe. Er wirkte älter als seine siebzehn Jahre, sah gut aus. Kein Wunder also, daß er sich, im Vertrauen auf seine blendende Erscheinung, bereits als Mann fühlte.
Er war sehr ernst und neigte nicht dazu, im Flirten den Sinn einer Bindung zwischen Mann und Frau zu sehen. Er war ehrlich in seinen Gefühlen und setzte dies auch bei dem Mädchen voraus, in das er sich unsterblich verliebt hatte.
»Sie ist übrigens sehr hübsch, Mama«, berichtete er, von

Regine dazu ermutigt, begeistert. »Sie wird dir bestimmt gefallen. Darf ich dir meine Inge bei Gelegenheit vorstellen?«
Regine beging nicht den Fehler, über die Begeisterung ihres Sohnes zu lächeln. Diese sagenhafte Inge würde nicht Rainers letzte Liebe sein. Trotzdem hoffte sie, daß er mit ihr keine Enttäuschung erlebte.
»Natürlich, Rainer. Ich freue mich darauf, sie kennenzulernen. Wie alt ist sie denn?«
Rainer stutzte. »Siehst du, Mama, so bin ich nun! Ich habe ganz vergessen, sie danach zu fragen. Wir haben auf einer Party mehrmals miteinander getanzt. Bei den Breuers, du erinnerst dich. Ihre Eltern sind gut betucht. Nicht, daß ich so früh wie Nicole heiraten möchte – und schon gar nicht schiele ich nach dem Besitz des zukünftigen Schwiegervaters. Aber es ist immer gut, wenn man auch finanziell auf der gleichen Ebene steht. Für einen Geschäftsmann ist dies nicht unwichtig. Später – wir werden sehen.«
Rainer hatte sich bisher wenig aus Mädchen gemacht. Er arbeitete angestrengt, freute sich auf sein Chemiestudium. Jede freie Minute verbrachte er in den Hartmann-Werken.
»Ich muß schon jetzt wissen, wie dort alles läuft«, begründete er seinen Eifer. »Wenn ich später als Chef einsteige, bin ich den Leuten kein Fremder mehr und kann mich rechtzeitig auf ihre Fähigkeiten einstellen. Außerdem möchte ich von Anfang an mitreden dürfen.«
Wenn Rainer so über seine Zukunftspläne sprach, spürte man, wie ernst es ihm mit seinen guten Vorsätzen war.
Als er sich nach diesem Gespräch von seiner Mutter trennte, blieb er an der Tür noch einmal stehen und sah sie zögernd an. Regine sah, daß er etwas auf dem Herzen hatte, aber die richtigen Worte nicht fand.
»Kann ich dir noch irgendwie raten, Rainer?« fragte sie freundlich. »Handelt es sich um Inge?«
»Ja.« Rainers Gesicht rötete sich verlegen. »Nicht böse sein, Mutti. Versteh mich bitte nicht falsch. Aber es wäre

mir ganz lieb, wenn Wolfgang nicht dabei wäre, wenn ich dir Inge bringe.«

Regine hob die Brauen. Gab es zwischen den Brüdern Streit?

»Warum?« fragte sie, um Zeit zu gewinnen. »Hat es Unstimmigkeiten gegeben?« In letzter Zeit war ihr mehrmals aufgefallen, daß Rainers Verhalten dem älteren Bruder gegenüber sich geändert hatte. Er zeigte sich wortkarger, sobald Wolfgang in der Nähe war, reservierter, um nicht zu sagen – abweisend. Als trenne ihn eine Schranke von dem Bruder, mit dem er bisher ein Herz und eine Seele gewesen war.

»Wieso? Muß man sich immer gleich streiten? Man wird älter, hat verschiedene Interessen.« Rainer zögerte. »Nein. Meine Bitte hat andere Gründe. Du weißt ja, Mama, wie alle Frauen auf Wolfgang fliegen. Am Ende macht er sich an Inge heran . . .«

»Wenn du meinst, mein Junge . . .«

Regine blieb beunruhigt zurück. Wolfgang mochte manchen Flirt, sogar einige Liebschaften hinter sich haben. Doch sie waren nur flüchtiger Natur und für ihn jedenfalls ohne tiefere Bedeutung. Daß er sich aber für die Freundin seines Bruders erwärmen, sie ihm gar abspenstig machen würde, dazu war er doch wohl viel zu anständig.

Oder hatte Rainer am Ende recht? War seine Sorge begründet? Schließlich war er, mit seinen kaum siebzehn Jahren, fast noch ein Junge, Wolfgang dagegen bereits ein attraktiver Mann, dem es nicht schwerfiel, weibliche Herzen zu entflammen.

Mit gemischten Gefühlen sah Regine der Begegnung mit Inge Sander entgegen.

Es kam, wie es kommen mußte. Obgleich Wolfgang sich mustergültig benahm und größte Zurückhaltung an den Tag legte, zeigte Inge von der ersten Minute an großes Interesse für ihn. Rainer schien für sie gar nicht mehr vorhanden zu sein, seit ihr Blick auf Wolfgang gefallen war.

Sie hatte nur noch Augen für den interessanten Musikstudenten, flirtete ungeniert mit ihm.
Es war Rainer nicht zu verdenken, daß er seine Verstimmung ganz offen zeigte.
»Ich hatte dich doch gebeten, Mama, Wolfgang anderweitig zu beschäftigen«, sagte er vorwurfsvoll, als sein Bruder eben mit dem jungen Mädchen im Wintergarten verschwand. »Nun hat er mir wieder einmal alles verdorben!«
»Ach, Rainer!« Regine war ebenfalls verärgert. »Ich habe mir wirklich redliche Mühe gegeben; aber das Mädchen war ja sofort Feuer und Flamme. Du machst es den anderen auch zu leicht, dich beiseite zu schieben. Warum hast du dich ihnen nicht einfach angeschlossen?«
Regine neigte sich vor und berührte sanft Rainers Arm. »Willst du meine ehrliche Meinung hören, Junge? Diese Inge wäre ohnehin nichts für dich gewesen. Besser sie enttäuscht dich jetzt, solange du noch keine allzugroßen Gefühle in sie investiert hast, als später. Außerdem ist sie mindestens zwanzig, also viel zu alt und erfahren für dich.«
Rainer entzog sich der Berührung seiner Mutter fast heftig. Er war zu beleidigt, um die Richtigkeit ihrer Behauptung einzusehen.

Später am Abend, nachdem alle Gäste gegangen waren, betrat er ohne anzuklopfen Wolfgangs Zimmer.
»Gut, daß du noch nicht zu Bett gegangen bist«, sagte er, und seine sonst so angenehme Stimme klang scharf und aggressiv. »Ich habe dir nämlich einiges zu sagen, was dir wenig gefallen wird. Du drängst dich ständig in den Vordergrund, spielst dich auf, als gehörtest du hierher, als hättest du die gleichen Rechte wie ich. Ich wünschte, du wärst nie in unser Haus gekommen. Es wäre uns allen viel erspart geblieben.«
Wolfgang, der unmöglich wissen konnte, worauf Rainer mit seinen Anwürfen hinzielte, sah ihn nur amüsiert an. Er

glaubte zu ahnen, warum sein Bruder so geladen war. Seinen zornigen Blick erwiderte er gelassen.

»Na, nun mal halbe Fahrt, Kleiner. Schließlich bin ich schon vor dir in diesem Haus gewesen. Du brauchst nicht gleich wegen jeder Kleinigkeit so aus den Latschen zu kippen. Überhaupt bist du in letzter Zeit dauernd gereizt. Laß uns doch sachlich bleiben. Ich weiß, worauf du hinauswillst. Aber nicht ich habe deine Inge verführen wollen, sondern sie mich. Und dabei hat sie sich sogar mächtig angestrengt – ohne Erfolg, übrigens. Sie ist nämlich gar nicht mein Typ. Nicht einmal küssen wollte ich sie, ehrlich. Sei doch froh, daß es so gekommen ist. Du –«

Wolfgang erschrak über den Haß, der ihm aus Rainers Augen nur so entgegensprühte.

»Na, na, Kleiner«, murmelte er begütigend. »Eines Tages wirst du mir noch dankbar sein, weil ich dir dazu verholfen habe, Inge Sander zu durchschauen. Du weißt jetzt, woran du mit ihr bist.«

»Inge hat mit dem, was ich dir zu sagen habe, nichts zu tun.« Rainers helle Stimme kippte vor Erregung um. »Du liegst nämlich völlig falsch. Ich war vor dir da. Du bist nicht mein Bruder. Wir sind überhaupt nicht miteinander verwandt. Meine Eltern haben dich vor Jahren aus purer Barmherzigkeit aufgenommen. Weil du verwaist warst und kein Mensch sich für dich interessierte. Weil ihr Sohn, der richtige, echte Wolfgang Hartmann, bei einem Tieffliegerangriff ums Leben gekommen war. Seine Papiere waren wohl mit den deinen vertauscht worden, so daß du in meinen Eltern deine Eltern zu sehen meintest.«

Wolfgang war sehr blaß geworden.

»Weiter – weiter ...« sagte er, des Sprechens kaum fähig.

»Das kannst du gern haben. Vor allem Mutter war dafür, dich aufzunehmen, so zu tun, als wärst du wirklich ihr Sohn. Sie brachte es nicht übers Herz, dich zu enttäuschen. Vater mochte dich nie richtig, er hat immer mich vorgezogen, und das war ja wohl nur natürlich.«

Rainer verstummte abrupt. Etwas in Wolfgangs blassem Gesicht ließ ihn erkennen, wie unfair er sich gegen ihn, den er bisher wie einen Bruder geliebt hatte, benahm. Wolfgang wirkte unheimlich ruhig. Nur eine pochende Ader an seiner Schläfe verriet, wie turbulent es wirklich in ihm aussah. »Sprich dich ruhig aus, Bruderherz. Ach nein, so darf ich dich ja ab jetzt nicht mehr nennen. Ich möchte gern alles wissen; denn nur dann bin ich in der Lage, die Dinge richtig einzuschätzen. Schließlich will ich mich in Zukunft nicht wieder danebenbenehmen.«

Rainer bereute seine Voreiligkeit bereits. Er hatte vor einiger Zeit zufällig ein Gespräch seiner Eltern belauscht und die richtigen Schlüsse daraus gezogen. Bis zum heutigen Tag – weil er Wolfgang im Grunde mochte und bewunderte – war ihm nie in den Sinn gekommen, von diesem Wissen Gebrauch zu machen. Doch nun, nach der Enttäuschung mit Inge, hatte er sich nicht mehr beherrschen können.

»Danke«, sagte Wolfgang tonlos, nachdem Rainer geendet hatte. »Ich bitte dich jetzt nur noch, alles, was wir heute miteinander gesprochen haben, zu vergessen. Mutter hat jedenfalls nicht gewünscht, daß ich die Wahrheit über meine Herkunft erfahre. Respektiere ihren Wunsch. Ich werde dir nie wieder in den Weg kommen, das verspreche ich dir. Du wirst mich endgültig los. Ich werde dieses Haus bald verlassen, um in Paris weiterzustudieren. Im Grunde bin ich dir dankbar, daß jetzt Klarheit herrscht. Es gab da manches, was mir in meinen Erinnerungen Rätsel aufgegeben hat.«

Regine war über Wolfgangs Entschluß, der ihr völlig unerwartet kam, befremdet. Der Gedanke, er könne auf irgendeine Weise über seine Herkunft aufgeklärt worden sein, kam ihr nicht.

»Nun ja«, räumte sie ein, nachdem er sie über seine Pläne informiert hatte, »Paris ist für ein Musikstudium gewiß der rechte Ort. Überhaupt kann ein längerer Auslandsaufenthalt der Entwicklung eines jungen Menschen nur

dienlich sein. Wir werden dir natürlich keine Steine in den Weg legen.«
Noch während sie dies sagte, wußte Regine bereits, daß Wolfgang ihr sehr fehlen würde.

Ein Ereignis, das unter dem Namen ›Berliner Mauer‹ in die Weltgeschichte eingehen sollte, rückte die einstige Reichshauptstadt erneut in den Mittelpunkt der Berichterstattungen. Die ganze Welt hielt den Atem an, ein neuer Krieg lag durchaus im Bereich der Möglichkeiten; denn die Westmächte hatten das sowjetische Ultimatum, West-Berlin in eine entmilitarisierte freie Stadt umzuwandeln, kategorisch abgelehnt. In der Nacht zum 13. August 1961 rückten dann Einheiten der DDR-Volksarmee nach Ost-Berlin ein und riegelten die Sektorengrenze ab. Familien wurden auseinandergerissen, und die Deutschen diesseits und jenseits der Mauer verhielten sich fortan wie Bewohner zweier feindlicher Staaten.
»Wir können wirklich von Glück sagen, daß wir im Westsektor leben.« Lutz fuhr sich mit einer wütenden Bewegung durch die Haare. »Kaum sind wir einmal zur Ruhe gekommen, folgt gleich ein neuer Schlag. Es sollen sich erschütternde Szenen abgespielt haben, als die Menschen drüben merkten, was vor sich ging.«
Stefanie, die Morgenzeitung mit der Meldung des unfaßlichen Geschehens vor sich auf dem Tisch, schüttelte ungläubig den Kopf.
»Wie ist so etwas nur möglich! Da haben wir nun geglaubt, den Krieg halbwegs überwunden zu haben, aber er geht ja immer weiter. Kalter Krieg, nennt man so etwas wohl. Was würde Magnus dazu sagen, wenn er dies miterlebt hätte!«
Was würde Magnus dazu sagen! Je älter Stefanie wurde, desto öfter kamen diese Worte über ihre Lippen. Wie alle Menschen ihres Alters – sie zählte nun schon einundsiebzig Jahre – begann sie in der Vergangenheit zu leben und in ihren Erinnerungen Trost zu finden.

Magnus nahm darin den größten Raum ein. Oft, wenn das Zeitgeschehen sie allzusehr verwunderte, fragte sie sich, was Magnus wohl davon gehalten hätte.
»Wenn es nur nicht wieder zu kriegerischen Auseinandersetzungen kommt«, fuhr sie fort. »Ich habe zwei Kriege miterlebt und verspüre nicht die geringste Lust nach neuen Gewalttaten und Zerstörungen. Mein Gott! Unser schönes Berlin der Kaiserzeit ist wahrhaftig zu einem Pulverfaß geworden. Warum mischen sich die anderen dauernd in unsere Belange ein, warum lassen sie uns nicht in Ruhe?«
»Das fragen wir uns heute wohl alle, Mama.« Regine berührte beruhigend die fast zerbrechlich wirkende Hand ihrer Schwiegermutter, für die sie große Zuneigung empfand. »Aber damit müssen wir uns wohl allmählich abfinden. Schließlich haben wir den Krieg verloren. Jetzt erst mag manchem von uns klargeworden sein, was das in allen Konsequenzen bedeutet.«
Das Leben ging weiter, die zweigeteilte Stadt begann sich mit den neuen Verhältnissen zu arrangieren, so gut es eben ging. An der Mauer starben Deutsche auf der Flucht, von Soldaten getötet, die ebenfalls Deutsche waren. Schon jetzt zeichnete sich zwischen den beiden Teilen Deutschlands eine unsichtbare Trennungslinie ab, die nichts mit dem Mauerbau und anderen greifbaren Hindernissen zu tun hatte. Es entstanden zwei Welten, zwei Ideologien, und die Möglichkeit einer Wiedervereinigung rückte in weite Fernen.

Regines Geburtstag – sie wurde im April 1962 fünfundvierzig Jahre alt – sollte etwas festlicher begangen und im großen Kreis der Familie gefeiert werden.
Wolfgang überlegte sehr lange, ehe er sich zu dem Entschluß durchrang, der Aufforderung, daran teilzunehmen, nachzukommen. Er wußte, daß es Regine kränken würde, wollte er – als einziger der Familie – sich ausschließen. Trotzdem nahm er sich fest vor, nur einen Tag in

Berlin zu bleiben und gleich nach der Feier nach Paris zurückzukehren.
Seine erste Begegnung mit Rainer, von dem er seinerzeit im Zorn geschieden war, verlief ruhig, wenn auch spürbar kühl. Sie reichten sich kurz die Hände, wechselten, um bei den anderen keinen Verdacht aufkommen zu lassen, ein paar belanglose Worte. Doch die Vertrautheit ihrer gemeinsamen Kindheit wollte sich nicht wieder einstellen.
Regine war es fast peinlich, von allen so gefeiert zu werden.
»Lieber Himmel«, sagte sie errötend, was ihr ausnehmend gut zu Gesicht stand, »womit habe ich diesen Aufwand verdient? Wenn eine Frau fünfundvierzig wird, sollte sie sich still in ein Eckchen verdrücken und über ihr hohes Alter nachdenken. So fordert man seine Umwelt ja direkt dazu heraus, als Respektsperson, die allmählich in die Jahre kommt, behandelt zu werden.«
Lutz hob sein Sektglas, stieß mit ihr an. Sein Blick verriet Regine, daß sie für ihn noch immer sehr schön und begehrenswert war.
»Laß mal, altes Mädchen«, gab er lächelnd zurück. »Du hast es wirklich verdient, ein wenig in den Mittelpunkt gerückt zu werden. Während der Nachkriegsjahre gab es wenig Anlaß zum Feiern, wir befanden uns mitten im Aufbau und hatten anderes zu tun. Außerdem stimmt deine Behauptung nicht. Heutzutage, und das ist die neue Welle, werden Frauen nicht mehr älter, sondern höchstens weiser. Und da Weisheit eine der schönsten Tugenden ist, auch schöner.«
Lutz wandte sich seinem Ältesten zu.
»Findest du nicht auch, Wolfgang, daß deine Mutter immer attraktiver wird? Du hast sie schließlich einige Zeit nicht gesehen. Dann fallen einem Veränderungen eher auf.«
Regine beobachtete den jungen Mann lächelnd. Würde er ihr nun auch ein Kompliment machen? Sie wußte, wie gut sich Wolfgang auf diese Dinge verstand.

Doch als er sie jetzt ansah, erschrak sie vor dem Ausdruck seiner Augen. So blickte ein Mann nicht seine Mutter an, sondern ... Gleich darauf schämte sie sich ihres Gedankens, denn Wolfgang erwiderte ihr Lächeln spontan und war jetzt ganz der große Junge, den sie an Kindes Statt angenommen und mit der gleichen Liebe aufgezogen hatte wie Rainer, ihren leiblichen Sohn.
Stefanie zog Wolfgang neben sich auf das Sofa, auf dem sie saß. »Es gefällt mir nicht, Wolfgang, daß du schon morgen nach Paris zurückkehren willst.« Die Stimme der alten Dame drückte Mißbilligung aus. Sie mochte diesen gutaussehenden jungen Menschen, der zwar nicht ihr Enkel, ihr aber doch ans Herz gewachsen war. »Möchtest du nicht noch ein paar Tage in deiner Vaterstadt bleiben?«
Wolfgang wich Stefanies vorwurfsvollem Blick aus.
»In meiner Vaterstadt – ja«, entgegnete er zögernd und fragte sich im gleichen Atemzug, was wohl seine wirkliche Vaterstadt war. Wer mochten seine Eltern gewesen sein? Rainers Eröffnungen hatte er seinerzeit entnommen, daß dies niemand wußte. Nicht einmal Regine, die ihn sofort akzeptiert hatte – ohne ihn jemals fühlen zu lassen, daß er praktisch ein Niemand, ein Namenloser war.
»Ja, in Berlin bliebe ich wohl gern«, fuhr er mit einem Lächeln fort, als Stefanies grüne Augen ihn forschend betrachteten. »Aber du weißt ja, Omi, daß ich mein Studium sehr ernst nehme. Ein Pianist darf nie aus der Übung kommen, sonst rosten seine Finger quasi ein. Paß auf, eines Tages werde ich berühmt, und dann sitzt du in der ersten Reihe und klatschst deinem Enkel Beifall.«
Stefanie nickte ihm freundlich zu. Er war ein hübscher Bursche, der manches Frauenherz brechen würde. Ganz der Typ, den sie selbst einst, als Dimitri Wolkow ihr gefährlich geworden war, bevorzugt hatte.

Regine befand sich in ihrem kleinen Wohnzimmer, als Wolfgang am nächsten Morgen kam, um sich vor seiner Abreise von ihr zu verabschieden.

Sie lächelte ihm erfreut entgegen. »Komm, setz dich zu mir.« Sie klopfte mit der Hand einladend neben sich aufs Sofa. So, wie sie es immer getan hatte, als ihre Söhne noch Kinder gewesen waren. »Du hast es sehr eilig, von uns fortzukommen«, fügte sie mit leichtem Vorwurf hinzu, dem ihr Lächeln jedoch alle Schärfe nahm. »Du kannst dir gar nicht vorstellen, wie sehr du deinem Vater und mir fehlst.«
Ihr Kleid, das die Farbe tiefblauer Kornblumen hatte, ließ ihr Haar, ihre Haut noch heller erscheinen. Sie wirkte sehr jung und fast mädchenhaft darin. Wolfgang wandte den Blick nicht von ihrem Gesicht. Sie war ihm noch nie so schön vorgekommen wie in diesem Moment.
Regine spürte, daß etwas ihn bewegte. Doch eine ahnungsvolle Scheu hinderte sie daran, nach der Ursache zu fragen.
»Dein damaliger Entschluß, in Paris zu studieren, kam uns allen sehr überraschend«, sagte sie statt dessen. »Vor allem Großmama konnte es gar nicht begreifen. Jetzt, wo sie nicht mehr so oft ausgeht, fühlt sie sich manchmal überflüssig, was natürlich Unsinn ist. Aber du hast schon immer die Gabe besessen, Menschen auf angenehme Weise die Zeit zu vertreiben.«
Nach einer kurzen Pause fügte sie lebhaft hinzu: »In Berlin hättest du auch alles gelernt, was du für deine Laufbahn als Konzertpianist brauchst. Und du bist hier zu Hause.«
»Laß mal, Mama«, wehrte Wolfgang fast abweisend ab, und Regine betrachtete ihn betroffen. Was hatte der Junge nur? »Es war schon ganz richtig so«, schwächte er seine Schroffheit ab. »Als angehender Künstler muß man sich den Wind um die Nase wehen lassen, neue Eindrücke sammeln. Im Schoße der lieben Familie wird man leicht bequem, um nicht zu sagen, spießbürgerlich.«
Regine senkte den Blick und schwieg verletzt. Wie konnte er nur so reden!
Wolfgang bereute seine unfreundlichen Worte bereits.

Ehe Regine wußte, wie ihr geschah, kniete er neben ihr nieder. Mit einer leidenschaftlichen Bewegung, die sie erschreckte, umfaßte er ihre Gestalt, drückte sie ungestüm an sich.

»Nimm nicht alles, was ich sage, so schrecklich wörtlich«, bat er. »Du kennst mich doch, solltest wissen, daß ich viel lieber in deiner Nähe wäre als in Paris«, fuhr er so leise fort, daß sie ihn kaum verstehen konnte. Doch als Regine, rasch versöhnt, sein Gesicht streicheln wollte, fing er ihre Hand ein, küßte sie, ließ sie nicht mehr los. Seine Augen waren geschlossen, um seinen Mund lag ein Ausdruck, der nichts mehr mit der Liebe eines Sohnes zu seiner Mutter zu tun hatte.

Regine erschrak. Sie spürte seinen raschen Herzschlag, wollte sich aus dieser heftigen, beunruhigenden Umarmung lösen und brachte doch nicht die Kraft dazu auf.

»Seit wann weißt du es, Wolfgang?« Sie hatte sofort begriffen, was sich gegen ihren Willen ereignet hatte.

»Wahrscheinlich habe ich es von Anfang an geahnt.« Wolfgang verstand, wie Regines Frage gemeint war. Seine Augen öffneten sich weit, verrieten seine Liebe zu ihr. Eine verbotene Liebe, wie er sehr genau wußte. »Du warst für mich stets der Inbegriff der Vollkommenheit. Es gibt auf der ganzen Welt keine Frau, die ich begehrenswerter finden könnte. Dabei laufen in Paris weiß Gott schöne Frauen herum. Aber ich vergleiche jede mit dir, und der Vergleich fällt kläglich aus. Daß du nicht meine Mutter bist, weiß ich seit etwa einem Jahr, also seit meiner überstürzten Abreise nach Paris.«

Wolfgang fiel es nicht ein, Rainer anzuklagen. Mochte Regine ruhig annehmen, er verdanke sein Wissen einem Zufall.

»Aber ich«, wandte sie verwirrt ein, »ich bin jetzt fünfundvierzig, mit dir verglichen, eine alte Frau, mein . . .« Gewohnheitsmäßig hatte Regine ›mein Sohn‹ sagen wollen; aber diese Worte wollten ihr in dieser seltsamen Situation nicht über die Lippen.

»Liebe ist vom Alter unabhängig.« Wolfgang gab sie abrupt frei und stand auf. »Verstehst du jetzt, daß es richtig von mir war, nach Paris zu gehen? Leb wohl, Regine. Mein Zug wartet nicht.«
Er verließ sie, ohne ihre Antwort abzuwarten; die Tür fiel leise hinter ihm ins Schloß.
Regine saß reglos da, ihre Wangen glühten. Innerhalb weniger Minuten hatte sich vieles auf beängstigende Weise verändert. Wolfgang war nicht mehr ihr Sohn, er war ein beunruhigend interessanter junger Mann, der in ihr die Frau sah, nicht seine Mutter. Ja, seine Entscheidung war richtig gewesen. Er durfte nicht in diesem Haus bleiben; denn hier lag die Gefahr nahe, daß er sich einmal vor Lutz verriet. Die Folgen wären unausdenkbar. Und doch – wie schade ...

Im Sommer des Jahres 1965 kam für Wolfgang Hartmann, der seit jener Szene in Regines Zimmer nie mehr nach Hause gekommen war, die ganz große Chance. Er gewann einen begehrten Musikpreis, die Welt der Kunst wurde auf ihn aufmerksam.
Es ging bei dieser Auszeichnung nicht lediglich um einen ansehnlichen Geldbetrag, der Wolfgangs Studium zugute kam, sie war auch mit einem erstmaligen Auftreten als Pianist verbunden. Und zwar anläßlich eines öffentlichen Konzertes in der berühmten Carnegie Hall in New York.
Wolfgang konnte es selbst kaum fassen. Zum ersten Mal in seinem relativ kurzen Leben würde er als Solist auftreten, die Werke der großen Meister vor einem illustren Publikum interpretieren dürfen. Danach – und er glaubte nicht eine Sekunde an einen Mißerfolg – war ihm ein Siegeszug durch die bedeutendsten Konzerthäuser der Welt gewiß.

Stefanie Hartmann, sehr stolz auf ihren Enkel, der im Grunde gar nicht ihr Enkel war, wurde es nicht vergönnt, Wolfgangs Triumph mitzuerleben.

Trotz ihres hohen Alters ließ sie es sich nicht nehmen, ihre persönlichen Besorgungen selbst zu erledigen. Früher hatte der getreue Oleg sie dabei in respektvoller Entfernung begleitet, um sofort den Schritt zu beschleunigen, sobald seine Hilfe nötig wurde. Doch vor wenigen Wochen hatte er die Augen für immer geschlossen, sehr zum Kummer aller Hartmanns. Der ruhige, zuverlässige Russe war im Laufe der Jahre fast zu einem Familienmitglied geworden. Vor allem Stefanie vermißte ihn mehr, als sie zugab. Es war so ein tröstlicher Gedanke, ihn in der Nähe zu haben und zu wissen, daß er, ohne daß man viele Worte zu machen brauchte, stets das Richtige tat.
An diesem sonnigen Herbsttag fühlte sich Stefanie besonders wohl. Langsam ging sie durch die Straßen. An einer Kreuzung blieb sie stehen, um an dem ampellosen Übergang mehrere Autos vorbeizulassen. Oh, in dieser Beziehung war sie die Vorsicht in Person. Plötzlich rollte dicht vor ihr ein bunter Ball auf die Fahrbahn, ein Kind sprang ihm nach, um das geliebte Spielzeug einzufangen und in Sicherheit zu bringen.
Wie immer in ihrem langen Leben, handelte Stefanie Hartmann, geborene von Rosen, rein instinktiv. Sie ließ nicht den Verstand, sondern allein ihr Herz sprechen.
Erstaunlich rasch und behende für ihre Jahre, versuchte sie das Kind zu packen, stieß es, die nahende Gefahr wohl wissend, energisch zur Seite. Doch ihre Kräfte reichten danach nicht mehr aus, sich selbst in Sicherheit zu bringen.
Sie sah den bedrohlichen Schatten auf sich zukommen, hörte das Kreischen der Bremsen. Ein jäher, stechender Schmerz durchfuhr sie. Gleich danach war ihr zumute, als fliege sie schwerelos dahin, und alles um sie herum versank in tiefem Nebel.

Stefanie Hartmanns unerwarteter Tod griff hart in das Leben der Familie ein. Vielleicht, weil niemand mit einer solchen Möglichkeit gerechnet hatte.

Die Lücke, die dadurch entstanden war, würde sich nie wieder schließen. Denn jeder würde die alte Dame vermissen, die für alles einen Rat gewußt hatte.
»Mama war organisch noch kerngesund«, erklärte Lutz am Tag ihrer Beisetzung. »Sie hätte gut und gern noch zwanzig Jahre leben können. Ihr Herz, ihr Geist – tadellos in Ordnung. Einfach unfaßbar, ja, lächerlich, daß sie durch einen solchen Zufall ums Leben kommen mußte.«
Lutz Hartmann machte einen müden, übernächtigen Eindruck. Regine legte die Arme um ihren Mann. Sie verstand, wie ihm zumute sein mußte. Sie selbst hatte schon in jungen Jahren ihre Eltern verloren, so daß Stefanie für sie wie eine Mutter gewesen war.
»Weißt du, Lutz, daß du eben beinahe ihre eigenen Worte wiedergegeben hast? Dieser Zufall – lächerlich, gewiß. Und doch, Mama starb, wie sie stets gelebt hatte. Heiter, ohne Reue. Sie folgte immer dem Herzen, nie dem Verstand . . .«
Sie schwiegen beide gedankenvoll, sahen Stefanie vor sich, die so herzlich gern weitergelebt hätte und doch auf der Schwelle des Todes noch froh darüber gewesen war, ein Kind gerettet zu haben.
»Ich nähere mich ohnehin dem Ende, blicke auf ein langes, erfülltes Leben zurück. Dieses Kind dagegen stand erst am Anfang«, hatte sie, für kurze Zeit aus ihrer tiefen Bewußtlosigkeit erwachend, geflüstert. Um dann, nach einer Pause, mit einem sich selbst verspottenden Lächeln hinzuzufügen: »Daß ausgerechnet mir so etwas passieren mußte, wo ich doch nie ein mutiger oder gar heroischer Mensch gewesen bin – es ist einfach lächerlich . . .«
Es sollten Stefanie Hartmanns letzte Worte sein. Das amüsierte Lächeln jedoch begleitete sie in den Tod. Es ließ ihr stilles Gesicht noch einmal so jung und schön erscheinen wie einst. Als Hanno von Werden, Magnus Hartmann und Graf Wolkow sie geliebt hatten.
Wolfgang war es nicht möglich, an der Beisetzung teilzunehmen. Die Proben und Vorbereitungen zu seinem er-

sten Konzert waren in vollem Gang. Er huldigte dem Andenken an seine Großmutter, denn das war sie trotz allem für ihn geblieben, auf besondere Weise.
Nach seinem triumphalen Auftritt in der Carnegie Hall tat er etwas, das sonst nur ganz berühmten Solisten vorbehalten blieb: er gab eine Zugabe, spielte für Stefanie Hartmann den Liebestraum von Franz Liszt, den sie so geliebt und sich so oft von ihm erbeten hatte.
Die Hartmanns hörten das Konzert in einer Radioübertragung. Die deutschen Rundfunkanstalten hatten sich entschlossen, es zu übernehmen, da der Name des Berliner Künstlers wie ein strahlender Stern am internationalen Musikhimmel aufgegangen war. Man durfte dieses vielversprechende Talent nicht ignorieren, um es dadurch möglicherweise ganz ans Ausland zu verlieren.
»Der Junge macht unserem Namen alle Ehre.« Lutz Hartmann, früher eher zurückhaltend, wenn es um Wolfgang ging, begann sich plötzlich für ihn zu erwärmen. »Seit seinem ersten Konzert ist er in der ganzen Welt zu einem Begriff geworden. Warum kommt er nie nach Berlin? Er könnte doch auch hier Konzerte geben. Man würde ihn mit offenen Armen empfangen. Kannst du ihm nicht ein wenig zureden, Regine? Du weißt, daß er immer auf dich gehört hat.«
»Ich will es gern versuchen.«
Regine sah ihren Mann nicht an. Sie würde sich hüten zu tun, was Lutz von ihr verlangte. Sie war zu sehr Frau, fürchtete, nicht mehr ganz so attraktiv zu sein wie damals, als Wolfgang ihr seine geheimsten Gefühle offenbart hatte. Nein, es war in jedem Fall besser, wenn er Berlin weiterhin mied.
»Rainer macht sich ebenfalls sehr gut, findest du nicht auch?« lenkte sie von dem ihr schmerzlichen Thema ab. »Er versäumt keine Vorlesung, büffelt wie ein Irrer. Seine Professoren sind mit ihm sehr zufrieden. Hoffentlich mutet er seinen Kräften nicht zuviel zu. Neben seinem gewiß nicht leichten Studium arbeitet er in jeder freien Minute

im Werk. Schon jetzt sieht jeder den Chef in ihm, schätzt sein gesundes Urteilsvermögen.«

Lutz zündete sich zufrieden eine Zigarre an, sah versonnen dem Rauchwölkchen nach, das von ihr aufstieg und sich im Zimmer zerteilte.

»Keine Frage, wir haben mit unseren Kindern wirklich Glück gehabt, mein Schatz. Und nicht ganz ohne eigenes Verdienst. Wir haben uns immer bemüht, ihre guten Anlagen zu fördern, ihnen dadurch einen festen Platz im Leben zu sichern. Jetzt können wir uns zurücklehnen und in aller Ruhe unseren Lebensabend genießen.«

Regine lächelte heimlich über seinen Eifer. Auf einmal war Lutz auf Wolfgang stolz, sprach ganz selbstverständlich von ›unseren Kindern‹!

»Was das ›Zurücklehnen‹ betrifft, so habe ich berechtigte Zweifel. Das trifft auch auf deinen eben zitierten Lebensabend zu.«

Regine hatte sich neben Lutz aufs Sofa gekuschelt, schmiegte sich entspannt an ihn. »Ich weiß ja nicht, wie es um dich steht, mein Lieber, ich jedenfalls weigere mich ganz entschieden, schon zum alten Eisen gerechnet zu werden. Unsinn, Lutz! Du bist im besten Mannesalter, die Klinik wird nicht so bald auf dich verzichten können. Und überhaupt . . .«

»Du hast recht, Regine, wie immer.« Lutz Hartmann legte sorgsam seine Zigarre in den Aschenbecher, seine Hände schlossen sich zärtlich um Regines Gesicht. Er betrachtete es aufmerksam, als müsse er sich jeden Zug darin genauestens einprägen.

»Die Kinder sind erwachsen, die Zeit, die jetzt noch vor uns liegt, gehört uns ganz allein. Ein Glückspilz bin ich von jeher gewesen. Weil ich dich neben mir wußte, was immer auch geschah. Während des Krieges, als die Gestapo hinter mir her war, auf der gefährlichen Flucht, und dann in der Schweiz, im Exil. Ich liebe dich sehr, meine Regine, auch wenn ich manchmal versäumt haben mag, es dir zu sagen.«

Regine schwieg. In den Armen ihres Mannes fühlte sie sich geborgen. Es gab keine Ängste mehr, keine beunruhigenden Gedanken. Nur seine Liebe, die der Inhalt ihres Lebens war.

3

»Sehen Sie sich das hier mal an, Fräulein Harden.«
Rainer Hartmann lehnte sich über den Tisch und zeigte auf eine Reihe von Zahlen. Doch sein Blick ruhte dabei selbstvergessen auf dem klaren Gesicht der jungen Frau, die ihr Praktikum in den Hartmann-Werken absolvierte. Er selbst war seit drei Jahren Doktor der Chemie und Chef der Firma, die unter seiner umsichtigen Leitung einen neuen Aufschwung genommen hatte.
»Ich habe mich bereits mit dieser Formel beschäftigt, Herr Doktor Hartmann. Sehr intensiv sogar. Irgend etwas stimmt noch nicht daran. Man könnte einiges an dem Medikament verbessern, um es konkurrenzfähig zu machen. Dürfte ich Ihnen dazu einen Vorschlag unterbreiten? Hier, bitte. Wenn Sie sich das anschauen möchten? Ich habe meine Ausführungen schriftlich ausgearbeitet.«
Elisabeth Harden sah Rainer nicht an. Sie wußte längst, daß ihr Chef auch privat an ihr interessiert war. Ihre Wangen röteten sich unter seinem Blick, und sie stellte zu ihrer Verärgerung fest, daß ihre Hände, als sie ihm die Unterlagen zuschob, unmerklich zitterten.
»Ja, danke. Sie sind bewundernswert - tüchtig, Fräulein Harden.« Rainers Stimme klang weich, machte aus dieser nüchternen und scheinbar nur aufs Berufliche hinzielenden Bemerkung eine Liebeserklärung. »Haben Sie heute abend eigentlich schon etwas vor?« setzte er übergangslos hinzu, und Elisabeth blickte verwirrt auf. Damit hatte sie nicht gerechnet - jedenfalls nicht so bald.
Rainer lächelte ihr beruhigend zu.
»Ich weiß genau, was Sie jetzt denken, Elisabeth.« Zum

ersten Mal, seit sie miteinander arbeiteten, nannte er sie beim Vornamen. »Daß man Beruf und Privatleben streng getrennt halten sollte. Das haben Sie doch eben gedacht, nicht wahr?« Sein Lächeln vertiefte sich. »Über diese Bedenken, meine ich, sind wir doch längst hinaus. Wir sind seit einem Jahr Arbeitskollegen, stimmen in vielen wichtigen Fragen überein. Wozu also noch mehr Zeit verschwenden? Nun – verbringen wir den Abend zusammen – liebe Kollegin?«
Elisabeths impulsive Zusage leitete eine Zeit ein, die für beide zu einem wunderbaren Erlebnis wurde. Schrittweise kamen sie sich näher, wußten, daß zwischen ihnen eine lebenswichtige Entscheidung fallen mußte.

»Weißt du eigentlich, daß ich dich vom ersten Moment an geliebt habe, Elisabeth? Als du in die Firma kamst, gab es für mich gar keinen Zweifel. Die oder keine, das war mir von Anfang an klar.«
Rainer Hartmann und Elisabeth Harden tanzten zu leiser Musik. Nach einem Opernbesuch rundeten sie den Abend in einer gepflegten kleinen Bar ab. »Hoffentlich stört dich der Gedanke nicht allzusehr, daß es anfangs deine Ähnlichkeit mit meiner Mutter war, durch die ich mich zu dir hingezogen fühlte. Du kennst sie ja mittlerweile ganz gut. Sei unbesorgt, sie wird dir alles andere als eine böse Schwiegermutter sein . . .«
Elisabeth blieb, obgleich die Musik noch immer spielte, jäh stehen. Sie löste sich aus Rainers Armen und ging vor ihm zu ihrem Tisch zurück. Diese zwar nicht überraschende, aber in diesem Augenblick doch unvermutete Werbung verwirrte sie; denn Rainers Worte konnten nur als Heiratsantrag gemeint gewesen sein. Es ging ihr nun doch alles zu schnell, zu glatt.
Rainer bemerkte den besorgten Ausdruck, der wie ein Schatten auf ihrem Gesicht lag. Er neigte sich vor, berührte sanft ihre Hand, die irgendwie hilflos vor ihm auf dem Tisch lag.

»Habe ich dich überrumpelt? Brauchst du vielleicht Bedenkzeit?«
So war er immer. Umsichtig und bemüht, anderen nicht weh zu tun. Er versuchte – und das war heutzutage selten – sich in seine Mitmenschen hineinzuversetzen.
Elisabeth wußte nicht, daß er nur einmal in seinem Leben diesem Grundsatz untreu geworden war: als er Wolfgang über seine Herkunft aufgeklärt hatte. Diesen Fehler wollte er nie wieder begehen – aus einer selbstsüchtigen Regung heraus auf eigene Rechte zu pochen. Letzten Endes hatte er damals das schöne Bewußtsein, einen Bruder zu haben und selbst Bruder sein zu dürfen, zerstört. Die Entfremdung zwischen ihm und Wolfgang ließ sich nicht mehr überbrücken.
Elisabeth nahm sich zu ihrer Antwort Zeit.
»Eigentlich nicht«, sagte sie endlich. Sie lächelte dabei, und dieses Lächeln war bereits eine Zusage. Als Rainer sie später in die Arme nahm, erwiderte sie seinen Kuß so innig, daß es keinen Zweifel geben konnte. Sie liebte ihn. So, wie auch er sie liebte.

Regine und Lutz Hartmann waren mit dieser Verlobung, die im Mai 1970 mit einem rauschenden Fest gefeiert wurde, uneingeschränkt zufrieden. Auch in der Firma wurde die Nachricht mit Zustimmung aufgenommen. Elisabeth Harden war als Kollegin beliebt und hatte sich während ihres Praktikums durch ihre ruhige, angenehme Art viele Sympathien erworben.
»Die beiden passen gut zusammen, ich bin sehr froh.« Regine wandte sich mit ihren Worten an Katja, die in letzter Zeit ziemlich blaß und abgehetzt wirkte. »Rainer hat in Elisabeth die ideale Partnerin gefunden.«
Katja sah bedrückt vor sich hin. »Ich wünschte«, sagte sie leise, »ich könnte von Nicole und Thomas das gleiche behaupten. Manchmal frage ich mich, ob es richtig war, seinerzeit auf ihrer Heirat zu bestehen. Nur weil ein Kind unterwegs ist, sollte man nicht unbedingt auf Tradition

pochen. Die Zeiten haben sich schließlich geändert. Heute ist eine ledige Mutter keine Seltenheit mehr. Jedenfalls waren die beiden viel zu jung für die Ehe, und das rächt sich nun.«

Regine verstand, wie Katja zumute sein mußte. Die Arme hatte so wahnsinnig viel um die Ohren. Ihren aufreibenden Beruf als Operationsschwester, die Sorge um ihre ziemlich labile Tochter. Dazu kam noch Dieter, der die Jahre der Kriegsgefangenschaft noch immer nicht überwunden hatte. Trotz sorgsamster Pflege kam er nicht auf die Beine. Regine hatte manchmal das unbestimmte Gefühl, daß ihm gar nichts daran lag, wieder ganz gesund zu werden. Er war depressiv und ließ sich gehen.

»Klappt es bei dem jungen Volk noch immer nicht?« fragte sie mitfühlend. »Ich hoffte, sie würden sich allmählich zusammenraufen. Auch das Kind könnte eine Vermittlerrolle spielen.«

»Ach.« Katja winkte ab. Es lag sehr viel Resignation in dieser Bewegung. »Oliver ist ein reizendes Kind, aber für meinen Geschmack zu empfindsam für einen Jungen. Wie will er sich später einmal in einer Welt behaupten, die alles andere als rücksichtsvoll ist! Für Träumer gibt es darin keinen Platz. Nächstes Jahr kommt Oliver schon aufs Gymnasium. Es ist seltsam, aber er lernt trotz seiner zarten Konstitution überraschend gut. Was die Natur ihm körperlich vorenthält, schenkt sie ihm geistig im Überfluß. Die Lehrer meinen, er sei überdurchschnittlich begabt.«

»Na und – das ist doch nur erfreulich«, warf Regine ein.

»Man möchte es meinen«, räumte Katja bereitwillig ein. Sie hielt sehr viel von ihrem kleinen Enkel. »Doch seine Eltern macht eben das nervös. Sie wissen mit diesem Wunderkind, das schon jetzt klüger als seine Eltern ist, nichts anzufangen. Vielleicht liegt es daran, daß sie selber nie richtig erwachsen geworden sind.«

»Und dein Mann – Dieter?« fragte Regine behutsam. »Kann er nicht ein wenig Einfluß auf sie nehmen? Er hätte doch genügend Zeit dazu und könnte dich entlasten. Schade, daß er heute nicht mitgekommen ist. Wir hätten uns alle gefreut, er gehört doch zur Familie. Geht es ihm wieder schlechter?«

Katja hob zweifelnd die Schultern. Was sollte sie auf diese Frage antworten?

»Ich weiß es nicht. Er beklagt sich nie, sitzt nur stundenlang da und starrt ins Leere. Oft ist mir, als wisse er gar nicht mehr, daß es mich gibt. Wenn er doch nur mit mir über seine Probleme sprechen, sich mir anvertrauen möchte. Doch seit Stalingrad und den Jahren in Sibirien ist er völlig verändert. Warum begreift er nicht, daß ich dafür Verständnis habe? So etwas kann an keinem spurlos vorübergehen. Das ist es ja eben. Einen körperlichen Schaden kann man heilen, sagt Doktor Hinrichs immer, doch einen seelischen –«

Katja verstummte auffallend abrupt, und Regine warf ihr einen forschenden Blick zu. Dr. Hinrichs, natürlich. Er war seit Jahren Katjas einziger Halt in dieser nervenaufreibenden Situation. Sie war völlig von seiner Meinung abhängig. Niemand aus der Familie konnte ihr so wie er helfen. Wie leicht aber wurde aus so einer Abhängigkeit mehr – Zuneigung, Liebe!

Wer sollte einem da mehr leid tun? Katja – oder der glücklose, ehemals so schneidige Offizier Dieter Hollburg? Regine fand keine befriedigende Antwort auf diese Frage.

Niemand konnte ahnen, daß Katjas Mann sie bereits gefunden zu haben schien. So teilnahmslos er sich auch gab, sein Verstand registrierte doch alles, was um ihn herum vorging. Trotzdem gelang es ihm nicht, sich aus seiner Lethargie aufzuraffen, den ersten Schritt zu tun, um mit Katja einen gemeinsamen neuen Anfang zu wagen.

Er liebte sie, es schmerzte ihn, sie leiden zu sehen. Er mußte ihr irgendwie helfen, durfte ihr nicht noch mehr zumuten, als sie ohnehin schon auf sich genommen hatte. Flüchtig vorerst, tauchte ein Gedanke in ihm auf, nahm feste Konturen an. Doch dann fehlte ihm doch immer wieder der Mut zu dem letzten Entschluß, der allein Katja die Erlösung bringen konnte.

»Hast du das hier schon gelesen, Rainer?« Elisabeth hielt ihrem Verlobten eine Zeitung hin, zeigte auf einen bestimmten Absatz. Er aber schob das Blatt wie etwas Lästiges beiseite, nahm Elisabeth in die Arme und küßte sie, bis sie atemlos um Gnade bat.

»Was soll ich mit einer langweiligen Zeitung, solange du in meiner Nähe bist, Liebling«, sagte er zärtlich. »Du bist für mich Tag für Tag die allerschönste Neuigkeit. Und damit komme ich schon zu einem Vorschlag, der mir sehr am Herzen liegt. Was hältst du davon – könnten wir unsere Hochzeit nicht vorverlegen? Weitere drei Monate zu warten halte ich für reine Zeitverschwendung, wenn zwei Menschen sich so lieben wie wir beide.«

»Sie werden wie im Flug vergehen, Rainer.« Elisabeths Gesicht hatte sich unter seinen Küssen gerötet. Jetzt schob sie ihn von sich und zeigte wieder auf die Zeitung. »Warum hast du mir nichts davon erzählt? Ich bin nämlich schon mächtig auf deinen weltberühmten Bruder gespannt. Er sieht interessant aus. Kein Wunder, daß die Frauen –«

Elisabeth verstummte erschrocken. Rainer hatte ihr das Blatt, das ihm eben noch so gleichgültig gewesen war, förmlich aus der Hand gerissen. Seine Lippen preßten sich fest aufeinander, während er es stumm betrachtete. Wolfgang blickte ihm daraus in Großaufnahme entgegen. Aufgeschlossen, lachend, seines Erfolges gewiß!

Sekundenlang starrte er das Foto an. Nein, er konnte sich nicht über die Nachricht freuen, daß Wolfgang ein Konzert in Berlin geben würde. Er hatte sogar panische Angst vor diesem Ereignis. Was hatte Elisabeth doch eben sagen wollen? Ihre bewundernden Worte lagen ihm noch im Ohr: ›Kein Wunder, daß die Frauen ihm nachlaufen!‹ Ja, nur so hätte ihr angefangener Satz enden können.

Rainer versuchte, der in ihm aufsteigenden Panik Herr zu werden. Die Vergangenheit brachte sich auf peinliche Weise in Erinnerung. Er sah die Szene ganz deutlich vor sich. Er selbst, kaum siebzehnjährig – seine Freundin Inge hingebungsvoll in Wolfgangs Armen. Stimmte es, daß sie damals die Initiative ergriffen, sich Wolfgang an den Hals geworfen hatte? Fast war er geneigt, dies zu glauben.
Das Mädchen war für ihn selbst zu erfahren gewesen und zu alt. Ach, was sollte es! Es wäre doch nie etwas aus dieser Beziehung geworden, warum sich also noch nachträglich deswegen den Kopf heiß machen. Und überhaupt – mit Elisabeth standen die Dinge anders. Sie war keine leichtfertige, flatterhafte Inge Sander ...
»Tut mir leid, Liebling«, sagte er mit einem unsicheren Lachen. »Ich hatte wirklich keine Ahnung. Es sollte wohl für uns alle eine Überraschung werden. Nein, von der Familie weiß niemand etwas von diesem Berliner Konzert meines – Bruders. Mama wird sich schrecklich freuen.«

Regine freute sich nicht nur, sie geriet sogar vor Freude ganz aus dem Häuschen. Die nächsten Tage verbrachte sie mit hektischen Vorbereitungen, bei denen Lutz sie mit amüsierter Nachsicht beobachtete.
»Du benimmst dich wie ein junges Mädchen, das seinen Geliebten erwartet. Alles sollte für ihn möglichst schön sein«, bemerkte er lächelnd, ohne zu ahnen, wie nahe er damit der Wahrheit kam. Zumindest berührte er mit seinen Worten einen wunden Punkt. Das Bewußtsein, daß Wolfgang seinerzeit nicht die Mutter, sondern die begehrenswerte Frau in ihr gesehen hatte, beunruhigte Regine nicht wenig. Alles, was sie tat, wurde von diesem Gedanken bestimmt.
Am Vorabend seines Konzertes stattete Wolfgang seiner Familie einen Besuch ab. Er weigerte sich entschieden, in der Hartmannschen Villa zu wohnen, obgleich sein altes Zimmer ihm weiterhin zur Verfügung stand.
»Ich habe mich ganz bewußt im Hotel einquartiert, weil

ich keine Unruhe in euer Leben bringen möchte«, begründete er diese Maßnahme, während seine dunklen Augen forschend über Regines Gesicht glitten. »Du wirst immer schöner, Mama«, fügte er, nur ihr verständlich, hinzu. »Ich wünsche mir, eines Tages einer Frau zu begegnen, die so ist wie du und auch so aussieht. Papa ist wirklich zu beneiden. Ob er das weiß? Ehemänner sind oft mit Blindheit geschlagen und ahnen nicht einmal, welch einen Schatz sie in ihrer Frau besitzen.«
Regine lächelte verlegen. Wolfgangs Worte brachten sie ziemlich aus der Fassung. Sie atmete befreit auf, als Elisabeth und Rainer eintraten.
Wolfgang folgte ihrem Blick. Seine nächsten Worte blieben unausgesprochen, doch seine Augen verrieten, wie verblüfft er war. Er sah von Elisabeth zu Regine. Daß eine solche Ähnlichkeit überhaupt möglich war! Die beiden Frauen waren nicht miteinander verwandt, und doch konnte man sie für Mutter und Tochter halten.
Seltsam – sein eben geäußerter Wunsch, eine Frau wie Regine Hartmann zu finden, hatte sich bereits erfüllt. Und das allein kam einem Wunder gleich.
Elisabeth, sonst aufgeschlossen und dazu neigend, Menschen, die ihr angenehm waren, freundschaftlich entgegenzukommen, blieb Wolfgang gegenüber befangen, wenn nicht gar abweisend. Rainer verbuchte dies zu seinen Gunsten und gab sich dem Bruder gegenüber herzlicher als bei ihrer letzten Begegnung. Er ahnte nicht, was Elisabeth tatsächlich bewegte. Daß der berühmte Pianist eine ihr selbst unerklärliche Unruhe in ihr auslöste, daß sie darum, in einer Art Selbstschutz, auf diese Weise reagierte.
Am Abend des Konzerts saß das junge Mädchen zwischen Rainer und Lutz Hartmann in der ersten Reihe der Neuen Philharmonie. Die Nervosität des Vorabends war ungeduldiger Erwartung gewichen. So, als stünde Elisabeth auf der Schwelle zu etwas Wunderbarem, zögere jedoch, sie allzu rasch zu überschreiten.

Ein jähes Angstgefühl stieg in ihr auf, und sie wandte sich Rainer zu, um ihn forschend anzusehen. Nein, mit ihm hatte ihre Erregung nichts zu tun. Sein ernstes, gestern noch so geliebtes Gesicht weckte heute keine leidenschaftlichen Empfindungen in ihr.
Rainer spürte Elisabeths Blick, erwiderte ihn lächelnd. Er sah die steile, grüblerische Falte zwischen ihren Brauen. Noch ehe er nach der Ursache fragen konnte, brandete Applaus auf – Wolfgang Hartmann hatte das Podium betreten.
Elisabeth vergaß Rainer, vergaß ihre Umgebung. Sie sah nur noch Wolfgang, dessen Blick sie traf, sekundenlang auf ihrem zu ihm aufgehobenen Gesicht verweilte.
Ich spiele heute nur für dich, schien dieser Blick zu sagen, und nicht nur Elisabeth verstand ihn so zu deuten.
Neben ihr seufzte Rainer gepreßt auf, doch sie hörte es nicht. Wolfgangs meisterhaftes Spiel nahm die Zuhörer gefangen. Während unter seinen schlanken Fingern Chopins unsterbliche Melodien zum Leben erwachten, war Elisabeth Harden wohl die einzige in dem riesigen Konzertsaal, die sie nicht wahrnahm. Sie war von dem Interpreten fasziniert und daher nicht in der Lage, dem Komponisten die ihm gebührende Anerkennung zu zollen.
Benommen stellte sie fest, daß Wolfgangs Züge Energie und einen unbeugsamen Willen ausdrückten. Sie zweifelte nicht daran: Dieser Mann würde ohne Umwege auf sein Ziel zugehen, sich nehmen, wonach ihm gerade der Sinn stand. Egal, wer dabei auf der Strecke blieb. Er war einfach nicht der Mann, der auf die Gefühle anderer Rücksicht nahm.
Plötzlich zuckte Elisabeth zusammen, kehrte in die Wirklichkeit zurück. Eine Hand hatte die ihre berührt, hielt sie fest. Als sie sich Rainer zuwandte, wußte sie nicht einmal, daß ihre Wangen naß von Tränen waren.
»Es ist wunderbar«, flüsterte sie ihm zu und meinte damit nicht die Musik, sondern Wolfgang. »Ich habe so etwas noch nie erlebt. . . .«

Rainer antwortete nicht. Er hatte schlagartig erkannt, wie weit Elisabeth sich innerlich bereits von ihm entfernt hatte. Er wußte auch, daß er gegen diese Entwicklung völlig machtlos war. Obgleich ihm dies klar war, bemühte er sich, sie auf dem anschließenden kleinen Fest, das die Eltern gaben, dem Bruder tunlichst fernzuhalten. Vielleicht reiste Wolfgang bald wieder ab – morgen schon.
»Und wie geht es nun bei dir weiter, mein Junge?« erkundigte sich Lutz gerade gut gelaunt, und Rainer horchte auf. Der Vater war heute völlig verändert. Als sonne er sich mit in dem Ruhm des jungen Künstlers, der offiziell als sein Sohn galt.
Wolfgang schien zu überlegen. Dann holte er tief Luft, dehnte sich in zufriedener Entspannung.
»Ja – wie wohl?« Er hob lässig die Schultern. »Ich habe Ferien. Berlin ist vorläufig die letzte Station meiner Konzerttournee, die mich durch die halbe Welt geführt hat. Warum sollte ich nicht ein Weilchen hierbleiben, wo ich meine Jugend verbracht habe?«
Wolfgang sah bei seinen Worten Elisabeth nicht an. Und doch wußte Rainer, daß er nur ihretwegen diesen Entschluß gefaßt hatte.

Sein Verdacht bestätigte sich. Vier Wochen vergingen, in denen Elisabeth Harden und Wolfgang Hartmann genügend Gelegenheit fanden, einander näherzukommen. Und schließlich gelang es ihm, das junge Mädchen zu überreden, ihn in die Staaten zu begleiten. Es war gar nicht einmal so schwer, denn Elisabeth war fest davon überzeugt, daß Wolfgang sie liebte.
Sie trennte sich von Rainer, nachdem sie offiziell ihre Verlobung gelöst hatte, und wurde Wolfgangs Braut. Erst viel später erkannte sie, daß es ihr unmöglich war, Rainers Gesicht, als sie ihm ihre Entscheidung mitgeteilt hatte, zu vergessen. Er sagte sehr wenig, aber diese stumme Anklage wog um so schwerer.
Elisabeths Hochzeit mit Wolfgang sollte, mit Rücksicht

auf die Familie Hartmann, die sich unversöhnlich zeigte, erst in den Staaten stattfinden.
»Mach dir nichts draus, Liebling. Mit der Zeit werden sie einsehen, daß gegen echte Liebe kein Kraut gewachsen ist«, versuchte Wolfgang Elisabeth zu trösten, als er neben ihr im Flugzeug saß und ihre ernste Miene verriet, woran sie dachte. »Mit Rainer hättest du nie so harmoniert wie mit mir. Es ist immer gut, einen Fehler rechtzeitig zu vermeiden. Du bist doch glücklich – sag, daß du es bist«, bat er leise.
»Sehr glücklich sogar«, gab sie ebenso zurück, als die Maschine sich in die Lüfte hob und die Entfernung zwischen dem Gestern und ihrer herrlichen gemeinsamen Zukunft immer größer wurde.

Die erste Ernüchterung kam bereits am Anfang ihres Aufenthaltes in den Staaten, als Elisabeth die Rede auf ihre – wie sie meinte – dicht bevorstehende Trauung brachte.
»Eigentlich schade«, bemerkte sie versonnen, »daß wir nun in der Fremde heiraten müssen. Mir wäre eine Hochzeit in Berlin und im Beisein deiner Eltern lieber gewesen. Natürlich sehe ich aber ein, daß es unter den gegebenen Umständen unmöglich wäre.«
Elisabeth warf die Arme um Wolfgangs Hals und schmiegte sich an ihn, als brauche sie in dieser augenblicklich etwas unübersichtlichen Lage einen festen Halt.
»Jetzt habe ich nur noch dich«, setzte sie fast dramatisch hinzu, und er zog sie lachend an sich.
»Und das sollte dir vollauf genügen, mein Schatz. Was brauchen wir die Familie, die ohnehin . . .«
Wolfgang verstummte mitten im Satz. Elisabeth wußte bis heute nicht, daß er mit den Hartmanns im Grunde überhaupt nicht verwandt war. Wozu auch? Es hätte an ihrer Liebe zu ihm nichts geändert. Abgesehen davon würde sie sich höchstens bemüßigt fühlen, ihn wegen seines tragischen Schicksals zu bemitleiden und zu bemuttern, und so etwas war ihm in tiefster Seele verhaßt.

»Was wolltest du sagen, Wolfgang?« Elisabeth hob den Blick zu ihm auf und betrachtete ihn aufmerksam. Seine Stimme hatte so merkwürdig geklungen.

»Ich weiß nicht, habe es schon vergessen.« Wolfgang küßte Elisabeth verspielt auf die Nasenspitze. »Daß Frauen doch immer so aufs Heiraten versessen sind. Ist der ganze Aufwand überhaupt nötig, wenn man sich liebt – Standesamt, Kirche, Kranz und Schleier? Von solchen Formfragen müßten echte Gefühle unabhängig sein. Wir leben in einer Zeit, die andere Maßstäbe setzt, den Menschen mehr Freiheit zugesteht.«

Elisabeth löste sich abrupt aus seinen Armen und trat einen Schritt zurück. Es fiel ihr nicht leicht, das unbehagliche Frösteln, das sie bei seinen Worten empfand, zu ignorieren. Als sie jedoch in seine lachenden Augen blickte, fiel ihre Angst von ihr ab. Natürlich, so war er nun einmal. Er wollte nur ihren Widerspruch herausfordern, sie ein wenig necken.

»Freiheit hast du doch wohl genug, Wolfgang«, gab sie mit einem zaghaften Lächeln zurück. »Worauf willst du eigentlich hinaus?«

Wolfgang bewegte die Schultern, als sei ihm der Anzug zu eng geworden. Hoffentlich begriff Elisabeth ohne lange Erklärungen, wie er sich das Zusammenleben mit ihr vorstellte.

»Nun ja, wenn du mich schon fragst.« Es klang abweisend, fast hart. »Ich finde, daß Heiraten altmodisch ist und nur etwas für Menschen, die von der Meinung anderer abhängig sind. Ich glaube nicht, daß ich mich besonders dafür erwärmen könnte.«

Elisabeth brauchte einige Sekunden, um sich der Tragweite seiner Eröffnung bewußt zu werden. Sie trat an das breite Fenster des Appartements, das sie in einem der schönsten Hotels New Yorks bezogen hatten. Doch die atemberaubende Aussicht auf das Häusermeer der Weltstadt blieb auf sie ohne jede Wirkung.

Als Wolfgang hinter sie trat und sie zu sich herumdrehte,

waren ihre Augen getrübt. Ein vorwurfsvoller Ausdruck stand darin. Um ihren Einwänden zuvorzukommen, begann er sie zu küssen. Leidenschaftlich und fordernd. An Rainers Rücksichtnahme in allen Lebenslagen gewöhnt, gelang es Elisabeth nicht, sich gegen seinen willensstarken Bruder zu behaupten.

»Wenn ich dich recht verstanden habe, dann willst du also, daß ich auf unsere Hochzeit verzichte und nur als deine Geliebte mit dir zusammenlebe«, sagte sie später, und ihre Stimme klang tonlos vor Enttäuschung. »Liebst du mich nicht genügend, um mich zu deiner Frau zu machen?«

Wolfgang schob sie von sich, musterte sie nachsichtig.

»Nur meine Geliebte, sagst du? Ach, Elisabeth! Gibt es denn eine schönere Bezeichnung, wenn man sich liebt? Geliebte - Geliebter! Tausende von Frauen sind jahrelang legal mit einem Mann verbunden und doch nie wirklich seine Geliebte gewesen. Begreifst du den Unterschied? Eine Ehe führen heißt im Alltag leben, auf den prickelnden Reiz, den eine freie Liebesbeziehung mit sich bringt, verzichten.«

»Mag sein.« Elisabeth hatte sich von ihrem Schock noch immer nicht erholt. Nicht einmal Wolfgangs Küssen war es gelungen, sie abzulenken. Sie versuchte angestrengt, in seinem Gesicht zu lesen. War es ihm wirklich ernst mit seinen Worten gewesen?

»Aber verheiratet zu sein, gibt einem doch auch ein Gefühl der Sicherheit. Nein - unterbrich mich bitte nicht, Wolfgang. Ich spreche nicht von materieller Sicherheit. Betrachte die Dinge doch einmal aus meiner Sicht. Du siehst blendend aus, bist ein begnadeter Künstler, dem auch privat alle Häuser offenstehen. In der Gesellschaft reißt man sich um dich, du wirst bewundert, verehrt. Jeden Tag treten neue Versuchungen an dich heran. Was soll aus mir werden, falls du dich plötzlich in eine andere Frau verliebst?«

Wolfgang kämpfte gegen die in ihm aufsteigende Ungeduld an. Warum machte sie es ihm so schwer? Sie mußte doch spüren, daß er sie liebte –
»Weißt du noch immer nicht, daß ich nur auf dich gewartet habe, Elisabeth?« fragte er weich. »Seit ich ein denkender Mensch bin, hat mir nur dein Bild vorgeschwebt.«
Wolfgang senkte den Kopf, schloß die Augen.
Aber dann war es doch wieder Regine Hartmann, deren rote Lippen er zu küssen meinte. Jene Regine von einst, jung, schön, zärtlich. Die Frau, die er in allen Frauen gesucht und in Elisabeth Harden endlich gefunden zu haben meinte.

So erfahren Wolfgang Hartmann im Umgang mit Frauen auch war, so sehr täuschte er sich diesmal. Elisabeth mochte Regine äußerlich gleichen, doch charakterlich waren diese beiden Frauen grundverschieden.
Elisabeth besaß nicht Regines Format, ihr fehlte die innere Kraft, mit Schwierigkeiten fertig zu werden. Dazu war sie zu anschmiegsam, zu nachgiebig. Sie würde niemals die gleichberechtigte Partnerin eines Mannes sein, sondern eher dazu neigen, sich ihm unterzuordnen, sich von ihm beschützen zu lassen.
Wolfgang spürte dies unbewußt. Bereits jetzt sah er in Elisabeth eher ein zauberhaftes Spielzeug, das man nach Belieben beiseite stellen konnte, um sich zwischendurch mit anderen Dingen – sprich: Frauen – zu amüsieren.
Natürlich war er noch nicht soweit, solche Gedanken auch nur zu erwägen. Vorläufig berauschte er sich an Elisabeths sanfter blonder Schönheit. Sie war eine wunderbare Geliebte, eine Gefährtin, um die er von allen Männern beneidet wurde. Nur noch gelegentlich verspürte der gefeierte Konzertpianist so etwas wie Schuldbewußtsein. Elisabeth hatte ihm vertraut und war mit ihm in die Fremde gegangen. Er bezweifelte, daß sie dies getan hätte, wäre ihr bekannt gewesen, daß er gar nicht daran dachte, sie zu heiraten.

»Eigentlich war es hundsgemein von mir, Liebling, dich Rainer auszuspannen«, sagte er einmal in einem Moment flüchtiger Reue. »Und doch – ich finde, daß du zu mir viel besser paßt. In Berlin wärst du im Alltag erstickt. Du gehörst in die große Welt, brauchst eine elegante Umgebung, um den richtigen Rahmen für deine Schönheit zu haben. Komm, laß dich küssen . . .«
Elisabeth hatte sich mit ihrer kleinen Rolle in Wolfgangs Leben abgefunden und war nur zu gern bereit, seinen Beteuerungen, daß er sie liebte, Glauben zu schenken. Ihre Leidenschaft führte sie immer wieder zusammen, ließ Elisabeth vergessen, was einst gewesen war.
»Vielleicht hast du recht – mit allem, was du sagst.« Sie stützte sich im Bett auf, betrachtete sein Gesicht, aus dem jetzt alle Härte verschwunden war. Der Ehrgeiz, der Wolfgang Hartmann vorantrieb, hatte seine Spuren darin eingegraben. Doch die Liebe vollbrachte Wunder, sie ließ es zeitweise entspannt und zärtlich erscheinen.
Da Wolfgang nicht antwortete, sprach Elisabeth zögernd weiter. »Trotzdem wünschte ich mir, wir hätten mehr Zeit füreinander. Dauernd bist du von Fremden umgeben, jeder will etwas von dir, und dann bist du mir für Stunden verloren.« Sie seufzte leise. »Ach, Wolfgang, die Musik ist meine größte und gefährlichste Rivalin.«
Das traf nicht zu. Elisabeth wußte längst, daß Wolfgang einem Flirt nie abgeneigt, ja, ihr zuweilen vielleicht sogar untreu war. Trotzdem glaubte sie zu diesem Zeitpunkt noch fest an seine Liebe, so flatterhaft er auch sein mochte.
Künstler müssen wohl so sein, dachte sie oft . . .

4

Katjas langer Arbeitstag neigte sich seinem Ende zu. Sie benutzte eine kurze Atempause, um mit Dr. Hinrichs die für den nächsten Morgen eingeteilten Operationen zu besprechen. Doch dies war nicht der alleinige Grund, warum sie ihn aufgesucht hatte. Es tat ihr einfach wohl, in seiner Nähe sein zu dürfen. Die Ruhe, die von ihm ausging, teilte sich ihr mit und ließ sie das, was sie Tag und Nacht bedrückte, leichter ertragen.

»Du siehst blaß aus, Katja. Fühlst du dich nicht ganz auf dem Posten?« Da sie nicht sofort antwortete, setzte Dr. Hinrichs behutsam hinzu: »Oder hast du Sorgen?«

Katja hob die Hände, ließ sie wieder sinken. Welch eine Frage! Und was sollte sie darauf antworten, ohne nicht gleichzeitig Dieter, ihren Mann, anzuklagen?

»Nicht materieller Art, falls du das meintest, Peter. Mein Gott, wer kann schon von sich behaupten, daß sein Leben ganz sorgenfrei verläuft? Vermutlich müßte ich dankbar sein, daß die Dinge nicht noch schlimmer liegen.«

Plötzlich versagten ihre Nerven, und Katja wandte sich hastig ab. Peter Hinrichs sollte die Tränen nicht sehen, die gegen ihren Willen in ihre Augen gestiegen waren. Vielleicht lag es an dem Mitgefühl, an der Zuneigung, die der Arzt ihr entgegenbrachte, daß ihre mühsam aufrechterhaltene Fassung plötzlich zusammenbrach.

Die Hände vors Gesicht schlagend, begann Katja zu schluchzen. Sofort war Dr. Hinrichs bei ihr, nahm sie in seine Arme. Wie ein Kind, das Trost braucht, hielt er sie umfaßt, sprach leise und beruhigend auf sie ein. In dieser Umarmung lag kein Begehren. Er war nichts als ein guter

Freund, der ohne Worte verstand und wußte, daß es für Katja am besten war, wenn sie sich einmal gründlich ausweinte.

Seine Hand strich sanft über Katjas dunkles Haar, von dem das Schwesternhäubchen geglitten war. Unter dieser beruhigenden und zärtlichen Berührung ließ ihr krampfhaftes Schluchzen allmählich nach. Sie schloß die Augen und genoß diese wenigen Minuten des seelischen Friedens, genoß auch die unmittelbare warme Nähe des Mannes, der so ganz anders als Dieter war.

Ja, zu Hause mußte stets sie es sein, bei der alle Halt suchten. Wie selten kam es vor, daß jemand ihr half, ihrer Verzweiflung Herr zu werden.

Die beiden Menschen bemerkten nicht, daß sich hinter ihnen leise die Tür öffnete, daß Dieter Hollburg wie erstarrt auf der Schwelle stehenblieb. Für ihn, der so unvermutet gekommen war, mußte diese Szene einen völlig falschen Eindruck erwecken. Er konnte ja nicht wissen, was dazu geführt, was sie ausgelöst hatte.

Dieter wußte nur eins: während er allein zu Hause saß, war ihm plötzlich klargeworden, wie falsch er sich Katja gegenüber verhalten hatte. Wie sehr er sich an ihr, Tag für Tag, versündigte. Einem jähen Impuls folgend, hatte er ein Taxi genommen, um sie vom Krankenhaus abzuholen. In ihm war der feste Wille gewesen, daß von nun an zwischen ihnen alles anders werden sollte.

Nun aber mußte er erkennen, daß er zu spät gekommen war. Eins stand fest: Er hatte Katja verloren. An den Arzt, mit dem sie seit Jahren zusammenarbeitete, der ihren Wert wohl schon vor langer Zeit erkannt hatte . . .

So leise, wie er sie geöffnet hatte, schloß Dieter Hollburg die Tür auch wieder.

Katja hatte das Geräusch dennoch gehört. Sie löste sich verwirrt aus Dr. Hinrichs Armen, fuhr glättend über ihr Haar und hob das Häubchen auf, das zu Boden gefallen war.

»War da nicht jemand an der Tür, Peter?« sagte sie verle-

gen. »Na, falls da wirklich einer zu dir wollte – er muß uns ja für ein Liebespaar gehalten haben ...«
Peter hielt ihre Hand fest, zog sie wieder an sich.
»Sind wir das im Grunde nicht schon lange, Katja? So oder so wirst du dich entscheiden müssen. Oder willst du unbedingt zugrunde gehen? So wie jetzt kannst du unmöglich weiterleben.«
Katja befreite sich sanft von ihm, ging zur Tür, um sie zu öffnen und hinauszuschauen. Der lange weiße Korridor lag menschenleer vor ihr. Aber das mußte nicht unbedingt bedeuten, daß sie nicht belauscht worden waren. Derjenige, der in den Raum geschaut hatte, mochte hinter einer der vielen Türen verschwunden sein.

An diesem Abend mußte Katja länger als üblich arbeiten. Mehrere Fahrzeuge waren im dichten Nebel zusammengestoßen, es gab Tote und zahlreiche Verletzte. Lutz Hartmann und Peter Hinrichs wechselten sich beim Operieren ab.
»So, das hätten wir geschafft.« Hinrichs machte einen total übermüdeten, jedoch zufriedenen Eindruck. Arbeit war noch immer ein probates Mittel, persönliche Probleme auszuschalten. »Sieh, daß du nach Hause kommst, Katja. Nimm dir eine Taxe und laß deinen Wagen hier stehen. Sonst passiert dir am Ende auch noch etwas. Du bist spät dran, dein Dienst wäre längst beendet, hätten wir diese Unfallopfer nicht hereinbekommen. Du kannst morgen ruhig ein Stündchen länger schlafen. Du hast es bitter nötig. Wozu ist unser Chef dein Bruder? Er wird sicher nichts dagegen haben und dich beurlauben. Lutz und ich bleiben heute nacht in der Klinik – für alle Fälle. Falls es bei den Operierten Komplikationen gibt.«
»Ich bin ganz frisch, wirklich.« Katjas Aussehen strafte ihre Worte Lügen. Am liebsten wäre auch sie über Nacht auf der Station geblieben. »Es ist nur wegen Dieter. Er sieht mir immer so vorwurfsvoll entgegen, wenn ich verspätet nach Hause komme.«

Als Katja das kleine Haus erreichte, dessen Erwerb sie der Großzügigkeit ihrer Tante Natascha Wolkow-Brown verdankte, lag es dunkel und beängstigend still vor ihr da. Nebelwolken hüllten es ein, zerteilten sich und flossen wieder ineinander.
Dies verstärkte noch das unheimliche Gefühl, das sie jäh befiel. Als das Taxi, das sie hergebracht hatte, abgefahren war, schien es Katja, als befände sie sich ganz allein in dieser geisterhaften weißen Welt.
»Unsinn«, sagte sie laut vor sich hin und ging mit raschen Schritten auf die Haustür zu, um sie leise aufzuschließen.
Alles blieb ruhig, und diesmal blickte Dieter Hollburg seiner Frau auch nicht vorwurfsvoll entgegen, als sie das gemeinsame Schlafzimmer betrat und das Licht anknipste. Er lag reglos da. Seine Augen waren geschlossen, er schien kaum zu atmen. Und gerade diese starre Reglosigkeit löste Alarm in Katja aus.
Sie trat näher, tastete nach Dieters Puls. Er war kaum fühlbar, nicht mehr als ein zaghaftes Flattern.
Katja schluckte krampfhaft, versuchte sich zu erinnern, was in einer solchen Situation zu tun war. Wozu arbeitete sie seit Jahren als Krankenschwester, um im wichtigsten Moment zu versagen! Doch ihr Gehirn war wie leergefegt. Sie registrierte nur in einer Art Benommenheit, daß Dieters wachsbleiches Gesicht Gefahr, allerhöchste Gefahr signalisierte.
Und jetzt, da ihre Gedanken allmählich wieder normal zu arbeiten begannen, bemerkte sie auch das Glas auf Dieters Nachttisch, den weißen Bodensatz darin, die beiden leeren Packungen daneben . . .
Als sie mit zitternden Fingern die Nummer der Klinik wählte, war ihr die Kehle wie zugeschnürt. Endlich wurde am anderen Ende der Hörer abgenommen, die Verbindung zu Lutz Hartmanns Privatzimmer hergestellt. Katja mußte zweimal ansetzen, ehe sie sprechen konnte.
»Lutz«, rief sie verzweifelt, »es ist etwas Schreckliches ge-

schehen! Dieter – er hat Schlaftabletten geschluckt. Ja, eine Überdosis, vermutlich. Er muß im Verlauf der Wochen diesen Vorrat abgezweigt und gesammelt haben. Wir haben doch niemals solche Mengen im Haus!«
»Ich schicke dir sofort einen Krankenwagen.« Lutz Hartmann, der durch Katjas Anruf aus dem ersten Schlaf gerissen worden war, wurde hellwach. »Du kannst momentan wenig tun. Versuche, Dieter warmzuhalten, pack ein paar Sachen für ihn zusammen. Du weißt ja – Wasch- und Rasierzeug, das Übliche . . .«
Während Katja diese Anweisungen befolgte, fragte sie sich immer wieder, ob Dieter diese Sachen überhaupt noch brauchen würde.
Lutz Hartmann benachrichtigte mittlerweile Dr. Hinrichs, um mit ihm die notwendigen Maßnahmen für Dieters Aufnahme und Behandlung zu treffen.
»Ganz gut, daß wir gerade heute nacht zur Stelle sind. So können wir meiner Schwester in dieser gräßlichen Situation zur Seite stehen.«
Peter Hinrichs nickte nachdenklich. Er war in Gedanken bei Katja. Wie war ihr wohl zumute? Warum mußte es soweit kommen – hatte sie denn nicht schon genug durchgemacht?
»Ich gebe ehrlich zu, daß ich so etwas schon lange befürchtet habe«, setzte Lutz seine Ausführungen fort. »Dieter Hollburg steuerte auf eine Krise zu. Dann kann es sehr leicht – oft nur durch einen geringfügigen Anlaß – zu einem Kurzschluß kommen. Katja tut mir leid. Sie ist ein feiner Kerl und hat ohnehin seit Jahren genug am Hals.«
»Besteht die Möglichkeit, Hollburg zu retten?« Hinrichs ahnte nicht, daß er einer der Gründe zu Dieters Selbstmordversuch war. Auch dachte er bei seinen Worten nur an Katja. Seine Liebe zu ihr war ein Traum, der sich nie erfüllen würde, das war ihm längst klargeworden. Er wußte aber auch, daß Katja für den Rest ihres Lebens unter Schuldkomplexen leiden würde, falls ihr Man jetzt

starb. Weil sie unter ihrer unbefriedigenden Ehe gelitten und ihn zu oft allein gelassen hatte.
»Fragen Sie mich das nicht.« Lutz hob zweifelnd die Schultern. »Ich muß erst einmal feststellen, in was für einem Zustand er sich befindet. Eins steht fest: Hollburg hat kaum noch Kraftreserven, seine Nerven sind total überlastet. Bisher weiß ich nicht einmal genau, was und welche Dosis er eingenommen hat.«

Katja hatte ihren Mann in die Klinik begleitet. Während sie den beiden Ärzten assistierte, wirkte ihr Gesicht starr wie eine Maske. Ein Kummer entstellte es, dessen Ausmaß nur ihr allein bekannt war.
Alles, was menschenmöglich war, wurde getan. Dieter Hollburg war der Magen ausgepumpt worden, Katja hatte ihm starken Kaffee eingeflößt. Mit herzstärkenden Mitteln versehen, lag er in dem weißen Krankenhausbett. Kraftlos und anscheinend noch immer im Begriff, von einer Sekunde zur anderen in eine stille, dunkle Welt hinüberzuwechseln.
Katja saß neben ihm, hielt seine Hand. Es fiel ihr schwer, wach zu bleiben. Sie war überhaupt viel zu erschöpft, um noch klar denken zu können. Ihre Gedanken verwirrten sich, verschwammen.
Irgendwann mußte sie dann doch eingeschlafen sein, denn plötzlich fuhr sie zusammen, war sofort wieder ganz bei sich. Ihre Hand hatte einen leichten Gegendruck verspürt.
Als sie sich über ihren Mann beugte, sah sie, daß seine Augen weit geöffnet waren. Er sah sie flehend an, konnte sich sichtlich nicht zurechtfinden.
»Verzeih, Liebling«, flüsterte er schließlich kaum verständlich. »Ich mußte es tun, obgleich es mir nicht leichtgefallen ist. Es war die einfachste Lösung, warum hast du es nicht dabei belassen? Ich verstehe dich doch so gut, besser, als du je wissen wirst. Eine Last bin ich für dich, nichts weiter. Du wärst die Sorge um mich los, hättest du mich

gewähren lassen. Du könntest noch einmal von vorn anfangen. Mit ... ich ... ich ...«
Wieder schien er Katja zu entgleiten, dahinzudämmern. Die Gefahr war noch nicht gebannt. Sie wußte, daß er nicht einschlafen durfte, ehe sie mit ihm gesprochen, ihm neuen Lebensmut eingeflößt hatte.
Katja glitt neben seinem Bett auf die Knie, nahm Dieter in ihre Arme, drückte ihr Gesicht fest an das seine.
»So darfst du nicht reden, Dieter!« bat sie mit tränenerstickter Stimme. »Wir beide gehören doch zusammen. Eine Last bist du mir nie gewesen. Nur warst du manchmal so schrecklich weit von mir entfernt, seelisch, meine ich. Als sei ich gar nicht deine Frau, sondern eine Fremde, der du zufällig begegnet bist. Wie denkst du dir das eigentlich«, fuhr sie ihn, alle Rücksicht vergessend, zornig an. »Dafür habe ich dich doch damals, in jenem Feldlazarett in Minsk, nicht dem Tod entrissen! Damit dir jetzt nichts Besseres einfällt, als dein Leben freiwillig wegzuwerfen. Das kannst du mir einfach nicht antun!«
Katjas gequälter Aufschrei durchdrang sogar das Dunkel, das Dieter erneut in eine Welt, aus der es keine Rückkehr gab, hinabzuziehen drohte. Er zwang sich mit aller Kraft, die er noch besaß, die Augen zu öffnen, sie nicht wieder zu schließen – wach zu bleiben. Um dieser Frau, die schon soviel um ihn gelitten hatte, keinen neuen und noch weit schlimmeren Schmerz zuzufügen als bisher.
»Es ist ja gut, mein Liebes. Es ist ja alles gut«, flüsterte er beschwörend. Mit großer Anstrengung gelang es ihm, die Hand zu heben, um damit über Katjas dunkles Haar zu streichen. »Ich bin sehr froh ...«
Wieder fielen Dieter Hollburg die Augen zu. Aber diesmal schlief er seiner seelischen und körperlichen Genesung entgegen. Bereits nach wenigen Tagen erklärten die Ärzte, er sei über dem Berg.
Katja war zumute, als löse sich ein eisernes Band, das bisher um ihr Herz gelegen hatte. Sie konnte wieder frei atmen.

Mehr noch. Sie schien von einem Tag zum anderen förmlich aufzublühen. Als habe jemand eine schwere Bürde von ihren Schultern genommen.
»Ich weiß jetzt, daß Dieter den festen Wijllen hat, dem Leben nicht mehr auszuweichen. Es wird keinen Rückfall in seine bisherige Lethargie geben«, sagte sie erleichtert.
Lutz Hartmann, ihr Bruder, wußte genau über ihre Ehe Bescheid. Ihm konnte sie sich rückhaltlos anvertrauen.
»Erwarte nicht gleich zuviel, Katja«, warnte er ernst. »Dieter mag seine seelische Krise mit deiner Hilfe überwunden haben. Körperlich bleibt er trotzdem ein schwer angeschlagener Mann.«
»Seine Lunge, ich weiß.« Katja seufzte bekümmert auf. Doch gleich danach lächelte sie wieder. »An diesen Feind sind wir gewöhnt. Ihm können wir durch gezielte Behandlung beikommen. Für mich ist es nur wichtig zu wissen, daß Dieters Seelenhaushalt nach so vielen vergeudeten Jahren endlich in Ordnung ist.«

»Hast du davon gewußt, Mama?« Rainer kam, ohne vorher anzuklopfen, in Regines Zimmer gestürmt. Als sie fragend von ihrer Arbeit aufsah, warf er wütend eine Zeitung auf den Tisch. Sein Mienenspiel verriet, wie erregt er war. »Ich meine die Tatsache, daß Wolfgang Elisabeth seinerzeit nicht geheiratet hat. Vermutlich war das auch nie seine Absicht gewesen. Hier steht es klipp und klar – ›seine ständige Begleiterin‹. Jedes Kind weiß heutzutage, was das bedeutet. Elisabeth ist Wolfgangs Geliebte und läßt sich von ihm aushalten!«
Regine seufzte insgeheim. Zu dumm, aber einmal mußte Rainer es schließlich erfahren. Sie wünschte sich jetzt, ihm längst reinen Wein eingeschenkt zu haben.
»Ja, mein Junge, mir ist das bekannt. Elisabeth hat mir vor einiger Zeit geschrieben. Sie bat uns in ihrem Brief um Verzeihung. Für das, was sie unserer Familie angetan hatte. Sie erwähnte unter anderem auch, daß die für New York geplante Hochzeit niemals stattgefunden habe.

›Nach reiflicher Überlegung‹, so begründete sie diese für mich überraschende Entscheidung.«
Rainer trat ans Fenster. Er blickte in den Garten hinaus, ohne das Bild, das sich ihm bot, wahrzunehmen.
»Ja – und?« fragte er nach längerem Schweigen. »Nennst du das eine Begründung? Was hat reifliche Überlegung damit zu tun? Schien sie dir zufrieden und mit dieser deprimierenden Lösung einverstanden? Ich kann es mir jedenfalls nicht vorstellen. Dazu war Elisabeth immer viel zu bürgerlich eingestellt.«
Er versuchte, Elisabeths Anblick heraufzubeschwören. So wie sie damals, als er sich von ihr geliebt glaubte, gewesen war. Eine unklare Beziehung dieser Art, ohne jede Sicherheit, würde sie niemals glücklich machen. Konnte sie doch jederzeit von einem der Beteiligten von heute auf morgen gelöst werden.
Seltsamerweise verspürte Rainer bei seinen Überlegungen keinerlei Genugtuung. Und doch – hatte Elisabeth es nicht verdient, für ihre Treulosigkeit bestraft zu werden?
»Das ist schwer zu sagen«, antwortete Regine zögernd. Sie hatte Elisabeth zu wenig gekannt, um ihren Charakter richtig beurteilen zu können. Sie beobachtete Rainer besorgt, sah, daß seine Hände zu Fäusten geballt waren. Sie schienen nur darauf zu warten, einen ganz bestimmten Gegner zu treffen. Und dieser Gegner war Wolfgang, der beste Freund und Spielkamerad seiner Kindheit und eine Zeitlang auch sein Bruder . . .
»Weißt du, ich glaube, du kannst ganz unbesorgt sein, Rainer«, fügte sie nachdenklich hinzu. »Elisabeth ist meiner Meinung nach nicht der Typ, sich selbst zu bemitleiden. Sie ist ja aus freien Stücken mit Wolfgang zusammen, hat etwas getan, was ihr damals als ein Schritt in die richtige Richtung erschien. Wer weiß, vielleicht ist sie trotzdem ganz glücklich geworden. Wolfgang –«
Regine verstummte erschrocken. Rainer war zu ihr herumgefahren, sein liebes, vertrautes Gesicht war ihr auf einmal fremd.

»Wolfgang! Ja, immer nur Wolfgang! Hast du denn nie darüber nachgedacht, Mama, daß es ein Fehler gewesen sein könnte, ein wildfremdes Kind so mir nichts, dir nichts ins Haus zu nehmen? Ein Kind, von dessen Herkunft und Erbanlagen euch nichts, aber auch gar nichts bekannt war?«

Regine stand langsam auf. Sie zögerte nur kurz, um dann auf Rainer zuzugehen, der noch immer am Fenster lehnte und ihr entgegensah.

»Du hast es gewußt?« fragte sie verwundert. »Wie ist das nur möglich? Weder dein Vater noch ich – es existieren meines Wissens auch keinerlei schriftliche Aufzeichnungen darüber, keine amtlichen Unterlagen. Wolfgang trat damals – es schien uns so am besten – einfach an die Stelle unseres verstorbenen Söhnchens. Wir waren natürlich immer der Meinung, daß er einige Jahre älter sein mußte als dein richtiger Bruder, der bei einem Tieffliegerangriff ums Leben gekommen war. Seit wann und wieso weißt du so gut Bescheid, Rainer?«

Er wehrte ungeduldig ab. »Ist das jetzt noch wichtig?« gab er fast schroff zurück. »Nun gut, wenn du es unbedingt wissen willst, Mama. Ich war damals etwa fünfzehn Jahre alt. Zufällig hörte ich dich und Vater darüber sprechen. Ich glaube, daß er mit dieser Kindesunterschiebung nie ganz einverstanden war. Du kannst dir vorstellen, wie sehr mich das Gehörte verblüffte. Im großen und ganzen wurde ich aber nicht sehr davon berührt, es änderte nichts an meiner Einstellung zu Wolfgang. Im Gegenteil. Ich fand die Sache sogar irgendwie romantisch. Wolfgang und ich verstanden uns gut, seine in Nebel gehüllte Herkunft machte ihn mir eher interessant. Du weißt, wie überspannt man oft sein kann, wenn man noch sehr jung ist. Dann aber –«

»Irgend etwas hat sich ereignet, und du sagtest ihm die Wahrheit, nicht wahr?«

Regine wurde jäh an den Morgen nach ihrem Geburtstag vor vielen Jahren erinnert. Wolfgang war aus Paris gekommen, um an der kleinen Familienfeier teilzunehmen. Dann kam er, um sich von ihr zu verabschieden, und offenbarte ihr gleichzeitig, welcher Art seine Empfindungen für sie waren. Er sah die Frau in ihr, nicht mehr seine Mutter. Von Rainer hatte er also alles erfahren!

»Ja.« Rainer seufzte auf. »Sehr stolz bin ich nicht mehr darauf. Heute weiß ich, daß es verdammt unfair von mir war. Er konnte ja nichts dafür, nichts für den Krieg, in dem er seine Angehörigen verloren hatte. Aber da war die Affäre mit Inge Sander – du erinnerst dich vielleicht an sie, Mama? Sie soll sich ihm an den Hals geworfen, ihn gegen seinen Willen geküßt haben. Na ja, nach allem, was ich später über sie gehört habe, mag Wolfgang sogar die Wahrheit gesagt haben.«

Regine nickte. Aber dann hatte Wolfgang Rainer auch noch Elisabeth weggenommen, die nicht wie Inge – leichtfertig und skrupellos – gewesen war. Bei ihr hatte diese Liebe zu dem bereits berühmten jungen Mann wie der Blitz eingeschlagen und alles bis dahin Gültige ausgelöscht.

»Bitte, Mama, mißversteh mich jetzt nicht. Aber ich bin längst zu der Erkenntnis gekommen, daß Wolfgang Elisabeth nur besitzen wollte, weil sie dir gleicht. Er hat dich immer vergöttert, meinte vielleicht, in ihr einen Ersatz für dich zu finden. Darum wird er Elisabeth eines Tages wieder verlassen. Weil sie dir nur äußerlich gleicht. Im Wesen seid ihr beide nämlich grundverschieden.«

Regines Gesicht hatte sich gerötet. Sie schwieg, weil sie Rainers Verdacht nicht entkräften konnte. Denn sie wußte nur zu genau, wie recht er damit hatte.

Oliver Behrens blinzelte gegen das Licht an, das aus der Tür des elterlichen Schlafzimmers in den kleinen Flur fiel. Nicole zog die Tür hastig hinter sich zu und knipste die Wandlampe an. Der Ausdruck ihrer Augen war mißbilligend, als sie sich ihrem Sohn zuwandte.

»Weißt du eigentlich, wie spät es schon ist, Oliver«, fragte

sie leise, um ihren Mann nicht zu wecken. »Ich habe kein Auge zugetan vor Sorge, es könnte dir etwas zugestoßen sein. Dabei habe ich einen recht anstrengenden Arbeitstag hinter mir.«
Oliver war sehr blaß. Er sah aus, als habe er eine schwere seelische Erschütterung hinter sich. Das Lachen, mit dem er die Besorgnisse seiner Mutter zu zerstreuen versuchte, mißlang.
»Ich bin doch kein Baby mehr, Mutter. Mit sechzehn ist man heutzutage fast erwachsen. Außerdem hat es dich bisher nie interessiert, wo ich bin und womit ich meine Zeit verbringe. Ihr arbeitet beide den ganzen Tag, abends wollt ihr vor dem Fernseher sitzen und eure Ruhe haben. Wenn ich mit einem Anliegen zu euch komme, euch störe, werde ich stets kurz abgefertigt. Also habe ich es unterlassen. Woher diese plötzliche Anteilnahme an meinem Geschick?«
Nicole erwiderte den anklagenden Blick ihres Sohnes nachdenklich. Sie erinnerte sich an einen ganz bestimmten Abend, als sie Katja Hollburg, ihrer Mutter, fast die gleichen Vorwürfe gemacht hatte. Woran lag es eigentlich, daß in den meisten Familien der rechte Zusammenhalt fehlte? An den Eltern – an den Kindern? Oder an der Zeit ganz allgemein? Weil jeder danach strebte, es zu etwas zu bringen und in diesem Streben die Menschen vergaß, die ihn brauchten?
»Rede keinen Unsinn«, wehrte sie lebhaft ab. Das Lächeln, das plötzlich um ihren Mund lag, ließ sie jünger und hübscher erscheinen.
Oliver, der im Grunde sehr an seiner Mutter hing, erwiderte es spontan. Sein angespanntes junges Gesicht verlor den verkrampften Ausdruck. Nicole nickte ihm zu. »Ich wollte mir eben einen Tee kochen. Magst du auch einen Schluck? Du mußt ziemlich durchgefroren sein.«
Oliver ahnte, daß seine Mutter einlenken, ihm beweisen wollte, wie sehr er sich irrte. Daß er ihr alles andere als gleichgültig war. Gutmütig wie er war und für jedes Zei-

chen der Zuneigung dankbar, war auch er sofort bereit, das bisher eher kühle Verhältnis zu verbessern.
»Gern, Mutter. Ich habe tatsächlich eine Aufwärmung nötig.« Er folgte Nicole in die geräumige, modern eingerichtete Küche. Das warme Holz der Möbel wirkte anheimelnd, nahm dem Raum etwas von seiner sterilen Zweckmäßigkeit.
»Es handelt sich um ein Mädchen, das ich mag«, begann der Junge stockend, nachdem er hastig getrunken hatte. »Keine Angst, alles rein platonisch – bis jetzt, jedenfalls. Anita ist älter als ich und hat vor mir sicher schon andere Freunde gehabt. Es ist mir auch gar nicht so wichtig, bei ihr sexuelle Wünsche anzumelden. Ich bin dafür noch nicht reif genug und würde ihren Ansprüchen möglicherweise nicht genügen.«
Nicole lauschte verwundert. Der Junge redete, so jung er noch war, recht vernünftig. Es schien ihm gar nichts auszumachen, mit seiner Mutter – einer Respektsperson, also – über diese intimen Probleme zu sprechen.
»Da magst du wohl recht haben«, ging sie bereitwillig auf ihn ein. »Damit solltest du wirklich warten, bis du selbst den Wunsch verspürst, ein Mädchen auf so entscheidende Weise an dich zu binden. Denn eine Bindung besonderer Art sollte ein solches Erlebnis schon sein, mein Junge. Wenn das Herz nicht beteiligt ist«, Nicole schüttelte energisch den Kopf, »nein, zu so etwas bist du nicht geeignet, Oliver.«
Er berührte scheu, als schäme er sich dieser kindlichen Geste, die Hand seiner Muter. Noch nie hatte er das Gefühl gehabt, ihr so nahe zu sein wie in diesem Augenblick. Daß sie so verstand, worauf es ihm ankam, so gar nicht zimperlich tat!
Oliver fühlte sich plötzlich sehr wohl, es fiel ihm gar nicht mehr schwer, auch seine Sorgen vor seiner Mutter auszubreiten.
»Anita«, sagte er aufgeschlossen, »hat sich in letzter Zeit so verändert. Seit einigen Wochen liege ich förmlich auf

der Lauer, versuche die Ursache dieser Veränderung zu ergründen. Das Resultat – ich fürchte, daß irgendein gewissenloser Typ ihr Drogen gibt, daß bei ihr vielleicht schon eine Art Abhängigkeit vorliegt. Ich möchte ihr helfen, davon loszukommen. Ohne Entziehungskur. Daran würde sie zerbrechen.«
Nicole bemühte sich zu verbergen, wie entsetzt sie über Olivers Eröffnungen war. Die Sache schien noch ernster zu sein, als sie anfangs angenommen hatte. Wenn Oliver erst einmal in diesen Teufelskreis geriet, konnte er eines Tages selbst in Versuchung geraten. Wenn auch nur, um festzustellen, was das Mädchen, das er mochte, an der ganzen Geschichte so schön fand.
Nicole wurde bewußt, wie sehr sie ihren Jungen liebte, auch wenn sie vielleicht bisher versäumt hatte, es ihm zu zeigen. Warum merkte man so etwas immer erst dann, wenn von irgendeiner Seite Gefahr drohte?
»Ich würde dir raten, Oliver, dich Onkel Lutz anzuvertrauen. Er ist Arzt, hat viel Verständnis für junge Menschen und kann dir bestimmt besser raten als ich. Die Verantwortung ist für uns beide viel zu groß. Wenn du das Mädchen magst, diese Anita, kannst du ihr letzten Endes nur helfen, wenn du ihr zu einer gezielten Behandlung rätst.«
Oliver nickte. Er wollte tun, wozu die Mutter ihm geraten hatte. Zuvor aber wollte er sich mit Anitas Beweggründen auseinandersetzen, zu verstehen versuchen, warum sie Drogen nahm.
»Ja, Mutter. Ich werde dieser Tage bei Onkel Lutz anrufen und ihn um eine Aussprache bitten.« Oliver warf einen Blick auf die Küchenuhr und sprang auf. »Es ist wirklich schon spät. Du brauchst unbedingt noch ein paar Stunden Schlaf.« Er zögerte kurz, neigte sich dann über Nicole und küßte sie – zum ersten Male seit langer Zeit – auf die Wange. Duldete es auch, daß sie diesen kindlichen Kuß herzlich erwiderte.
So wie heute wird es nie wieder sein, schoß es Nicole

durch den Kopf, als die Tür zu Olivers Zimmer leise hinter ihm ins Schloß fiel. Dieser Moment ist unwiderruflich dahin. Jede Minute, mit der wir älter werden, verändert uns, bringt uns unserem unvermeidlichen Schicksal näher ...

»Bitte, Wolfgang, laß uns auf jede Komödie verzichten.« Elisabeth Harden klappte mit einer energischen Bewegung den letzten Koffer zu. Ihr Gepäck würde in wenigen Minuten abgeholt werden. »Es ist nicht zu leugnen – wir haben uns beide in unseren Gefühlen geirrt. Darum wäre es sinnlos, sich an etwas zu klammern, was – zumindest für mich – längst untragbar geworden ist.«
Wolfgang Hartmann starrte die junge Frau, die so entschlossen vor ihm stand, gekränkt an. Er verstand nicht, wie sie es übers Herz bringen konnte, sich so einfach von ihm zu trennen. Ohne ein sichtbares Zeichen des Bedauerns oder des Schmerzes. Seine männliche Eitelkeit wurde dadurch empfindlich getroffen. Jetzt, da Elisabeth ihn so gelassen im Stich ließ, begann er sie wie in den ersten Tagen ihrer Liebe zu begehren.
»Warum kann es zwischen uns nicht wieder wie früher sein?« fragte er wütend, obgleich er ihre Antwort bereits zu wissen meinte.
»Ach, Wolfgang, mach dir doch nichts vor.« Elisabeth war verändert, reifer als damals, als sie an seiner Seite nach New York geflogen war, um, wie sie glaubte, ein neues, aufregenderes Leben zu beginnen. Jetzt zeigten ihre Augen einen Ausdruck, der schon fast an mütterliche Nachsicht grenzte. »Seit Jahren ziehe ich mit dir durch die Welt, teile dich mit anderen Frauen. Ich weiß im Grunde bis heute nicht, was dich seinerzeit bewogen hat, dich ausgerechnet in mich zu verlieben. Ich bin doch überhaupt nicht dein Typ.«
Der umschwärmte Konzertpianist zog es vor, diese heikle Frage unbeantwortet zu lassen. »Gehst du nach Berlin zurück?« fragte er statt dessen kurzangebunden.

»Wohin sollte ich sonst gehen?« Rainers Bild tauchte vor ihr auf, anklagend, vorwurfsvoll. »Die Stadt ist ja groß genug«, fügte sie bitter hinzu. »Man kann sich dort jahrelang aus dem Wege gehen.«
Natürlich hatte sie recht. Wolfgang wußte, wie sehr er Elisabeth enttäuscht, wieviel Kränkungen er ihr zugefügt hatte. Sosehr er sich auch bemühte, ihm fiel keine Möglichkeit ein, etwas gutzumachen.
»Wirst du mir je verzeihen können, Elisabeth?« fragte er endlich.
Seine dunklen Augen, die sie einst betört hatten, betrachteten sie hoffnungsvoll, doch sie war außerstande, ihm die Antwort zu geben, die er gern hören wollte.
»Ich weiß es nicht, Wolfgang. Ich weiß es wirklich nicht. Du hast mir zu oft weh getan, mich zu oft im Beisein anderer Frauen gedemütigt. Im Moment weiß ich nur eins gewiß: Ich möchte dich nie mehr wiedersehen!«
Elisabeth verzichtete darauf, ihm eine Chance zu geben, sich vor ihr zu rechtfertigen. Sie drehte sich einfach auf dem Absatz herum und verließ, ohne Wolfgang noch einmal die Hand zu reichen, das Zimmer.
Es ist besser so, dachte sie und mußte nun doch gegen ein Gefühl der Trauer, weil alles so ausgegangen war, ankämpfen. Am Ende wäre sie doch wieder weich geworden und hätte seinen Bitten nachgegeben. Dann hätte die ganze Qual noch einmal von vorn angefangen.
Für Elisabeth Harden war das amerikanische Kapitel ihres Lebens abgeschlossen, und dabei sollte es auch bleiben.

5

Nach ihrer beunruhigenden Unterhaltung mit Oliver faßte Nicole einen Entschluß. Sie würde mit ihrem Onkel Lutz Hartmann über den Jungen sprechen. Vielleicht gelang es ihm, als Arzt, Oliver diese Anita auszureden, ihm klarzumachen, wie leicht man selbst in Gefahr geriet, wenn man sich mit Menschen abgab, die dem Rauschgift bereits verfallen waren.

Lutz, über Nicoles unvermuteten Besuch sichtlich erfreut, betrachtete sie aufmerksam, während er sich anhörte, was sie auf dem Herzen hatte.

»Meinst du nicht, Nicole, daß es eigentlich die Aufgabe deines Mannes wäre, Oliver klarzumachen, daß er sich da in eine üble Geschichte eingelassen hat?« sagte er offen, wie es stets seine Art war. »Als Vater hat er schließlich das letzte Wort. Na, was hat Thomas dazu zu sagen?«

Nicole senkte die Augen, spielte verlegen mit dem Verschluß ihrer Handtasche. Hochgradig nervös, stellte Lutz unwillkürlich seine Diagnose. Sie wird mit ihren familiären Problemen nicht fertig, weil ihr Mann zu bequem ist, sie ihr abzunehmen.

»Thomas hat noch keine Ahnung«, gab Nicole kleinlaut zu. »Ich hätte Angst davor, ihm von Olivers Umgang zu erzählen. Er verliert so leicht die Beherrschung, schlägt den Jungen am Ende, aber das wäre, meiner Meinung nach, keine gute Lösung.«

»Nein, darin stimme ich mit dir überein«, pflichtete Lutz seiner Nichte trocken bei. »Trotzdem meine ich, daß es Eheleuten möglich sein müßte, die Probleme ihrer Sprößlinge zu lösen, ohne daß es dabei gleich zu Tätlichkeiten kommt. Oliver ist ein kluger, aufgeweckter Junge. Ich habe gehört, daß seine Lehrer mit ihm zufrieden sind. Was seine Intelligenz betrifft, soll er seine Mitschüler glatt in die Tasche stecken.«

Nicole nickte nur, schien aber nicht bereit zu sein, über ihre fehlgeschlagene Ehe zu sprechen.

Lutz sah auf seine Armbanduhr und seufzte ungeduldig auf. Seine Zeit war knapp bemessen.

»Hast du übrigens jemals bei Oliver Anzeichen bemerkt, daß er selbst Drogen nimmt?« fragte er trotzdem freundlich. Nicole sollte nicht das Gefühl haben, umsonst gekommen zu sein.

Sie zögerte, dachte nach. Dann schüttelte sie den Kopf. »Ich glaube nicht. Doch ich verstehe zuwenig davon. Vielleicht würden mir solche Anzeichen gar nicht auffallen. Darf ich ihn mal zu dir schicken, Onkel Lutz? Vielleicht kannst du . . .«

Doch ehe etwas vereinbart werden konnte, erschien Oliver aus freien Stücken in der Klinik. Sein offenes, kluges Gesicht zeigte einen bedrückten Ausdruck. Da er noch nichts von Nicoles Besuch bei Lutz wußte, hatte er von sich aus den spontanen Entschluß gefaßt, sich dem erfahrenen Arzt anzuvertrauen.

»Ich brauche deinen Rat, Onkel Lutz«, kam er unverzüglich auf den Kern der Sache zu sprechen. »Ein Mädchen, das ich mag, ist drogenabhängig. Irgendein Bursche hat sie dazu verleitet, ehe sie mich kannte. Was kann ich tun, die Dinge wieder zurechtzurücken?«

Als Lutz sprechen wollte, winkte Oliver bestimmt ab.

»Ich weiß, was du sagen willst, Onkel Lutz; aber komm mir bitte nicht mit Entziehungskur und all dem Kram. Ich bin überzeugt, daß es auch anders geht, und möchte erst einmal auf eigene Faust vorgehen.«

»Bist du nicht ein wenig jung dafür, dich schon für Mädchen zu interessieren, Oliver?« Lutz wollte dem Jungen erst einmal auf den Zahn fühlen, ehe er ihm mit konkreten Vorschlägen kam.

Olivers Gesicht rötete sich. »Ich bin sechzehn, Onkel Lutz. Die meisten meiner Mitschüler haben schon etliche Beziehungen hinter sich. Dieser Fall liegt anders, als du denken magst. Zwischen Anita und mir ist noch nichts vorgefallen. Obgleich – ich bin da ganz ehrlich – ich es mir manchmal wünschen würde. Sie ist sehr hübsch, und ich weiß, daß sie mich mag.«
»Schon darum solltest du versuchen, das Mädchen zu einer Kur zu bewegen. Wenn man rechtzeitig etwas gegen diese schreckliche Sucht unternimmt, kann man nachhaltigen Schäden vorbeugen. Überleg es dir ernsthaft, Oliver. Auf dir lastet eine große Verantwortung. Die Antwort auf dein Problem könnte in deiner Liebe zu diesem Mädchen liegen.«
»Daran habe ich auch schon gedacht, Onkel Lutz.« Oliver hielt den Blick gesenkt. »Du willst damit andeuten, daß ein neues Liebeserleben Anita ablenken könnte . . .«
Lutz hätte fast gelächelt. Trotz seiner Jugend schien sich Oliver der Aufgabe, seine Männlichkeit unter Beweis zu stellen, gewachsen zu fühlen.
»Ganz so wollte ich es eigentlich nicht verstanden wissen, mein Junge. Sehr viel Zuneigung und Verständnis – das dürfte für den Anfang ausreichen. Ich wünsche dir jedenfalls Erfolg bei deiner Mission. Wie dem auch sei, mir wäre es wirklich lieber, wenn du deine Anita zu einer ärztlichen Behandlung überreden könntest.«
»Mal sehen, Onkel Lutz.« Oliver hätte brennend gern noch eine weitere Frage gestellt. Plötzlich hatte er nämlich das beängstigende Gefühl, daß für Anita jede Hilfe – welcher Art auch immer – zu spät kommen würde.
Das Telefon klingelte, Lutz nahm den Hörer ab. Er nickte, bereits mitten im Gespräch mit einem Kollegen, dem Jungen freundlich verabschiedend zu. Während er Oliver nachsah, nahm er sich vor, den Dingen nicht einfach ihren Lauf zu lassen, sondern die maßgeblichen Stellen auf den Fall Anita aufmerksam zu machen.
Oliver drehte sich, Lutz Hartmanns stummen Gruß mit

einem Lächeln erwidernd, zögernd um und ging hinaus. Die endlosen weißen Korridore entlang, an den zahllosen Türen vorbei, hinter denen die Menschen lagen, die hier auf Genesung hofften.
Eines Tages würde auch er, Oliver Behrens, Arzt sein. Bemüht, Leben zu erhalten. Eines Tages ...

Das Gespräch mit Dr. Hartmann, seinem Großonkel, hatte Oliver neuen Mut gegeben. Er widmete Anita jede freie Minute, glaubte fest daran, daß es ihm gelingen würde, ihr zu helfen.
Doch solange sie nicht selbst den Willen hatte, sich von ihrem todbringenden Laster zu befreien, würde er keinen Schritt vorankommen.
Wieder einmal hatte Anita ihn bestürmt, ihr einen weiteren Trip in eine für sie geheimnisvoll schöne und für ihn unverständliche Traumwelt zu verschaffen. Er schlug ihr diese Bitte energisch ab.
»Nein, das wäre sehr unklug von mir, Liebling. Schau, ich bin bei dir, halte deine Hand und lasse sie nicht los. Meine Kraft reicht für uns beide aus. Du mußt vernünftig sein, mein Mädchen. Noch kannst du umkehren, noch ist es nicht zu spät ...«
Oliver hörte sich sprechen, fühlte selbst, wie sinnlos seine Bemühungen waren. Was sollte er, mit seinen knapp siebzehn Jahren, erreichen? Anita war älter als er. Ihre Eltern wohnten irgendwo im Rheinland. Er kannte nicht einmal ihre Anschrift.
Während Oliver auf der Bettkante saß, lag Anita erschöpft da. Ihr Gesicht war erschreckend blaß, in ihren Augen brannte all die Qual, der sie hilflos ausgeliefert war.
Sie brauchte den Stoff, um weiterleben zu können. Leben – wofür? Außer diesem freundlichen hübschen Jungen kümmerte sich längst niemand mehr darum, ob sie lebte oder tot war.
»Da.« Sie tastete nach einem Zettel, drückte Oliver Geld

in die Hand. »Dort soll es etwas geben – gar nicht so teuer. Du mußt es mir holen. Es wird wirklich das letzte Mal sein, das verspreche ich dir. Danach werde ich nie wieder –«
Während Oliver, den zerknitterten, schmutzigen Zettel mit der Adresse in der Tasche, unglücklich zur Tür stolperte, versuchte er sich ins Gedächtnis zurückzurufen, was er bisher über Entzugserscheinungen gelesen hatte. Auf ›Turkey‹ sein, nannte man diesen qualvollen Zustand. Warum eigentlich? Blödsinniger Ausdruck. Aber es mußte höllisch sein, nach diesem Zeug zu gieren. Schlimmer als der ganze Drogenrausch.
Ich müßte wissen, was man dabei empfindet, dachte er, während er die Treppen des düsteren Mietshauses hinunterlief. Dann könnte ich mit Anita fühlen. Zusammen würden wir es schaffen, aus diesem Teufelskreis wieder herauszukommen!

Anita entnahm der Schachtel eine Spritze und zwei kleine Wachskapseln mit einem weißgelben Pulver. Ihre Augen glänzten wie im Fieber, während sie das Pulver auf einen Löffel tat, Wasser hinzufügte und das Ganze über eine Kerzenflamme hielt. Als die Substanz sich aufgelöst hatte, zog sie die Spritze auf. »Du bist ein Schatz, Oliver. Noch zwei Spritzen, dann höre ich damit garantiert auf, das verspreche ich dir. Ich suche mir einen Job, und wenn du aus der Schule bist, heiraten wir.«
»Nein, Anita. Dies war endgültig der letzte Schuß, den du dir gesetzt hast.« Auf Olivers Stirn standen Schweißtropfen. Ihm wurde erschreckend klar, daß er falsch gehandelt, Anita in ihrer Sucht noch unterstützt hatte. Wäre er doch heute bloß nicht zu diesem Dealer gegangen! Er hätte bei Anita bleiben, ihre Qualen durch sein Verständnis, seine Zuneigung lindern müssen. Onkel Lutz hatte recht: man bekämpfte Süchtige nicht mit laienhaften Methoden. Nur erfahrene Ärzte konnten helfend eingreifen.

Sein Mund verzog sich zu einem Lächeln, das seine ganze Hilflosigkeit verriet.
»Erst war es LSD, nun also Heroin. Der Dealer behauptete, durch Heroin würden Seele und Körper entspannt. Hoffentlich hat er recht. O Gott«, setzte Oliver mit einem Schluchzen hinzu. »Was kann ich nur tun, um Anita zu retten!«
Anita hörte ihn nicht mehr. Ihre arme Seele hatte sich in diesem Moment schon zu weit von ihm entfernt, als daß er sie noch hätte einholen können.

»Sie werden am Telefon verlangt, Herr Chefarzt. Ich weiß, daß Sie beschäftigt sind, aber da schluchzt sich ein Junge das Herz aus dem Leibe und behauptet, Ihr Neffe zu sein –«
»Oliver!« Lutz Hartmann zog scharf den Atem ein. »Stellen Sie sofort durch . . .«
Eine halbe Stunde später wurde Anita eingeliefert. Dr. Hinrichs war sofort nach Olivers Anruf mit dem Notarztwagen in ihre Wohnung gefahren. Oliver, der offensichtlich unter Schock stand, fuhr dann einfach zur Klinik mit. Es schien ihm in diesem Moment ganz natürlich, daß er Anita auch jetzt noch nicht allein ließ.
Nachdem Lutz aufatmend festgestellt hatte, daß der Junge kein Heroin genommen hatte, saß dieser nun verweint, verloren in einem Zimmer, in das man ihn einfach abgeschoben hatte.
Später kam Lutz Hartmann wieder, setzte sich müde zu dem Jungen. Für ihn, als Arzt, der nur ein Ziel kannte, nämlich Leben zu retten, war es immer wieder unbegreiflich, daß junge Menschen mit offenen Augen in ihr Unglück rannten – trotz aller Warnung und Aufklärung. Er kannte scharenweise Patienten, die das Schicksal mit schwerer Krankheit geschlagen hatte, die gern alles dafür hergegeben hätten, um auch nur die geringste Überlebenschance zu bekommen. Diese unglückliche Jugend dagegen . . .

Oliver starrte den Onkel fragend an. Sein hübsches Jungengesicht war verzerrt, die Züge irgendwie in Unordnung geraten. Mit angstvoll geweiteten Augen erwartete er sein Urteil; denn daß es nicht gut ausfallen würde, wußte er schon im voraus.
»Anita – sie ist tot, nicht wahr, Onkel Lutz?«
Dr. Hartmann nickte stumm. Die Ohnmacht, die er angesichts solcher Tragödien empfand, drohte ihn zu erstikken.
»Ja, Anita ist tot«, sagte er endlich gepreßt, und ein unausgesprochener Vorwurf schwang in diesen wenigen Worten mit.
»Aber an einem Schuß stirbt man doch nicht«, versuchte Oliver sich zu verteidigen. Eine würgende Übelkeit stieg in ihm auf. »Sie hat es doch schon so oft –«
Er hob hilflos die großen braunen Hände, die noch immer in ihrer Unbeholfenheit etwas Kindliches hatten, ließ sie wieder sinken.
»Aber nicht von dieser Sorte.« Lutz zeigte Oliver die beiden Kapseln, die Dr. Hinrichs in Anitas Wohnung gefunden und sichergestellt hatte. »Das war kein Heroin, Oliver. Das war ein hochwirksames Nervengift, das aus den Blüten der Herbstzeitlosen gewonnen wird. Man nennt es Colchicin. Gewissenlose Dealer haben es statt Heroin auf den Markt gebracht. Im Schwarzwald soll es mehrere Todesopfer dadurch gegeben haben. Jetzt hat man die Berliner damit bedacht«, fügte Lutz grimmig hinzu.
Oliver war noch bleicher geworden. Er zitterte am ganzen Leibe. »Dann wäre ich ja an ihrem Tod schuld«, stammelte er entsetzt. »Ich habe ihr das Zeug doch gebracht. Weil sie so furchtbar litt, es unbedingt haben wollte. Ich dachte, ich könnte sie allmählich bekehren. Diese Spritze sollte ihre letzte sein . . .« Die Bedeutung seiner Worte ging ihm auf. Es war ja tatsächlich Anitas letzter Schuß gewesen. Oliver schlug die Hände vors Gesicht und weinte bitterlich.
»Darüber werde ich nie hinwegkommen – ich kann es

nicht mehr gutmachen – nie«, sagte er immer wieder vor sich hin.
Lutz hielt es für richtig, daß der Junge sich erst einmal ausweinte. Die Tränen würden viel von seiner seelischen Erschütterung mitnehmen.
Schließlich berührte er sanft Olivers Kopf, zwang ihn, aufzusehen.
»Doch, das kannst du, Oliver. Gehe in Zukunft allem aus dem Wege, was irgendwie mit Rauschgift zu tun hat. Es ist dir vielleicht eine kleine Beruhigung, wenn ich dir jetzt sage, daß es dir kaum je gelungen wäre, Anita zu heilen. Sie wäre so oder so in absehbarer Zeit zugrunde gegangen. Ein wenig hast du ihren Tod bereits gerächt. Durch deine präzisen Angaben konnte der Dealer dingfest gemacht werden, der dir dieses Gift verkauft hat. Über ihn wird man vielleicht an den eigentlichen Ursprung dieser tödlichen Quelle gelangen.«
Lutz erhob sich, nickte Oliver aufmunternd zu.
»Du solltest dich einmal mit deinen Eltern aussprechen, versuchen, ihnen näherzukommen. Weißt du, daß auch Erwachsene sich zeitweise unverstanden und sehr einsam fühlen können? Bleib nicht allein vor der Tür stehen, öffne sie und schließ dich den Menschen an, zu denen du gehörst. Ich glaube, daß sie nur darauf warten, daß du den ersten Schritt tust . . .«

Lutz Hartmann behielt recht. Oliver war jung genug, Schicksalsschläge zu überwinden.
Seine Eltern, durch Lutz instruiert, kamen ihm auf halbem Wege entgegen.
Durch die Zuneigung ihres Sohnes, die er ihnen so lange vorenthalten und jetzt neu entdeckt hatte, erkannten sie plötzlich, daß auch sie, als Ehepaar, einander noch eine ganze Menge zu sagen hatten.
»Ich glaube, wir waren schuld daran, daß Oliver in die falschen Kreise geriet.« Nicole war ehrlich genug, die Schuld bei sich selbst zu suchen. »Wir waren ihm keine guten

Vorbilder, haben seinerzeit nur geheiratet, weil der Junge nicht außerehelich geboren werden sollte. Irgendwie kamen wir dadurch auf den törichten Einfall, ihm unsere unglückliche Ehe zur Last zu legen. Weil er die Ursache zu unserer überstürzten Heirat gewesen war.«
Thomas Behrens konnte Nicoles Behauptung nicht widerlegen.
»Ich weiß«, räumte er bereitwillig ein. »Aber das soll von nun an anders werden. Eins ist uns doch wohl klar: es fehlte nur ein winziger Schritt, und wir hätten unseren Sohn verloren. Wie leicht hätte auch er süchtig werden können.«
Nicole, von der bloßen Möglichkeit erschreckt, war außerstande, etwas zu sagen, und Thomas fuhr nachdenklich fort: »Zum ersten Mal hat sich mir Oliver rückhaltlos anvertraut. Von ihm weiß ich, daß er vorgehabt hatte, selbst einmal Drogen zu nehmen, um zu wissen, wie einem danach zumute ist. Er glaubte, dann eher einen Weg zu finden, Anita von ihrer Sucht zu heilen. Glücklicherweise ist es nicht dazu gekommen.«
Thomas Behrens legte den Arm um seine Frau und zog sie an sich. Seit vielen Jahren hatte er nicht soviel Liebe für Nicole empfunden wie in diesem Augenblick. »Der arme Junge. Wir haben ihm wenig genug von alldem geschenkt, wonach er sich trotz seiner Wurstigkeit gesehnt haben mag. Das ist wohl der Zug der Zeit. Die Kinder werden schneller erwachsen, scheinen die Eltern nicht mehr zu brauchen. Und hier fängt schon unsere Schuld an. Wir fühlen uns erleichtert, weil uns die Verantwortung abgenommen ist, gehen eigenen Interessen nach. Und was ist das Endergebnis: es kommt fast zu einer Familientragödie!«
»Weißt du, was ich mir wünsche, Thomas?« Nicole legte spontan die Arme um seinen Hals, lächelte ihm unter Tränen zu. »Daß wir noch einmal von vorn anfangen könnten. Um – ohne irgendeinen Zwang – eine richtige Ehe zu führen. Ich verspreche dir, daß sich alles ändern wird.

Denn heute weiß ich endlich, wo meine Pflichten liegen.«
Thomas erwiderte Nicoles Lächeln. Er wußte, wie leicht sie etwas versprach, um es im nächsten Moment wieder zu vergessen. Doch diesmal, so glaubte er fest, würde sie ihr Versprechen halten.

6

»Ich glaube, daß wir jetzt in allen wesentlichen Punkten übereinstimmen, Herr Doktor Hartmann.«
Der Chef der Wallner-Chemiewerke, ein dynamischer Mann Mitte der Fünfzig, lehnte sich entspannt in seinem Sessel zurück. Die Sekretärin verstand seinen stummen Wink und brachte ein Tablett mit Gläsern und mehreren Flaschen.
»Einen Drink hätten wir uns jetzt wohl verdient. Sie haben es mir nicht eben leichtgemacht und mit harten Bandagen um jeden einzelnen Punkt gekämpft. Trotzdem ist es uns gelungen, unsere beiderseitigen Wünsche unter einen Hut zu bringen.«
Rainer Hartmann nickte nachdenklich. Irgendwie mußte er sich erst an die neue Situation gewöhnen. Aber ihm war keine andere Wahl geblieben, wollte er die Produktion in vollem Umfang aufrechterhalten und, wenn möglich, sogar noch weiter ausbauen.
Wallner mochte dem Jüngeren sein Unbehagen vom Gesicht ablesen, denn er lächelte verständnisvoll und schob Rainer ein Glas in Reichweite.
»Natürlich bedeutet unser Vertrag eine Umstellung – auch für mich. Bisher handelte es sich um reine Familienbetriebe, die auf eine Unterstützung von außen nicht angewiesen waren. Doch im Hinblick auf die angespannte wirtschaftliche Lage war unser Entschluß zweifellos richtig. Man muß umlernen können, wenn die Umstände dies verlangen. Von nun an arbeiten wir auf bestimmten Gebieten unserer Branche zusammen und bleiben dadurch solvent und konkurrenzfähig.«

Rainer sah den erfahrenen Geschäftsmann offen an. Im Grunde war er froh, in Wallner einen vertrauenswürdigen und allseits angesehenen Partner gefunden zu haben.
»Ich bin ganz Ihrer Meinung, Herr Wallner. Dann also«, er hob sein Glas, »auf gute Zusammenarbeit. Wenn Sie jetzt noch die Zusatzklausel unterzeichnen möchten – danke, damit wäre alles erledigt.«
Obgleich Rainer kürzlich erst seinen vierunddreißigsten Geburtstag gefeiert hatte, wirkte er doch älter als seine Jahre. Die Verantwortung für die alte angesehene Firma, die nach dem Zweiten Weltkrieg einen überraschenden Aufschwung genommen hatte, ruhte schwer auf ihm. Auch Elisabeths Entschluß, die Verlobung mit ihm zu lösen und mit Wolfgang nach Amerika zu gehen, war ein ziemlicher Schock für ihn gewesen. Manchmal kam er sich richtig ausgepumpt vor. Dazu kam, daß er kaum darauf hoffen konnte, neben seiner anstrengenden Arbeit auch noch einmal ein privates Glück zu erleben. Denn sein Vertrauen zu den Frauen war stark erschüttert worden. Darum ging er ihnen lieber aus dem Weg.
»Sie wollten sich ja noch in unseren Labors umsehen, um einige Ihrer neuen Mitarbeiter kennenzulernen, Doktor Hartmann.«
Wallners tiefe Stimme brach in Rainers Gedankengang ein. Sie klang ruhig und zufrieden. Nun ja, das war nicht verwunderlich. Die Hartmann-Werke besaßen einen guten Namen, von dem Wallner nur profitieren konnte, während er als Gegenleistung beachtliche Geldmittel einbrachte. So war beiden Seiten geholfen.
Rainer erhob sich bereitwillig. Er war tatsächlich gespannt, wie es in den Versuchslabors seines neuen Partners aussah. Aufmerksam informierte er sich über die Einrichtung der großen, hellen Räume. Er war stets willig, von anderen zu lernen, fortschrittliche Ideen anzuerkennen, sie zu übernehmen, und – wo möglich – noch weiter auszubauen. Seine Kommentare verrieten einen klaren Verstand und ein profundes Wissen.

Wallner hörte sich seine Ausführungen interessiert an. »Was Sie da eben gesagt haben . . .« Er nickte zustimmend. »Ich glaube, darüber sollten wir gleich jetzt ausführlicher sprechen. Sie werden in einer meiner fähigsten Mitarbeiterinnen auf diesem Sektor einen Bundesgenossen finden. Sie hat sich mit dieser Sache bereits beschäftigt.«
Wallner sah sich um, entdeckte, wonach er gesucht hatte. »Einen Moment, Fräulein Harden. Dürften wir uns mal kurz die neuen Muster ansehen? Falls sie gerade zur Hand sind«, setzte er liebenswürdig hinzu.
Die schlanke junge Frau im weißen Kittel, die ihnen den Rücken zugekehrt hatte, erhob sich von ihrem Platz und kam auf sie zu.
Als sie Rainer Hartmann erkannte, erstarrte ihr verbindliches Lächeln zu einer Maske.
Rainer war nicht minder bestürzt. Alles andere hätte er erwartet, nur nicht diese unvermutete Begegnung. Wie die ganze Familie war auch er der Meinung gewesen, daß Elisabeth nach wie vor mit Wolfgang zusammen war. Irgendwo in der weiten Welt, um sich in seinem Ruhm zu sonnen.
»Seit wann bist du wieder in Berlin, Elisabeth?« fragte er gegen seinen Willen spontan. Hatte er sich doch fest vorgenommen, kein Wort mehr an Elisabeth zu richten, sollte der Zufall sie ihm einmal über den Weg führen.
Wallner erriet, daß diese beiden jungen Menschen keine flüchtigen Bekannten waren. Er zog sich taktvoll aus der Affäre.
»Ich sehe, die Herrschaften kennen sich bereits, ich brauche also nicht erst vorzustellen. Vielleicht übernimmt Fräulein Harden an meiner Stelle die weitere Führung durch die Räume.« Er warf einen Blick auf seine Armbanduhr. »Mir fällt eben noch eine wichtige Unterredung ein. Ich bin schon reichlich spät dran. Wenn Sie mich also entschuldigen wollen, Fräulein Harden – Doktor Hartmann . . .«

Rainer drückte Wallner stumm die Hand. Das Sprechen fiel ihm schwer. Er mußte das Zusammentreffen mit Elisabeth erst seelisch verkraften und war dem Älteren für sein Verständnis dankbar.
Langsam gingen Elisabeth und Rainer den langen, menschenleeren Korridor entlang.
Rainer schüttelte den Kopf, warf der jungen Frau einen verstohlen forschenden Blick zu.
»Elisabeth - kaum zu fassen! Du bist es wirklich. Wir hatten keine Ahnung -«
»Ich weiß nicht, ob es dich interessiert, Rainer. Aber ich habe Wolfgang bereits vor mehr als einem Jahr verlassen.« Sie sprach kühl und beherrscht, und doch schien in jedem ihrer Worte der erregte Schlag ihres Herzens mitzuschwingen. »Fast so lange arbeite ich bei Wallner. Ich hatte das unfaßbare Glück, sofort eine Anstellung zu bekommen. Herr Wallner war ein guter Freund meines verstorbenen Vaters, der ja auch Chemiker gewesen ist. Gleich nach meiner Ankunft in Berlin wandte ich mich an ihn . . .«
Rainer hörte ihr gar nicht richtig zu. Nur eins war für ihn ausschlaggebend: Elisabeth liebte Wolfgang nicht mehr. Sie war an seiner Seite unglücklich geworden, hatte ihn verlassen. War dies die Wende, auf die er selbst, wenn auch unbewußt, gehofft hatte?
Während Elisabeth Rainer Hartmann herumführte und mit ihrer klaren Stimme die notwendigen Erläuterungen gab, fiel kein weiteres privates Wort. Nur ihre Blicke trafen sich immer wieder, stellten Fragen, die irgendwann beantwortet werden mußten.
Als sie sich schließlich voneinander trennten, geschah es in der festen Überzeugung, daß dies erst der Anfang - ein neuer Anfang - gewesen war. Sie würden eines Tages dort wieder anknüpfen, wo vor Jahren das Band zwischen ihnen jäh abgerissen war.

Seit jener unverhofften Begegnung im Labor der Wallner-Werke trafen Rainer und Elisabeth sich regelmäßig in einer kleinen Weinstube. Sie fanden schnell zu dem vertrauten Ton von einst zurück.
»Ich weiß bis heute nicht, was damals in mich gefahren ist«, gestand sie einmal ganz offen. »Wolfgang muß mich durch seine Musik, sein Können hypnotisiert und reinweg verhext haben. Ich glaubte ihn zu lieben. Doch allmählich, als wir uns innerlich immer weiter voneinander entfernten, kamen mir Zweifel über meine eigenen Gefühle.«
Sie merkten beide kaum, daß ihre Hände sich gefunden hatten, daß sie in der kleinen Nische zusammengerückt waren, bis ihre Schultern sich berührten.
»Wolfgang hat mich vermutlich nie geliebt. Nicht wirklich, meine ich.« Elisabeth berührte nachdenklich ihr langes, blondes Haar.
»Einmal«, fuhr sie so leise fort, daß Rainer sie kaum verstehen konnte, »einmal, weißt du, nahm er mein Haar, schlang es eng um meinen Kopf. ›Jetzt siehst du wie sie aus‹, sagte er, und –«
Elisabeth verstummte abrupt. Eine tiefe Röte überflutete ihr schmales, sanftes Gesicht.
Sie konnte Rainer doch unmöglich erzählen, mit welcher Leidenschaft Wolfgang sie danach in seine Arme genommen und geliebt hatte. Schon die Erinnerung daran war wie ein elektrischer Schock.
»Ist es möglich, daß ich einer anderen Frau gleiche, die seinem Herzen einmal sehr nahe gestanden hat?« setzte sie fragend hinzu. Dabei an Regine zu denken, wäre ihr nicht im Traum eingefallen. Sie war ja Wolfgangs Mutter.
»Ja. Das ist leicht möglich.« Rainer war peinlich berührt. »Ich hätte mir von Anfang an so etwas denken müssen.« Weil Elisabeth ihm nicht zu folgen vermochte und ihn verwundert ansah, lächelte er ihr zu. »Vergiß es, Liebling. Du siehst, ich kann es auch. Für mich war diese lange

Trennung nämlich weitaus schmerzlicher als für dich. Denn ich fürchtete, dich für immer verloren zu haben.«
Hastig sah er sich in dem noch leeren Lokal um, zog dann Elisabeth an sich. Als ihre Lippen sich wieder trennten, leuchtete sein sympathisches Gesicht förmlich vor Glück.
»Wie war das doch damals?« fragte er mit fast jungenhaftem Übermut. »Wir wollten in drei Monaten heiraten, erinnerst du dich noch? Was hindert uns daran, es jetzt nachzuholen – in drei Tagen?«

Regine und Lutz Hartmann begegneten ihrer künftigen Schwiegertochter zunächst reserviert. Es war schwer zu vergessen, was sie ihnen seinerzeit angetan hatte. Regine brach schließlich das Eis.
»Ach, Unsinn«, sagte sie resolut und küßte Elisabeth herzlich auf beide Wangen. »Wir sind alle nicht unfehlbar. Willkommen in unserer Familie, Liebes, diesmal hoffentlich für immer. Wahrscheinlich hat Rainer die einzig richtige Entscheidung getroffen und aus früheren Fehlern gelernt. Er hätte dich damals sofort heiraten müssen. Dann wäre es gar nicht erst zu diesem Durcheinander gekommen.«
Rainer dankte seiner Mutter mit einem Lächeln.
»Sei ganz ruhig, Mama. Diesmal werde ich Elisabeth umgehend an die Kette legen. Und zwar in aller Stille und ohne großes Trara. Sie will es jedenfalls so haben. Dadurch wird jedes Aufsehen vermieden. Schließlich ist ihr Foto eine Zeitlang durch alle Illustrierten gegangen. Es wäre wirklich ein gelungenes Fressen für die Presse, würde sie jetzt einen anderen Hartmann an ihrer Seite entdecken.«
Dabei blieb es. Zu der kleinen, aber sehr festlichen Hochzeit fanden sich alle Familienmitglieder ein. Für die Hartmanns schien die Welt wieder in Ordnung.

Wolfgang Hartmann dagegen hatte nach Elisabeths überstürzter Abreise sowohl persönlich als auch künstlerisch einen absoluten Tiefpunkt erreicht. Er sagte kurz entschlossen alle Konzerte ab, berief sich dabei auf gesundheitliche Gründe und gönnte sich einen längeren Urlaub. Da er jahrelang pausenlos gearbeitet hatte, wurde sein Entschluß überall verständnisvoll aufgenommen.
Doch dann meldete sich sein Agent mit neuen Plänen und sehr verlockenden Angeboten.
»Ich hätte da auch wieder die Berliner Philharmonie an der Strippe. Ein Programm, speziell auf Sie zugeschnitten, Wolfgang.« Der kleine, rundliche Mann betrachtete seinen Schützling hoffnungsvoll. So unbedeutend Martin Smith äußerlich auch wirken mochte, auf seinem Gebiet war er unschlagbar und dafür bekannt, nur erstklassige Verträge abzuschließen.
»Bisher haben Sie sich zwar grundsätzlich geweigert, nach Berlin zu gehen«, sprach er weiter, als Wolfgang die Unterlippe vorschob und beharrlich schwieg. »Ich mußte mich, wenn auch ungern, fügen. Schließlich bin ich dafür verantwortlich, daß es mit Ihnen weiter bergauf geht. Darum finde ich es an der Zeit, Berlin wieder einmal in unser Programm einzubeziehen.«
»Sicher haben Sie recht, Martin.« Wolfgang lächelte flüchtig. Er sah braungebrannt, erholt und irgendwie verändert aus. »Ich könnte ja meine Hochzeitsreise nach Berlin machen. Nein - mit Elisabeth ist es natürlich aus und vorbei«, beantwortete er Martins forschenden Blick mit einem Dämpfer. »Meine zukünftige Frau ist schon vom Typ her ganz andes. Es wurde für mich allmählich Zeit, von meinem bisherigen Frauenideal abzuweichen. Nur so wird es mir möglich sein, mich von der Vergangenheit zu lösen. Also - Beryl ist dunkel, selbstbewußt, eine echte Tochter der Neuen Welt. Reich ist sie außerdem, und das ist - zu ihren sonstigen Vorzügen - keine schlechte Beigabe.«
Er lachte vergnügt auf. »Vor allem aber läßt sie sich von

mir nicht herumkommandieren, und das wird mir zur Abwechslung einmal ganz guttun.« Wolfgang streckte die Hand aus. »Her mit dem Vertrag für Berlin. Ich will ihn unterschreiben, ehe ich es mir anders überlegen kann.«
Während er den Vertrag schwungvoll unterzeichnete, fragte er sich ernsthaft, wie wohl seine erste Begegnung mit der Familie verlaufen würde. Gab es eine Möglichkeit, Geschehenes ungeschehen zu machen – Frieden mit Rainer und Elisabeth zu schließen? Er hoffte ehrlich, daß es so war. Nur dann nämlich konnte er seinem Leben leichten Herzens eine neue Richtung geben.

»Nun hört aber mal – das kann man doch nicht tun!« Regine sah sich empört um, blickte in lauter abweisende Gesichter. »Wolfgang ist in unserem Haus aufgewachsen. Dir, Lutz, und mir war er wie ein Sohn, für dich, Rainer, ein guter Bruder und Kamerad, auch wenn später manches zwischen euch schiefgelaufen ist. Jetzt gibt er ein Konzert in Berlin, und keiner von euch will hingehen. Nun gut, das ist eure Sache. Was mich betrifft –« Regine legte eine kleine, dramatische Pause ein, um dann mit fester Stimme hinzuzufügen: »Ich jedenfalls werde in seinem Konzert nicht fehlen!«
Dabei blieb es. An dem fraglichen Abend machte Regine sich sehr sorgfältig zurecht. Wolfgang sollte auch heute noch stolz auf seine Pflegemutter sein können.
Regine wurde nicht enttäuscht. Die Freude, sie zu sehen, als sie ihn während der Pause im Künstlerzimmer besuchte, strahlte ihm förmlich aus den Augen.
Manche Erinnerung wurde in Regine wach, als Wolfgang leise sagte: »Ich muß wohl keine langen Erklärungen abgeben. Du weißt genau, was mich seinerzeit bewogen hatte, Elisabeth mit mir nach Amerika zu nehmen. Heute weiß ich, daß man auf Ähnlichkeiten nichts geben darf. Sie können täuschen und viel Unheil anrichten. Elisabeth gleicht dir, wie du am besten wissen wirst, nur äußerlich. Ich habe in ihr vergeblich deinen starken Charakter, dei-

nen Mut gesucht. Im Grunde paßt sie wirklich viel besser zu Rainer.«
Regine sah ihn lächelnd an. Wolfgang erwiderte ihren Blick, seufzte leise auf. »Ach, Mama«, sagte er, und mit diesem einen Wort, das er jahrelang nicht ausgesprochen hatte, löste sich der ganze Wirrwar seiner Gefühle in nichts auf.
Regine verstand. »Erwartest du jetzt, Wolfgang, daß ich weinend ›Mein Sohn‹ sage? Nein, den Gefallen tue ich dir nicht. Das wäre für meinen Geschmack viel zu sentimental, wenn nicht gar albern. Was du vorhin über Elisabeth und Rainer sagtest«, fuhr sie ablenkend fort, »stimmt sogar haargenau. Die beiden sind längst verheiratet und feiern demnächst die Taufe ihres Zwillingspärchens. Möchtest du nicht zu uns kommen, um Magnus und Stefanie kennenzulernen?«
»Stefanie und Magnus«, wiederholte Wolfgang nachdenklich. »Eine hübsche Idee. Mit diesen beiden Menschen hat für euch – die Hartmanns – im Grunde alles angefangen. Sogar für mich, obgleich ich Magnus Hartmann leider nicht mehr kennenlernen durfte. Er starb ja schon während des Krieges, und als ich zu euch kam, war nur noch Großmutter Stefanie da.«

Wolfgang und seine hübsche junge Frau wurden im Familienkreis – das hatte Regine sich vorher energisch ausgebeten – herzlich und unvoreingenommen begrüßt.
»Es ist schön, dich wiederzusehen, Wolfgang.« Elisabeth, der ihre Mutterwürde gut zu Gesicht stand, meinte ihre Worte ehrlich. »An diesem Tag, der im Zeichen einer neuen Generation der Hartmanns steht, sollte keiner von uns fehlen.«
»Ich danke dir, Elisabeth. Für alles. Du hast auch meiner Frau deine Freundschaft angeboten und das, obgleich ich dir einst sehr viel Böses zugefügt habe.«
Elisabeth lächelte. »Längst vergessen und vergeben. Ich finde deine Beryl sehr anziehend und sympathisch. Sie

wird schon dafür sorgen, daß dir nie mehr einfällt, über die Stränge zu schlagen.«

Sie nickte ihm noch einmal zu, um sich dann wieder zu Rainer zu gesellen, der eben eine lustige Geschichte aus dem Werk zum besten gab.

Wolfgang blieb am Kamin stehen. Lässig angelehnt, betrachtete er versonnen die Menschen, die heute in der alten Hartmannschen Villa in Berlin-Dahlem zusammengekommen waren.

Zuerst einmal Regine und Lutz, die wie Eltern für ihn gesorgt hatten, obgleich sie mit ihm nicht blutsverwandt waren. Ihnen verdankte er seine Laufbahn als Künstler, denn sie hatten alles getan, sein Talent zu fördern.

Dann Rainer und Elisabeth, die beide auf großherzige Weise bereit gewesen waren, einen dicken Strich unter die Vergangenheit zu ziehen.

Katja und Dieter Hollburg, deren Liebe mancher Prüfung ausgesetzt gewesen war und alle Stürme überdauert hatte.

Nicole und Thomas Behrens, ihre Kinder. Nicole ernst und in sich gekehrt und doch zweifellos sehr glücklich. Als lausche sie auf den Herzschlag des Kindes, das in ihr heranwuchs.

Oliver, ihr Erstgeborener, war wieder ganz der aufgeschlossene, heitere Junge von einst. Das tragische Schicksal seiner Freundin Anita hatte ihn zutiefst erschüttert, ihm aber auch gezeigt, daß es in jedem Fall klüger war, Verlockungen zweifelhafter Art aus dem Wege zu gehen.

Das Licht der flackernden Kerzen schien Stefanie Hartmanns Porträt, das kurz vor ihrer Hochzeit gemalt worden war, zum Leben zu erwecken. Sekundenlang sah es fast so aus, als läge ein Lächeln um ihren schön geschwungenen, verführerischen Mund, der selbst im Tod noch gelächelt hatte.

Wolfgang Hartmann, dessen wirklichen Namen niemand kannte, nicht einmal er selbst, zündete sich eine Zigarette an. Er war plötzlich sehr froh und mit der Entwicklung der Dinge zufrieden. Er fühlte sich – obgleich in diesem Kreis im Grunde ein Fremder – dieser wunderbaren Familie eng verbunden.

Keinem von ihnen hatte das Schicksal Enttäuschungen und Kummer erspart. Doch letzten Endes hatte sich alles zu einem guten Ende zusammengefügt.

Und das war eigentlich ein angenehmer und äußerst beruhigender Gedanke.